KÖNIGS ABI-TRAINER

Ralf Gebauer

ABITUR NRW 2020 PRÜFUNGSTRAINING

DEUTSCH LEISTUNGSKURS

- alle vier Inhaltsfelder in einem Band
- Wissen, Verknüpfungsaspekte und Abiturübungsaufgaben mit Lösungen
- für Gymnasium und Gesamtschule

Bange Verlag

Über den Autor:

Ralf Gebauer, geb. 1945 in Kragelund (Dänemark), lehrte als Studiendirektor die Fächer Deutsch, Philosophie und Kunst am Haranni-Gymnasium in Herne.

Der vorliegende Band ist der 16. Abi-Trainer des Autors in dieser Reihe.

Hinweise:

Die Rechtschreibung wurde der amtlichen Neuregelung angepasst.

Alle 25 Schaubilder des Bandes sowie eine zusätzliche Online-Aufgabe zum ‚Materialgestützten Verfassen eines Textes mit fachspezifischem Bezug' können Sie unter *www.bange-verlag.de/abitur-nrw-2020-pruefungstraining-deutsch-leistungskurs* kostenlos im DIN-A4-Format downloaden.

1. Auflage 2018

ISBN: 978-3-8044-3230-7
PDF: 978-3-8044-5230-5

Druck und Weiterverarbeitung: Finidr, s. r. o., Český Těšín

INHALT

TEIL I: GRUNDLAGENWISSEN: OBLIGATORISCHE INHALTLICHE SCHWERPUNKTE MIT FOKUSSIERUNGEN

Universitäre Forschung hat das natürliche Bestreben, sich zu erweitern; schulische Bildung hingegen ist oft zum Gegenteil aufgefordert. Ihr soll der Spagat gelingen, Fähigkeiten und Wissen des Einzelnen zu erweitern, indem sie das sich vermehrende und differenzierende Wissen wieder reduziert auf kleine, handhabbare Module. Das ist ohne Vereinfachungen, Vergröberungen und Auslassungen nicht möglich und gilt besonders für solch zugespitzte Situationen wie Prüfungen. Da unsere Merkfähigkeit sich am ehesten durch bildhafte Gedankenverbindungen steigert, wird auch in diesem Bändchen versucht, das Disparate und Vielfältige der Wissensgegenstände in möglichst griffigen und anschaulichen Erinnerungsmodellen und Schemata bildhaft miteinander zu vernetzen.

Der vorliegende Band ist dreigeteilt: Im **ersten Teil** wird in komprimierter Form ein Repetitorium aller Inhalte vorgelegt, die für die Abiturprüfung im Leistungskurs Deutsch des Landes Nordrhein-Westfalen für das Abiturjahr 2020 verpflichtend vorausgesetzt werden. Der Aufbau des Bandes folgt in seiner Reihenfolge der Übersicht über die Schwerpunkte des Kernlehrplans und seiner Fokussierungen. Bis auf drei Teilbereiche, die so grundlegend sind, dass sie keiner Erläuterung bedürfen sollten oder weder für die schriftliche noch die mündliche Prüfung von Relevanz sein dürften, werden alle obligatorischen Inhalte behandelt. Ausgespart bleiben: „Sprachliches Handeln im kommunikativen Kontext", „Information und Informationsdarbietung in verschiedenen Medien" und „Filmisches Erzählen". Bei den sechs Themen, die 2020 im Fokus stehen, wird nach den Grunddaten der Texte zunächst ein knapper Einblick in den biografischen Bezug des jeweiligen Werks gegeben und eine gegliederte Inhaltsangabe des vorgegebenen Textes angeboten. Daran schließen sich Hinweise auf stilistische Analysen und mögliche Interpretationsaspekte an. Sofern keine Einzelwerke vorgegeben sind, sondern nur Autoren bzw. Themen und Epochen, werden die jeweils in Frage kommenden Werke und das notwendige Grundwissen zu Themen und Epochen in Form eines gerafften Überblicks zusammengefasst. Die Umfangsbeschränkung dieses Bandes nötigt zudem, sich auch bei dem aspektreichen Goethe-Drama *Faust I* mit raffenden Zusammenfassungen der Analyse und der Interpretation zu begnügen.

Das Bändchen ist in diesem Teil bewusst als Repetitorium angelegt, d. h., **es setzt die unterrichtliche Erarbeitung der Stoffe, der literarischen Gattungen und stilistischen Epochen voraus und bietet eine verknappte Wiederholung.** Deshalb wäre es nicht ausreichend, wenn man sich nur auf die in der Reduzierung zwangsläufig vergröbernde Darstellung verließe.

Der **zweite Teil** liefert eine Reihe von Aspekten, unter denen generelles Wissen merkfähig aufbereitet wird und die einzelnen Schwerpunktthemen miteinander verknüpft werden können. Dieser Teil soll es den Benutzern erleichtern, sich die möglicherweise auch im Unterricht als unverbundenes Nacheinander erlebten Inhalte aus einer distanzierten Perspektive anzueignen und bei einer vergleichenden Zusammenschau eine stoffliche Souveränität zu gewinnen.

Der **dritte Teil** enthält Übungsaufgaben. Zunächst werden vier Klausuraufgaben gestellt, die sich inhaltlich an der Obligatorik orientieren, also nicht kursübergreifend formuliert sind. Sie dienen der Vorbereitung auf die Klausuren der einzelnen Halbjahre und die möglichen Aufgabenarten. Die jeweiligen Lösungsvorschläge orientieren sich am Erwartungshorizont des Abiturs. Anschließend wird die Abiturprüfung in Form von zwei Übungspaketen simuliert. Jede Übung enthält wie im Abitur drei Aufgaben in einer Formulierung, wie sie auch in den vergangenen Abiturjahrgängen gestellt wurde. Die Aufgabenstellungen berücksichtigen die Vorgaben der gültigen Richtlinien und Lehrpläne. Die Lösungsvorschläge richten sich in ihrem Profil nach dem punktgestützten Bewertungsverfahren, wie es bei der schriftlichen Abiturprüfung zur Anwendung kommt. Die Lösungsvorschläge erscheinen in der Regel als stichpunktartiger Erwartungshorizont, wie ihn auch die korrigierende Lehrkraft vom Ministerium erhalten könnte.

Besonders das nach allen operationellen Erwartungen, die wegen ihrer Verbindlichkeit kursiv gedruckt sind, erscheinende „*etwa*" soll immer wieder ins Gedächtnis rufen, dass die jeweils folgenden Lösungsvorschläge auch durch andere angemessene Lösungsinhalte ersetzt werden können. Sinnvolle Lösungsteile, die nicht unter die operationellen Erwartungen zusammenfassbar sind, können im Rahmen eines oder mehrerer weiterer aufgabenbezogener Kriterien durch Punktvergabe bis zur jeweiligen Anzahl Berücksichtigung finden. Die Gesamtpunktzahl je Teilaufgabe darf aber nicht überschritten werden.

Der Band schließt mit Hinweisen und Ratschlägen zu einer möglichen mündlichen Prüfung, der man sich vielleicht auch im Leistungsfach stellen muss. Diese Anregungen gelten aber nicht nur für das Fach Deutsch, sondern für alle mündlichen Abiturprüfungen.

Autor und Verlag wünschen Ihnen viel Erfolg beim Umgang mit diesem Material und im bevorstehenden Abitur!

TEIL I: GRUNDLAGENWISSEN: OBLIGATORISCHE INHALTLICHE SCHWERPUNKTE MIT FOKUSSIERUNGEN

1. INHALTSFELD SPRACHE

1.1 SPRACHERWERBSMODELLE

Spracherwerb kann unter zwei verschiedenen Perspektiven betrachtet werden: Spracherwerb der Menschheit (Phylogenese) oder Spracherwerb des einzelnen Menschen (Ontogenese). Die Frage nach dem Ursprung der Sprache ist also jene der Phylogenese, die der Ontogenese ist die Frage nach dem individuellen Spracherwerb und der Sprachentwicklung. Zu beiden Fragenkomplexen haben sich unterschiedliche Theorien herausgebildet.

1.1.1 Phylogenetischer Spracherwerb: Ursprung der Sprache

Interdisziplinäre Forschung

Etwa sechstausend Sprachen und zigtausend Dialekte werden von den Menschen auf unserer Erde gesprochen. Aber die Frage nach dem Ursprung aller Sprachen, nach dem Ursprung der Sprache schlechthin, ist weiterhin ungeklärt und heute Gegenstand interdisziplinärer Forschungen der Linguistik, Paläoanthropologie, Anthropologie, Neurologie, Genetik, Anatomie, Evolutionsbiologie und Kognitionspsychologie.

Grenze von Mensch und Tier?

Erklärungsversuche hat es allerdings schon immer gegeben, weil man in der Entstehung der Sprache die Grenze vermutete, die den Menschen vom Tier trennt. Diese Erklärungsversuche werden wissenschaftlich ernsthaft diskutiert, seit Leibniz 1710 in seiner lateinischen Schrift *Kurze Schilderung der Erwägungen zur Herkunft der Völker, die sich am ehesten aus dem, was die Sprachen zu erkennen geben, ableiten lässt* eine Auseinandersetzung über den Ursprung der Sprache angestoßen hat.

1.1.2 Übersicht: Sprachursprungstheorien

Deduktive Theorien		
Gottgegebenheit	religiöser Ansatz	J. P. Süßmilch (1756)
rationalistische Theorie der angeborenen Ideen	– anthropologischer Ansatz: Folge von Besonnenheit und Reflexion – kognitiver Ansatz: Folge der Entwicklung des Denkens – linguistischer Ansatz aufgrund sprachlicher Universalien	J. G. Herder: *Über den Ursprung der Sprache* (1772) J. Grimm: *Über den Ursprung der Sprache* (1851) N. Chomsky: *Aspects of the Theory of Syntax* (1965)

Empirische Theorien		
Nachahmungs-Theorie (Wau-wau-Theorie)	onomatopoetischer (lautmalerischer) Ansatz	É. B. de Condillac (1746)
Naturlauttheorie (Aua-Theorie)	emotiv-interjektionaler Ansatz: instinktgesteuerte Gefühlsausdrücke	J.-J. Rousseau: *Essai sur l'origine des langues* (1755)
Dada-Theorie	gestischer Ansatz	R. Paget (1930)
Hauruck-Theorie	arbeitspsychologischer Ansatz: lautliche Begleitung von Arbeitsrhythmen	A. R. Luria (1970)
Holistische Theorie	Äußerung zur Erfassung komplexer Situationen, evtl. entstanden aus Gesang und Tanz	O. Jespersen: *Die Sprache, ihre Natur, Entwicklung und Entstehung* (1922)

Einmal oder mehrmals entstanden?

Eine wichtige Frage bestand zudem darin, ob anzunehmen sei, dass die menschliche Sprache raumzeitlich betrachtet nur einmal entstanden sei (**Monogenese**), dass es also eine Ursprache (**Protosprache**) geben müsse, oder dass sie sich an verschiedenen Orten und zu verschiedenen Zeiten jeweils und dann unterschiedlich herausgebildet habe (**Polygenese**). Von der Annahme, dass aufgrund einer Ursprache alle Sprachen miteinander verwandt seien (H. Pedersen: nostratische Hypothese), ist man heute abgerückt. Auch hat sich keine primitive Sprache gefunden, die dem Ursprung der menschlichen Sprache nahestünde.

Anatomische, physiologische und kognitive Sonderentwicklung

Man geht heute davon aus, dass man die Sprache als Zeichensystem zu verstehen hat, das sich entwickeln konnte aufgrund der anatomischen und physiologischen (Absenkung von Kehlkopf und Gaumensegel, Sensibilisierung des Gehörs) sowie neuronalen und kognitiven **Sonderentwicklung des Menschen** (Hirnvergrößerung und Entwicklung eines Sprachzentrums, Kontrolle der Sprechmotorik). Die Frage, ob die Sonderentwicklung des Menschen durch die Entwicklung von Sprache ausgelöst wurde oder ob sie erst die Bedingungen der Möglichkeit von Sprache schuf, ist aus heutiger Sicht müßig.

Die ersten Ansätze vor zwei bis sieben Millionen Jahren sind vermutlich aus lautlichen Äußerungen **indexalischen** Charakters entstanden, d. h., sie verweisen unmittelbar auf das Bezeichnete, sei es eine Empfindung wie Schmerz, Freude usw. oder eine Geste, die die optische Information akustisch erst begleitete und dann ersetzte. Später haben sich dann vermutlich **ikonische Zeichen** entwickelt, bei denen der Lautkörper auf einen bestimmten Gegenstand oder ein bestimmtes Wahrnehmungsphänomen verweist. Dies, stellt man sich vor, mag sich zunächst lautmalerisch vollzogen haben, bis die Lautfolge durch zunehmende Abstraktion **symbolischen** Charakter annahm, also auf reiner Zuordnungsabmachung beruhte. Die Entwicklung der Sprache bis zu dem uns heute geläufigen kompletten Niveau mit Wortschatz und Grammatik war frühes-

Zunehmende Abstraktion

tens vor 125.000 Jahren, spätestens aber vor 50.000 Jahren abgeschlossen, als sich der Homo sapiens aufmachte, sein Stammgebiet in Afrika zu verlassen.

Sozialer Aspekt

Sprache ist somit ein **kulturelles Erbe** der Menschheit, das sich stets im Wandel befindet und durch den Kontakt der Menschen untereinander am Leben erhalten wird. Aber auch die Umkehrung scheint zuzutreffen, wie brutale Versuche an Neugeborenen in entfernter Vergangenheit gezeigt haben: Ohne Sprache – wie immer sie auch in Erscheinung treten mag – ist der Mensch einer Qualität beraubt, die ihn wesentlich definiert. Die soziale Mithilfe bei der Entwicklung sprachlicher Fähigkeiten trägt also auch wesentlich zur Entwicklung des Individuums bei.

1.1.3 Ontogenetischer Spracherwerb: Sprachentwicklung
(Ontogenetischer Spracherwerb: Erwerb der Muttersprache im Babyalter)

Entwicklung der einzelnen Sprachmodule

Phonologie	– prälinguistische Phase („Lallphase"): Beginn beim Wechsel von Vokallauten und einfachen Verschlusslauten vom vorderen zum hinteren Mundbereich und von stimmhaften zu stimmlosen Konsonanten: m vor n, b vor p, d vor t, g vor k
	– Abschluss der Lautentwicklung: 4. Lebensjahr
Morphologie	Analogbildungen, regelmäßige Bildungen vor unregelmäßigen
Syntax	– Einwortsatz – Zweiwortsatz – komplexe Konstruktionen – Abschluss des Syntaxerwerbs durch interne Regelbindungsprozesse: 10.–12. Lebensjahr
Semantik	abhängig von der Konfrontationsintensität und Differenzqualität der gehörten Sprache

Spracherwerbstheorien

Theorie	Vertreter	Beschreibung	Kritik/ Gegenargumente
Behaviorismus, Empirismus	B. F. Skinner C. E. Osgood	Nachahmungstheorie: Imitation und Verstärkung (Belohnung), Eltern reagieren positiv oder negativ auf kindl. Sprachäußerungen	– Erwachsenensprache wird von Kindern nur unwesentlich imitiert. – Kreativität der Kindersprache bleibt unberücksichtigt. – Mensch und Tier werden unterschiedslos gleichgesetzt.

Theorie	Vertreter	Beschreibung	Kritik/ Gegenargumente
Interaktionismus	J. Brunner C. Snow	Spracherwerb durch progressive soziale Interaktion zwischen Mutter und Kind, abhängig von Entwicklungsstand	keine Erklärung, nur Beschreibung der Erwerbsbedingungen
Nativismus **Innativismus** **Mentalismus**	N. Chomsky J. J. Katz	Nachahmung reicht nicht aus; Kind lernt syntaktische Regeln und begrenzten Wortschatz, bildet daraus neue Sätze; genetisch determinierter Spracherwerb: angeborene Ideen, Universalien	keine Betrachtung der Psychologie des Spracherwerbs, der Sprachverarbeitung und der Sprachevolution; Reduktion auf Syntaxerwerb
Kognitivismus **Konstruktivismus**	J. Piaget Genfer Schule G. Lakoff R. Langacker	Spracherwerb als Folge der (genetisch determinierten) kognitiven Entwicklung, Frage nach den jeweils notwendigen Denkleistungen	Spracherwerb lässt sich nicht monokausal aus kognitiver Entwicklung herleiten.
Konnektivismus	G. Siemens	Wechseleinfluss der sprachlichen Module, Mensch als vernetztes Individuum, Lernen als Verbindung verschiedener Informationsquellen (Knoten)	beschreibt nur den intellektuellen Vorgang, liefert keine Erklärung.

Fazit: Eine eindeutige und allgemein anerkannte Theorie des Spracherwerbs existiert nicht. Sie wird vermutlich so lange umstritten bleiben, bis geklärt ist, wie unser Gehirn im Hinblick auf Sprache und Denken arbeitet.

1.2 SPRACHGESCHICHTLICHER WANDEL

Jede natürliche, lebende Sprache ist mit der Zeit auch dem Wandel unterworfen, und zwar die gesprochene Sprache eher als die geschriebene. Die Gesamtentwicklung einer Sprache wird in ihrer Sprachgeschichte dokumentiert.

Entstehung der deutschen Sprache

Die deutsche Sprache zählt zu der großen **indoeuropäischen Sprachfamilie**, die in Europa neben den germanischen Sprachen auch die romanischen und slawischen Sprachen umfasst. Das heutige Deutsch hat sich aus dem Westgermanischen in mehreren Entwicklungsstufen über das Althochdeutsche, Mittelhochdeutsche und Frühneuhochdeutsche entwickelt. Dabei war und ist sie vielfachen fremden Einflüssen ausgesetzt, seien sie politischer, sozialer oder kultureller Natur, die ihre Spuren hinterlassen haben, vor allem:

- dem Lateinischen als römischer Besatzungssprache zu Beginn unserer Zeitrechnung,
- dem Französischen als führender Kultursprache des 18. Jahrhunderts
- und heute dem Angloamerikanischen (Englischen) als globaler Verständigungssprache.

Wird eine Sprache hinsichtlich eines solchen historischen Veränderungsprozesses untersucht, spricht man vom **diachronen** Ansatz.

Andererseits entstehen aber auch zur gleichen Zeit in den überaus heterogenen Gruppen der Sprachgemeinschaft auf allen Ebenen des Sprachsystems unterschiedliche Sprachvorlieben und -tendenzen, die einer neuen Phase der Sprachgeschichte den Grund legen können. Eine Untersuchung solcher zur gleichen Zeit bestehenden Sprachunterschiede nennt man eine **synchrone** Verfahrensweise.

Zur Untersuchung des Sprachwandels haben sich mehrere Theorien herausgebildet:

1.2.1 Übersicht: Sprachwandeltheorien

Theorie	Beschreibung	Kritik/Beurteilung
Stammbaumtheorie	Jede Sprache ist aufzufassen als Zweig einer Sprachfamilie, die wiederum gemeinsam einem Sprachstammbaum zugehören.	Grundlagenwissen
Superstrat-Theorie (superstrat: darübergestreutes)	Eine Sprache übernimmt in einer Unterlegenheitssituation Bestandteile der Sprache des überlegenen Volkes (Transferenzen).	Interessant für Latinismen, Gallizismen (18./19. Jh.) und Anglizismen (20. Jh.)
Substrat-Theorie (substrat: daruntergestreutes)	Eine dominante Sprache übernimmt Elemente der ihr unterlegenen Sprache.	Interessant für regionalsprachliche Varietäten (z. B. Übernahme von „Kanaksprak" in die dt. Hochsprache)

Theorie	Beschreibung	Kritik/Beurteilung
Wellentheorie	Zwischen verwandten Sprachen kommt es immer wieder zu Wechseleinflüssen.	Interessant z. B. für den Einfluss des Deutschen auf das Angloamerikanische bzw. Englische
Stadialtheorie (stadial: stufenweise)	Jede Sprache entwickelt sich organisch in Stadien von einfacher zu komplexer Struktur.	Umkehrtendenz in heutiger Sprache beobachtbar: Pragmatismus (Telegrammstil, SMS-, Chat-, Twitter-, Comic-Sprache)
Theorie der unsichtbaren Hand	Sprachwandel vollzieht sich evolutionär, d. h. ungeplant und unbeabsichtigt (Trampelpfadtheorie).	

1.2.2 Übersicht: Transferenz („Entlehnung")

Der Begriff Transferenz bezeichnet alles Lehngut einer Sprache, also allgemein alle Formen der Übernahme von fremdsprachlichen Elementen (phonetischer, orthografischer, morphologischer, semantischer oder syntaktischer Art) in eine Muttersprache. Diese Übernahmen können assimiliert, d. h., an die Muttersprache angepasst, oder nicht-assimiliert sein. Während die assimilierten Formen (z. B. Fenster ← fenestra) schnell ihren Fremdcharakter verlieren und z. B. zu Lehnwörtern werden, bleibt bei nichtassimilierten der Fremdcharakter erhalten (Fremdwort). Am auffälligsten und häufigsten geschieht das im Bereich der Semantik.

Assimilation oder Nicht-assimilation

Semantische Transferenzen differenziert man nach folgenden Formen von Lehnbildungen:

Begriff	Erläuterung	Beispiel
Lehnbedeutung	Bedeutungserweiterung eines muttersprachlichen Wortes durch Einfluss einer Fremdsprache	„Realisieren": eigentl. verwirklichen; Bedeutungserweiterung: wahrnehmen
Lehnschöpfung	Neuschöpfung eines muttersprachlichen Wortes unabhängig vom fremdsprachlichen Wort	Symbol (aus dem Griech.: etwas Zusammengefügtes) → Sinnbild

Begriff	Erläuterung	Beispiel
Lehnformung	Bildung eines neuen muttersprachlichen Begriffs in Abhängigkeit vom fremdsprachlichen Wort Lehnübertragung: Lehnformung in assimilierter Form Lehnübersetzung: Lehnformung in Glied-für-Glied-Übersetzung	 Patria → Vaterland steam engine → Dampfmaschine
Scheinlehnwort	muttersprachliche Neubildung eines Wortes, das seine fremdsprachliche Herkunft nur vortäuscht	Mobile (engl.) → Handy (dt.)

Hauptelemente des modernen Sprachwandels

- **Transferenzen** treten im heutigen Gegenwartsdeutsch vor allem aus dem Angloamerikanischen auf in den Bereichen Wissenschaft, Technik, Sport, Mode, Musik und Medien. Häufig begründen sich diese Transferenzen nicht nur dadurch, dass die verwendeten Begriffe Internationalismen, also wie fachsprachliche Termini technici übersetzungslos in allen Sprachen verankert sind (z. B. „Videoclip", „App"), sondern vor allem durch das Prestige des Angloamerikanischen in diesen Bereichen. Mit der Verwendung verbindet der Sprecher nicht selten Vorstellungen von Selbstwert, Macht, sozialem Ansehen und Aufstieg. Fragwürdig wird es dann, wenn fremdsprachlichen Ausdrücken ein völlig anderer Sinn unterlegt wird (z. B. „public viewing": Leichenschau [engl.] vs. öffentliches Fernsehen, Rudelgucken).
- **Die Mischung von Groß- und Kleinbuchstaben** dient sehr subjektiven Hervorhebungen.

Orientierung an Lautsprache

- Der Stil der Chats und Internet-Foren, gern mit dem unzutreffenden Begriff des **Parlando-Stils** bezeichnet, mit seiner sich an der Lautsprache orientierenden Schriftlichkeit wächst mehr und mehr auch in den normalen Sprachgebrauch hinein. Merkmale dieses Stiles sind Veränderungen am Wortkörper (Metaplasmen) durch Weglassungen am Wortanfang, in der Wortmitte oder am Wortende oder durch Zusammenziehung und Verschmelzung zweier Wortkörper (Kontraktion). Syntaktisch äußert sich dieser Stil vor allem in Auslassungen von Satzteilen, die in feuilletonistischen Kurz- oder sogar Einwortsätzen („Eben.") ihre Vorläufer haben. Das lässt sich aber auch schon unter die Tendenz zur Abbreviation fassen.
- **Abbreviationen** (Abkürzungen) bestimmen nicht nur in der deutschen Sprache den zeitgenössischen Sprachwandel. Sie treten vorwiegend im mündlichen und medialen Sprachgebrauch als Ausdruck der Ökonomie, des Pragmatismus und der Gruppenzugehörigkeit in folgenden Formen auf:

1.2.3 Übersicht: Abbreviationen

Bezeichnung	Beschreibung	Beispiel
Akronym	meist in Großbuchstaben geraffte Folge von Initialbuchstaben	ARD, CDU, LKW, IC, AB
Sigle, Emoticon (Smiley)	neudefinierte kleine Bildzeichen	☺ ☹
Symbol	Einzelwörter werden durch Begriffszeichen ersetzt.	&, %, Ziffern: 4teilen
Kurzwort	Kopfwort Doppel-Kopfwort Schwanzwort Rahmenwort Verbalsubstantiv	Auto, Foto, Uni, Prof, Perso Trafo, Kita, Hiwi, Modem (*Mo*dulator + *Dem*odulator) Trockner, Bus, Rechner Brunch (*Br*eakfast + L*unch*), Motel (*mo*torist's ho*tel*) Tanke, Flieger, Denke
Inflektiv	phonologisch beeinflusstes synthetisches Wort	stöhn, blabla, krächz
Metaplasmus **Elision (Auslassung)**	Veränderung des Wortkörpers Aphärese: am Anfang Synkope: in der Mitte Apokope: am Ende	 raus, ne < eine gehn nich, sonder
Ellipse	Satzverkürzung	Mach ich.
Kontraktion (Synalöphe)	Zusammenziehung zweier Wörter	hasse < hast du

Zuletzt wurde die sich immer stärker in den digitalen Bereich verschiebende schriftliche Kommunikation (E-Mail, SMS, Twitter) durch sog. **Emojis** revolutioniert, die 1999 vom japanischen Kommunikationsdesigner Shigetaka Kurita entwickelt wurden. Dabei steht das *E-* für Bild und *moji* für Charakter. Ziel der Entwicklung dieser einfachen Bildzeichensprache, bestehend aus modernen Ikons in hieroglyphischer Aneinanderreihung, ist es, ein global einheitliches visuelles Verständigungsmedium zu schaffen, das von allen Menschen der Erde verstanden werden kann, ohne eine neue Sprache erlernen zu müssen (wie z. B. die Weltkunstsprachen Ito oder Esperanto).

1.2.4 Mehrsprachigkeit

Man muss echte Multilingualität, in der Regel Bilingualität, also die alltägliche Verwendung von zwei ethnisch unterschiedlichen Sprachen, von der Diglossie, der Verwendung von zwei Varietäten derselben ethnischen Sprache, unterscheiden. Von **Diglossie** würde man also sprechen, wenn neben der normierten Hochsprache noch eine andere Sprachform benutzt wird, die sich im Niveau deutlich von der Hochsprache unterscheidet, wie z. B. der Dialekt. Umgangssprache, Jugendsprache, Soziolekt oder Idiolekt würden in ihrer relativ geringen Differenz zur Hochsprache nicht ausreichen, um von einer Diglossie zu sprechen. Anders ist es bei dem Szenejargon „Kanaksprak"[1], der besonders von Migranten benutzten Mischsprache aus Deutsch und Elementen des Türkischen und der Balkansprachen **(„Türkendeutsch", „Kiez-Deutsch")**. Hier liegen auf unterschiedlichen Ebenen so gravierende Abweichungen vor, dass es bereits einer besonderen Beherrschung dieser subkulturellen Kiez-Sprache bedarf. Das ist auch daran feststellbar, dass es Bestrebungen gibt, diese Sprachvarietät nicht abzuwerten, sondern als interkulturelle Kontaktsprache und Multi-Ethnolekt anzuerkennen, weil sie als sekundärer (d. h. nachgeahmter) oder sogar tertiärer (d. h. sich in den Medien spiegelnder) Ethnolekt auf die Ursprungssprache zurückwirkt (z. B. Übernahmen der „Kanaksprak" in die Hochsprache).

Hochsprache und Dialekt

Echte Bilingualität ist häufig bei Kindern von Migranten oder verschiedensprachigen Eltern gegeben. Selten werden dabei beide Sprachen vollständig in Wort und Schrift beherrscht, zumeist dominiert eine. Die Identitäts- und die Kontrastivhypothese beleuchten unterschiedliche Probleme der Bilingualität. Nach der Kontrastivhypothese bereitet beim Erwerb einer Zweitsprache das Lernen unterschiedlicher Elemente besondere Schwierigkeiten, während identische Elemente leicht erlernbar sind. Dagegen geht die Identitätshypothese davon aus, dass es für den Erwerb keine Rolle spielt, welche Sprache zuerst erlernt wurde. Neuere Forschungen belegen jedenfalls, dass Bilingualität das Gehirn in den Bereichen des Hippocampus und des Cortex verändert und verbessert im Hinblick auf logisches Denken, Simultanität (Multitasking), Auffassungsschnelligkeit und die Entwicklung von Konfliktlösungsstrategien.[2] Die Erforschung dieses Phänomens ist bei Weitem noch nicht abgeschlossen.

Erlernte Mehrsprachigkeit

Erlernte Mehrsprachigkeit durch den Erwerb einer Fremdsprache z. B. in der Schule gewinnt in einer globalisierten Welt zunehmend an Bedeutung. So ist es im vereinten Europa ein seit 2003 in Barcelona erklärtes Ziel, dass in absehbarer Zeit jeder Bürger Europas neben seiner Muttersprache zwei weitere Sprachen beherrschen soll. Als Vorteile der so erlernten Mehrsprachigkeit werden immer wieder folgende vier Aspekte vorgetragen:

- **„Der kognitive Aspekt**: Mehrsprachigkeit fördert ein differenziertes Bewusstsein von Sprache, z. B. das metasprachliche Bewusstsein und andere Fertigkeiten, die auch das Erlernen weiterer Sprachen erleichtern. Sie schult außerdem differenziertes Denken.

---

1 Diese Wortschöpfung geht wahrscheinlich auf den deutschen Autor türkischer Herkunft Feridun Zaimoglu zurück (*Kanak Sprak – 24 Mißtöne vom Rande der Gesellschaft*, 1995).

2 The Power of the bilingual Brain, Time, Vol. 182, Nr. 30 vom 29. 07. 2013, S. 26–29.

- **Der psychologische Aspekt**: Für viele Menschen ist die Herkunftssprache (‚Muttersprache') ein Symbol ihrer Identität. Die Anerkennung der Muttersprache hebt das Selbstbewusstsein der Sprecher, das ist v. a. wichtig für Sprachen, die in unserer Gesellschaft bislang noch wenig Prestige besitzen.
- **Der pragmatische Aspekt**: Mehrsprachige haben eine differenziertere Sicht auf die Welt. Sie lernen durch die Brille der anderen Sprache andere Sichtweisen kennen und sind daher flexibler im Handeln. Ein Beispiel: Manche Sprachen drücken ein und denselben Sachverhalt ganz verschieden aus: z. B wenn ich vom Regen durchnässt bin, sage ich auf Italienisch *sono tutta bagnata* ‚ich bin ganz gebadet'. Oder es gibt viele Redensarten, die kulturelle Vorstellungen wiedergeben: Im Deutschen ist die Galle vor allem ein Sitz von Wut. Man sagt *mir läuft die Galle über, mir kommt die Galle hoch*. Im Türkischen ist damit vor allem Hunger verbunden. Man sagt *safra bastirmak* (‚Galle drücken'): ein bisschen etwas essen, um den Hunger zu unterdrücken usw.
- **Der kulturelle Aspekt**: Mehrsprachige, besonders Angehörige von Sprachminderheiten, haben eine Brückenfunktion als Vermittler zwischen verschiedenen Kulturen. Sie sind in verschiedenen Sprachen und Kulturen zuhause und können diese an uns vermitteln."[3]

1.3 SPRACHVARIETÄTEN UND IHRE GESELLSCHAFTLICHE BEDEUTUNG

Unter dem Begriff Sprachvarietäten versteht man die synchron nebeneinander bestehenden, aber unterschiedlichen Erscheinungsformen einer Sprache.

1.3.1 Übersicht: Sprachebenen und Varietäten

Sprachebene	Beschreibung	Verwendung
Gehobene Sprache Dichtersprache	elitäre, gewählte Semantik	Kunst- oder kultureller Imponierstil: Literatur
Standardsprache Allgemeinsprache Hochsprache	überregional, mit semantischer, orthografischer und grammatischer Reglementierung vor allem bei der schriftlichen Kommunikation	Normsprache der sozial und kulturell herrschenden Oberschicht: Kommunikationsmedien
Umgangssprache	ungezwungene, mündlich allgemein benutzte Alltagssprache	Normalbürger

---

3 Zit. nach: Claudia Maria Riehl: *Die Bedeutung von Mehrsprachigkeit*, http://www.phil-fak.uni-koeln.de/fileadmin/zsm/Bedeutung_von_Mehrsprachigkeit-1.doc (Stand: Januar 2018).

Sprachebene	Beschreibung	Verwendung
Regionalsprache	regional mundartlich gefärbte mündliche Umgangssprache	Identifikation und Gemeinschaft stiftende Sprache, z. B. Ruhrgebietssprache
Gemeinsprache Vulgärsprache	im Vokabular meist derbe, grammatikalisch oft restringierte mündliche Sprachverwendung in oft diskriminierender Absicht	Emotionsausgleich; z. T. auch soziale Unterschicht
Mundart	regional traditionell verwendete alte Sprachform mit meist eigener Semantik und Grammatik	kulturelle Tradition, z. B. Friesisch, Kölsch, Niederdeutsch (Plattdeutsch), Bayerisch
Fachsprache	wissenschaftliche Sprache mit fachlich besonders differenzierter, oft fremdsprachlicher Begrifflichkeit: „Fachchinesisch"	differenzierte Spezialverständigung, z. B. Sprache der Medizin, Psychologie etc.
Ethnolekt	spezielle Sprachverwendung einer fremden ethnischen Gruppe	Migrations- und Ghettosprache, z. B. „Kanaksprak"
Soziolekt Jargon	Sprachvorlieben einer sozialen Gruppe im Rahmen der Hochsprache: Jugendsprache, geschlechtsspezifische Sprachverwendung	Mittel der sozialen Distanzierung und Gemeinschaftsbildung, z. B. Männersprache, Frauensprache, Jugendsprache
Idiolekt	individuelle Sprachverwendung	

Beim Ethnolekt gilt es in Deutschland drei Ebenen zu unterscheiden: Zu dem dargestellten primären Ethnolekt treten inzwischen auch der **sekundäre Ethnolekt** auf, der zumeist als unterhaltende Nachahmung des primären Ethnolekts Verwendung findet, und der **tertiäre Ethnolekt**, der in den Medien gespiegelte sekundäre Ethnolekt, der auf die gesamte Sprachgemeinschaft einwirkt.

1.3.2 Jugendsprache

Die Jugendsprache ist ein wesentlicher, sich historisch immer wieder verändernder Soziolekt. Er kennzeichnet sich unabhängig von der jeweils sprechenden Gruppierung zumeist durch:
- besondere Gruß- und Anredeformen: „Alter", „Digger" (Dicker), „Tussi"

- Verwendung einer Sonderlexik:
  → Neologismen (Wortneuschöpfungen): „alken" = sich hemmungslos betrinken
  → lexikalische Mutation (Wortveränderung): „Randalo" = Schlägertyp
  → lexikalische Abbreviationen (Vereinfachungen): „Proggi" = Programm
  → semantische Entlehnungen aus anderen Sprachen: „chillen" = entspannen, abhängen
  → Internationalismen (fremdsprachliche Anleihen): „beachen" = am Strand liegen
  → phonologische Germanisierung (klangliche Eindeutschung): „abcoolen" = sich beruhigen
  → semantische Variationen (Bedeutungsverschiebung): „Bonsai" = kleingewachsener Junge
  → semantische Addition (Bedeutungserweiterung): „fett" = voll in Ordnung
  → semantische Subtraktion (Bedeutungsverengung): „Looser" = Versager
  → semantische Paradoxa (Bedeutungsumkehrung): „Massage" = Prügel
  → kreative Wortspiele: „labundig" = lebenslustig
  → Verwendung gemeinsprachlicher Ausdrucksformen: „Fressbrett"
- Verbalisierung von Substantiven: „müllen" = dummes Zeug reden
- stark expressive, oft superlativ übersteigerte Adjektive: „megageil"
- Hyperbeln (Übertreibungen): „hunderttausend Leute"
- metaphorische (bildhafte) Ausdrucksweise: „Münzmallorca" = Solarium
- häufiger Gebrauch abtönender Füllwörter: „irgendwie", „oder so"
- Verwendung von Abbreviationen: „türlich" = natürlich
- elliptische Syntaxverwendung: „klaro" = versteht sich von selbst
- nachdrückliche Bestätigung: „ehrlich", „echt ey"
- Rückversicherungsfloskeln: „weißt du"

Besonders bei Fragen der Wertung ist die Jugendsprache lexalisch-semantisch aktiv, also bei Äußerungen der Wertschätzung oder Geringschätzung (z. B.: „knorke", „tofte", „jovel", „spitze", „klasse", „super", „geil", „cool" [in etwa historische Abfolge]; „grottig", „sich einen Fetten machen" = sich drücken) oder zum Ausdruck der Verwunderung oder Unzufriedenheit („ich denk, mich knutscht ein Elch").

Von „knorke" bis „cool"

Jugendsprache ist zunächst abwertend betrachtet als „Halbstarken-Chinesisch" stigmatisiert worden, ehe sie über „Teenagerdeutsch" und „Schülerdeutsch" als Jugendsprache auch wissenschaftlich ernst genommen wurde. Heute wird der Collage-Stil der Jugendsprache, der nach innen Solidarität und nach außen Distinktion vermittelt und sich einerseits aus der Mediensprache und andererseits aus der eigenen Sprachhaltung speist, als Quelle kultureller Entwicklungen betrachtet.

1.3.3 Genderlekt

Die Frage nach dem Genderlekt, der Frage nach der Männer- bzw. Frauensprache, ist im Wesentlichen keine Frage nach der Sprachdifferenz zwischen den Geschlechtern, als vielmehr die Frage nach einer geschlechtergerechten Sprache. Seit den 1970er Jahren sind im Rahmen der Emanzipationsbestrebungen der Frau Klagen über den Sexismus in der Sprache formuliert und zur Erlangung der auch sprachlichen Gleichberechtigung Forderungen aufgestellt worden, die den gängigen Maskulinismen in der

Männersprache, Frauensprache?

deutschen Sprache den Kampf angesagt haben. Daraus haben öffentliche und amtliche Stellen ihre Lehren gezogen und bemühen sich heute in vielfacher Weise um Sprachgerechtigkeit. Dies geschieht überwiegend entweder durch die **Verdeutlichung** der beiden Geschlechter, indem man beide Geschlechtsgruppen direkt anspricht (Doppelanrede: „Schülerinnen und Schüler") oder dadurch, dass man sich um eine **neutrale Ausdrucksweise** bemüht, was häufig bereits durch Pluralbildungen vollzogen werden kann („Studierende" statt: Studenten, „alle, die zur Wahl berechtigt sind" statt: jeder Wahlberechtigte; „Es ist nicht bekannt, wer das Werk verfasst hat" statt: der Verfasser des Werks ist unbekannt; „Beratung der Kundschaft" statt: Kundenberatung).

1.4 VERHÄLTNIS VON SPRACHE, DENKEN UND WIRKLICHKEIT

Die modernen Medien haben den bereits von Herder im 18. Jahrhundert angesprochenen Problemkreis um **Sprache, Denken und Wirklichkeit** noch weiter zugespitzt, zumal die durch die gewachsenen Zugriffsmöglichkeiten erweiterte Freiheit des individuellen Bewusstseins durch die immer stärker einwirkenden Vorgaben der neuen Einflüsse bedrohter erscheint als zuvor. Hinsichtlich des Verhältnisses von Sprache und Denken lässt sich folgender Theorie-Stammbaum erstellen:

Übersicht: Sprachtheorien

Theorie	Erklärung	Vertreter
Monistische Theorien	Sprache und Denken sind eins.	J. G. Herder, M. Müller, F. Mauthner, G. Lukács
Dualistische Theorien	**Dominanztheorien:**	
	– Denkdominanz (kognitionstheoretischer Ansatz): Das Denken (Kategorien) beeinflusst Wahrnehmung und Sprache.	J. Piaget, N. Chomsky
	– Sprachdominanz (linguistischer Ansatz): Die Sprache beeinflusst Wahrnehmung und Denken (Linguistisches Relativitätsprinzip).	W. v. Humboldt, J. B. Watson, B. L. Whorf, E. Sapir
	Interdependenztheorie (neurolinguistischer Ansatz): Sprache und Denken stehen in einem Wechselverhältnis.	G. Patzig, L. S. Wygotski, D. Spanhel, A. Schaff

1.4.1 Fokus: Aktualität der Sapir-Whorf-Hypothese

„Vernunft ist Sprache"

Die Sprachdominanztheorie – die Annahme, dass die Sprache Wahrnehmung und Denken beeinflusst – hat eine mindestens bis zur Aufklärung zurückreichende Geschichte. **Johann Georg Hamann** (1730–1788) begreift in seiner posthum erschienenen, gegen Kant gerichteten Schrift *Metakritik über den Purismus der Vernunft* (1800) die Sprache als „einzigen und letzten Organon und Kriterion der Vernunft" und formuliert knapp: „Vernunft ist Sprache"[4].

„Worte erwecken Gedanken"

Hamanns Schüler **Johann Gottfried Herder** (1744–1803) gewinnt mit seiner *Abhandlung über den Ursprung der Sprache* (1772) eine für das Jahr 1770 von der Berliner Akademie der Wissenschaften ausgelobte Preisaufgabe, in der er zwar den Spracherwerb des Menschen auf dessen eigene Entwicklung zurückführt. Aber die Auffassung Hamanns von der Vorrangstellung der Sprache gegenüber dem Denken teilt Herder, wenn er behauptet, „man erweckt eben Gedanken durch Worte"[5].

Sprachlicher Idealismus

Im Gegensatz zu Hamann geht **Wilhelm von Humboldt** (1767–1835) zwar vom Transzendentalen Idealismus Immanuel Kants aus. Aber in seiner Schrift *Über die Verschiedenheit des menschlichen Sprachbaues und ihren Einfluss auf die geistige Entwicklung des Menschengeschlechts* (1836) gelangt Humboldt ebenfalls zu einer Sprachauffassung, die der Sprache gegenüber dem Denken ein Primat einräumt. Man kann diese Sprachauffassung „Sprachlichen Idealismus" nennen, weil Humboldt analog zu Kant unterstellt, dass die Dinge der Wirklichkeit selbst nicht erfassbar seien, sondern nur durch eine sprachlich vorstrukturierte Wahrnehmung. Erst wenn die Sprache die Wirklichkeit durch Begriffe verfügbar gemacht hat, kann das Denken mit diesen Begriffen operieren und sich die Wirklichkeit erschließen, so Humboldt. Anders formuliert: Der Mensch kann von der Wirklichkeit das nicht erkennen, was er nicht benennen kann. Unter Verwendung von aristotelischen Begriffen bezeichnet Humboldt mit „Ergon" den begrifflichen Bestand einer Sprache und mit „Energeia" die wirklichkeitsschaffende Kraft der Sprache. Sprache ist nach Auffassung Humboldts als dynamischer Prozess die „äußerliche Erscheinung des Geistes der Völker; ihre Sprache ist ihr Geist und ihr Geist ihre Sprache, man kann sich beide nie identisch genug denken."[6] Zum Verhältnis zwischen Sprache und Denken formulierte er eindeutig: „Die Sprache ist das bildende Organ des Gedanken(s)."[7] Später teilten sowohl der deutsch-jüdische Philosoph **Ernst Cassirer** (1874–1945) als auch der während der NS-Zeit mit dem Reichssicherheitshauptamt zusammenarbeitende Sprachwissenschaftler **Leo Weisgerber** (1899–1985) Humboldts Auffassung von der Sprache als dem Mittel, mit dem uns erst die Erschließung der Wirklichkeit gelingt.

Ethnologie

Mit dem in die USA emigrierten deutsche Anthropologen **Franz Boas** (1858–1942) setzt der ethnologische Zweig der Sprachtheorie ein. Als Ergebnis seiner Studien formulierte Boas 1920: „The categories of language compel us to see the world arranged

---

4 Brief Hamanns an Herder vom 8. 8. 1784. In: Johann Georg Hamann: *Briefwechsel*. Hrsg. von W. Ziesemer und A. Henkel. Wiesbaden: Insel, 1955 ff., Bd. V (1965), S. 177.

5 Johann Gottfried Herder: *Sprachphilosophie. Ausgewählte Schriften*. Hrsg. von E. Heintel. Hamburg: Meiner, 2005, S. 145 (Philosophische Bibliothek Bd. 574).

6 Wilhelm von Humboldt: *Ueber die Verschiedenheit des menschlichen Sprachbaues und ihren Einfluss auf die geistige Entwicklung des Menschengeschlechts*. In: Ders.: Werke in fünf Bänden. Hrsg. von A. Flitner und K. Giel. Bd. 3: Schriften zur Sprachphilosophie. Darmstadt: Wissenschaftliche Buchgesellschaft, 1963, S. 414 f.

7 Ebd., S. 426.

in certain definite conceptual groups which, on account of our lack of knowledge of linguistic processes, are taken as objective categories and which, therefore, impose themselves upon the form of our thoughts."[8] In seinem Werk *Race, Language and Culture* (1940) stellt er fest, dass eine Kultur nicht von ihrer Sprache eingegrenzt werden könne. Boas gelangt dabei zu der Schlussfolgerung, dass das Denken die Sprache beeinflusse, dass aber „alle Sprachen umfangreich und komplex genug (sind), um der Vielfalt menschlichen Denkens gerecht zu werden."[9]

Steuert Sprache das Denken?

Sein Schüler **Edward Sapir** (1884–1939), ein von Litauen aus in die USA emigrierter Sprachwissenschaftler und Ethnologe, kehrt allerdings diese Einstellung um. In seiner Schrift *Language: An Introduction to the Study of Speech* (1921) behauptet Sapir, die Denkprozesse des Menschen seien durch die Eigenheiten der Sprache strukturiert und bis zu einem gewissen Grad sogar von ihr gesteuert. Die Unterschiedlichkeit der Sprachen weise geradezu darauf hin, dass sie eine unterschiedliche soziale Wirklichkeit widerspiegelten. Sapir betont dabei allerdings den pragmatischen Charakter der Sprache, die die Wirklichkeit je nach Bedarf und Notwendigkeit auffasse. Er formuliert alles in allem jedoch sehr vorsichtig und behauptet im Gegensatz zu Humboldt weder eine Identität von Sprache und Denken, noch glaubt er, mit einer Mehrsprachigkeit könne sich die Wahrnehmung der Wirklichkeit erweitern. Er betont vielmehr, dass keine Sprache die Realität richtiger abbilde als eine andere, weil es eben keine objektive Wahrheit der Realität gebe. Deshalb hält er es auch durchaus für wahrscheinlich, dass zwischen zwei Sprachen das Problem der Unübersetzbarkeit auftreten könne.

Linguistisches Relativitätsprinzip

Wesentlich radikaler ist im Gegensatz dazu die Einstellung seines Schülers **Benjamin Lee Whorf** (1897–1941). Als ausgebildeter Chemieingenieur war Whorf eigentlich Brandverhütungsingenieur bei einer Versicherungsgesellschaft und interessierte sich zunächst nur als Hobby für ausgefallene Sprachen. Als Sapir einen Lehrstuhl in Yale erhielt, besuchte Whorf Kurse bei ihm, ließ sich zur Untersuchung von amerikanischen Indianersprachen animieren und wurde so zu einem linguistischen Laien – ohne Diplom. Seine Untersuchung der Sprache der im Navajo-Reservat in Arizona lebenden Hopi-Indianer, die er in seinem erst 1950 veröffentlichten Aufsatz *An American Indian Model of the Universe* (1936) niederlegte, führte Whorf später zur Formulierung seines linguistischen Relativitätsprinzips. Als Ergebnisse seiner Untersuchungen findet er 1936 heraus, dass die Hopi-Sprache zwar in der Lage ist, in einem pragmatischen und operationalen Sinne alle beobachtbaren Phänomene des Universums richtig zu beschreiben. Aber die Weltanschauung der Hopi sei, gemessen an unserer, der in den sogenannten SAE-Sprachen („Standard Average European") vorhandenen Weltanschauung, unmathematisch und linguistisch eine andere. Die Hopi-Sprache besitze keine Begriffe für unsere kosmischen Grundkomponenten von Raum und Zeit, weil sie zwei anderen Grundkomponenten folge, den objektiven Fakten und der subjektiven Meinung, sodass sie gar keine Begrifflichkeiten für Raum und Zeit benötige.

Das Weltbild der Hopi-Indianer

Der Einstein der Sprache?

Innerhalb der nächsten zehn Jahre entwickelt Whorf dann sein linguistisches Relativitätsprinzip, mit dem er sich in verschiedenen Aufsätzen und Vorträgen vornehmlich an ein Laienpublikum wendet und als begabter Redner auch manches im Sinne

---

8 J. A. Lucy: *Language Diversity and Thought. A Reformulation of the Linguistic Relativity Hypothesis*. Cambridge, 1992, S. 15.
9 Zitiert nach: Joachim Funke: *Sprache und Denken: Einerlei oder Zweierlei? Einige Überlegungen aus Sicht der Psychologie*. Vortrag am Psychologischen Institut der Universität Heidelberg vom 18. 11. 1999, S. 7; https://www.psychologie.uni-heidelberg.de/ae/allg/mitarb/jf/Funke_1999_Sprache&Denken.pdf (Stand: Februar 2018).

eines besseren Verständnisses vergröbert und übertreibt. Seine Theorie wird zumeist nach dem Sammelband *Sprache – Denken – Wirklichkeit. Beiträge zur Metalinguistik und Sprachphilosophie* (1956, dt. 1963) zitiert. Die Begrifflichkeit der linguistischen Relativitätstheorie lehnt sich dabei nicht nur an die Spezielle Relativitätstheorie Albert Einsteins von 1905 an, sondern auch an das ethnologische Relativitätsprinzip von Franz Boas, nach dem zahlreiche Institutionen, Wertungen und Emotionen kulturspezifisch, also nur den Mitgliedern je einer bestimmten Kultur zugänglich oder verbindlich seien.

Grammatik bestimmt Denken

Whorf schreibt, dass der zunehmende Vergleich verschiedener Sprachen die Linguisten herausfinden ließ, „dass das linguistische System (mit anderen Worten, die Grammatik) jeder Sprache nicht nur ein reproduktives Instrument zum Ausdruck von Gedanken ist, sondern vielmehr selbst die Gedanken formt."[10] Verschiedene Grammatiken führten demnach zu verschiedenen Arten der Produktion von Gedanken. Die Realität werde nicht nach Kategorien wahrgenommen, die aus der Realität stammten, sondern nach denen, die das jeweilige linguistische System vorgebe, das selbst in einem langen Prozess einer kulturellen Übereinkunft entstanden sei. Jeder Sprachteilnehmer sei zwangsläufig an das linguistische System seiner Sprache gebunden. Eine Freiheit im Umgang mit der Realität wachse demnach erst mit der Beherrschung mehrerer linguistischer Systeme (Mehrsprachigkeit). Das bringt Whorf zu der Formulierung seines Relativitätsprinzips, „das besagt, dass nicht alle Beobachter durch die gleichen physikalischen Sachverhalte zu einem gleichen Weltbild geführt werden."[11] Die relativ große Übereinstimmung in dem von den europäischen Sprachen produzierten Weltbild führt Whorf auf die Nähe der indoeuropäischen Sprachen zueinander und die gemeinsam gewachsene Kultur zurück. Die Tatsache, dass sich in den Wissenschaften auch bei außereuropäischen Wissenschaftlern keine anderen Termini fänden, begründet Whorf damit, dass man sich der europäischen Sichtweise unterworfen habe. Deutlicher werde diese Divergenz, „dass Sprachen die Natur in vielen verschiedenen Weisen aufgliedern"[12] erst, wenn man Sprachen miteinander vergleicht, die sich mehrere tausend Jahre unabhängig voneinander entwickelt haben.

Kennen Eskimos viele Wörter für Schnee?

Whorf leitet seine leidenschaftlich vorgetragenen Überlegungen nicht aus übergeordneten Theorien ab, sondern stützt sich bei der Begründung seiner These argumentativ fast ausschließlich auf die Ergebnisse seiner Untersuchungen der Hopi-Sprache, vor allem auf deren, wie er behauptet, andere Raum-, Zeit- und Mengenauffassung. Als darüber hinausgehende Argumente führt er die Verschiedenheit der Farbeinteilungen und -bezeichnungen bei unterschiedlichen Sprachen an. Berühmt wurde Whorfs Behauptung, die Sprache(n) der Inuits (Eskimos) hätte(n) – im Unterschied etwa zu den europäischen Sprachen – zahlreiche Begriffe für unterschiedliche Formen von Schnee.

Kritik an Whorfs Thesen

Whorfs Gedankengang scheint zunächst logisch und stringent zu sein. Bei näherer Betrachtung stellt man allerdings fest, dass dieser Eindruck wesentlich auf seinem Geschick basiert, wissenschaftliche Argumente durch manipulative Rhetorik zu ersetzen. So stützen sich seine Tatsachenbehauptungen und apodiktisch formulierten Aussagen weniger auf Argumente als auf sprachpsychologische Mittel, mit denen eine logische Dynamik lediglich suggeriert wird. Hinzu kommt, dass Whorf auch vor emphatischen

---

10 Benjamin Lee Whorf: *Sprache – Denken – Wirklichkeit. Beiträge zur Metalinguistik und Sprachphilosophie.* Reinbek bei Hamburg: Rowohlt, 1963, S. 12.
11 Ebd.
12 Ebd.

Überredungsgebärden und insistierenden Wiederholungen nicht zurückschreckt. Trotz aller Vagheit seiner Ausführungen erreicht er so bei vielen Lesern zwar eine emotionale Affirmation, aber letztlich keine rationale Überzeugung. Wenn Whorf darauf vertraut, dass der Leser in der Lage ist, die vorhandenen logischen Lücken zu schließen, setzt er doch implizit voraus, dass das Denken eben jene Gedanken zu formen vermag, die die Sprache an dieser Stelle aus logischen Gründen zu formen versagt, womit er seiner eigenen Theorie widerspricht. Zudem: Falls der Leser der Theorie Whorfs wirklich in den Bahnen zu denken gezwungen wäre, die ihm das vorgeformte Sprachmaterial des Textes vorzeichnet, dürften Whorfs Ausführungen auch nicht kritisch hinterfragt werden können.

Nachweis von Fehlern

Als Nicht-Sprachwissenschaftler ist Whorf darüber hinaus eine Reihe von Fehlern unterlaufen. So hat er zum Beispiel aus Ermangelung eines längeren Forschungsaufenthaltes das meiste Untersuchungsmaterial mit Hilfe eines einzigen, dazu noch in New York lebenden Hopis ermittelt. Der Münsteraner Sprachwissenschaftler Helmut Gipper, ausgerechnet ein Schüler Leo Weisgerbers, fand 1972 bei der Überprüfung der Whorfschen Hopi-Untersuchung heraus, dass das Hopi zwar eine andere Zeitauffassung als die europäischen Sprachen hat, aber durchaus in der Lage ist, Zeitvorstellungen zum Ausdruck zu bringen. Hier wie auch bei anderen Untersuchungen Whorfs zeigen sich vielfältige Mängel in der wissenschaftlichen Methodik, die bereits bei der Definition der Begriffe „Sprache“ und Denken“ ansetzt. Auch Whorfs Unterstellung, die grammatischen Strukturen müssten nachweisbare Entsprechungen im außersprachlichen Verhalten haben, hat keine Bestätigung gefunden. Hinsichtlich der unterschiedlichen sprachlichen Farbeinteilung der Völker stellte man – allerdings erst 1973 – fest, dass die neurophysiologischen Voraussetzungen des Menschen auf der ganzen Welt zu einer gleichen Farbwahrnehmung führen, das wahrgenommene Farbspektrum aber je nach Bedarf der Völker unterschiedlich sprachlich gegliedert ist. Selbst die Behauptung von der lexikalischen Vielfalt des Inuit zur Bezeichnung von Schnee entpuppte sich als Mythos: Die Eskimos unterscheiden im Grunde nur fallenden von liegendem Schnee, andererseits steht selbst im Deutschen mit den Begriffen wie Flocken, Pulver, Firn, Harsch etc. mehr als nur ein Wort für Schnee zur Verfügung. Letztlich hat die Flut der seit Whorf angestrengten Untersuchungen ergeben, dass nicht nur die Phänomene der Welt von allen Menschen und nahezu in allen Sprachen nach den gleichen Kriterien klassifiziert und differenziert werden, sondern auch bei abstrakten Begriffen eine hohe Übereinstimmung festzustellen ist. Unterschiede sind dabei nicht auf sprachliche, sondern auf kulturelle Faktoren zurückzuführen.

Manipulation in Politik und Werbung

Damit ist der sich auf die Strukturverschiedenheit der Sprachen stützende Sprachdeterminismus Whorfs in seiner extremen Form als unhaltbar widerlegt. In seiner abgeschwächtesten Form allerdings sind die Erkenntnisse Whorfs nicht bestreitbar: Die Sprache vermag durchaus auf unser Denken Einfluss zu nehmen, wessen man sich auch zu allen Zeiten in Politik und Werbung wirksam bedient, indem man durchaus erfolgreich versucht, Bewusstsein und Denken mit Mitteln der Lenkung und Manipulation von Sprache zu steuern.

Konsequenzen für den Schulunterricht

Die Konsequenzen der Sapir-Whorf-Hypothese, die eigentlich nur eine Whorf-Hypothese ist, waren vielschichtig. Bereits kurz nach Veröffentlichung in den 1950er Jahren erlebte die Theorie eine etwa zehnjährige Blütezeit, auch in Deutschland. Sie hatte

z. B. zur Folge, dass vorübergehend bei der Versetzung ein „Mangelhaft" in Deutsch nicht ausgeglichen werden konnte, weil nach Whorfs Theorie jemand nicht „richtig denken" könne, wenn die Leistungen in der Muttersprache nicht hinreichten.

In den nächsten zwei Jahrzehnten ließ das Interesse an Whorfs „linguistischem Relativitätsprinzip" jedoch in dem Maße nach, in dem das Wissen an den sprachlichen Universalien wuchs. Hier drehte man die Perspektive Whorfs nach dem Prinzip „Linguistic relativity presupposes linguistic universals" (Eve und Herbert Clark, 1978) um: Statt nach Unterschieden in den verschiedenen Sprachen zu suchen, erforschte man jetzt ihre Gemeinsamkeiten. Joseph Greenberg (1915–2001) und Floyd Lounsbury (1914–1998) gelang es in den 1970er Jahren durch eine Untersuchung von 30 Sprachen 45 sprachliche Universalien herauszufinden, wie man jene Eigenschaften nennt, die allen menschlichen Sprachen gemeinsam sind. In diese Epoche fällt auch die Theorie Noam Chomskys (geb. 1928), die – ausgehend von der Annahme angeborener sprachlicher Ideen – davon ausgeht, dass alle Sprachen eine gemeinsame „Tiefenstruktur" besitzen, eine Art Universalgrammatik. Diese Hypothese erwies sich zwar als ebenso wenig haltbar wie die von dem Ukrainer W. M. Illytsch-Switytsch (1934–1966) und dem Russen Aharon Dolgopolsky (1930–2012) postulierte „Ursprache", die sie als das „Nostratische" bezeichneten. Immerhin brachte Chomskys Annahme aber den Italiener Luigi Luca Cavalli-Sforza (geb. 1922) zu der These, man könne die nachgewiesenen Universalien als Relikte einer gemeinsamen Ursprache betrachten. So ist seit Whorf gerade für den Bereich der grammatischen Strukturen, wo er hauptsächlich die Strukturverschiedenheit der Sprachen zu erkennen meinte, ein Großteil der sprachlichen Universalien nachgewiesen worden. Gleichwohl ist die Diskussion um Whorfs Theorie nie abgerissen.

Gemeinsame Tiefenstruktur?

2. INHALTSFELD TEXTE

2.1 STRUKTURELL UNTERSCHIEDLICHE DRAMEN AUS UNTERSCHIEDLICHEN HISTORISCHEN KONTEXTEN UNTER BERÜCKSICHTIGUNG IHRER POETOLOGISCHEN KONZEPTE

2.1.1 Poetologische Konzepte: Gattungen

Für Aufführung gedacht

Ein dramatischer Text unterscheidet sich von anderen fiktionalen Textgattungen dadurch, dass er sich über die **figurengebundene Rede** definiert und von der Grundkonzeption her für eine Aufführung gedacht ist. Es gibt allerdings auch reine Lesedramen, die nicht für eine Aufführung geschrieben sind. Der Autor tritt also nur im sogenannten **Nebentext** in Erscheinung, fälschlicherweise oft auch Regieanweisungen genannt. Der Nebentext ist aber nicht nur eine Hilfe für einen möglichen Regisseur bei der Aufführung eines Dramas, sondern genuiner Bestandteil des Dramas. Zum Teil ist eine Dramenhandlung ohne den Nebentext nicht verständlich.

Die drei Dramengattungen

Innerhalb des Dramas, das man ganz allgemein auch **Schauspiel** oder **Stück** nennen kann, unterscheidet man vom Ausgang der Handlung her drei Gattungen:

- die **Tragödie**, bei der meist mindestens einer der Protagonisten stirbt.
- die **Komödie**, die für den oder die Protagonisten wider Erwarten gut ausgeht.
- die **Tragikomödie**, bei der ein Protagonist ein gutes und ein anderer ein schlechtes Ende findet.

Die deutschen Begriffe **Trauerspiel** und **Lustspiel** geben die klassischen Begriffe nicht ganz adäquat wieder, weil sie zum Teil falsche Erwartungen wecken. Auf weitere differenzierende Begrifflichkeiten z. B. der Komödie sei an dieser Stelle verzichtet.

Vier Richtungen des modernen Dramas

Über diese Erscheinungsformen des klassischen oder aristotelischen Theaters hinaus unterscheidet man im modernen Drama im Allgemeinen vier Richtungen:

- das epische Theater nach Bertolt Brecht,
- das dokumentarische Theater nach Peter Weiss oder Heiner Kipphardt,
- das absurde Theater nach Eugène Ionesco oder Wolfgang Hildesheimer und
- das experimentelle Theater.

2.1.2 Übersicht: Gestaltungsformen des klassischen Dramas

Aufbau	3-aktig: Exposition (Figureneinführung, Problementwicklung), Peripetie (Handlungsumschwung, Konflikthöhepunkt), Katastrophe (Problemlösung) 5-aktig: Exposition, steigerndes Moment, Peripetie, retardierendes (verzögerndes) Moment, Katastrophe Drei Einheiten: des Ortes, der Zeit, der Handlung

Ziel	Katharsis: Reinigung von Gefühlen (Furcht und Mitleid)
Figuren	Protagonist (Hauptfigur), Antagonist (Gegenspieler)
Text	Haupttext: figurengebundene Rede: Monolog, Dialog, stichomythischer Dialog (kurze, kontrastive Wechselrede) Nebentext (Regieanweisungen)
Gesprächsformen	Diskurs, Entscheidungs-, Enthüllungs-, Einschüchterungsgespräch, zerfallenes Gespräch, Verhör
Gesprächsverhalten	symmetrisch vs. asymmetrisch; superior vs. inferior (über- vs. unterlegen); komplementär (ergänzend); Anredeformen
Sonderformen	Epische Einblendungen: Botenbericht, Teichoskopie (Mauerschau), Figurenerzählungen (Rückblicke, Zusammenfassungen) verdeckte Handlung (Handlungselemente tauchen nur in der sprachlichen Darstellung auf.)

2.1.3 Übersicht: Entwicklung des Dramas im Epochenumbruch 18./19. Jahrhundert

Epoche	Merkmale	Theorie
Sturm und Drang *(Urfaust)*	– freie Prosa – expressive, selbstbewusste Sprache als Ausdruck leidenschaftlichen Wollens – genialisch-kraftvolles Aufbegehren gegen jegliche Form der individuellen Beschränkung (Gelehrtendrama) – Kritik der Alltagsrealität	*Anmerkungen übers Theater* (J. M. R. Lenz)
Klassik	– geschlossene(re) Bauform – größere Formstrenge – Dominanz von Madrigalvers und Knittelvers – Ideendrama: Geschehen und Figurencharakter unterstehen einer Weltanschauung – Geschichtsdrama als Ideenkonflikt – analytisch-erzieherische Absicht	*Über epische und dramatische Dichtung* (Goethe und Schiller), *Die Schaubühne als moralische Anstalt betrachtet* (Schiller), *Über das Erhabene* (Schiller), *Über das Pathetische* (Schiller)

Aristoteles versus Shakespeare

Im 18. Jahrhundert wurden die Vorstellungen von einem Drama beherrscht von zwei unterschiedlichen Ansichten. Auf der einen Seite stand der an Regeln orientierte Traditionsstrang der Theorie, der sich von der antiken *Poetik* des Aristoteles bis zu den Werken der französischen Klassiker erstreckte, auf der anderen Seite stand die regelfreie und lebendige Theaterpraxis des ‚Genies' Shakespeare. Lessing hatte sich in seiner *Hamburgischen Dramaturgie* (1767/68) bereits um eine Entschlackung der Dramentheorie verdient gemacht und mit seinem bürgerlichen Trauerspiel den Weg bereitet. **Goethe und Schiller** vollendeten den Prozess. In ihren shakespearehaften Jugenddramen setzten sie sich über die strengen Vorschriften des herkömmlichen Theaters hinweg und gaben die drei Einheiten des Ortes, der Zeit und der Handlung sowie die strenge Versgebundenheit der Figurenrede auf. Sie verwendeten stattdessen eine kraftvolle, ausdrucksstarke Prosa, die geeignet war, die Leidenschaft des **genialischen Aufbegehrens gegen alle Formen der Unterdrückung des Subjektiven und Individuellen** zu fassen. Bei Schiller gerät dieser Stil, in dem er seine Zeitkritik formulierte, oft ins überzogen Schwülstige und Pathetische.

Sturm und Drang

Sich wandelnde Zielsetzung des Dramas

In der Folgezeit wandelt sich die Zielsetzung des Dramas:

- von der fiktionalen Ausmalung utopischer Ziele in der **Klassik**
- über eine schonungslose Darstellung der schockierenden Wirklichkeitsfakten und der Aufdeckung ihrer Ursachen im **Naturalismus**
- hin zu einer mehr analytischen Dramaturgie im **20. Jahrhundert**, die sich in immer unübersichtlicher werdenden Zeiten um die Erhellung des Wechselverhältnisses von individuellem Schicksal und gesellschaftlichem Umfeld (das zunehmend das menschliche Handeln bedingt und beeinflusst) bemüht.

Faust I als Beispiel für ein klassisches Drama?

Goethes *Faust I* ist dabei ein weniger geeignetes Beispiel für ein klassisches Drama als *Faust II*. Das liegt an seiner langen Entstehungsgeschichte, deren unterschiedlichen Stilformen Goethe am Ende bei Weitem nicht konsequent vereinheitlicht hat. Dieser Überarbeitungsprozess ist sogar recht flüchtig ausgefallen, und Goethe hat es auch gefallen, das Disparate so nebeneinander stehen zu lassen. Flüchtigkeiten sind zum Beispiel daran erkennbar, dass die sprechenden Figuren manchmal ungenau bezeichnet werden (z. B. Chor vs. Hexenchor: Szene 21) und die Szenenbezeichnungen unsystematisch sind (z. B. Tageszeit: *Nacht* vs. Ort: *Vor dem Tor* vs. Handlung: *Spaziergang*), gelegentlich Auf- und Abtrittshinweise fehlen (Szene 8, 19, 21), Reimstellungen und Taktanzahl nach Bedarf gewählt werden und sogar Textkürzungsfehler erkennbar sind. Dieser Mangel an Ordnung verdeutlicht, dass der erste Dramenteil *Faust I* nicht als Vorzeigebeispiel für ein Drama der Klassik verwendbar ist. Oder andersherum zeigt dieser Dramenteil, dass dem Drama der Klassik in seiner Beschreibung zu wenige Varietäten zugestanden werden.

EPOCHENÜBERSICHT KLASSIK

Politischer Umbruch

Vom aufgeklärten Absolutismus zum Bürgerstaat

Französische Revolution (1789) – jakobinische Terrorherrschaft (1793/1794) – Kaiserkrönung Napoleons (1805)

Friedrich der Große (Regierungszeit 1740–1786) – Reichsdeputationshauptschluss (1803) – Ende des Heiligen Römischen Reiches deutscher Nation (1806)

Deutsche Kleinstaaterei

Ständestaat: Adel (Hofgesellschaften), Klerus, aufstrebendes Bürgertum

Merkantilismus – kapitalistische Wirtschaft

Beginn der industriellen Revolution

„Kopernikanische Umkehr"

Kants drei Kritiken (1781–1790)

Wiederentdeckung der klassischen Antike

Johann Joachim Winckelman (1717–1768)

Harmonisierung der Gegensätze

Organismusidee – Humanitätsideal

Erhabene Hochsprache

Schaubild 1: Klassik

2.1.4 Fokus: Johann Wolfgang von Goethe, *Faust I*[13]

Sozio-historischer Hintergrund

Übersicht

Zeitspanne	1789 – 1848	
Politische Entwicklung	Französische Revolution 1789 Befreiungskriege gegen Napoleon: Wiener Kongress 1815 Streben nach republikanischen Nationalstaaten	
Wirtschaftliche Entwicklung	Beginn der industriellen Revolution Arbeiterproletariat: soziale Bewegung wirtschaftliche Einheit Deutschlands: Zollverein	
Geistesgeschichtliche Entwicklung	philosophischer Idealismus schneller literarischer Epochenwechsel: Sturm und Drang: Weimarer Klassik: Romantik: Biedermeier: Vormärz:	 Künstlergenie, Leidenschaft des Herzens harmonischer Ausgleich, abstrakte Sittlichkeit Verschmelzung von Realität und Irrealität, Ironie genügsames klassisches Idyll publizistischer vorrevolutionärer Kampf

„Goethezeit"

Ältere Literaturgeschichten liebten es, Johann Wolfgang von Goethe dermaßen in den Mittelpunkt zu stellen, dass sie das gesamte Zeitalter die „Goethezeit" nannten. Diese würde demnach die Jahre von Goethes Geburt 1749 bis zu seinem Tod 1832 umfassen. Alternativ könnte man als Eckdaten für die Epoche auch die Französische Revolution 1789 einerseits sowie die Deutsche Nationalversammlung in der Frankfurter Paulskirche 1848 andererseits nehmen. Es ist die Zeit zwischen dem ersten großen eruptiven europäischen Aufbegehren **gegen die feudalaristokratische Epoche des Absolutismus** in Frankreich und dem ersten Versuch einer **Etablierung eines deutschen Nationalstaates**. Dazwischen lag eine wechselvolle und spannungsreiche historische Entwicklung, an der Goethe geistesgeschichtlich seinen Anteil hatte.

Von der Französischen Revolution bis zur Frankfurter Paulskirche

Die Französische Revolution resultierte aus den Ergebnissen der Philosophie der Aufklärung, die sich, ausgehend von einem natürlichen Selbstbestimmungsrecht des Menschen, gegen alle Formen staatlicher und kirchlicher Unterdrückung und Bevormundung wandte. Kants berühmte Definition der Aufklärung als „Ausgang des Menschen aus seiner selbst verschuldeten Unmündigkeit" und sein Aufruf „Sapere aude! Habe Mut, dich deines eigenen Verstandes zu bedienen!" wurden zur Losung dieser Epoche. In Konsequenz dieses Denkansatzes sollten an die Stelle der überkommenen, ständisch organisierten gesellschaftlichen Strukturen solche Systeme treten, die auf dem freien Willen der Individuen beruhten. In Frankreich lautete die Parole der revolutionären Bewegung: „Freiheit, Gleichheit und Brüderlichkeit".

„Freiheit, Gleichheit, Brüderlichkeit"

---

13 Ausführlich: Rüdiger Bernhardt: *Textanalyse und Interpretation zu Johann Wolfgang von Goethe, Faust I*. Hollfeld: Bange Verlag, 10. Aufl. 2017 (Königs Erläuterungen, Bd. 21).

Der **Erringung der individuellen wie nationalen Freiheit** galt das vorrangige Bemühen. Doch die Französische Revolution ertrank im Blut der jakobinischen Terrorherrschaft und ermöglichte Napoleons Eroberungskriegszüge in Europa, die in den **Befreiungskriegen** unter Friedrich Wilhelm III. erst 1813 in der Völkerschlacht bei Leipzig und dann 1815 mit Napoleons Niederlage in Waterloo ihr endgültiges Ende fanden. Der Wiener Kongress 1814/15 und die Karlsbader Beschlüsse 1819 stellten die alte repressive Ordnung in Europa wieder her, und es kam zur **Unterdrückung der demokratisch-liberalen und nationalen Bewegungen**.

Doch der Gedanke eines eigenen, in **Bürgerfreiheit** selbstbestimmten Nationalstaates ließ sich nicht mehr völlig zurückdrängen. Der Freiheitskampf in Griechenland 1821 weckte auch in anderen Ländern Begeisterung. Das Wartburgfest 1817, das Hambacher Fest 1832, die Juli-Revolution 1830 in Frankreich waren nur Vorspiele zu den aufständischen Bewegungen des Jahres 1848, die auch in Deutschland die Hoffnungen auf einen geeinten Nationalstaat bündelten. Wenn auch diese Hoffnungen zunächst nicht von Erfolg gekrönt wurden, so war Deutschland nach dem Aufgehen der 314 souveränen deutschen Kleinstaaten durch den Regensburger Reichsdeputationshauptschluss von 1803 und den Deutschen Bund von 1815 in letztlich nur noch 39 Einzelstaaten einen deutlichen Schritt zu seiner Vereinigung zum Deutschen Reich im Jahre 1871 vorangekommen.

Wirtschaftliche Veränderungen

Im wirtschaftlichen Bereich finden erst gegen Ende der Epoche bemerkenswerte Veränderungen statt. Aufgrund seiner weltweiten Handelsbeziehungen, gestützt auf Kapitalismus und Freihandel, und seiner technischen Fortschritte (Dampfmaschine, Spinnmaschine, mechanischer Webstuhl) breitet sich von England aus eine **industrielle Revolution** über Europa aus und lässt eine neue soziale Schicht heranwachsen: das Arbeiterproletariat.

Deutscher Idealismus

Geistesgeschichtlich wird dieser Zeitraum von der aus Frankreich kommenden Aufklärung und dem Deutschen Idealismus geprägt. Madame de Staël bezeichnete die Epoche später als die **Zeit der deutschen Dichter und Denker**. Auf den Aufklärer Immanuel Kant (1724–1804) folgen die idealistisch beseelten philosophischen Systementwürfe von

- Johann Gottlieb Fichte (1762–1814), der mit seinem Einheitsbestreben Kants scharfe Differenzierung von Subjekt und Objekt aufhebt und mit seinen *Reden an die deutsche Nation* in seinem Publikum eine Art deutsches Selbstbewusstsein wecken will,
- Friedrich Wilhelm von Schelling (1775–1854), der mit seiner Naturmetaphysik die Romantik untermauert,
- Georg Wilhelm Friedrich Hegel (1770–1831), der in seiner *Phänomenologie des Geistes* die Überlegenheit des Staates gegenüber dem Individuum begründet.

Zu nennen sind auch der humanistische Idealismus Wilhelm von Humboldts (1767–1835) und Friedrich Ernst Schleiermachers (1768–1834).

Musikalisch wird diese Zeit geprägt von den Wiener Klassikern wie Joseph Haydn (1732–1809), Wolfgang Amadeus Mozart (1756–1791), Ludwig van Beethoven (1770–1827) und Franz Schubert (1797–1828). Aber auch deutsche Komponisten wie Carl Maria von Weber (1786–1826) mit seinen Opern, Mendelssohn-Bartholdy (1809–1847) und letztlich Robert Schumann (1810–1856), in dem die Musik der Hochromantik gipfelt, gewinnen Einfluss auf das europäische Musikschaffen.

Rascher Stilwandel

Dieser kurze Abriss verdeutlicht bereits, dass sich in dem fraglichen Zeitraum von etwa 60 Jahren mehrere verschiedene Stilepochen drängen. Das wird nirgends deutlicher als in dem Stilwandel innerhalb der Literatur: Sturm und Drang, Klassik, Romantik, Biedermeier und das Junge Deutschland, so lauten die literarhistorischen Epochen, die innerhalb dieser 60 Jahre nicht nur aufeinander folgen, sondern sich z. T. überschneiden und überlappen. Selbst die Autoren dieser Zeit vollziehen während ihres Lebens Entwicklungen, die sie an mehreren Epochen Anteil haben lassen, wenn sie sie nicht gar selbst geprägt haben wie Schiller und besonders Goethe.

Nach der vor allem von Gotthold Ephraim Lessing und Christoph Martin Wieland dominierten Aufklärung und der parallel zu ihr verlaufenden Empfindsamkeit (1740–1780), die in den religiös gefühlsbetonten Lyrikern Friedrich Gottlieb Klopstock und Matthias Claudius ihre Hauptrepräsentanten hatte, war es zunächst der Sturm und Drang (1765–1785), der für eine revolutionäre Neuerung innerhalb der Literatur sorgte. Benannt nach dem gleichnamigen Schauspiel Maximilian Klingers, brach diese Epoche nicht nur mit allen Traditionen und Autoritäten. Sie erkühnte sich auch, parallel zu den naturphilosophisch begründeten staatspolitischen Neuansätzen und in Anlehnung an die Originalität Shakespeares, eine neue und eigene Ästhetik zu entwerfen, nach der das Genie des Künstlers in ungebundener Freiheit eine natürliche Gesellschaftsordnung für natürliche, d. h. ununterdrückte und ungekünstelte Menschen proklamierte. Der Nüchternheit des analytischen Verstandes der Aufklärung stellte es die Leidenschaft und Kraft des Gefühls und Herzens gegenüber. Goethes Ode *Prometheus* (1773), sein monologischer Brief- und Tagebuchroman *Die Leiden des jungen Werthers* (1774) und Schillers Drama *Die Räuber* (1781) sind wohl die leuchtendsten literarischen Beispiele ihrer jeweiligen Gattungen.

Goethe

Schnell wird jedoch erkennbar, dass diese Geste des Protestes wenig zukunftsfähig ist. Während die Französische Revolution an sich selbst scheitert, weitet in Deutschland die **Weimarer Klassik (1786–1805)** den Blick von einem noch wenig verfolgten Nationalstreben zu einem supranationalen Weltbürgertum, das sich auf die von Johann Winckelmann wiederentdeckten klassischen Ideale einer allgemeinen Humanität gründet. Kern dieser oft auch mit einer Italiensehnsucht verbundenen weltanschaulichen Perspektive ist nach der emotionalen Einseitigkeit des Sturm und Drang der **harmonische Ausgleich von Gefühl und Verstand** zu einer weltbürgerlichen Vernunft. Nach ihr paaren sich **Ästhetik und Moral zu einer Form von Sittlichkeit**, die dem ordnenden Gesetz gegenüber der individuellen Willkür den Vorzug gibt. Neben Friedrich Hölderlin und Jean Paul sind erneut Goethe und Schiller die wichtigsten Autoren dieser Epoche. Mit seiner Losung: „Edel sei der Mensch, hilfreich und gut!" vollzieht Goethe in seinem Gedicht *Das Göttliche* (1783) bereits die Veränderung, die dann in seinem Drama *Iphigenie auf Tauris* (1779–1786), das geradezu das Humanitätsideal der Klassik verkörpert, und in seinem Roman *Die Wahlverwandtschaften* (1807–1809) noch deutlicher zutage tritt.

In diesem Roman ebenso wie mit seiner kleinen *Novelle* (1828) sind aber bereits Elemente vorhanden, die auf die nachfolgende vielschichtige Epoche der **Romantik (1795–1840)** verweisen, welche vor allem von der Dominanz des Poetischen gekennzeichnet ist. Hebt die Klassik den Dualismus von Rationalität und Emotionalität auf, so will die Romantik auch noch **Realität und Irrealität verschmelzen**. Der Romantiker versinkt allerdings nicht in dieser absoluten Allharmonie alles Denkbaren, sondern

Aufhebung der Dualismen

schafft sich in Form der **Ironie ein souveränes Distanzierungsmittel**. Die Enttäuschung über die Ergebnisse der Französische Revolution und die einsetzende Restauration in Europa lässt die sich in Jena konzentrierende frühromantische Literatur sich von den Alltagsproblemen abwenden und, ausgelöst von den Wanderungsempfindungen Wilhelm Heinrich Wackenroders und Ludwig Tiecks, in die unkontrollierbare und unendlich scheinende Sphäre der Verknüpfung von rationalen und irrationalen Kräften, von **Fantasie und Traum** entfliehen. Friedrich von Hardenberg, der sich Novalis nennt, erschafft mit dem Bild der „blauen Blume" nicht nur das lebenserfüllende Symbol der Romantik, sondern auch das Sinnbild der deutschen Germanistik. Im Heidelberger Kreis, dem Clemens Brentano und Joseph Freiherr von Eichendorff angehören, lösen die zeitgeschichtlichen Ereignisse eine Sehnsucht nach einer zuletzt im Mittelalter vermuteten nationalen Einheit aus, während die Dichter der Freiheitskriege, Arndt, Schenkendorff und Körner die national-vaterländische Richtung der Romantik vertreten. Im dritten Romantik-Kreis, der sich in Berlin um den Deutsch-Franzosen Adelbert von Chamisso und den Musiker-Dichter E. T. A. Hoffmann bildet, dominiert vor allem **das Phantastische und Groteske**, das sich bei Hoffmann bis in gespensterhafte Motive des Spuks und Grauens steigert.

„Blaue Blume"

Biografischer Bezug

Fast sechzig Jahre lang befasste sich Goethe mit dem literarischen Werk, das als sein Hauptwerk bezeichnet wird: das aus zwei Teilen bestehende Drama *Faust*. Die Arbeit am ersten Teil umfasste allein 28 Jahre. Schon aus dieser langen Zeitspanne seiner Entstehung ist ablesbar, dass es sich um ein Drama handeln muss, das nicht nur die Entwicklungen in Goethes Leben widerspiegelt, sondern auch die historischen Ereignisse und soziokulturellen Einflüsse dieser Zeit.

60-jährige Entstehungszeit

Johann Wolfgang Goethe wurde 1849 als erstes Kind des Juristen und Kaiserlichen Rates Johann Caspar Goethe und seiner 21 Jahre jüngeren Frau Catharina Elisabeth, der Tochter des Bürgermeisters Textor, in Frankfurt am Main nahezu tot geboren. Fünf weitere Geschwister sollten folgen, doch nur seine ein Jahr später geborene Schwester Cornelia überlebte. Die Goethes sind wohlhabend und gebildet und lassen ihren Kindern Privatunterricht erteilen. Johann Wolfgang lernt leicht, unter anderem sechs Sprachen, und nimmt schnell die geistigen Anregungen seiner kulturell interessierten Mutter auf. Ein Puppenspiel, das die Großmutter dem Vierjährigen zu Weihnachten schenkt, übt großen Einfluss auf ihn aus und macht ihn schon in diesen Kindertagen mit dem damals beliebten und allgegenwärtigen Fauststoff bekannt. Seine ersten literarischen Versuche hat Goethe später größtenteils verbrannt. Das hat er danach noch dreimal getan und dabei auch umfängliche Teile einer vielleicht kompromittierenden Korrespondenz vernichtet.

Folgenreiches Puppenspiel

Sechzehnjährig nimmt er auf Wunsch des Vaters das Jurastudium in Leipzig auf, wo er sich nicht nur in einen geckenhaften Rokokojüngling wandelt, sondern über die dort lebenden Autoren Gottsched und Gellert einerseits mit der Aufklärung und andererseits mit dem Pietismus vertraut wird. Aber beide Männer enttäuschen ihn, sodass er seine Entwicklung vor allem in der Entfaltung seiner Individualität sieht. Der damit verbundene exzessive Lebensstil, der eine Beziehung zur Gastwirtstochter

Kätchen Schönkopf einschließt, mündet in Lebensüberdruss und gesundheitliche Probleme (Magengeschwüre, Lungentuberkulose, Blutsturz), die ihn 1768, also nach drei Jahren, wieder unter die elterliche Kontrolle nach Frankfurt zwingen. Dort befasst er sich unter pietistischem Einfluss mit der Mystik, der Alchemie und der Kirchen- und Ketzergeschichte. Die Erfahrung seiner ungehemmten studentischen Freizügigkeit findet später ihren literarischen Niederschlag in der Faust-Szene in *Auerbachs Keller*.

Beschäftigung mit Alchemie

1770 schickt sein Vater den inzwischen genesenen 21-Jährigen zur Vollendung seines Studiums nach Straßburg. Goethe schließt sein Studium ein Jahr später mit dem Lizentiat der Rechte ab. Zudem verliebt er sich in Friederike Brion, die blonde Tochter des Pfarrers zu Sesenheim, die ihn zu gefühlvollen Gedichten inspiriert. In ihnen schlagen sich auch die zum Geniebewusstsein und Irrationalismus anregenden Gedanken Herders nieder, mit dem er in Straßburg wiederholt Gespräche führt. Die Beziehung währt zehn Monate, bevor Goethe ohne Abschied entflieht.

Ab 1771 war der 22-jährige Goethe nun als Jurist praktisch tätig. Er absolvierte 1772 ein Praktikum am Reichskammergericht in Wetzlar, wo er sich zudem hoffnungslos in Charlotte Buff-Kestner verliebte, und eröffnete danach im Elternhaus eine Anwaltspraxis, von der aus er mit Unterstützung seines Vaters 28 Prozesse führte. Als er sich nach einer unglücklichen Schwärmerei für die verheiratete, knapp 17-jährige Maximiliane von La Roche 1775 mit der erst 16-jährigen Frankfurter Kaufmannstochter Anna Elisabeth (Lili) Schönemann verlobt, scheinen die Weichen für ein normales bürgerliches Leben gestellt zu sein. Aber beide Elternhäuser sind gegen die Verbindung. Goethe entwickelt zudem erneut Bindungsangst und flüchtet sich zu literarischen Tätigkeiten, die immer stärker in den Vordergrund treten. Zunächst sind sie ganz dem Stil der Stürmer und Dränger verpflichtet. Die hervorragenden Werke dieser Lebensphase sind der Roman *Die neuen Leiden des jungen Werthers* (1774) und die frühe Fassung des *Faust*, der sogenannte *Urfaust* (1772–75).

Entstehung des *Urfaust*

Goethe in Weimar

Goethe ist 26 Jahre alt, als ihn der erst 18-jährige Herzog von Sachsen-Weimar-Eisenach 1775 zu sich in das mit rund sechstausend Einwohnern kleine thüringische Provinzstädtchen Weimar beruft. Da er sich mit dem jungen Herzog ebenso gut versteht wie mit dessen erst 36-jährigen, aber bereits verwitweten Mutter Anna Amalia, bleibt Goethe die nächsten elf Jahre bis 1786 an diesem Hofe, zu dessen kulturellem Kreis auch der bekannte Rokoko-Autor Christoph Martin Wieland zählt. Anfangs knüpft Goethe durchaus an seine wilden Jugendzeiten an und führt mit dem Herzog ein ausschweifendes Leben. Mit der Übernahme verschiedener Hofämter, die ihn letztlich sogar zum Regierungschef des Herzogtums machen, gewinnt er nicht nur Einsicht in das Verwaltungswesen des Bergbaus, Wegebaus, der Kriegsführung und Finanzverwaltung, sondern verändert unter dem Eindruck der wachsenden Pflichten auch seine Lebenseinstellung. Seit 1781 gehört er der Freimaurerloge an, die sich übernational auf humanitärer Basis für die individuellen Freiheitsrechte einsetzt, seit 1783 ist er Mitglied des Illuminaten-Ordens, einer kurzlebigen geheimen Vereinigung. Fleiß, Ordnung, Disziplin und Präzision sind die Eigenschaften, die er nun erwirbt und zu schätzen lernt. Unfreiwillig kommt die Entsagung hinzu, als er Zuneigung zu der sieben Jahre älteren, verheirateten Weimarer Hofdame Charlotte von Stein fasst, die ihm fortan eine treue Freundin ist und einen ausgleichenden Einfluss auf ihn hat. Über 1.600 Briefe hat Goethe allein an sie gerichtet. Einen Ausgleich zur Last seiner Ämter, deren Anerkennung ihm 1782 die vom Herzog erwirkte Adelung einbringt, verschafft

Goethe sich durch geologische und anatomische Studien (so entdeckt er 1784 den Zwischenkieferknochen), durch seine literarische Produktion und durch sein Engagement am Weimarer Liebhabertheater. Goethe gelingt es zudem, Herder als Generalsuperintendenten und andere Künstler und Schauspieler nach Weimar zu holen. Unter ihnen ist auch die Schauspielerin und Hofsängerin Corona Schröter, zu der Goethe ein Verhältnis nachgesagt wird. Als bekanntestes Werk dieser Phase dürfte wohl sein Schauspiel *Iphigenie auf Tauris* (1779/87) gelten, dessen Titelfigur viel der Frau von Stein schuldet. Aber es existiert auch bereits der sogenannte *Urfaust*, aus dem Goethe schon in Weimar der Hofgesellschaft vorliest und dessen Manuskript er dem Hoffräulein Luise von Göchhausen zur Abschrift überlässt.

Das Italien-Erlebnis

1786 begibt Goethe sich zur Kur ins böhmische Karlsbad. Aber statt von dort nach Weimar zurückzukehren, bricht er ankündigungslos nach Italien auf. Diese erste italienische Reise dauert fast zwei Jahre und führt ihn über Venedig, Rom und Neapel bis nach Sizilien und über Rom, Florenz und Mailand wieder zurück nach Weimar. Der Herzog billigt diese Reise unter Wahrung der Bezüge sogar im Nachhinein. Die Kunst der Antike und der Renaissance beeindrucken Goethe ebenso wie die Ungezwungenheit und Freiheit des südländischen Lebens. Er entdeckt die Kraft des Ursprünglichen, der Norm und des dauerhaft Gültigen. Während dieser Reise hält Goethe seine Eindrücke nicht nur in über tausend Zeichnungen fest, sondern verändert auch seinen Schreibstil. Er wechselt im Drama von der Prosa zu klassischen Versen und überarbeitet mehrere Dramen in dieser Weise. Auch der Faust wird überarbeitet; zudem fügt Goethe mit „Hexenküche" und „Wald und Höhle" zwei weitere Szenen hinzu.

Überarbeitung des *Faust*

Rückkehr nach Weimar

1788 kehrt ein gewandelter Goethe nach Weimar zurück. Seine Verhältnisse zu Charlotte von Stein und Herder lockern sich, er gibt fast alle Regierungsgeschäfte auf, beschränkt sich auf kulturelle und wissenschaftliche Aufgaben und leitet in den nächsten 26 Jahren das 1791 gegründete Weimarer Hoftheater. Er ist inzwischen der bestverdienende Einwohner Weimars, steht völlig auf der Seite der herrschenden Klasse und trifft sich mit nahezu allen bedeutenden Philosophen der Zeit. Seine Interessen gelten vertieft den Naturwissenschaften wie der Optik (Farbenlehre) und der Biologie (Urpflanze), um den Gesetzen des Lebens und der Natur auf die Spur zu kommen, hinzu kommen Reisen nach Venedig und Frankreich. Mit dem um zehn Jahre jüngeren Friedrich Schiller, der seit 1789 in Weimar wohnt, verbindet ihn eine persönliche und schriftstellerische Freundschaft, die bis zu dessen Tod im Jahre 1805 andauert. Auch privat tritt eine Veränderung ein. Goethe lebt seit seiner Rückkehr nach Weimar ohne Trauschein unstandesgemäß mit der Seidenblumennäherin Christiane Vulpius zusammen. Dieser Verbindung entspringen fünf Kinder, doch überlebt nur der Erstgeborene August (der 1830, also zwei Jahre vor seinem Vater, sterben wird). Es ist dem Drängen Schillers zu verdanken, dass Goethe in dieser Phase seines Lebens noch einmal am *Faust* arbeitet und das 1790 erschienene Fragment zwischen 1794 und 1797 immer wieder zur Hand nimmt. Und das, obwohl er sich seit 1790 mit einer schöpferischen Krise plagt. Im Jahre 1808 erscheint das Drama *Faust I* schließlich im Druck. Inzwischen hat sich die Französische Revolution ereignet, das Heilige Römische Reich deutscher Nation ein Ende gefunden, hat Napoleon vor den Toren Weimars, bei Jena und Auerstedt, die Preußen geschlagen, ist Weimar von den Franzosen besetzt worden und hat Christiane Vulpius Goethes Leben und sein Haus vor der Plünderung gerettet, wofür er sie aus Dankbarkeit nach 18 Jahren des Zusammenlebens endlich heiratet.

Freundschaft mit Schiller

Faust. Ein Fragment (1790)

Biografische Bezüge zu *Faust I*

Die Summe der biografischen Bezüge zu *Faust I* auch nur annähernd darzustellen, ist unmöglich, daher sollen an dieser Stelle nur einige generelle Aussagen zu den persönlichen Fähigkeiten und Entwicklungen gemacht werden, die sich auch in der Erstellung des *Faust I* niedergeschlagen haben:

- Goethe war ein Mensch von seismografisch sensibler und detaillierter **Wirklichkeitswahrnehmung,**
- von extremer Weltoffenheit und nahezu **universalen Erkenntnisinteressen**, die er zudem zueinander in Beziehung zu setzen verstand, und unbegrenzten Ambitionen („Den lieb' ich, der Unmögliches begehrt."),
- von fast **enzyklopädischer Bildung** in Bezug auf die gesamte europäische Kultur und Literatur, die ihm beispiellose Verknüpfungen und Bezüge gestattete (seine Bibliothek umfasste über 6.000 Bände, seine naturwissenschaftliche Sammlung 23.000 Stücke und seine Kunstsammlung mehr als 26.000 Einzelwerke),
- von weit überdurchschnittlichem **Sprachvermögen** (sein aktiver Wortschatz von 90.000 Wörtern war viermal so hoch wie der Durchschnitt eines heutigen Muttersprachlers),
- und von einer präzisen und hochorganisierten naturwissenschaftlichen **Analysefähigkeit**, die es ihm erlaubte, sich auch neue und eigene Erkenntnisse von Gewicht zu erarbeiten,
- von nahezu unerschütterlichem **Selbstbewusstsein**, sodass auch kein Unrechtsbewusstsein ihn daran hinderte, Entliehenes nicht zurückzugeben (z. B. 100 Dürerzeichnungen) oder mit Plagiaten locker umzugehen.
- Goethe konnte auf zahlreiche Liebschaften und **erotische Beziehungen** zurückblicken, in denen er nicht selten die Frauen skrupellos seinem Ego opferte.
- Goethe hat in den 28 Jahren, in dem er sich insgesamt mit *Faust I* befasste, **wechselnde Lebenseinstellungen.**
- Dies bedingte auch eine Verlagerung der wesentlichen **Grundprinzipien des Lebens und der Gestaltung** vom Individuellen zum Typischen und vom Typischen zum gesetzhaft Gültigen
- sowie einen **Stilwechsel** von einem in Prosa verfassten Drama zum Versdrama.

INFO

Daten zum Text:

Textsorte	Tragödie: Doppeldrama: 1. Gelehrtendrama, 2. Gretchendrama
Entstehungszeit	Januar 1772 – April 1806
Veröffentlichung	1808 als 8. Band der *Werke* bei J. G. Cotta in Tübingen
Erstaufführung	13. 1. 1809 Hausaufführung einiger Szenen als chinesisches Schattenspiel in Weimar 24. 5. 1819 Teilaufführung der Berliner Hofgesellschaft im Schloss Monbijou (Leitung: Fürst Radziwill und Graf v. Brühl) 19. 1. 1829 stark gekürzte Aufführung durch August Klingemann im Nationaltheater Braunschweig 29. 8. 1829 Weimarer Erstaufführung

Quellen	s. den Aspekt „Intertextualität" bei der Inhaltsdarstellung
Einordnung	Klassik
Thema	Gelehrtendrama: Scheitern des Strebens nach absoluter Erkenntnis Gretchendrama: Scheitern des Strebens nach absolutem Gefühl und individueller Liebe
Zeit der Handlung	16. Jahrhundert: Renaissance
Hauptfiguren	– Gelehrtendrama: Heinrich Faust, sein Famulus Wagner, Mephistopheles, ein Schüler und Studenten – Gretchendrama: Faust, Mephistopheles, Margarete (Gretchen), ihre Nachbarin Marthe Schwerdtlein, ihr Bruder Valentin

Inhalt

Dreifaches Vorspiel

[Das dreifache Präludium (Vorspiel)]
Zueignung

Entstehung	24. Juni 1797
Form	vier Stanzen (klassische italienische Epik-Strophe): 8-zeilige Strophe im 5-füßigen Jambus mit dem Reimschema abababcc
Thema	Wiederaufnahme des Schaffensprozesses
Funktion	subjektives „Grußwort" des Dichters

Der Dichter und sein Werk

(1) Der Dichter erinnert sich vage der dramatischen Figuren. (2) An diese Figuren sind unterschiedliche Stimmungen geknüpft. (3) Teile des Werks haben sich bereits verselbstständigt. (4) Der Künstler erfährt ergriffen, dass durch ihn die Muse schafft.

Vorspiel auf dem Theater

Entstehung	zwischen 1795 und 1800
Form	Madrigalverse dominieren
Thema	Aufgabe und Funktion des Theaters
Funktion	Legitimation der im *Faust* verwendeten Dramaturgie Betonung der Fiktionalität des Theatergeschehens

Inter-textualität[14]	Altes Testament, *Buch Hiob*
Figuren	Direktor, Dichter, lustige Person

Wozu Kunst?

Der *Direktor* vertritt einen ökonomischen Pragmatismus: Das Theater soll ausverkauft sein und der Publikumsgeschmack befriedigt werden (merkantiler Aspekt: Verdienst).

Der *Dichter* erhebt dagegen Protest und vertritt die idealistische Einstellung der ewiggültigen Kunst als Zugang zu kosmisch-göttlichen Zusammenhängen (elitärer Aspekt: Wahrheit).

Die *lustige Person* (Schauspieler) versucht pragmatisch zu vermitteln: Die Visionen des Dichters sollen in eine unterhaltsame bunte Bilderwelt gekleidet sein (sozialer Aspekt: Unterhaltung).

Am Ende fordert der Direktor dazu auf, alle Register der Bühnenkunst zu ziehen.

Prolog im Himmel

Entstehung	um 1800
Form	nach den Engelstrophen vor allem bei Mephisto Madrigalverse
Thema	Mephisto wettet, dem Herrn die Seele Fausts entreißen zu können.
Funktion	Schaffung des metaphysischen Rahmens für die gesamte Handlung des *Faust*
Figuren	Raphael, Gabriel, Michael; Mephistopheles, der Herr

Wette zwischen Gott und Teufel

(1) Die Engel preisen ohne Einschränkung die Harmonie des Weltganzen. (2) Mephisto sieht vor allem mit Blick auf die Menschen nichts Positives. (3) Gott geht auf die Person Fausts als Fallbeispiel ein. (4) Mephisto glaubt, Faust mit seinen Mitteln verführen und für sich, d. h. für den Genuss, gewinnen zu können; er schlägt dem Herrn eine Wette vor. (5) Der Herr ist sicher, Faust werde aus Sehnsucht nach Vervollkommnung und Wahrheit immer ein Strebender und Suchender bleiben. Er erlaubt Mephisto, mit Faust sein Spiel treiben zu dürfen.

[Das Gelehrtendrama]

Entstehung	1773 – 1801
Inter-textualität	Tradition des Fauststoffes

---

14 Auf einen Nachvollzug der unzähligen philologischen Bestrebungen, den Dramentext positivistisch mit intertextuellen Bezügen zu unterfüttern, wird verzichtet. Nur gelegentlich wird auf für unverzichtbar gehaltene Verweise hingewiesen.

Die folgenden Szenen werden zusätzlich in eckiger Klammer einer Zählung unterzogen, die im Drama selbst nicht vorkommt.

[1] *Nacht* (Vers 354–807)

Entstehung	1773 (Vers 354–597, 602–605), 1798 (Vers 606–807), 1800 (Vers 598–601)
Form	Knittelverse (Vers 354–385), jambische Vierheber (386–429), Madrigalverse (430–467), freie Rhythmen (468–479)
Thema	Sehnsucht nach Erfassung der Welt, Überdruss an der Begrenztheit der menschlichen Fähigkeiten
Figuren	Faust, Wagner, Geist

(1) Selbsteinführung des Renaissance-Gelehrten Faust, der an seine Erkenntnisgrenzen stößt. (2) Entscheidungsmonolog zwischen lebendig-unmittelbarer und zeichenvermittelter Erkenntnis; Scheitern aus Ungeduld. (3) Fausts Versuch, in spiritueller Magie mittels des Makrokosmos-Zeichens den Weltgeist zu beschwören, scheitert an fehlender Ekstase. (4) Sein Versuch der Annäherung an den Erdgeist scheitert aus dem verfehlten Wunsch der Sichtbarmachung. (5) Faust kritisiert Wagners Versuche, durch Benennung von Forschungsgebieten weiterzufragen. (6) Faust zieht eine melancholische Bilanz angesichts seines Scheiterns als Übermensch und will durch Gift sterben. (7) Der Suizid scheitert an den seit der Kindheit vertrauten Tönen des Osterspiels.

Faust stößt an seine Grenzen

[2] *Vor dem Tor* (Vers 808–1177)

Entstehung	zwischen 1798 und 1801
Form	Gesellschaftsrevue ähnlich einem italienischen Maskenzug; Soldatenlied, Schäferlied
Thema	Fausts Beziehung zu seiner Umwelt
Figuren	Faust, Wagner; 5 Handwerksburschen, Dienst- u. Bürgermädchen, 2 Schüler, 3 Bürger, Bettler, Soldaten; alter Bauer

(1) Die Bürger streben lebenslustig hinaus ins Freie. (2) Faust trägt Wagner einen Ostermonolog vor. (3) Unter einer Linde dankt ein alter Bauer Faust für seinen Einsatz bei der Pest. (4) Rast auf dem Stein: Faust relativiert sein Verdienst und träumt von einer Befreiung von den irdischen Beschränkungen. (5) Auf dem Heimweg, auf dem Faust sich seinen inneren Konflikt (zwei Seelen in seiner Brust) eingesteht, werden sie von einem Pudel begleitet.

Zwei Seelen wohnen in Fausts Brust

[3] *Studierzimmer* [I] (Vers 1178–1529)

Entstehung	um 1800
Form	Engelstrophen, Madrigalverse, zweihebige anakreontische Kurzzeile
Thema	Einführung des Teufels in Gestalt Mephistos
Figuren	Faust, Mephistopheles, Geister

Mephisto taucht auf

(1) Faust zeigt seine aufgeklärte Frömmigkeit. (2) Er philosophiert über die richtige Übersetzung des Johannesevangeliums und gelangt über die Lehre der Theorie (Wort), über Philosophie (Sinn) und Metaphysik (Kraft) zur Anthropologie (Tat). (3) Faust beschwört den Pudel mit alter Magie. (4) Mephisto erscheint in Menschengestalt. (5) Er versetzt Faust mit Hilfe der Geister in Schlaf und verschwindet, nachdem er mit Hilfe einer Maus die Sperrwirkung eines Pentagramms aufhebt.

[4] *Studierzimmer* [II] (Vers 1530–2072)

Entstehung	1772–1775: Verse 1868–2050 1788–1790: Verse 1770–1867, Verse 2051–2072
Form	Knittelvers, Madrigalvers, Geisterchor, pindarische Kurzzeile
Thema	Faust setzt in der Wette mit Mephisto sein Leben ein.
Figuren	Faust, Mephisto, Geisterchor; Schüler

Mephisto bietet seine Dienste an

(1) Faust steigert sich voller Verzweiflung in einen Todeswunsch. (2) In einem Anti-Dekalog verflucht er alle Tugenden und Werte. (3) Mephisto bietet Faust für den Preis von dessen Seelenheil seine Dienste an. (4) Es kommt zu einer asymmetrische Wette und einem Pakt, in dem Faust sein Leben einsetzt. (5) Faust verspricht, den Pakt zu halten, und malt seine neuen Zielsetzungen aus: Sinnlichkeit, Leidenschaft und den Erfahrungsschatz der gesamten Menschheit. (6) Schülerszene (Universitätssatire): Mephisto gibt sich als Faust aus und erläutert dem Schüler kritisch-ironisch die traditionellen Studienfächer. (7) Mephisto stellt Faust seine Pläne vor: Er zeigt ihm erst die kleine und dann die große Welt.

[5] *Auerbachs Keller in Leipzig* (Vers 2073–2336)

Entstehung	vermutlich 1775
Form	vier- bis sechshebige Verse, gesangliche Kurzverse
Thema	Plattheit und Leere der Studenten: zotige Anspielungen auf kirchliche, höfische und revolutionäre Verhaltensweisen

Funktion	Abschluss des Gelehrtendramas: Travestie Mephisto bietet Faust den ersten Lebensgenuss an: Trunksucht und zeigt als erste Antwort eines der Grundprinzipien dieser Welt auf: Bestialität; Mephisto hat Faust falsch eingeschätzt.
Figuren	Studentenquartett: Altmayer, Brander, Frosch und Siebel als Quartett der komischen Oper und Travestie des Gelehrtenquartetts: Faust, Wagner, Schüler, Mephisto

Mephistos erstes Angebot: die Trunksucht

(1) Vier gesellschaftskritische Studenten zechen lästernd in ihrer Kneipe und singen das Rattenlied. (2) Vergeblich versuchen sie Faust und Mephisto auszukundschaften. (3) Mephisto gelingt es, sie durch Höflichkeit, Geschick und den Vortrag des hochpolitischen Flohlieds (Floh als adeliger Blutsauger) für sich einzunehmen. (4) Mephisto beeindruckt die Gesellen mit einem dreifachen Weinzauber: Er lässt verschiedene Weine aus dem Tischrand fließen; (5) als Wein auf dem Boden sich in Flammen verwandelt, wollen die Gesellen Mephisto an den Kragen, (6) aber Mephisto blendet sie mit einem Traubenwahn und verschwindet mit Faust. (7) Die Gesellen erwachen aus der Verblendung und erkennen ihre Täuschungen.

[Gretchendrama]

Entstehung	1773–1775
Form	3-aktiges bürgerliches Trauerspiel: Überleitung: Szene 6; Akt I (Exposition): Szenen 7–13, Zwischenszene: 14; Akt II (Peripetie): Szene 15–21; Zwischenszenen: 22–23; Akt III (Katastrophe): Szenen 24–26
Intertextualität	– Akten zum Frankfurter Prozess gegen die 24-jährige Dienstmagd Susanna Margaretha Brandt wegen Kindsmord, eingekerkert 1771, hingerichtet am 14. 1. 1772 – 1783: Todesurteil gegen Anna Catherina Höhn aus Tannroda, von Goethe nach zehntägigem Aktenstudium bestätigt – Heinrich Leopold Wagner, *Die Kindermörderin* (1776)

[6] *Hexenküche* (Vers 2337–2604)

Entstehung	1788 in Rom
Form	Kurzverse, Madrigalverse, Alexandriner
Thema	Verjüngung Fausts
Funktion	Prolog des Gretchendramas; Mephisto bietet den zweiten Lebensgenuss an: Sinnlichkeit; er zeigt Faust die Welt als Frau.

Inter-medialität	Pieter Brueghel d. Ä., *Versuchung des heiligen Jakobus*
Figuren	Faust, Mephisto, Kater und Kätzin; die Hexe

Faust wird verjüngt

(1) Eingangsgespräch zwischen Faust und Mephisto: natürliche vs. magische Formen der Verjüngung. (2) Zwei Meerkatzen erläutern Mephisto die magische Funktion einer Kugel, eines Siebs und eines Topfs. (3) Faust erblickt im Zauberspiegel das Idealbild einer Frau. (4) Mephisto gebärdet sich wie ein König auf dem Throne: politische Allegorie. (5) Die Hexe kehrt heim und erkennt Mephisto nicht sofort. (6) Die Hexe verjüngt Faust mittels eines Zaubertrunks um 30 Jahre. (7) Mephisto weist auf die aphrodisische Wirkung des Zaubertranks hin.

[7] *Straße* [I] (Vers 2605–2677)

Form	Knittelverse, Alexandriner (V. 2674)
Thema	Faust lernt Gretchen kennen.
Inter-textualität	G. E. Lessing, *Emilia Galotti*
Figuren	Faust, Margarete (Gretchen), Mephisto

Faust begehrt Gretchen

(1) Faust spricht Gretchen erfolglos an. (2) In einem knappen Monolog bewundert er ihre äußere und innere Schönheit. (3) Faust erpresst Mephisto, ihm das Mädchen und ein Geschenk für sie zu verschaffen. (4) Mephisto ist einverstanden.

[8] *Abend* (Vers 2678–2804)

Form	Knittelvers (Margarete); Madrigalvers (Faust, Mephisto)
Thema	dreifache Verführung Margaretes durch Sinnlichkeit, Gold und sozialen Aufstieg
Inter-textualität	J.-J. Rousseau, *Julie ou La Nouvelle Héloïse* (1761), *Pygmalion* (1770)
Figuren	Faust, Margarete, Mephisto

Ein Geschenk für Gretchen

(1) Gretchen geht die Begegnung mit Faust nicht aus dem Kopf. (2) Faust und Mephisto treten heimlich in Gretchens Zimmer: Faust erkennt im Monolog seine innere Veränderung anhand seiner sinkenden moralischen Bedenken. (4) Mephisto versteckt das Geschenkkästchen im Schrank. (5) Gretchen fühlt beim Wiederbetreten ihres Zimmers einen erotischer Schauer und fürchtet sich. (6) Sie singt die Ballade *Der König in*

Thule: Der Kelch als Symbol (kirchlicher/moralischer) Treue. (7) Gretchen findet das Kästchen: Der Schmuck löst bei ihr Eitelkeit aus.

[9] *Spaziergang* (Vers 2805–2864)

Thema	Satire auf Kirche und Geistlichkeit: taktische Niederlage des Teufels, strategischer Sieg gegenüber Faust
Problem	Margarete ist eher gehorsam als ehrlich und noch unmündig.
Figuren	Faust, Mephisto

Da das Geschenk aufgrund des Eingreifens der Mutter an die Kirche weitergegeben worden ist, möchte Faust, dass Mephisto ihr einen neuen Schatz verschafft und Kontakt zu Gretchens Nachbarin herstellt.

Neue Liebestaktik

[10] *Der Nachbarin Haus* (Vers 2865–3024)

Thema	Emanzipationsprozess Margaretes
Problem	Margarete unterschlägt das zweite Geschenk, ihres Unrechts sich bewusst, ist neugierig auf den Spender und vom Reichtum geblendet.
Intertextualität	Hans Sachs, *Der fahrendt Schuler im Paradeiß* (1550)
Figuren	Margarete, Marthe, Mephisto

(1) Marthe zeigt eine zweifelhafte Sorge um das Schicksal ihres Mannes. (2) Gretchen weiht Marthe in das Geheimnis ihres erneuten Geschenks ein. (3) Mephisto schmeichelt Gretchen, indem er vorgibt, sie für ein Fräulein zu halten. (4) Mephisto erzählt Marthe, ihr Mann sei wegen seiner Laster (Wein, Weib und Spiel) mittellos in Padua gestorben. (5) Mephisto kündigt Marthe an, Faust als Sterbezeugen ihres Mannes einzuführen.

Umweg über die Nachbarin

[11] *Straße* [II] (Vers 3025–3072)

Thema	Mephisto korrumpiert Fausts Moral.
Problem	Voraussetzung einer Liebesenttäuschung: Faust reflektiert zuvor, was ihn spontan hätte glücklich machen können.
Figuren	Faust, Mephisto

Mephisto hält Faust den Spiegel vor

Mephisto nutzt Fausts Sehnsucht nach Gretchen, um ihn moralisch zu korrumpieren. Er zeigt ihm auf, dass er als Wissenschaftler gelogen hat, um sich mit Gelehrsamkeit zu brüsten, dass er Marthe belügen wird, um an Gretchen heranzukommen, und dass er Gretchens Gefühle belügen wird, um seinen Sinnen Befriedigung zu schaffen. So verleitet er ihn dazu, gegenüber Frau Marthe ein falsches Zeugnis abzulegen.

[12] *Garten* (Vers 3073–3204)

Form	menuettartiger Reigen: jedes Paar tritt dreimal auf künstliche Form der Rokoko-Konversation
Funktion	Faust bindet Gretchen an sich, aber sich nicht an sie, vermeidet den „glücklichen" Augenblick und erlebt erstmalig die Kraft der Wonne, die er nicht wieder verlieren will.
Inter-textualität	Molière, *Dom Juan* (1665)
Figuren	Faust, Margarete; Mephisto, Marthe

Man kommt sich näher

(1) Gretchen kokettiert um Fausts Gunst. (2) Mephisto täuscht Marthe Heiratsabsichten vor. (3) Gretchen schildert Faust ihr aufopferndes, altruistisches Leben für ihre Mutter und die verstorbene Schwester sowie ihren schweren Arbeitsalltag. (4) Mephisto missversteht bewusst Marthes Annäherungsversuche, um sich sprachlich zu entziehen. (5) Gretchen gesteht, dass sie Faust übel genommen hat, dass er ihren Leumund gefährde, bringt aber durch das Blumenorakel mit einer Margerite Faust zu einem indirekten Liebesgeständnis. (6) Marthe bricht mit Rücksicht auf ihren guten Ruf den Rundgang ab, um nicht ins Gerede der Leute zu kommen.

[13] *Ein Gartenhäuschen* (Vers 3205–3216)

Form	Knittelvers (Margarete), Alexandriner
Thema	einzige Liebesszene zwischen Faust und Gretchen
Problem	Das Gartenhäuschen ist als „Lusttempel" ein Ort der gefährdeten Idylle, der Bedrohung bürgerlicher Tugend und Symbol der Möglichkeit zu sozialem Aufstieg.
Figuren	Faust, Margarete, Mephisto

Gretchens Liebesgeständnis

Nach einem Kuss offenbart Gretchen Faust ihre Liebe. Mephisto und Marthe drängen zum Abschied.

[14] *Wald und Höhle* (Vers 3217–3373)

Entstehung	wohl 1787–1790
Form	Blankvers
Thema	Mephisto hindert Faust daran, der Wirklichkeit zu entfliehen; Faust ringt sich zu bedingungsloser Liebe durch.
Funktion	Teilung der Gretchenhandlung: Nach dem aufsteigenden Ast der Liebesbeziehung zur Liebeserfüllung (göttliche Hälfte) folgt nun der absteigende Ast ins Liebesleid (teuflische Hälfte).
Figuren	Faust, Mephisto

Faust kennt keine Skrupel mehr

(1) Hymnischer Dank Fausts an den Erhabenen Geist. (2) Er preist die emotionale Lebensform, ist aber wegen des Dilemmas von Genuss und Begierde unzufrieden. (3) Mephisto kommt hinzu und macht sich über Fausts Zurückgezogenheit und sein sexuelles Verlangen lustig. (4) Er analysiert Fausts Selbstbetrug. (5) Dann stachelt er Faust an, indem er von Gretchens Sehnsucht berichtet. (6) Fausts Begierde ist stärker als seine Skrupel; bedingungslos wünscht er die Liebeserfüllung. (7) Mephistos Kommentar.

[15] *Gretchens Stube* (Vers 3374–3413)

Form	zehn vierzeilige Strophen: volksliedhafte Opernarie in Rondoform: Die ungleichmäßigen Wiederholungen verdeutlichen Gretchens Unruhe.
Thema	Gretchen gesteht sich ihre bedingungslose Liebe zu Faust ein.
Problem	Gretchen löst sich aus ihren bürgerlichen Bindungen.
Funktion	aus Margarete wird Gretchen: namentliche Entehrung trotz sympathetischer Näherung
Inter-textualität	Altes Testament, *Das Hohelied Salomons*
Figuren	Gretchen

Gretchens Lied

Gretchen singt am Spinnrad ein Lied, das ihre Sehnsucht nach Faust und die Ernsthaftigkeit und Bedingungslosigkeit ihrer Liebe verdeutlicht.

[16] *Marthens Garten* (Vers 3414–3543)

Form	Madrigalverse (Gretchen), freimetrische Pindarverse (Faust)
Thema	Gretchen fragt nach Fausts religiöser Einstellung.
Problem	doppelter Ersatz der traditionellen Religion: Gretchen: gefühlsgegründete Liebesreligion (Pietismus), Faust: pantheistische Position
Figuren	Margarete, Faust, Mephisto

Gretchenfrage

(1) Gretchen stellt Fausts Kirchenferne fest und fragt ihn nach seinem Glauben („Gretchenfrage"). (2) Faust offenbart Gretchen sein pantheistisches Gottesbild (Sturm und Drang), indem er sich in hymnischer Darstellung zu einer freien Religiosität bekennt. (3) Gretchen gesteht Faust ihre instinktive Ablehnung Mephistos. (4) Faust gibt Gretchen ein Betäubungsmittel für die Mutter; beide verabreden sich zu ihrer ersten Liebesnacht. (5) Mephisto kommentiert sarkastisch Gretchens Verhalten.

[17] *Am Brunnen* (Vers 3544–3586)

Form	Knittelvers
Thema	soziale Reaktion auf außereheliche Sexualität
Funktion	Peripetie des bürgerlichen Trauerspiels; Konflikthöhepunkt: Emanzipation der Liebe vs. Tradition der Moral
Figuren	Gretchen, Lieschen

Die Geschichte von Bärbelchen

(1) Lieschen erzählt schadenfroh, was sie von Sibylle vom Schicksal des Bärbelchens erfahren habe: (2) Diese erwartet ein uneheliches Kind. (3) Lieschen hält die zu erwartenden sozialen Sanktionen für gerecht. (4) Gretchen benennt in einem Kommentar deren Hybris, hat Mitleid und erkennt sich in der gleichen Situation.

[18] *Zwinger* (Vers 3587–3619)

Form	achtstrophiges Gebet: Da-capo-Arie aus dem Singspiel: Rhythmuswechsel nach dem Gebet (Strophe 1–3)
Thema	Anrufung der Gottesmutter Maria als Helferin in größter Not
Funktion	Bitte um metaphysische Lösung eines irdischen Problems
Figuren	Gretchen

Gretchen sucht Trost im Gebet

Gretchen ahnt ihr eigenes Schicksal und sucht Trost im Gebet.

[19] *Nacht* (Vers 3620–3775)

Entstehung	wahrscheinlich 1773, Endfassung 1806
Form	Knittelverse (Valentin, Gretchen, Marthe), Madrigalverse (Faust, Mephisto)
Thema	misslungene Rache des Bruders
Funktion	Faust muss fliehen, Gretchen ist verfemt.
Figuren	Faust, Mephisto, Valentin; Marthe, Gretchen, Volk

Versuch eines Ehrenmordes

(1) Valentin, Gretchens Bruder, beklagt, dass Gretchen, das einstige Vorbild an Tugend, jetzt die Familie entehrt habe. (2) Faust und Mephisto gehen ihren Sehnsüchten nach: Mephisto träumt von der bevorstehenden Walpurgisnacht, Faust ist beruhigt, eine Perlenschnur für Gretchen als Geschenk zu wissen. (3) Mephisto singt ein ironisches Lied, in dem die Mädchen gewarnt werden, sich vor der Ehe sexuell einzulassen. (4) Als Valentin die beiden stellt, kommt es zu einem Degengefecht, bei dem Faust Valentin niedersticht. Mephisto und Faust fliehen. (5) Gegenüber der herbeiströmenden Menge malt der sterbende Valentin die Zukunft seiner Schwester als Hure und verflucht sie ebenso wie Marthe als Kupplerin.

[20] *Dom* (Vers 3776–3834)

Form	freie Rhythmen ohne Endreim; lateinische Vierheber
Thema	mentaler Strafprozess Gretchens anlässlich des Totenamts für Valentin und/oder Mutter
Problem	dreifache Schuld Gretchens: Tod von Mutter (infolge des verabreichten Betäubungsmittels) und Bruder, uneheliche Schwangerschaft
Funktion	erster Teil von Gretchens Untergang: Ihr Körper wehrt sich (Ohnmacht) gegen die Preisgabe aller Hoffnung auf Rettung.
Figuren	Gretchen, böser Geist

Gretchens Verzweiflung

Gretchen besucht eine Totenmesse. Sie ist über den von ihr verschuldeten Tod der Mutter ebenso verzweifelt wie über ihre uneheliche Schwangerschaft und die harte Reaktion ihrer Mitmenschen. Ihr Gewissen setzt ihr in Form eines bösen Geistes so sehr zu, dass sie in Ohnmacht fällt.

[21] *Walpurgisnacht* (Vers 3835–4222)

Entstehung	zwischen 1797 und 1805
Form	Hexenoper in Stationen
Thema	Nacht zum 1. Mai, in der sich nach altem Glauben die Hexen am Brocken/Blocksberg treffen
Problem	Versuch Mephistos, Faust von Gretchen abzulenken und der unmittelbaren sexuellen Sinnlichkeit zuzuführen, misslingt angesichts der abstoßenden Fleischlichkeit der Hexen.
Funktion	Gegenbild zum *Prolog im Himmel* und zur Szene 12 *Garten*
Intermedialität	Matthäus Merian d. Ä., *Zauberey* (1626), Radierung nach einem Entwurf von Michael Herr (1620)
Figuren	Faust, Mephisto, Irrlicht; Hexen, Hexenmeister, Halbhexe, Chöre, Stimmen; General, Minister, Parvenu, Autor, Trödelhexe; die Schöne (Hexe), die Alte (Hexe), Proktophantasmist, Servibilis

Faust bei den Hexen

(1) Mephisto steigt mit Faust zum Brocken hoch. (2) Das Irrlicht leuchtet Faust und Mephisto den Weg in eine zunehmend fantastischere Landschaft. (3) Die Hexen schweben ein. (4) Faust erscheint das Geschehen einer Ausstellung (Messe) zu gleichen. (5) Faust tanzt mit der jungen Hexe Lilith. Aber eine rote Maus, die ihr aus dem Mund springt, und eine ähnliche Gestalt wie Gretchen lassen ihn den Tanz beenden. (6) Faust glaubt, in Meduse Gretchen zu sehen, und wird so auf ihr Ende vorbereitet. (7) Mephisto lenkt Fausts Aufmerksamkeit auf ein Dilettantentheater.

[22] *Walpurgisnachtstraum* (Vers 4223–4398)

Entstehung	Nicht im Zusammenhang mit der Faust-Dichtung: kaum kontextuelle Anbindung. Auf fragwürdige Anregung Schillers in das Drama integriert.
Form	44 epigrammatische Vierzeiler in der Chevy-Chase-Strophe (Balladenstrophe)
Problem	ironische, z. T. skandalträchtige Kritik an zeitgenössischen Schriftstellern und schriftstellerischen Produkten
Funktion	retardierendes Moment: Themenkondensat: Anspielung auf alle Faust-Themen; ohne genaueste Kenntnis der Zeitliteratur kaum verständlich
Intertextualität	William Shakespeare, *Ein Sommernachtstraum* (1596); Goethe u. Schiller, *Xenien* (1797)
Figuren	Oberon, Titania, Puck, Ariel; Theatermeister, Kapellmeister, Tanzmeister, sowie 30 weitere Figuren

(1) Einleitung: Versöhnungsfest zwischen Oberon und Titania: sieben Strophen, (2) musikalisches Zwischenspiel: zwei Strophen, (3) Ästhetik: acht Strophen, (4) musikalisches Zwischenspiel: drei Strophen, (5) Erkenntnistheorie: sieben Strophen, (6) musikalisches Zwischenspiel: drei Strophen, (7) Weltanschauung/Philosophie: fünf Strophen, (8) musikalisches Zwischenspiel: eine Strophe, (9) Psychologie/Politik: fünf Strophen, (10) Schluss: Aufhebung des Festes: drei Strophen.

Literaturkritisches Zwischenspiel

[23] *Trüber Tag – Feld* (S. 127 f., 39 Zeilen)

Form	einzige Szene in Prosa
Thema	Faust sucht vergeblich, seine Verantwortung und Schuld auf Mephisto abzuwälzen.
Problem	Egozentrik Fausts: Er nennt Gretchen nicht beim Namen, trauert mehr um sich als um sie und will sein menschliches Versagen nicht akzeptieren.
Funktion	schwacher Ansatz für eine positive Problemlösung für Gretchen
Figuren	Faust, Mephisto

(1) Faust erfährt, dass Gretchen wegen Kindsmord eingekerkert ist. Er hadert mit Mephisto um die Frage von Verantwortung und Schuld. (2) Faust will, dass Mephisto Gretchen rettet oder aus dem Kerker befreit. (3) Mephisto bekennt die Grenzen seiner Macht, will aber bei einer Entführung Gretchens behilflich sein.

Faust will Gretchen retten

[24] *Nacht – offen Feld* (Vers 4399–4404)

Form	balladenartig
Thema	Hexen umtanzen eine Hinrichtungsstätte.
Problem	Faust ist völlig vom Mephisto abhängig.
Funktion	Vorausdeutung einer negativen Problemlösung für Gretchen
Intertextualität	Shakespeare, *Macbeth* (1606)
Figuren	Faust, Mephisto

Mephisto und Faust reiten auf schwarzen Zauberpferden an einer Hinrichtungsstätte vorbei.

Böse Vorzeichen

[25] *Kerker* (Vers 4405–4612)

Form	Faust: jambisch alternierend; Margarete: ein- bis fünfhebig, zunehmend reimlos
Thema	Errettung Gretchens und Flucht Fausts
Problem	Faust erlebt sein Scheitern in der Liebe; Margarete findet zu einer integrierten Naturreligion des Lebens und Liebens.
Funktion	Katastrophe des bürgerlichen Trauerspiels: Margarete zieht die Bestrafung durch die irdische Gerichtsbarkeit der von Faust angebotenen Scheinfreiheit vor. Durch diese Sühne ist ihre Seele gerettet.
Intertextualität	Gebr. Grimm, *Märchen vom Machandelbaum*
Figuren	Faust, Mephisto, Margarete, Stimme

Gretchen möchte nicht befreit werden

(1) Faust hat Angst vor der Wiederbegegnung mit Gretchen im Kerker. (2) Gretchens Lied des Wahnsinns. (3) Gretchen glaubt, Faust sei der Henker, der zu früh komme. (4) Gretchen will mit Faust, den sie noch nicht erkennt, gemeinsam beten. (5) Sie erkennt Faust an der Stimme und glaubt, sie sei gerettet. (6) Das veränderte Verhalten Fausts macht Gretchen deutlich, dass ihre Liebe zu Faust keine Zukunft hat. (7) Sie bittet Faust, für die Gräber der Toten, einschließlich des von ihr ertränkten Kindes, zu sorgen. (8) Sie verweist Faust an seine indirekte Mitschuld am Tode ihres Kindes. (9) Sie weigert sich, von Faust gewaltsam befreit zu werden, und wartet auf ihre Hinrichtung. (10) Mephisto drängt zum Aufbruch und verschwindet mit Faust, Gretchen lassen sie zurück.

Figurenkonstellationen

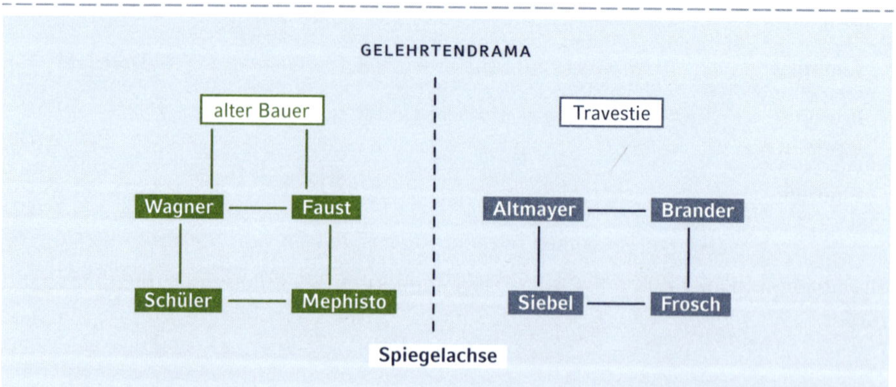

Schaubild 2: Gelehrtendrama

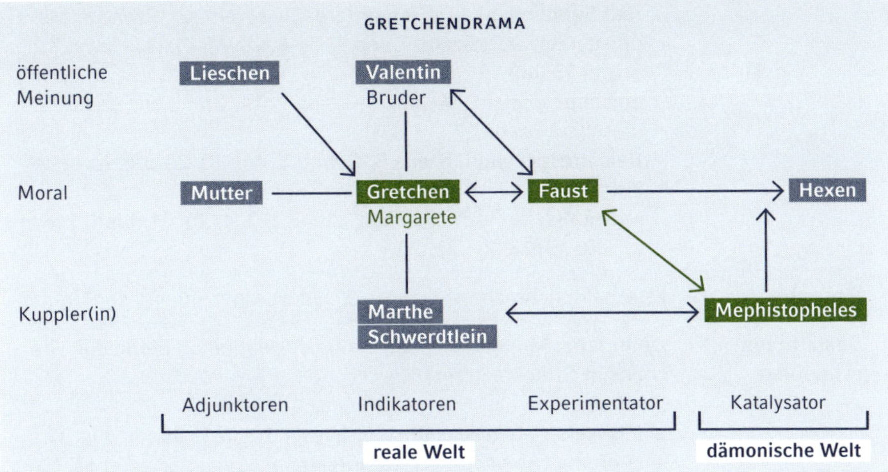

Adjunktoren: beigeordnete Einflussfiguren
Indikatoren: die Wirkung einer Handlung anzeigende Figuren
Katalysator: Figur, die Handlungen bewirkt

Schaubild 3: Gretchendrama

Übersicht: Analyse

Bauform	Doppeldrama: Gelehrtendrama: offenes Mono-Drama; Gretchendrama: geschlossenes dreiaktiges Drama; insgesamt kein traditionell aristotelisches Drama: eher Stationendrama oder Bilderfolge
Dramentyp	Gelehrtendrama: Warndrama, Anti-Heiligendrama Gretchendrama: Tragödie
Gliederung	Faust und Mephisto als integrative Figuren der beiden Dramenteile **Aufbau**: drei Prologe; Gelehrtendrama (vier Szenen, Verbindungsszene: *Auerbachs Keller*); Gretchendrama (Verbindungsszene: *Hexenküche*, sieben Szenen (I. Akt. Exposition), Mittelszene: *Wald und Höhle*, sechs Szenen (II. Akt: Peripetie), zwei Zwischenszenen: *Walpurgisnacht* u. *-traum*, drei Szenen (III. Akt: Katastrophe)
Textform	poetischer Text in variabler Reimbindung: dominant: Madrigalvers, Knittelvers, eingestreute Ballade und Lieder; Prosa-Ausnahme: Szene 23: *Trüber Tag. Feld*
Redeformen	– Gelehrtendrama: vier **Monologe**: Faust: Szene 1 (zwei M.), Szene 2, Szene 3 – Gretchendrama: elf **Monologe**: Margarete (fünf M.): Szene 8 (zwei M.), 15, 18, 20; Faust (vier M.): Szene 7, 8, 14, 25; Marthe (ein M.): Szene 10; Valentin (ein M.): Szene 19

	– fünf **Szenenschlusskommentare**: Faust (ein K.): Szene 3; Mephisto (zwei K.): Szene 7 und 9, Gretchen/Margarete (zwei K.): Szene 13 und 17 – **epischer Bericht**: Mephisto: Szene 9, 14; Gretchen: Szene 12; Lieschen: Szene 17 – **Beiseitesprechen**: Szene 5, **Gebet**: Szene 18; **Zauberspruch**: Szene 3, 7 – **musikalische Formen: Chor:** Szene 1, 3, 4, 20, 21; **Lied**: Szene 2, 5, 8, 15, 19, 21, 22, 25
Figuration	kein Held; gebrochene Figuren, Schuldzusammenhang der Figuren
Gestaltungsprinzipien	**Dominanz:** Monologe Fausts im Gelehrtendrama, Monologe Gretchens in Gretchendrama **Kontrast:** **a) Figuren**: *Qualitätskontrast*: Gelehrtendrama (männlich) vs. Gretchendrama (weiblich), Theaterdirektor vs. Servibilis, Herr vs. Mephisto, Faust vs. Wagner, Schüler; Gelehrtenquartett vs. Studentenquartett, Faust (humorlos; will das Gute, kann das Böse aber nicht vermeiden: 1048) vs. Mephisto (satirisch; will das Böse, kann das Gute aber nicht verhindern: 1336), Faust: zwei Seelen (1112), Faust (Adeliger) vs. Margarete (Bürgerliche), Margarete (kirchlich orientiert) vs. Gretchen (sinnlich orientiert), Margarete vs. Marthe, *Quantitätskontrast:* Szene 1 (1 Pers.) und 2 (12 Pers.) **b) Szenen**: *Qualitätskontrast*: Prolog im Himmel vs. Walpurgisnacht, Garten vs. Walpurgisnacht, kontemplative Szenen (Szene 1, 3, 14, 15, 18) vs. Aktionsszenen (2, 5, 6, 19, 21), männlich (Szene 9, 11, 14, 23, 24) vs. weiblich (15, 17, 18, 20), *Quantitätskontrast*: Szene 21 (388 Verse) vs. Szene 24 (6 Verse) **c) Orte**: geistiger Kerker (398) vs. physischer Kerker (Szene 25), Gelehrtendrama: drinnen (Szene 1, 3, 4, 5) vs. draußen (Szene 2), Gretchendrama: drinnen (Szene 6, 8, 10, 13, 15, 20, 25) vs. draußen (Szene 7, 9, 11, 12, 14, 16, 17, 18, 19, 21, 22, 23, 24) **d) Handlung:** himmlische Gerechtigkeit (Begnadigung Gretchens) vs. irdische Gerechtigkeit (Todesurteil), Visionen (Faust) vs. Halluzinationen (Gretchen) **e) Modalität**: Realszenen vs. magische Szenen (Gelehrtendrama: 1, 3, 4, 5, 6, 7, Gretchendrama: 21, 24), echte Tiere (Vögel: 1095–1099, Meerkatzen, 4251–4254) vs. metaphorische Tiere (2079, 2113, 2126 ff., 2156, 2164, 2208 ff., 2285, 2294), Hexen (Szene 7 u. 21) vs. metaphorische Hexen (877), gesprochene vs. musikalische Versdramatik **f) Licht:** hell (*Prolog im Himmel*, 911, 1195) vs. dunkel (*Nacht*, 918, 1179); 1350 **g) Thematik:** pythagoräisches Weltbild (243 ff.) vs. kopernikanisches Weltbild (252), Sexualität (4118 ff., 4128 ff.) vs. Liebe (4184–4205), Püppchen (2651) vs. Engel (2659, 3494), geheimnisvolle Natur (3871–3911) vs. chaotische Natur (3938–3955), Rationalität (Gelehrtendrama) vs. Emotionalität (Gretchendrama)

	h) Sprache: Versform vs. Prosa (Szene 23), religiös (Szene 18, 20) vs. obszön (Szene 21), Liebenswürdigkeiten (4295) vs. Unfreundlichkeiten (4299–4302), Polysyndeton (4016–4018) vs. Asyndeton (4058) **Proportionalität:** Redeanteil 1:1 (Faust-Mephisto: Szene 11, Faust-Margarete: Szene 16), Redeanteil 2:1 (Mephisto-Faust: Szene 7, Faust-Mephisto: Szene 8, Mephisto-Faust: Szene 14), Redeanteil 3:1 (Mephisto-Faust: Szene 3), Redeanteil 4:1 (Mephisto-Faust: Szene 9, Gretchen-Faust: Szene 25) **Ballung**: zehn Flüche (Faust: Vers 1587–1606), sieben Antinomien (Faust: 1678–1687), fünf Konsequenzen (Faust: 1701–1705), fünffache Figura etymologica (Mephisto: 1996–2000), zehn Fragen (Faust: 3432–3450), sechs Verwünschungen (Valentin: 3754–3763), drei Wandlungsbitten (Faust: Szene 23: Zeile 16–23), drei Befreiungsbitten (Szene 23: S. 128, Zeile 30 – S. 129, Zeile 5) **Rhythmus**: Ortswechsel im I. Akt des Gretchendramas, Szenenumfang Gretchendrama (Ausnahme Walpurgisnacht) **Progression**: Figurenanzahl (Szene 3, 4, 5), argumentativer Dreischritt (Dichter: 140–157, Lustige Person: 158–183, Menge (Vers 37) – Volk (43) **Reihung:** Szene 3 und 4: Studierzimmer; drei Vögel (1095–1099), vier Tugenden (1604–1606) **Symmetrie:** Personenanzahl (Szene 11–14) **Gruppierung**: Szene 12 und 22 **Streuung**: Szene 2 und 21 **Vorausdeutung**: Vers 1074, 1122, 2590, 2604, Szene 17, 4204 **Komik**: Szene 4, 10, 22; Vers 1827 (grotesk) **Symbol**: Sternblume (Szene 12), Kranz (4436, 4583)
Motive	**Ächtung** (3568 f., 3575 f., 3750 ff.), **Atmosphäre** (2671, 2721, 2753, 3493, 3538, 4601), **Besitzgier** (1810 ff.), **Bruderrache** (Valentin in Szene 19), **Engel** (243–270, 737–741, 757–761, 797–807, 2659, 2712, 3124, 3163, 3494, 3510, 4608), **Ekel** (1748, 3469, 4179, Szene 23, S. 128, Z. 25), **Entbehrung** (1549), **Fluch** (399, 1588–1606, 2806, 2997, 4051, 4194, Szene 23: S. 128, Z. 30), **Freude** (436, 738, 790, 1663, 1765, 1819, 1859, 2053, 2648, 2670, 3345), **Geld** (374, 1877, 2351, 2398, 2938, 3915, 3933), **Gold** (1079, 1536, 1679, 2762, 2802 f., 3156, 3756, 3929), **Kerker** (398, 1194, 2694, 4405), **Komik** (2834–2840, Dialog Mephisto – Marthe in Szene 12), **Liebe** (160, 196, 347, 758, 771, 802, 1114, 1184 f., 1469, 1604, 1800, 2431, 2662, 2689, 2723, 2805, 2870, 2921, 3056, 3183 ff., 3206, 3289, 3306 f., 3314, 3454, 3490, 3884 f., 4196, 4451, 4469, 4495 f.), **Magie** (377, 1158, 2289), **Natur** (455, 461, 2711, 3220–3231, 3838–3847, 3871–3911, 3938–3955), **Pakt** (1414), **Religion** (*Prolog im Himmel*, 432, 737, 1202, 1222, 1395 f., 2699, 2820, 3432 ff., 4453, 4585), **Schelm** (2515, 2985, 3205, 3481, 4414), **Schuld** (1508, 2624, 2960, 3007, 3102, 3777, Szene 23: S. 128, Z. 17 u. 37 u. S. 129, Z. 1), **Sorge** (644, 2572, 4522), **Streben** (317, 328, 560, 697, 716, 767, 912, 1075, 1676, 1742,

	1858), **Todessehnsucht** (690 ff., 1571), **Träne** (29, 777, 784, 1027, 1555, 3609, 3771), **Vision** (1447–1505, 2429–2440), **Wissen** (364, 371, 396, 601, 1062, 1582, 1749, 1768, 1840, 1851, 1901, 1984, 2015, 2351, 2370, 2568, 3037, 3215), **Wort** (214, 275, 385, 553, 1224 f., 1328, 1718, 1728, 1953, 1990 f., 2000–2013, 2565, 3005, 3063, 3079, 4488), **Wurm** (403, 498, 605, 653 ff., 707, Szene 23: S. 128, Z. 6), **Zauberspiegel** (2430)
Nachlässig-keiten/Fehler	**fehlende Auf- und Abtrittskennzeichnungen**: *Prolog im Himmel*: Auftritt Mephisto; Szene 8: Auftritt Mephisto; Szene 19: Abgang Mephisto und Faust; Szene 21: Abtritt Irrlicht. **Handlung**: Ein Requiem wird vom Priester durchgeführt, nicht vom Gläubigen gebetet (2942), die Hinrichtungsstätte Rabenstein liegt außerhalb der Stadt, während Gretchen auf dem Marktplatz hingerichtet werden soll. **Anachronismen**: Anrede „Madam“ (17. Jh.), Beichtstuhl (17. Jh.), Tobak (1620), Perücke (1640), Champagner (1670), Totenschein und Wochenblättchen (18. Jh.), Heißluftballon (1783).

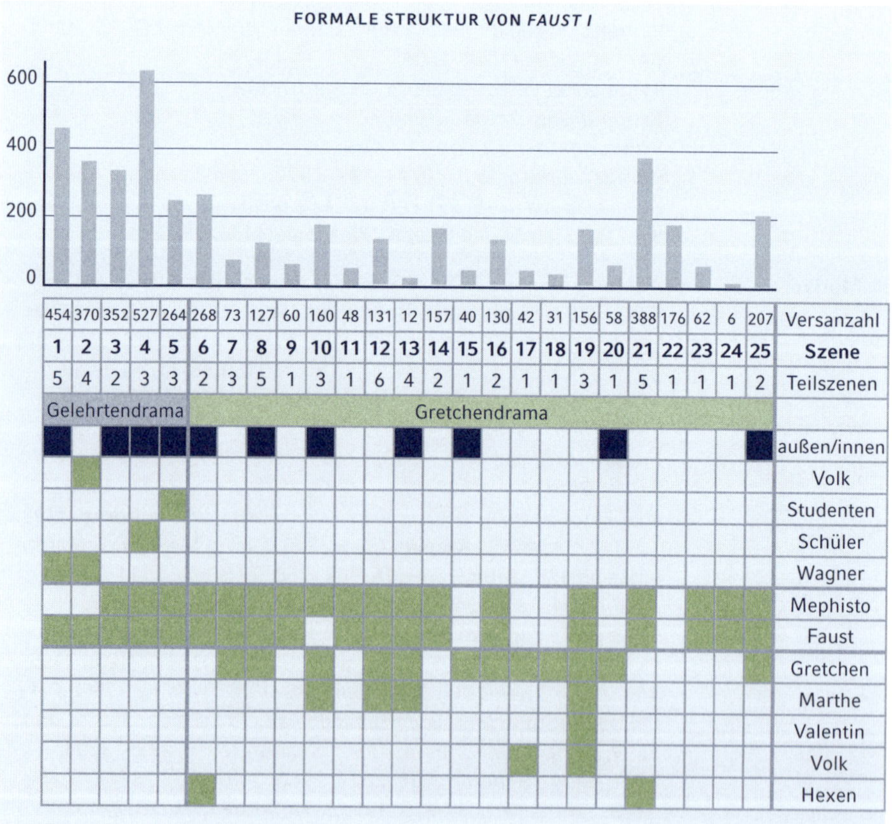

Schaubild 4: Formale Struktur von *Faust I*

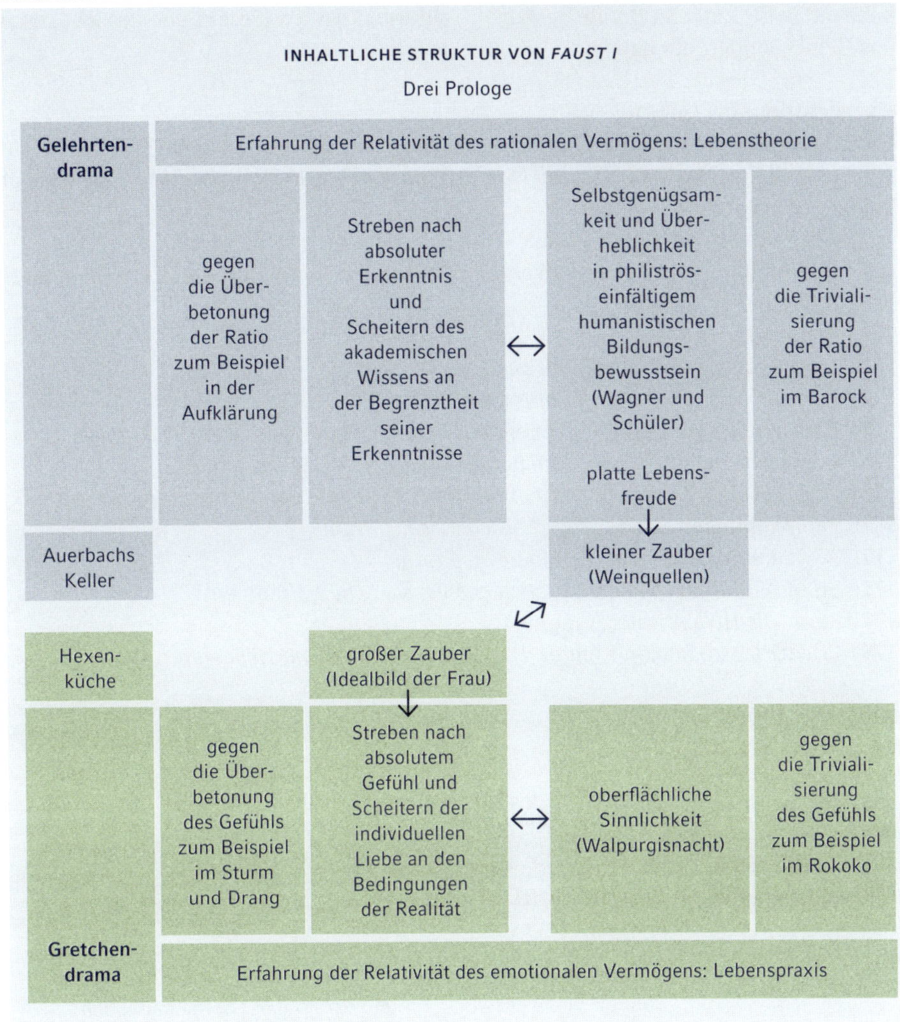

Schaubild 5: Inhaltliche Struktur von *Faust I*

Übersicht: Tradition des Faust-Stoffes

Historische Person:

Georgius Sabellicus, genannt Johann(es) Faustus (um 1480 in Knittlingen, Württemberg – 1540 bei Staufen, Breisgau); Wandermagier und Scharlatan; Aufenthalt in den Universitätsstädten Wittenberg, Erfurt, Ingolstadt; angeblich: Studium der Medizin, Astrologie, Alchemie (Wittenberg) und Magie (Krakau), Flugversuch in Venedig; nachweislich: 1507 Schulmeister in Kreuznach, 1513 Aufenthalt in Erfurt, 1520 Honorar für ein Horoskop vom Fürstbischof von Bamberg, 1528 in Ingolstadt ausgewiesen, 1532 Einlassverweigerung in Nürnberg; Tod angeblich bei der Explosion während eines Experiments; aufgrund des Geruchs nach Pech und Schwefel entsteht das Gerücht, er

Wandermagier, Mediziner und Alchemist

habe mit dem Teufel im Bunde gestanden, aufgrund dessen dieser ihm nach 24 Jahren das Genick umgedreht habe.

Überlieferung bis Goethe:
1587 (Nicodemus Frischlin?), *Historia von D. Johann Fausten*, Volksbuch, Frankfurt/Main
1589 Christopher Marlowe, *Tragical History of Doctor Faustus* (Vorlage der Puppenspiele)
1593 Leben Christoph Wagners
1599 Bearbeitung von Georg Rudolf Widmann, 3 Bände
1674 Bearbeitung von Johann Nikolaus Pfitzer (von Goethe 1801 aus der Weimarer Bibliothek entliehen)
1684 William Mountfort, *Life and Death of Doctor Faustus*, Farce
1715 J. Stranitzky, *Leben und Tod Fausts*
1724 *Arlequin Doctor Faustus*, Pantomime
1725 Fassung des „Christlich Meynenden", Kurzfassung (war Goethe bekannt)
1746 Puppenspiele zur Person Fausts (sah Goethe in seiner Jugend)
1759 G. E. Lessing, *Dr. Faust*, Dramen-Fragment (Goethe seit seiner Jugend bekannt)
1775 Paul Weidmann, *Johann Faust. Allegorisches Drama*
1776 A. Hamilton, *History of the Magician Faustus*
1776 Friedrich Müller, Maler, *Situation aus Fausts Leben*, Fragment
1777 Lenz, *Die Höllenrichter*, Fragment
1791 Friedrich Maximilian Klinger, *Fausts Leben, Taten und Höllenfahrt*, Roman

Namenssymbolik

Faust	Übernahme des Namens von der historischen Figur
	Symbol: Durchsetzungswille, Energie
Mephistopheles	Übernahme des Namens von der Tradition des Fauststoffes: Mephostophiles
	Symbol: (hebr.:) Der das Licht nicht liebt; Zerstörer des Guten; Lügner; vielleicht auch: Freund (gr.: philos) der schädlichen Ausdünstungen der Erde: Schwefelquellen (lat.: mephitis): Teufel; vgl. 4601 Vgl. Definition des Herrn: 338 ff. u. Selbstdefinition: 1335 ff.
Margarete	Anlehnung an den Namen der historischen Kindsmörderin Susanna Margaretha Brandt
	Symbol: (lat.:) Perle; Margerite: Sternblume (S. 92) Intertextualität: Hl. Margareta von Antiochia (wegen Verweigerung einer Heirat aus Glaubensgründen zum Tode verurteilt und im Alter von 15 Jahren hingerichtet, besiegt eingekerkert den Teufel in Form eines Drachens), Hl. Margareta von Cortona (bußfertige Mystikerin und unverheiratete Mutter; Schutzpatronin der reuigen Prostituierten)
Gretchen	Koseform von Margarete

	Symbol: kindliche Unselbstständigkeit und Abhängigkeit; Verniedlichung als Ausdruck emotionaler Intimität; im 18. Jh.: pejorative Bezeichnung eines „leichten Mädchens"

Ausblick auf *Faust II*

Offenes Ende von *Faust I*

Es ist vielfach zu Recht angemerkt worden, dass eine Beschränkung des Dramas auf den ersten Teil dessen Verständnis verzerrt, wenn nicht gar verstellt. Schließlich ist das Werk auf zwei Teile angelegt. Am Ende des ersten Teils ist weder geklärt, wer von den beiden, Faust oder Mephisto, die Wette gewinnen wird, noch ob sich die von Mephisto im *Prolog im Himmel* dem Herrn gegenüber geäußerte Zuversicht erfüllt, ihm die Seele Fausts entreißen zu können. Selbst das weitere Schicksal der Titelfigur lässt das Stück offen. Letztlich bleibt auch die Sinnfrage des Doppeldramas unbeantwortet.

Es ist deshalb sinnvoll, Inhalt und Funktion auch des zweiten Dramenteils zumindest im Überblick darzustellen:

FAUST II

Drei Prologe

Helena-Tragödie	**Ausgangspunkt:** Erkenntnis der Welt als Abbild des Seins	**I. Akt**	Versuch der oberflächlichen Annäherung an das Sein durch **Teilhabe am repräsentativen Schein der Zeit:** Erfahrung des Scheiterns in der Inflation (Papiergeld) und der Selbsttäuschung (Helena)
	Versuch der **theoretischen** Annäherung an das Sein durch den idealen Entwurf einer **künstlich gestalteten** Welt …	**II. Akt**	a)… im physischen Bereich der Natur: symbolische Erfahrung des Scheiterns im Nachvollzug einer hierarchisch idealen Seinsordnung an der Unbeherrschbarkeit elementarer kreatürlicher Prozesse (Homunculus)
		III. Akt	b) … im intellektuellen Bereich der Kultur: symbolische Erfahrung des Scheiterns der **unbedingt freien Individualität** an der Unbeherrschbarkeit idealistischen Wollens (Euphorion)
Herrscher-Tragödie	Versuch der **praktischen** Annäherung an das Sein	**IV. Akt**	a) … im Bereich des institutionalisierten Ständestaates: Erfahrung des Scheiterns amtlicher Autorität an der Macht militärischer und politischer Gewalt (Motiv: Gegenkaiser; Symbol: Gebirge)
	durch **tatkräftige Gestaltung** der Realität …	**V. Akt**	b) … im Bereich neuzeitlich merkantil und technisch orientierter Herrschaft: Erfahrung des Scheiterns **sozialer Verantwortung** an den Verführungen der Besitzgier (Motiv: Philemon und Baucis; Symbol: neugewonnenes Marschland)
	Endpunkt:		Anerkennung der Realität des eigenen Seins: **der scheiternde Mensch als Teil eines ewig strebenden Willens**

Schaubild 6: Faust II

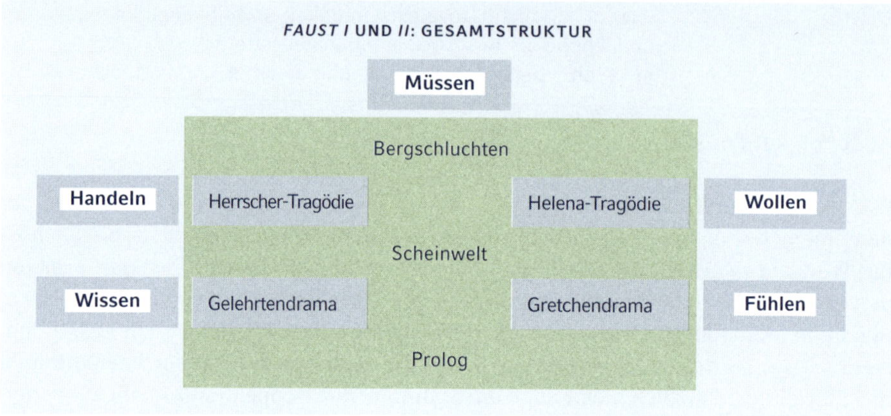

Schaubild 7: *Faust I* und *II:* Gesamtstruktur

Übersicht: Interpretationen

Aspekt	Thematik
Biografie	Widerspiegelung eigener Erlebnisse und Erfahrungen: Puppenspiel (Faust-Thematik), Liebesbeziehungen (Gretchen), naturwissenschaftlicher Forschungsdrang (Faust), esoterische Interessen (Magie), allgem. weltanschaulichen Fragen
Wirklichkeitsbezug	Faust-Tradition, Kindsmörderin-Prozesse (Susanna Margaretha Brandt)
Intertextualität	Bezüge zur gesamten europäischen Literatur von der Antike bis zum 19. Jahrhundert
Ästhetik	„Fragmentisten“: Konglomerat widersprüchlich und willkürlich zusammengestellter Teile vs. „Unitarier“: Brüche und Widersprüche sind Teil des Kunstwerks: modern anmutende poetologische Grundkonzeption gattungsübergreifende Universalpoesie (vgl. *Vorspiel auf dem Theater*): 1. Schauspiel: Schwank (Marthe-Mephisto), Mysterienspiel (Prolog im Himmel), Warndrama (Gelehrtendrama), Bürgerliches Trauerspiel (Gretchendrama); 2. Singspiel: Oper, Oratorium (Erzengelterzett), Chorwerk, Lied
Religion	historische Abfolge religiöser Einstellungen: alttestamentarische Kosmotheologie (Raphael), neutestamentarische Offenbarungsreligion (Michael), pietistische Liebesreligion (Gretchen), Pantheismus (Faust); Faust und Mephisto arbeiten mit an der göttlichen Entelechie der Welt.
Magie	von jeher okkult-esoterischer Versuch des Menschen, durch Übersinnliches die natürlichen Grenzen zu überschreiten (Faust: weiße und schwarze Magie, Gretchen: Blumenorakel)

Wissenschafts-lehre (Epistemologie)	Streben als den Menschen definierender geistiger Trieb; Darstellung des menschlichen Scheiterns beim Versuch, zur absoluten Erkenntnis (Wahrheit) zu gelangen bzw. ein absolutes Ideal zu verwirklichen; gegensätzliche Wissenschaftsvorstellung von Faust und Wagner
Anthropologie	Faust als zeitenthobener männlicher Archetypus, Repräsentant und Symbolfigur des in die Zukunft aufbrechenden europäischen Menschen; der platonische Eros als Fausts Doppelseele: Vernunft und Gefühl
Naturphiloso-phie	gottgleiche Natur als Einheit aller Widersprüche: Leben und Zerstörung, Ordnung und Chaos (Szene 14: *Wald und Höhle*, Szene 21: *Walpurgisnacht*); die Unbeherrschbarkeit der Zeit
Psychologie	Schwäche und Verführbarkeit des Menschen bei der Hoffnung auf Wissens- und Machtüberlegenheit (Gelehrtendrama) bzw. Besitz, sozialen Aufstieg und emotionale Anerkennung (Gretchendrama); Gespaltenheit der Figuren Faust und Gretchen
Soziologie	sozio-moralische Analyse der unaufgeklärt repressiven Situation des Bürgers zur Mitte des 18. Jahrhunderts (Szene 2: *Vor dem Tor*, Szene 5: *Auerbachs Keller*, Szene 17: *Am Brunnen*, Szene 19: *Nacht*), Darstellung ihrer individuellen Folgen: Dramaturgie des Leids
Politik	weitgehend entpolitisiert: Verhältnisse zur Französischen Revolution nur in Andeutungen, zeitgenössische patriotische nachnapoleonische Zeitströmungen fehlen; gleichwohl in der Rezeption zur nationalpolitischen Leitfigur instrumentalisiert (wilhelminischer und nationalsozialistischer Imperialismus)
Geschichte	symbolische Entwicklungsgeschichte (Religion, Wissenschaft) des Menschen bis zum Eintritt ins technische Zeitalter (*Faust I* und *II*)
Gender	männliche Dominanz: trotz moralischer Bedenken letztlich rücksichtslose Durchsetzung eigener Interessen; weibliche Unterlegenheit: opferhafte Gefangenheit im traditionellen religiösen und sozialen System
Literaturepoche	Sturm und Drang: unbegrenztes Fühlen und Wollen (z. B.: Szene 23: *Trüber Tag. Feld)* Klassik: Einsicht in die menschlichen Grenzen Romantik: universalpoetische Formenvielfalt der Gestaltung

Gemeinsamer Kern aller *Faust*-Deutungen

Es ist erstaunlich, dass sich die unüberschaubare Zahl der Interpretationen hinsichtlich der Gesamtinterpretation von *Faust I* im Grunde einig ist: Das Gelehrtendrama zeigt das Scheitern des Menschen in seinem grenzenlosen Streben nach Wissen, und das Gretchendrama verweist auf die Problematik der Kindsmörderin Margarete, die – um es mit Mephisto zu sagen – die Liebe als das Gute will, doch dabei das Böse schafft:

Vergiftung der Mutter, Ertränkung des Kindes, Tod des Bruders. Es ist der Goetheschen poetischen Gerechtigkeit zu verdanken, dass Gretchen im religiösen Rahmen des Dramas letztlich gerettet wird.

Gleichwohl wuchern die Deutungen und Darstellungen zu Goethes *Faust* ungehemmt. Das liegt vor allem an der Vielschichtigkeit von Goethes poetologischem Zugriff, die immer wieder Neues entdecken lässt oder bereits Entdecktes in ein neues Licht rückt.

Biografischer Aspekt

Der **biografische Aspekt** erhellt, in welchem Maße Erlebnisse und Erfahrungen in Goethes Werk vom Dichter verarbeitet worden sind, und umgekehrt, in welcher Weise das Werk Aufschluss gibt über das jeweilige Bewusstsein und die Denkweisen des an dem Werk arbeitenden Dichters. Dieser Aspekt ist wie der der **Wirklichkeitsbezüge** eher positivistischer Natur (d. h., er beschränkt sich auf Fakten und Dokumente) und für die philologische Forschung zwar von Interesse, spielt aber für die Schule erfahrungsgemäß eine geringere Rolle. Generalisierend kann man sich aber wohl dem Urteil Gerhart Hauptmanns anschließen, der meinte: „Goethe ist Faust, (...), wenn auch Faust nicht überall identisch mit der Persönlichkeit Goethe ist.“[15]

Intertextuelle Bezüge

Wissenschaftlich von eminenter Bedeutung sind die **intertextuellen Bezüge** des Dramas, an denen man erkennen kann, inwieweit es mit der europäischen Literatur vernetzt ist. Dieses Bezugsnetz ist von Goethe dermaßen fein und weit gesponnen, dass es sich – von wenigen begrenzten Ausnahmen abgesehen – einem schulischen Zugang entziehen dürfte, während es ein ergiebiges Arbeitsfeld der vergleichenden Literaturwissenschaft darstellt.

Ästhetischer Aspekt

Interessanter für eine schulische Betrachtung ist der **ästhetische Aspekt** mit der Fragestellung, inwieweit das von Goethe angewandte poetologische Konzept im Einklang steht mit der dramaturgischen Tradition. Es gilt festzustellen, dass Goethe sich sehr weit vom strengen Konzept des aristotelischen Theaters mit seinen drei Einheiten, wie es von der französischen Dramaturgie eines Nicolas Boileau (*Art poétique*, 1669–74) festgeschrieben war, gelöst hat und mit den dramaturgischen Freiheiten spielt, mit denen Shakespeare das europäische Theater revolutioniert hat. So kommt es einerseits zu einer Mischform, der sowohl Elemente der alle Regeln verwerfenden Genialität des Sturm und Drang zuzuordnen sind, als auch, vor allem in der Sprachform des Verses, unübersehbare Merkmale der Klassik. Die vielen unterschiedlichen Zugriffe, die Goethe im Laufe seiner Auseinandersetzung mit dem Drama getätigt hat und die ihn das Werk auch als Libretto für eine Oper betrachten lassen wollten, haben eine einheitliche Oberflächengestaltung verhindert, so Goethe sie denn je verfolgt haben sollte. Schließlich hat er die synkretistische (vermischende) Not der Unterschiedlichkeiten und Unabgestimmtheiten zur Tugend erklärt und selbst das so belassen, was er selbst als sperrig und widersprüchlich erkannt hat. Das legt die eine Gruppe der Interpreten als Makel aus („Fragmentisten“), während die anderen das Werk, so wie es ist, als Kunstwerk akzeptieren („Unitarier“). Diese Wertdiskussion ist für die Schule weitgehend obsolet. Interessant ist es aber herauszustellen, dass Goethe im *Faust* bereits viele Elemente entwickelt hat, die das Gesicht des heutigen, modernen Theaters prägen: Stationendrama, Bilderfolge, anachronistische Verschnittformen, postmoderne Stilmischungen etc.

---

15 Gerhart Hauptmann: *Goethe* (Rede, gehalten an der Columbia-Universität zu New York am 1. März 1932). In: Ders.: Sämtliche Werke. Hrsg. von Hans-Egon Hass, Bd. VI, Berlin: Propyläen, 1966, S. 836–858, hier S. 840.

Religiöser Aspekt

Inhaltliche Deutungen ergehen sich häufig in Teilaspekten. Einer davon ist **der religiöse Aspekt.** Goethe entzieht sich der Gefahr, in seinem Werk auf eine religiöse Einstellung festgelegt zu werden, dadurch, dass er mehrere religiöse Haltungen unverbunden und unverglichen nebeneinanderstellt, ja sie in gewisser Weise sogar historisch ordnet und damit so etwas wie eine Entwicklungsgeschichte des menschlichen Gottesbezuges nachzeichnet:

- ausgehend von den archaischen Vorstellungen einer Naturreligion, in denen der Gottesbegriff vor allem dazu diente, die Ordnung des Kosmos zu erklären,
- über die alttestamentarische Gesetzreligion, in der ein auserwähltes Volk Unterwerfung und Gehorsam schuldet,
- und den neutestamentarischen Offenbarungsglauben an die Erlösung des gläubigen Individuums
- bis hin zu der im Sturm und Drang als Gegenbewegung zur nüchternen Reformation aufflammenden Empfindungsreligion des Pietismus, die das eigene Gefühl zum göttlichen Erlebnis werden lässt,
- und dem sich im Zuge der Aufklärung von der Institution der Kirche lösenden Pantheismus, nach dem der Mensch sich als Teil eines überall in der Natur wirkenden Gottes begreift.

DER ASPEKT DER RELIGION

Religionsart	Religionsform	Religionsinhalt
Naturreligion	Animismus primitiver Völker	Götter und Geisterkräfte erklären die Naturphänomene.
Gesetzreligion	Altes Testament	Ein übermächtiger „Herrgott“ verlangt Gehorsam gegenüber seinen Gesetzen.
Offenbarungsreligion	Neues Testament	Gott offenbart sich dem Gläubigen unmittelbar.
	Pantheismus	Gott offenbart sich in der Natur.
	Pietismus (Sturm und Drang)	Gott offenbart sich in der Liebe.

Schaubild 8: Der Aspekt der Religion

Auf der höheren Ebene des Prologs im Himmel enthüllt sich ein weiterer optimistischer religiöser Aspekt: **Mephisto** ist der Diener des Herrn, das Böse ist notwendiger Bestandteil des prästabiliert Guten[16], weil es durch seine zerstörerische Kraft Veränderung, Entwicklung und Neubeginn ermöglicht. An diesem Prozess sind auch Menschen wie Faust beteiligt, weil sie trotz ihrer – auch religiösen – Irrungen und Fehlschläge durch ihr unermüdliches Streben an der göttlichen Entelechie (Selbstvollendung) der Welt mitwirken.

---

16 Prästabilierte Harmonie: nach Leibniz von Gott im Voraus festgelegte harmonische Übereinstimmung von Körper und Seele.

Magie

Eng mit dem religiösen Aspekt ist der der **Magie** verbunden. Wo die Wunder der himmlischen Mächte nicht ausreichen, werden die dunklen Wirkungsmächte beschworen, seien es die Kräfte der Natur und des Kosmos, die man sich in anthropomorpher Analogie zu den Geistwesen der Engel als dämonenhafte Geister vorstellt (weiße Magie), seien es die obskuren Mächte des Bösen, die in Teufels- und Hexengestalt ihre Zauberkraft entfalten. Auch das scheinbar unschuldige Blumenorakel, dem Gretchen sich unterwirft, ist letztlich eine Anrufung okkulter Kräfte, die mehr wissen und bewirken können als der Mensch.

Wissenschaftslehre (Epistemologie)

Damit ist die Problematik des Dramas angesprochen, die sich unter dem **Aspekt der Erkenntnistheorie** und der **Wissenschaftslehre** verbirgt. Seit Adam und Eva der biblischen Geschichte nach den Apfel vom Baum der Erkenntnis gegessen haben, strebt der Mensch nach Erkenntnis. Das Streben nach Wissen ist gleichsam der **den Menschen selbst definierende geistige Trieb**, und der Besitz von Wissen eine den Menschen in seiner Gesellschaft verortende Macht. Die Begrenztheiten des Menschen, die Kürze seiner Lebensdauer, die Unvollkommenheit seiner intellektuellen Fähigkeiten und die mit jedem Erkenntnisgewinn anwachsende Menge des weiterhin zu erwerbenden Wissens lassen ihn bei dem Versuch scheitern, in den Besitz der Wahrheit zu gelangen, sowohl des qualitativ absoluten Wissens als auch des quantitativ absoluten Wissens. An dieser Aporie droht der gelehrte Wissenschaftler Faust psychisch und physisch zu zerbrechen. Sein verbissenes Streben nach einer übermenschlichen Größe des Wissens ist Ausdruck eines Egoismus, der sich in Selbsttäuschung verirrt und selbst vergöttert. Andererseits weiß Faust aber auch, dass eine Rückkehr zu der voraufklärerischen Problemlosigkeit und fraglosen Akzeptanz des Bestehenden, die ihn für Augenblicke in der Erinnerung an seine Jugend emotional beheimaten, nicht mehr möglich ist. Als er sich damit abfindet, braucht er allerdings einen neuen Sinn des Lebens, ein neues absolutes Ziel. Das glaubt Mephisto irrigerweise, ihm im sinnlichen Genuss aufzeigen zu können.

Fausts Schüler Wagner repräsentiert demgegenüber den noch eher im mittelalterlichen Denken verhafteten rational-kalten Gelehrtentypus des Humanismus, der selbstsicher, unkritisch und von Erkenntnisoptimismus beseelt, einem rein deduktiven Wissenschaftsbild verhaftet ist.

VERGLEICH DER WISSENSCHAFTSEINSTELLUNGEN

Kriterium	Faust	Wagner
Einstellung zur Wissenschaft	kritisch bis skeptisch	überzeugt und genügsam
Einstellung zur Methodik	Erkenntnisgewinn über Experiment und Naturforschung	Erkenntnisgewinn über das Studium vorhandener Texte
Einstellung zur Rhetorik	erkenntnishemmendes Sprachdekor	erkenntnisfördernde Sprachform
Einstellung zur Moral	nicht durch Texte lehrbar	durch Texte lehrbar
Motivation	Erforschung des Unbekannten	Aneignung des Vorhandenen
Ziel	Ausdehnung und Überschreitung der bisherigen Wissensgrenzen	vollständige Aneignung des tradiert vorhandenen Wissens

Schaubild 9: Vergleich der Wissenschaftseinstellungen

Anthropologischer Aspekt

Die weitaus geläufigste Deutung des *Faust* legt einen **anthropologischen Aspekt** an. Faust ist in Goethes Drama nicht mehr (nur) der historische Quacksalber des 16. Jahrhunderts, sondern repräsentiert den gebildeten europäischen Menschen seiner Zeit. Da er aber nicht auf die Zeit der Renaissance festgelegt ist, sondern aller Zeiten enthoben scheint, wird er zur männlichen **Symbolfigur des in die Zukunft aufbrechenden Menschen** schlechthin. Es ist der ambitionierte Mensch, der sich verwirklichen will, seine Möglichkeiten bis an die Grenzen ausschöpfen, sie sogar überschreiten will. Es ist der ruhelose Mensch, der hinter jedem erreichten Ziel ein neues ausmacht, hinter jedem Horizont einen neuen entdeckt und nie an einen befriedigenden Endzustand gelangt. Deshalb ist dieser abstrahierte Mensch auch kein vollkommener Mensch, sondern einer, der nach Vollkommenheit strebt, ohne sie je zu erreichen. Und das macht die zentrale Erfahrung seines Lebens aus: dass es für den Menschen **keine Vollkommenheit** gibt. Faust erfährt dies in insgesamt siebenfacher Weise, die gemeinsam die Conditio humana, die menschlichen Grundbedingungen, erhellen; nur zwei davon, die anthropologisch analytischen, werden im ersten Teil des Dramas zur Sprache gebracht. Diese beiden – Faust nennt sie die „zwei Seelen" (1112) in seiner Brust – sind nicht dem traditionellen religiös orientierten Dualismus entsprechend Leib und Seele, sondern in aufgeklärt anthropologischem Zugriff **Verstand und Gefühl** und bilden in komplementärer Einheit die binäre Grundopposition des Menschen. Faust erlebt die in beiden Bereichen treibende Kraft, die Platon identisch **„Eros"** nannte: das intellektuelle Streben und den emotionalen Trieb. Es ist der Antrieb, der den Menschen in der Geschlechtsliebe zum Schönen führt und im Geistigen sich nach Wahrheit, Selbstvervollkommnung und Unsterblichkeit sehnen lässt. Da Faust aber beides in absoluter Totalität will, erfährt er im ersten Teil des Dramas sowohl die Unvollkommenheit der menschlichen Erkenntnisfähigkeit (Gelehrtendrama) als auch die Unvollkommenheit des Glücksgefühls (Gretchendrama). Der Grund für dieses Unvollkommenheitserlebnis liegt in der Vermessenheit des Ehrgeizes (Hybris), der Gier nach Wachstum, in dem Stolz, selbst das Unmögliche und Trans-Intelligible (dem menschlichen Intellekt sich Entziehende) herausfordern zu können, und in dem Mangel an demütiger Bescheidung, die unsere Erfolge in Niederlagen wandeln und unsere Leistungen in Versagen. So lernt Faust das **Scheitern als ein wesentliches Kennzeichen menschlicher Tätigkeit** kennen, auch wenn es ihm zunächst gelingt, mit Mephistos Hilfe den Konsequenzen dieser Erkenntnis auszuweichen, indem er sich wiederholt einer völlig anders gearteten Herausforderung stellt.

DIE ROLLE DES EROS (STREBENS)

Eros (Platon)	Form	Ziel	*Faust I*
rational	Streben nach Wissen und Erkenntnis	Wahrheit Vervollkommnung	Gelehrtendrama
emotional	Streben nach Empfindung und Gefühl	Liebe (Ästhetik) Erfüllung	Gretchendrama

Schaubild 10: Die Rolle des Eros (Strebens)

Aspekt der Naturphilosophie

Dieser anthropologische Aspekt ist eng verknüpft mit dem **Aspekt der Naturphilosophie**. Fausts Naturverständnis schwankt zwischen einer mittelalterlichen Auffassung, nach der die sich selbst produzierende **Natur sichtbar auf Gott verweist**, falls sie nicht selbst Gott ist (Pantheismus), und einem Naturverständnis, das bereits romantisch gefärbt ist. Dieses Verständnis zeichnet eine Natur, die alle Phänomene auch in ihrer Gegensätzlichkeit von Leben und Zerstörung, Ordnung und Chaos ausgleicht und vereint und die über das Atmosphärische ihrer Erscheinung nicht nur rational, sondern auch über Empfindungen, Visionen und Imaginationen erfahren werden kann. Das macht zweierlei erklärbar: Erstens, warum Faust, der den Menschen als Teil der Natur sieht, gerade über die Beschwörung der Naturgeister glaubt, in Erfahrung bringen zu können, „was die Welt im Innersten zusammenhält" (382 f.). Und zweitens, warum Faust als Repräsentant der höchsten Entwicklungsstufe der organischen Schöpfung ein so **sympathetisches Naturgefühl** besitzt und selbst eine so lebendige und kraftvolle Verkörperung der Natur darstellt.

Aspekt der Zeit

Ein weiterer philosophischer Aspekt beleuchtet Fausts **Verhältnis zur Zeit**. In der Beschwörung des Erdgeistes erfährt Faust, dass auch eine objektive Erfahrung der Zeit, wie er sie sich wünscht, für den Menschen nicht möglich ist. Der Mensch bleibt auf ein subjektives Zeiterleben begrenzt, auf eine zeitliche Momentaufnahme, da er weder die Vergangenheit noch die Zukunft zeitlich erleben, sondern sie nur als Projektionen seiner momentanen Situation entwerfen kann. Auch von Mephisto kann Faust keine Hilfe erwarten, da es dessen Interesse ist, alles wie in einer Entropie (nichtumkehrbarer Verfallsprozess) zu Grunde gehen zu lassen (1339 ff., 1357 f.). Da Mephisto aber ebenfalls nicht über die Zeit verfügen kann, muss er sich darauf beschränken, ihr inhaltliches Geschehen zu entwerten. Damit verfolgt er genau das umgekehrte Ziel, das Faust anstrebt, der in seiner Wette mit Mephisto den leiblichen Tod nur in Kauf nimmt, falls ihm eine Art intellektueller Tod vergönnt ist, d. h. falls sein Erlebniswille ersterben und seine Neugier auf die vermuteten Werte des Erlebenkönnens zum Erliegen kommen sollte.

Psychologischer Aspekt

Man könnte annehmen, der **psychologische Aspekt** sei von geringerer Bedeutung: Goethe zeichnet seine Hauptfigur vornehmlich als Mann ohne besondere individuelle Eigenschaften. Auch Gretchen und Marthe werden mehr geschlechtsspezifisch als individuell charakterisiert. Hier spürt man deutlich Goethes Absicht zur Verallgemeinerung, Stilisierung und Typisierung. Aber genau das enthebt sie auch aller Zeitgebundenheit. Sie bleiben glaubhaft und nachvollziehbar, weil sie keine Idealfiguren sind, sondern allzumal gebrochene Figuren. Allen gemeinsam ist ihr **Mangel an innerer Stabilität**. Sie sind alle verführbar und erliegen ihren Interessen.

- Faust ist bereit, sein Leben für die Befriedigung seiner Interessen hinzugeben (Teufelspakt), und wirft für die Befriedigung seiner sexuellen Lust alle moralischen Bedenken hinsichtlich der Konsequenzen für Gretchen und ihre Mutter über Bord. Sein Streben nach Selbstverwirklichung und -vervollkommnung erlaubt es ihm nicht einmal, sich dauerhaft an Gretchen zu binden. Darin besteht auf seiner Seite die Tragik dieses Liebesverhältnisses, der er sich auch nicht durch Flucht entziehen kann.
- Gretchen wiederum ist bereit, sich der strengen Aufsicht ihrer Mutter zu entziehen, um mit den Schmuckgeschenken oberflächlich ihrer Eitelkeit zu huldigen. Auch ist ihre Liebe zu Faust nicht frei vom egoistischen Traum des sozialen Auf-

stiegs. Die Tragik ihrer Liebesbeziehung zu Faust besteht darin, dass sie den intellektuellen Niveauunterschied zu Faust erkennt und ahnt, dass all ihre Gefühlstiefe und Opferbereitschaft nicht ausreichen, um mit dem mit Mephisto verbundenen Faust eine tragfähige und belastbare Zukunftsharmonie zu entwickeln.
- Ihre Nachbarin Marthe stellt endlich ein selbst den Teufel erschreckendes Paradebeispiel für innere Flexibilität dar und bietet ihre Korrumpierbarkeit sogar fast unverhohlen feil.

Interessant wird der psychologische Aspekt auch, wenn man das Verhältnis Faust – Mephisto betrachtet. Unterstellt man nämlich, dass **Mephisto** gar keine eigenständige Figur ist, sondern lediglich die **Verkörperung einer Teilidentität Fausts**, könnte man Mephisto auch deuten als Summierung dessen, was Faust eher unbewusst will und wünscht, gleichsam als sein unbewusstes Es. Man muss diesen psychoanalytischen Ansatz aber gar nicht teilen, um zu erkennen, dass zwischen Faust und Mephisto ein partnerschaftliches Verhältnis vorliegt, in dem die jeweilige Führungsrolle durchaus wechselt. Beide Figuren stehen in einem reziproken (wechselbezüglichen) Komplementärverhältnis, in dem die Ernsthaftigkeit Fausts durch Mephisto ironisiert wird. Dieses Verständnis wird dadurch gestützt, dass **auch Gretchen ein Doppelwesen** ist, sie ist sogar doppelt gespalten. Das eine Wesen wird vom Autor Margarete genannt, das andere Gretchen, von dem sich in der Szene 20: *Im Dom* auch noch das schlechte Gewissen in Form des „bösen Geistes“ ablöst. Auch hier sind die Übergänge letztlich fließend. Als Margarete ist sie das eher sitt- und tugendsame Mädchen, das verankert in den Moralkodizes von Kirche und Gesellschaft sich letztlich des rechten Weges bewusst bleibt und deshalb die Gnade der himmlischen Gerechtigkeit erfährt. Dies kann die irdische Gerechtigkeit dem ihrer natürlichen Leidenschaft folgenden Gretchen nicht gewähren, das in seiner menschlichen Schwäche in Handlungen einwilligt, die fatale Folgen für sie und ihre Nächsten zeitigen. Dass sie nicht einmal in schlechter Absicht handelt, trägt zu ihrer Tragik bei.

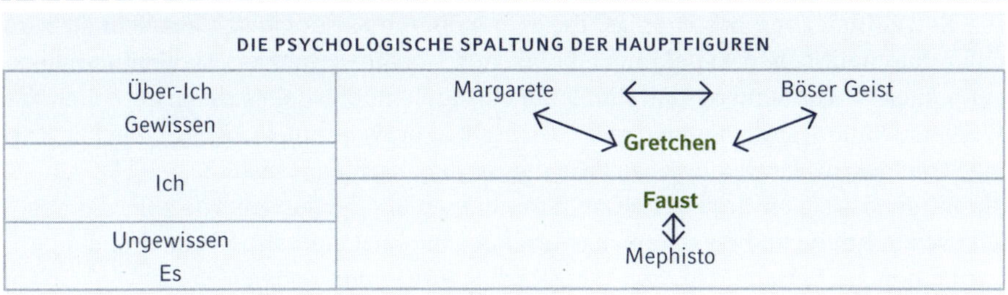

Schaubild 11: Die psychologische Spaltung der Hauptfiguren

Soziologischer Aspekt

Unter dem **soziologischen Aspekt** liefert das Drama nicht, wie es in anderen zeitgenössischen Werken geschieht, eine kritische Analyse des bürgerlichen Milieus, sondern lässt sogar die soziale Situation recht vage. Das vom verstorbenen Vater hinterlassene Haus Gretchens, das Gärtchen vor der Stadt und das „hübsch(e) Vermögen“ (3117 f.) verweisen weniger auf kleinbürgerliche Verhältnisse und eher auf eine solide Kleinstadtexistenz. Goethe beschränkt sich auf einen groben Entwurf des **bürgerlichen**

Moralsystems, das sich von der Renaissance bis zur Mitte des 18. Jahrhunderts kaum gewandelt hat. Unaufgeklärt verharren die Menschen in abergläubischem Denken und sind der Dominanz der Kirche mit ihren Maximen unterworfen. Sie verstärken den repressiven Druck noch dadurch, dass sie sich wie Lieschen (Szene 17: *Am Brunnen*) oder Valentin (Szene 19: *Nacht*) mit Schadenfreude oder in Rechtfertigungsabsicht zum Anwalt dieser Maximen machen, das System mit schnellen Schuldzuweisungen stabilisieren und ohne Empathie eine öffentliche Ächtung durchführen, die einer sozialen Vernichtung derer gleichkommt, von denen sie sich philisterhaft abgrenzen. Da bedarf es der offiziellen Gerichtsbarkeit fast gar nicht mehr; zumindest tritt sie in Goethes Drama nur indirekt durch die Einkerkerung Gretchens in Erscheinung. Selbst das Todesurteil erfährt man aus dem Munde der Delinquentin, als bedürfe es angesichts einer solchen sich selbst strafenden Gesellschaft gar keiner Obrigkeit mehr. Umso mehr Wert legt Goethe darauf, die bitteren Stufen des Leids nachzuzeichnen, die Gretchen auf ihrem Lebensweg zu gehen hat. Damit umgeht Goethe die mögliche Problematik einer situationsunangemessenen Gesetzeslage und Rechtsprechung, die er als Mitglied des Weimarer Konsiliums sehr wohl gesehen hat, entpolitisiert die Thematik und verlagert den Fokus auf die rein **menschliche Sphäre** der Gewissensnot und des Leids.

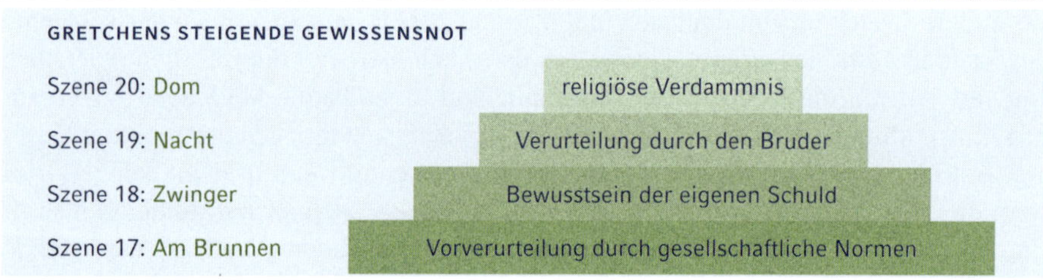

Schaubild 12: Gretchens steigende Gewissensnot

Politischer Aspekt

Die **Entpolitisierung** des Dramas, die sich so bereits soziologisch abzeichnet, wird unter dem **politischen Aspekt** noch deutlicher. Goethe vermeidet es, offen und direkt auf politische Verhältnisse und Probleme einzugehen, obwohl es deren zu Zeiten der Werkerstellung wahrlich genug gab. Er spricht aber weder die gesellschaftlichen Turbulenzen des 16. Jahrhunderts an, also die zur Lebenszeit des historischen Faust, noch die zeitgenössischen Großereignisse, Strömungen und Tendenzen wie z. B. die napoleonischen Kriege und die darauf antwortenden nationalen Freiheitsbestrebungen. Anspielungen auf Verhältnisse der Französischen Revolution finden sich nur versteckt in den Tendenzliedern der Studenten in *Auerbachs Keller* und zeitgenössische Kulturkritik kaum noch nachvollziehbar in den epigrammatischen Strophen des *Walpurgisnachtstraums*. Auch hier wird deutlich, dass es Goethe weniger um vergängliche tagespolitische Auseinandersetzungen ging, als um den Entwurf eines überzeitlich gültigen symbolhaften Welttheaters. Erst die Rezeption des Dramas in der wilhelminischen Ära und zur Zeit des Nationalsozialismus hat die Figur Faust politisiert und in verzerrender Deutung zum heldenhaften Übermenschen erhoben.

Historischer Aspekt

Der Globalanspruch des Dramas wirkt sich auch bei der Betrachtung des **historischen Aspekts** aus. Leider wird er im ersten Teil des *Faust* noch nicht so greifbar und deutet sich nur gelegentlich wie in der Skizzierung der **Religions- und Wissenschafts-**

geschichte an. Diese wird sogar doppelt dargeboten, nämlich einmal im Vorstellungsmonolog Fausts und dann in ihrer Travestie durch Mephisto gegenüber dem um Einführung in die Wissenschaften bittenden Schüler. In beiden Fällen aber behandelt Goethe nicht die sieben mittelalterlichen Artes liberales, die freien Künste, bestehend aus dem Quadrivium (Vierergruppe: Geometrie, Arithmetik, Astronomie und Harmonielehre) und dem Trivium (Dreiergruppe: Rhetorik, Grammatik, Dialektik), sondern vornehmlich die darauf aufbauenden Disziplinen Philosophie, Medizin, Jurisprudenz und Theologie. Ansätze zu einer modernen Wissenschaft, die sich kritisch auf in Experimenten gewonnene Erfahrungen gründet, werden von Faust aber bereits angestrebt (Textkritik bei der Bibelübersetzung, Flugwunsch) und sind vor allem in seinen magischen Versuchen erkennbar. Der Gelehrte Faust befindet sich gleichsam an der historischen Gelenkstelle des methodischen Umschlags vom akkumulativ-quantitativen zum innovativ-qualitativen Erkenntnisweg.

Genderaspekt

Es ist schon darauf hingewiesen worden, dass die Figuren des *Faust* weniger individuelle Charaktere sind als stilisierte, abstrahierte und in gewisser Weise auch idealisierte Repräsentationsfiguren. Deshalb ist der **Genderaspekt** auch ertragreicher als der psychologische. Goethe zeichnet seine Figuren ganz entsprechend der **Rollenbilder der Zeit**. Wenn man von Mephisto als teuflischem Zwitterwesen einmal absieht, ist Faust im ersten Teil des Dramas die dominierende männliche Figur. Dies ist sie umso mehr, je eher man geneigt ist, Mephisto nicht als eigenständige Figur aufzufassen, sondern als Alter-Faust, als schizoide Abspaltung einer Faustschen Teilidentität. Als solcher käme ihm die Funktion zu, Fausts „Un-Gewissen" zu verkörpern, zumal sich sein Gewissen nach der Rahmenaussage des Herrn im *Prolog im Himmel* ja „des rechten Weges wohl bewusst" ist (329). In beiden Fällen entsprechen die von Faust gezeigten Denk- und Verhaltensweisen den Erwartungen: Er ist dominant, durchsetzungswillig, beherrscht seine Umgebung und verfolgt seine Interessen egoistisch auch dann, wenn ihn die ihm bekannten Regeln der gültigen Moral und humane Empathie zu Bedenken und Selbstzweifeln führen. Die **Rolle der Frau**, repräsentiert von Gretchen und Marthe, zeigt eine intellektuelle und soziale Unterlegenheit, die beide Vertreterinnen als Unschuld in Tugend zu verkehren versuchen. Während Gretchen am Konflikt ihrer Rollenzumutungen zerbricht, bemüht sich die erfahrenere Marthe durch geschickte Anpassungsstrategien die Lebenssituationen egoistisch für sich auszunutzen.

Literarhistorischer Aspekt

Stoffwahl und Problematik des Dramas ordnen es unter dem **literarhistorischen Aspekt** eindeutig der **Epoche des Sturm und Drang** zu, in der man gern die fortschrittlichen Gedanken der Befreiung des Individuums durch traditionelle Motive unterstützte. So wie die Figur des Prometheus den unabhängig selbstschöpferischen Menschen proklamierte, Spartacus dazu diente, die Befreiung von menschlicher Unterdrückung zu symbolisieren, und Götz von Berlichingen zum Rebell gegen fürstliche Willkür stilisiert wurde, so eignete sich der „Teufelskerl" Faust, auch alle anderen Fesseln der Lebensbeschränkung zu sprengen. Zudem reicht der Ursprung der Drama-Entstehung zurück bis in die Zeit, als Goethe an seinem Sturm und Drang-Roman *Die Leiden des jungen Werthers* arbeitete. Die **Epoche der Klassik** macht sich vor allem in der sprachlichen Umformung des Textes in Verse bemerkbar sowie in den der frühesten Fassung hinzugefügten Szenen und Szenenteilen. Dadurch dass Goethe dem Geschehen um seine Zentralgestalt Faust einen metaphysischen Rahmen verleiht, demzufolge Mephisto versucht, dem Herrn Faust zu entreißen, erfährt der aufklärerische Entgrenzungswille Fausts eine nicht unwesentliche Relativierung. Bereits Fausts Aufgabe des Suizids aufgrund österlich religiöser Gesänge ermöglicht es, Faust nicht mehr nur als bedingungslosen Verfechter einer Befreiung von allen menschlichen Bedingtheiten zu verstehen. Vielmehr deutet sich an, dass eine tiefe Verwurzelung in der Religion ihm helfen kann, seinen radikalen Egoismus zu überwinden. Dieser Egoismus umfasst sowohl seine Leidenschaft zur Erkenntnis als auch die zur Empfindung. Die Darstellung des Scheiterns beider Leidenschaften enthält insofern die Warnung, dass der Weg eines sich wie auch immer selbst vergötternden autonomen (eigenständigen) Individuums, wie es der Sturm und Drang propagierte, ein Irrweg ist.

Aufgrund der Mischform des Dramas, seiner vielförmigen Gestaltung und seiner Anlage, all diese unterschiedlichen Darstellungsweisen und Aussageformen bis hin zur Musik in einem Werk miteinander zu verbinden, ist es auch möglich, es als universalpoetisches Werk im Sinne der einsetzenden **Romantik** aufzufassen.

2.2 STRUKTURELL UNTERSCHIEDLICHE ERZÄHLTEXTE AUS UNTERSCHIEDLICHEN HISTORISCHEN KONTEXTEN UNTER BERÜCKSICHTIGUNG IHRER POETOLOGISCHEN KONZEPTE

2.2.1 Poetologische Konzepte: Gattungen

Gattungen

Die narrative Literatur unterscheidet ihre Erzähltexte in der Regel nach der Länge. Zu den epischen Großformen gehören das Epos und der **Roman**, von mittlerer Länge sind die **Erzählung** und die **Novelle**. Aus diesen Formen werden zumeist die obligatorischen Texte ausgewählt. Die kürzeren Texte kommen als Kleinformen höchstens für die zu stellenden Prüfungsaufgaben in Betracht. Das sind vor allem die **Kurzgeschichte** im Grundkurs und die **Parabel** im Leistungskurs. Fabel und Anekdote kommen für den Grundkurs nur bedingt infrage; Kalendergeschichte, Märchen und Schwank dürften weitgehend unberücksichtigt bleiben.

Zweck des Romans

Im Allgemeinen ist der Zweck des **Romans** die Darstellung der Fülle und Vielfalt der Wirklichkeit in ihren allgemeinen und konkreten Bedingungen, der veränderlichen und problematischen Ordnungen und der verschiedenartigsten menschlichen Verhaltensweisen in Auseinandersetzung mit dieser Wirklichkeit. Aber auch das ist erst im Laufe der Jahrhunderte entstanden.

2.2.2 Merkmale der Novelle

Übersicht

Beschreibungsmerkmale	Beschreibungsmerkmale
intentional	**strukturell**
ungewöhnliches Ereignis (*Goethe*)	Verkürzungstechniken
im Mittelpunkt stehender Konflikt (*Storm*)	Tektonik
Einbruch des Dämonischen (*Pongs*)	Rahmen
	Mittelpunktsereignis
	Wendepunkt
	Leitmotiv

Die literarische Textsorte „Novelle“ entwickelte sich in der italienischen Frührenaissance des 14. Jahrhunderts aus anonym verfassten Biografien altprovenzalischer Troubadoure. Der Name leitet sich vom italienischen Wort „novella“ her und bedeutet: Neuigkeit. In die deutschsprachige Literatur fand die Novelle erst am Ende des 18. Jahrhunderts.

Eher ein Sammelbegriff

Alle Versuche, eine konstante Definition des Novellenbegriffs zu erarbeiten, die für alle Novellen aller Epochen und aller Autoren Gültigkeit besitzen könnte, sind gescheitert. Der Begriff „Novelle“ ist deshalb eher ein Sammelbegriff, in dem aus Einzelbeispielen abgeleitete Merkmale unterschiedlichen Charakters und Wertes aneinandergereiht werden. Es lassen sich generell zwei Beschreibungszweige unterscheiden, ein intentionaler und ein struktureller:

Wortinhalt als Ausgang

Die **intentionalen Beschreibungsmerkmale** gehen vom Wortinhalt aus. Danach ist die Novelle zuvörderst die Darstellung „eine(r) sich ereignete(n) unerhörte(n) Begebenheit“ (Goethe, 1827), also eines überraschenden Ereignisses. Die Novelle versucht, dieses **ungewöhnliche Ereignis** im Rahmen der menschlichen Bedingungen und Bedingtheiten zu deuten (Martin Swales, 1977). Das Ereignis ist einerseits im täglichen Leben verankert und spiegelt insofern die „Denkart eines Zeitalters“ (August Wilhelm Schlegel, 1804) und zeigt andererseits den Menschen in einer Krise (Friedrich Theodor Vischer, 1857). In einem **„im Mittelpunkt stehenden Konflikt“**, der sich auf das Ende zuspitzt (Theodor Storm, 1881) und seelischer, geistiger oder sittlicher Art sein kann, wird ein „bedeutsames Menschenschicksal“ entfaltet (Paul Heyse, 1900). Das Bedeutsame dieses Konflikts liegt darin, dass der im Mittelpunkt stehende Charakter diesen Konflikt durch sein Ungebändigtsein selbst auslöst (Josef Kunz, 1954) oder „durch eine besondere Verkettung der Umstände“ in diesen Konflikt hineingezogen wird (Friedrich Spielhagen, 1876), sodass natürliche Kräfte und die Verhältnisse das Schicksal und Verhalten des Charakters bestimmen (Theodor Mundt, 1845). Diese Auseinandersetzung des Menschen mit den ihn determinierenden Fakten und Ideen (Walter Siltz, 1954) wird manchmal als **Einbruch des Dämonischen** in das Menschenleben empfunden (Hermann Pongs, 1930).

Form als Ausgang

Die **strukturellen Beschreibungsmerkmale** sind formaler Art und beziehen sich auf erzählerische Darbietungstechniken. Unstrittige Novellenmerkmale sind die vielfältigen straffenden Verkürzungstechniken: Aussparung in der Zeitgestaltung, Fortfall retardierender Momente, Einsträngigkeit der Handlung, überschaubare Figurenzahl. Folgende weitere Strukturmerkmale können beobachtet werden:

- **Tektonik**: Oft besitzen die Novellen einen an den Bauformen des Dramas orientierten Aufbau, wobei die Peripetie des Dramas durch einen Wendepunkt ersetzt wird.
- **Rahmen**: Die Haupterzählung wird in einen Erzählrahmen eingebettet. Man unterscheidet den zyklischen Rahmen, der mehrere Geschichten (Binnenerzählungen) zu einer Einheit zusammenfasst, und den einfachen Rahmen, der die Glaubwürdigkeit des Erzählten verstärken soll oder mit Hilfe dessen der Erzähler den Anschein von Objektivität erzeugen will.
- **Mittelpunktsereignis**: Ein Ereignis, zumeist ein Konflikt, steht im Mittelpunkt der Erzählung. Die erzählte Begebenheit erhebt den Anspruch auf Wahrheit, was sich in einem System wirklichkeitsbeziehender Hinweise (Deiktika) und in einem „objektiven Berichtstil“ (Gero von Wilpert) äußert, wie er aus Chroniken bekannt ist.
- **Wendepunkt**: Allgemein die plötzliche Wendung eines Ereignisses ins Unerwartete, bezeichnet der Wendepunkt jene Stelle, von der aus sich das Geschehen ohne direkte Einwirkung des Menschen zur Lösung des Konflikts oder zur Katastrophe wendet. Dabei unterstreicht ein negatives Ende die Determiniertheit menschlichen Handelns, während ein positives Ende auf einen inneren Wandel der Zentralfigur hinweist.
- **Spitzenmotiv, Leitmotiv, Dingsymbol, Falke**: Gemeint ist ein Motiv oder ein bestimmter Gegenstand, der an wichtigen Stellen des Geschehens wiederholt auftritt. Mit Bezug auf eine Boccaccio-Novelle benannte Paul Heyse dieses Leitmotiv mit dem symbolischen Ausdruck „Falke“.

2.2.3 Bausteine der Erzähltheorie

Die Erzähltheorie untersucht vor allem die verallgemeinerbaren Elemente des Erzählens: die Erzählformen, die Erzählperspektive und die Darbietungsformen des Erzählens.

Übersicht: Erzählformen

Ich-Erzähler		subjektive Darstellung aus der Sicht des Erzählenden
Er-Erzähler	personaler Erzähler	subjektive, aber distanzierte Darstellung
	neutraler Erzähler	Versuch einer objektiven Darstellung
	auktorialer Erzähler	allwissender und allmächtiger Erzähler: darf alles, muss aber gar nichts
Sonderform	variabler Erzähler	Versuch einer Objektivierung der Darstellung durch mehrere Erzähler (polyperspektivisch)

Erzählperspektive

Welche Einstellung der Erzähler, gleichgültig um welche Art von Erzähler es sich handelt, zur Wirklichkeit hat, offenbart sich im Erzählerstandpunkt. Er umfasst gleichsam die Weltanschauung und Weltsicht des Erzählers, sein Erzählerbewusstsein, und enthält die Summe all seiner Einstellungen, Werte und Wissensvoraussetzungen. Sie werden deutlich an seinen Kommentaren, Urteilen und Bewertungen, an seinen wahrgenommenen und nicht wahrgenommenen Problemen, an seinem Erzählinteresse und seinen Erzählschwerpunkten. Gemessen am Zeitgeist einer bestimmten Epoche kann ein Erzähler also einen reaktionären, konservativen, zurückgebliebenen, zeitgemäßen, aufgeschlossenen, fortschrittlichen, unkonventionellen, revolutionären oder psychisch abweichenden Standpunkt einnehmen.

Standpunkt des Erzählers

Übersicht: Raum-Zeit-System

Zeit	Zeit der Handlung	historischer Zeitpunkt, zu dem die Handlung angesiedelt worden ist, durch entsprechende Deiktika (Hinweise)
	Tempus	(in der Regel) episches Präteritum
	Erzählte Zeit	dargestellter Zeitraum
	Erzählzeit	Erzähl- und Rezeptionsdauer
	Zeitraffung	Erzählzeit < erzählte Zeit
	Zeitdeckung	Erzählzeit = erzählte Zeit
	Zeitdehnung	Erzählzeit > erzählte Zeit
Raum	geografischer Raum	Verortung in der Realität durch entsprechende Deiktika
	fiktiver Raum	erfundener Raum
	symbolischer Raum	Außenwelt = psychische Situation

Eine Erzählhandlung ist **tektonisch** aufgebaut, wenn die Handlungselemente spiegelsymmetrisch geordnet sind (z. B. Aufbruch – Werbung um eine Frau – Bewährung in Abenteuern – Annahme der Werbung – Heimkehr) oder eben **atektonisch**.

Bei einem **linearen** Erzählen spricht man von einem **konsekutiven** Erzählen, wenn die Handlungsschritte zeitlich aufeinander folgen, und von einem **konsequentiellen** Erzählen, wenn sie logisch notwendig aneinandergereiht sind. Wird eine Handlung gleichsam rückwärts erzählt (z. B. in einem Krimi), so liegt ein **analytisches** Erzählen vor.

Lineares und analytisches Erzählen

Übersicht: Darbietungsformen des Erzählens

Erzähler	Erzählbericht	Darstellung der Ereignisfolge
	Deskriptionen	Veranschaulichung des Erzählers
	Kommentare, Reflexionen	Erläuterungsformen des Erzählers
Figurenrede	direkte Rede	wörtliche Rede
	indirekte Rede	Wiedergabe der wörtlichen Rede durch den Erzähler
	innerer Monolog	Wiedergabe der Figurengedanken durch die Figur
	erlebte Rede	Wiedergabe der Figurengedanken durch den Erzähler
	stream of consciousness	untrennbare Koppelung von innerem Monolog und erlebter Rede

Erzähltechniken
Als besondere künstlerische Verfahren des Erzählens gelten: Verfremdungen, Parallelismen, Retardationen, Reihungen, Hervorhebungen, Rückblenden usw.

2.2.4 Fokus: Heinrich von Kleist, *Die Marquise von O...* (1808)[17]

Sozio-historischer Hintergrund

Die Romantik (1795–1840) lässt sich verstehen als eine protesthafte Reaktion auf die nach der Französischen Revolution als krisenhafte Enttäuschung empfundenen napoleonischen Kriege und die Wiederherstellung des absolutistischen Systems in Europa. (Weiteres zum zeitgeschichtlichen und historischen Hintergrund vgl. Kap. 2.1.4)

Ideologie der universellen Einheit

Die Romantik setzt die sich von der rationalen Einseitigkeit der Aufklärung wegbewegende Entwicklung des Sturm und Drang und der Klassik fort und erweitert sie bis an die Grenzen ihrer Möglichkeiten. Fichtes **subjektiver Idealismus**, der von einem absolut autonomen, schöpferischen Ich ausgeht, und Schellings **Identitätsphilosophie**, nach der Natur und Geist eine Einheit bilden, schaffen die Bedingung für die Welt- und Kunstauffassung einer allumfassenden Synthese. Romantische Literatur versteht sich als eine „progressive Universalpoesie", die das Ziel verfolgt, nicht nur „alle getrennten Gattungen der Poesie zu vereinen" (Friedrich Schlegel), sondern auch alle anderen Bereiche

---

17 Ausführlich: Dirk Jürgens: *Textanalyse und Interpretation zu Heinrich von Kleist, Die Marquise von O...*, Hollfeld: Bange Verlag, 3. Aufl. 2016 (Königs Erläuterungen Bd. 461). Daneben existiert eine weitere Königs Erläuterung, die identisch ist bis auf die Seitenverweise; in dieser Ausgabe wird auf die Schöningh-Textausgabe EinFach Deutsch Bezug genommen: Dirk Jürgens: *Textanalyse und Interpretation zu Heinrich von Kleist, Die Marquise von O...*, Hollfeld: Bange Verlag, 1. Aufl. 2017 (Königs Erläuterungen Spezial Bd. 3126-3).

des Lebens. So dominiert die Vorstellung von der Aufhebung und Vereinigung der Gegensätze in einer mystischen Einheit, die an mittelalterliches Wunschdenken anknüpft. Überirdisches soll mit Irdischem, Ewiges mit Zeitlichem, Vergangenes mit Gegenwärtigem, Seelisches mit Körperlichem, Geist und Sinnlichkeit, Bewusstes und Unbewusstes, Traum und Wirklichkeit zu einer harmonischen Vollkommenheit verschmelzen.
Die Epoche der Romantik wird in **drei Phasen** gegliedert:
- die **Frühromantik** oder „Jenaer Romantik" zwischen 1795 und 1805, die ihren Schwerpunkt in der Herausbildung der romantischen Theorie und ihre Hauptvertreter in Ludwig Tieck, Friedrich Wilhelm Joseph Schelling, Novalis (Friedrich von Hardenberg) und den Gebrüdern Friedrich und August Wilhelm Schlegel und ihre Zentren in Berlin, Halle und eben Jena besaß,
- die **Hochromantik** oder „Heidelberger Romantik" zwischen 1805 und 1820, in der man sich vor allem in Heidelberg unter dem Eindruck der napoleonischen Kriege auf das Patriotische, National-Historische und Völkische (Märchen, Volkslieder) konzentrierte und die vor allem von Achim von Arnim, Clemens Brentano und Joseph von Eichendorff repräsentiert wird.
- die **Spätromantik** oder „Schwäbische Romantik" zwischen 1820 und 1848, die sich stärker dem Religiösen zuwandte und in Ludwig Uhland, Gustav Schwab und Eduard Mörike ihre wesentlichsten Autoren fand. Stärker politisch orientiert war die 1811 in Berlin gegründete „Christlich-deutsche Tischgesellschaft" um Adam Müller, Adalbert von Chamisso und Friedrich de la Motte Fouqué, der auch Heinrich von Kleist angehörte und zu der auch E.T.A. Hoffmann über seine „Serapionsbrüder" Beziehung hatte.

EPOCHENÜBERSICHT ROMANTIK

Politische Krise
Revolutionskriege
Napoleonische Kriege/Befreiungskriege
Wiener Kongress
Restauration

Philosophischer Idealismus
Fichtes Idealismus
Schellings Identitätsphilosophie

Krise des Individuums
Stillstand der Emanzipation
Tendenz zum Eskapismus (Flucht): Mittelalterideal, Naturidylle, Poetisierung der Welt, Subjektivismus

Romantik als Universalpoesie
Frühromantik
Jenaer Romantik: 1795–1805
Hochromantik
Heidelberger Romantik: 1805–1820
Spätromantik
Schwäbische Romantik: 1820–1848

Schaubild 13: Romantik

Biografischer Bezug

Militärkarriere erwartet

Heinrich von Kleist (1777–1811) entstammte einer in Preußen in mehreren Linien weit verzweigten altpommerschen Familie. Es war Tradition, dem König im Militär bis in höchste Positionen zu dienen. Kleists Vater, Joachim Friedrich von Kleist, war Regimentskapitän, als seine zweite Frau Juliane Ulrike, geb. von Pannwitz, Bernd Heinrich Wilhelm am 18. 10. 1777 in Frankfurt/Oder zur Welt brachte. Heinrich hatte noch vier Geschwister; aber mit niemandem verstand er sich so gut wie mit seiner Halbschwester Ulrike, die als eine von zwei Töchtern aus der ersten Ehe seines Vaters stammte. Von seiner Familie hatte Kleist nicht viel, die Verhältnisse waren schwierig, er wuchs nahezu vaterlos auf, wurde von einem Hauslehrer unterrichtet, besuchte die Privatschule eines hugenottischen Predigers und das Gymnasium der französisch-reformierten Gemeinde. Schon mit 14 Jahren tritt er dem Militär bei, nimmt 1792–1795 am Ersten Koalitionskrieg gegen Frankreich, dem Rheinfeldzug, teil, wird Offizier, spielt in einem Offiziersquartett die Klarinette. Aber das Soldatenleben behagt ihm nicht, und so nimmt er mit 21 Jahren seinen Abschied, um eine Karriere als Gelehrter anzustreben.

Nervös und überspannt

Kleist war ein **schwieriger Mensch**: Seine nervöse Unrast gestattete ihm keinen normalen Lebensplan, sondern ließ ihn sich zwischen allen Misserfolgen immer wieder in Reisen flüchten. Für die Konstanz eines Berufs war er als überspannter Hysteriker nahezu ungeeignet. Er haderte nicht nur mit seiner Stellung als zuletzt Sekondeleutnant im Potsdamer Garderegiment, er war auch unzufrieden mit seinem Studium der Physik und Mathematik (1799–1801), das er nicht abschloss. Kleist war auch in seiner zehnjährigen Tätigkeit als Schriftsteller wegen maßlos überzogener Selbstansprüche nicht so erfolgreich, wie er hoffte, und vermochte nicht, sich mit seiner den Lebensunterhalt sichernden Tätigkeit als preußischer Beamter (1804–1806) im Berliner Finanzdepartment oder an der Königsberger Domänenkammer zu identifizieren. Auch seine Versuche, als Herausgeber der Zeitschrift *Phoebus* (1808) oder der *Berliner Abendblätter* (1810–1811) seinen Lebensunterhalt zu bestreiten, scheiterten. Er hatte sogar ins Auge gefasst, sich am Schweizer Thuner See als Bauer niederzulassen oder in Koblenz bei einem Tischler zu arbeiten.

Finanzielle Probleme

So verwundert es nicht, dass Kleist in seinem von beispielloser Unrast getriebenen Leben selten über einen festen Wohnsitz verfügte und ohne Beruf und gesichertes Einkommen ständig in finanziellen Schwierigkeiten war, die nur durch Erbschaften, private Zuwendungen und Pensionen kurzfristig überbrückt werden konnten.

Auch sein persönliches Auftreten machte ihn zum **Außenseiter**. Er zeigte ein gestörtes, unsicheres Verhalten, stotterte verlegen, errötete leicht und führte oft unverständlich murmelnde Selbstgespräche. Die Verlobung mit seiner Schülerin Wilhelmine von Zenge, die er privat unterrichtete, löste er nach zwei Jahren offiziell wieder auf. Gespräche mit deutlich älteren Frauen fielen ihm leichter. Seinem krankhaften Ehrgeiz standen Phasen chronischer Schwermut gegenüber, sodass die Neurologin Adele Juda in einem psychiatrischen Gutachten zu dem Schluss kommt, Kleist sei „ein schizoider Psychopath mit vielen hysterischen Zügen“[18] gewesen. Eine bipolare Störung, die ihn zwischen euphorischer Unternehmenslust und depressivem Fluchtverhalten wechseln ließ, darf als wahrscheinlich gelten. Wiederholt hatte er auch seine Freunde zum gemeinsamen Suizid aufgefordert. Der gelang dem 34-Jährigen schließlich am Nachmittag des 21. November 1811, als er am kleinen Wannsee zwischen Potsdam und Berlin nach einem fröhlich verbrachten Tag zunächst die unheilbar an Krebs erkrankte Henriette Vogel erschoss (mit ihrem Einverständnis) und sich dann selbst das Leben nahm.

Kleist hat auf der literarischen Bühne seiner Zeit nur eine Nebenrolle gespielt. Seine vier Dramen, die er bis dahin geschrieben hatte, waren zumeist noch nicht veröffentlicht, nur *Die Familie Schroffenstein* hatte 1804 in Graz eine Aufführung erhalten. Kleist war 30 Jahre alt und hatte erst eine Erzählung geschrieben, als er 1808 die Novelle *Die Marquise von O...* veröffentlichte.

---

18 Adele Juda (Neurologin), zitiert nach: sites.google.com/site/berhampp/home/reportagen/kleist (Stand: Januar 2018).

INFO

Daten zum Text:

Textsorte	Erzählung (Novelle)
Entstehungszeit	vermutl. zwischen Mai 1805 und Januar 1807
Veröffentlichung	*Phoebus*, Heft 2, Februar 1807; Buchausgabe: *Erzählungen*, Bd. 1, Berlin: Reimer, 1810
Literarische Einordnung	zwischen Klassik und Romantik
Thema	unbewusste Empfängnis
Quellen	Michel de Montaigne, *Essays*, Bd. 2: *Über die Trunkenheit* (1588) Jean Jacques Rousseau, *Nouvelle Eloïse* (1761)
Zeit der Handlung	Zeit des Zweiten Koalitionskrieges (1799–1802)
Erzählte Zeit	etwa sechs Monate plus drei Jahre Vorgeschichte und etwa drei Jahre Nachgeschichte
Ort der Handlung	Oberitalien
Hauptfiguren	Lorenzo von G..., Obrist u. Kommandant; Frau von G...; Forstmeister von G..., Jäger; Julietta Marquise von O...; Graf F..., Oberstleutnant; General K...; Arzt, Hebamme, Jäger Leopardo

Inhalt

[Exposition: 4 Absätze]

Die Annonce

(1) Die verwitwete Marquise von O... setzt eine Annonce in die Zeitung, über die sie den Mann sucht, der sie ohne ihre Kenntnis geschwängert hat und dem sie hierin die Ehe verspricht. In einem Rückblick wird erzählt, wie es zu dieser Anzeige gekommen ist.

Die Eroberung der Festung

Die Marquise ist nach dem Tod ihres Mannes mit ihren beiden Töchtern in ihr Elternhaus, eine Festung in Oberitalien, zurückgekehrt. Da bricht ein Krieg aus. Ihr Vater, Oberst von G..., hat den Auftrag, die Festung als Kommandant gegen die Belagerung durch den Feind zu verteidigen. Obwohl er sich ohne Rücksicht auf seine Familie ganz dieser Aufgabe widmet, wird die Festung erobert. (2) Infolge der durch ein Feuer entstehenden Wirren wird die Marquise von einem russischen Offizier vor der Vergewaltigung durch eine Rotte Soldaten gerettet. Sie fällt in Ohnmacht. Der Offizier gibt sie bald darauf – der Text deutet mit einem nicht begründbaren Gedankenstrich an dieser Stelle auf eine Auslassung hin – in hilfreiche Obhut und kehrt in den Kampf zurück. (3) Er fordert den Kommandanten auf, sich zu ergeben, und gestattet ihm, sich um seine Familie zu kümmern. Dann scheut er keine Anstrengungen, die Festung vor weiterer Zerstörung zu bewahren. Die Marquise und ihr Vater finden keine rechte Gelegenheit, dem Oberstleutnant Graf von F... angemessen zu danken, so heißt der Offizier nämlich. Als am nächsten Tag der russische General von dem Vorfall hört, lobt er den Grafen, wundert sich aber, dass dieser die Männer der Soldatenrotte nicht benennen kann. Als sie trotzdem ausfindig gemacht werden, lässt der General die fünf Soldaten erschießen. Dann gibt er den Befehl zum Abzug, und die Eroberer einschließlich des Grafen verlassen die Festung. (4) Während die Familie des Kommandanten noch darüber nachsinnt, wie man dem Grafen ihren Dank aussprechen könne, trifft die Nachricht ein, der Graf sei noch am Tage seines Abzugs in einem Gefecht gefallen. Als der Kommandant persönlich der Meldung nachforscht, erfährt er, die letzten Worte des Grafen, als ihn die Kugel traf, seien gewesen: „Julietta! Diese Kugel rächt dich!" Die Marquise ist untröstlich, ihrem Retter nun keinen Dank mehr abstatten zu können, und bedauert ihre Namensvetterin, der der letzte Satz des Grafen galt. Die Suche nach dieser Person endet vergeblich, und nach einigen Monaten hat die Marquise auch den Grafen vergessen.

Die Todesnachricht

[Steigerndes Moment: 5 Absätze]

(5) Als Folge der Niederlage muss die Familie die Festung räumen und bezieht eine Wohnung in der Stadt. Alles kehrt in die alte Ordnung zurück. Nur die Marquise wird trotz robuster Gesundheit seit geraumer Zeit von Übelkeit, Schwindelanfällen und Ohnmachten heimgesucht. Als der Obrist einmal den Frühstückstisch verlässt, erklärt sie ihrer Mutter, dass sie sich fühle wie während ihrer zweiten Schwangerschaft. Beide scherzen aber darüber und vermuten einen der Traumgötter als möglichen Vater. (6) Da wird eines Tages, als auch der Forstmeister von G..., der Sohn des Kommandanten, im Hause weilt, zur Überraschung aller Graf von F... angemeldet. Nachdem er sich nach dem Befinden der Marquise erkundigt und bemerkt hat, dass sie ihm nicht die Wahrheit sagt, überrascht er sie mit einem Heiratsantrag. Alle weichen verlegen einer Antwort aus und drängen den Grafen, sein unerwartetes Erscheinen zu erklären. Der erzählt von einer schweren Verwundung, die ihn mehrere Monate ans Bett gefesselt habe, und von Dienstreisen, die ihn nach Neapel und vielleicht gar nach Konstantinopel oder St. Petersburg führen würden. Deshalb halte er hier und jetzt um ihre Hand an, um mit einer „Forderung seiner Seele" im Reinen zu sein. Der Kommandant erwidert ausweichend, dass die Marquise sich nach dem Tode ihres Gatten entschlossen habe, keine neue Verbindung einzugehen, bittet sich Bedenkzeit aus, um ihn erst näher kennenzulernen, und lädt ihn endlich nach dem Ende seiner Dienstreise ein, ihr Gast zu sein. Letztlich aber liege die Entscheidung bei ihm. (7) Trotz der Dringlichkeit seiner Abreise und der Warnung aller Anwesenden will der Graf noch einen Tag verweilen, wenn dies eine positive Antwort fördern könnte. Er sei ein ehrlicher, vermögender Mann und im Begriff, die einzige Verfehlung seines Lebens wiedergutzumachen. Als man ihm erneut eine gute Reise wünscht, ist er trotz einer dann drohenden Entlassung sogar gewillt, seine Reise abzubrechen, und trifft die dazu notwendigen Maßnahmen. (8) Er bittet den Oberst, ihm ein Gastzimmer anzuweisen, und verlässt das Haus, um sich beim Gouverneur anzumelden. (9) Erst gegen Abend kehrt er zur Familie des Kommandanten zurück, die sich inzwischen wechselseitige Vorwürfe gemacht hat. Bei der Abendtafel erzählt der Graf einen Traum, den er im Wundfieber gehabt habe. Darin habe er die Marquise mit einem Schwan namens Thinka verwechselt, den er als Knabe vergeblich mit Kot beworfen habe. Immer wieder sei der Schwan

Rätselhafte Übelkeit

Der Totgeglaubte kehrt zurück

Der Traum des Grafen

rein wieder aufgetaucht. Daraufhin versichert er, dass er die Marquise außerordentlich liebe. Nachdem der Graf sich zurückgezogen hat, berät die Familie die Situation eingehend und entschließt sich endlich, dem Grafen ein bedingtes Eheversprechen zu geben. Alles Weitere soll entschieden werden, wenn der Graf nach vier oder sechs Wochen von seiner Dienstreise zurückkehrt. In großer Eile bricht der Graf auf.

[Peripetie: 6 Absätze]

Die Marquise muss sich rechtfertigen

(10) In den folgenden Wochen kommen die Familie des Kommandanten und der Onkel des Grafen überein, dass die Verlobung so gut wie abgemacht scheint. Die anhaltende Kränklichkeit der Marquise lässt es ratsam erscheinen, einen Arzt zu Rate zu ziehen. Der bestätigt, dass die Marquise ihre Beschwerden zu Recht als Schwangerschaftszeichen deute. Das empört die Marquise, weil sie glaubt, eine Schwangerschaft sicher ausschließen zu können. (11) In einem hochemotionalen Gespräch mit ihrer Mutter rät ihr diese, dem Vater von dem Vorfall zu berichten. Doch die Marquise zögert, weil ihr Gefühl, schwanger zu sein, nicht mit ihrem Wissen über diese Unmöglichkeit übereinstimmt. Sie möchte deshalb eine Hebamme rufen lassen. In Frau von G... wachsen daraufhin die Zweifel an der Aufrichtigkeit ihrer Tochter, und sie drängt sie zu einer ernsten Gewissensprüfung. Ein Fehltritt ließe sich verzeihen, nicht aber eine dreiste Lüge, die die Naturgesetze infrage stellt. Als die Marquise erneut ihre Unschuld beteuert, lässt sich ihre Mutter noch einmal die ärztliche Diagnose bestätigen, bevor sie die Hebamme rufen lässt. (12) Als auch die Hebamme etwas süffisant feststellt, dass eine Schwangerschaft vorliegt, fällt die Marquise in Ohnmacht. Als sie nach ihrem Erwachen ihrer Mutter gegenüber bei ihrer Unschuldsbeteuerung bleibt, verflucht diese sie und verlässt das Zimmer. (13) Ratlos fragt die Marquise die Hebamme, ob eine unwissentliche Empfängnis möglich sei. Die Hebamme antwortet, dass dies bis auf die heilige Jungfrau noch keiner Frau widerfahren sei, und unterbreitet Vorschläge, wie man in einer solchen Situation der üblen Nachrede entgehen könne. (14) Da wird der Marquise ein Schreiben hereingereicht, das die Mutter nach dem Diktat des Vaters zu Papier gebracht hat. Herr von G... wünscht, dass sie sofort das Haus verlässt, und kündigt ihr zugleich die Verwaltung ihrer Finanzen auf. Entsetzt sucht sie ihren Vater auf, nachdem ihre Mutter nicht zu sprechen ist und auch ihr Bruder sich abweisend verhält. Der Vater flieht vor ihr, wirft vergeblich die Türe vor ihr zu und kehrt ihr zuletzt in seinem Schlafzimmer den Rücken zu. Als sie sich flehend vor ihm auf die Knie wirft, greift er zu einer an der Wand hängenden Pistole, wobei sich ein Schuss löst. Erschrocken rafft sie ihre Habe zusammen und will mit ihren Kindern das Haus verlassen, als ihr Bruder sie im Namen des Vaters auffordert, die Kinder in seiner Obhut zurückzulassen. Die Marquise aber ignoriert diese Aufforderung mit den Worten, eher wolle sie sich erschießen lassen. (15) Durch ihr für sie selbst überraschendes Verhalten ermutigt, will sie ihr Leben auf dem Gute in V... nach der Niederkunft selbst in die Hand nehmen, da es ihr nicht gelingt, die Familie von ihrer Unschuld zu überzeugen. Sie zieht sich einstweilen in eine fast klösterlich zu nennende Einsamkeit zurück und gebietet, niemanden vorzulassen. Allein auf dem Gut versteigt sie sich einerseits in die Idee einer religiös verklärenden Schwangerschaftsursache, geißelt aber andererseits den möglichen Vater als menschlichen Auswurf. Das gewachsene Gefühl eigener Selbstständigkeit lässt sie schließlich die Suchanzeige nach dem Vater ihres erwarteten Kindes aufgeben.

Die Marquise wird verstoßen

Rückzug aufs Land

[Retardierendes Moment: 9 Absätze]

(16) Nur mit wenigen Tagen Verspätung trifft der Graf F... von seiner Dienstreise nach Neapel wieder in M. ein, wo er von der Familie des Kommandanten mit Verlegenheit empfangen wird. Der Oberst überlässt es seinem Sohn, den Grafen von der jüngsten Entwicklung der Dinge zu unterrichten. Ihm ist indes völlig unverständlich, warum der Graf verärgert beklagt, dass die Vermählung nicht vollzogen worden sei, bekundet, dass er der Marquise vollen Glauben schenke und deshalb zu ihr eilen wolle, um seinen Antrag zu wiederholen. (17) In V... wird der Graf nicht zur Marquise vorgelassen. Durch eine offene Gartentür erschleicht er sich jedoch einen Zugang zu der in einer Gartenlaube Handarbeitenden. Die Marquise ist von seinem Erscheinen doppelt überrascht. Als er unter Liebesbezeugungen seinen Antrag wiederholt, weist sie ihn mit den Worten von sich: „Ich *will nichts* wissen" und verschwindet. (18) Der Graf entscheidet sich dagegen, ihr mit Gewalt zu folgen, und gedenkt, ihr einen Brief zu schreiben. Als er am Abend zufällig mit dem Forstmeister zusammentrifft, weist ihn dieser auf die erschienene Anzeige hin. Der Graf empfiehlt sich mit den Worten, er wisse nun, was er zu tun habe. (19) In der Familie des Kommandanten steigen inzwischen die Spannungen. Die Obristin ist über das Verhalten ihres Gatten, der jegliche Erinnerung an seine Tochter auszumerzen gedenkt, arg verbittert, fühlt sich von ihm unterjocht, schilt die Forderung nach den Enkelkindern ein Unrecht und legt ihrem Mann die Zeitungsanzeige vor. Doch der schiebt sie mit den Worten „Die Närrin!" beiseite. (20) Kurz darauf erscheint ebenfalls als Anzeige die Antwort auf das Inserat der Marquise: Zu einem fest bestimmten Termin will der Vater des Kindes sich bei den Eltern einstellen. (21) Während der Obrist seine Tochter eine schamlose Hündin schimpft und denjenigen erschießen will, der sich als Vater präsentieren sollte, gewinnt seine Frau wieder Vertrauen in ihre Tochter. (22) Als die Marquise den Vater brieflich bittet, denjenigen, der bei ihnen vorstellig werden würde, zu ihr zu schicken, zerreißt der Obrist das Schreiben und untersagt seiner Frau, einen Plan auszuführen, mit dem sie gedenkt, die Wahrheit über ihre Tochter ans Licht fördern zu können. So fährt sie gegen seinen Willen mit dem Jäger Leopardo zu ihrer Tochter, wo sie von dieser unter Tränen und auf Knien empfangen wird. Die Obristin bittet ihre Tochter um Verzeihung und gibt vor, der Vater ihres Kindes habe sich schon am Vortage zu erkennen gegeben; er sei von niedrigem Stande und der Jäger Leopardo. Die Marquise kann sich jedoch nur erinnern, dass der Jäger einmal von ihrem Diwan ging, wo sie eingeschlafen war. Die Obristin erkennt, dass ihre Tochter den Vater wirklich nicht kennt, glaubt ihren Unschuldsbeteuerungen, indem sie sie geradezu religiös verherrlicht, und versichert ihrer Tochter, „sie wolle keine andere Ehre mehr als deine [ihre] Schande". Im Triumph führt sie ihre Tochter heim, klärt mühsam ihren Mann auf und fordert von ihm, seiner Tochter Abbitte zu leisten. Das fällt dem Oberst jedoch äußerst schwer, sodass seine Tochter ihm entgegenkommt. (23) Nachdem die Obristin für ihren Gatten alle möglichen Wohltaten vorbereitet hat, beobachtet sie durch das Schlüsselloch mit Genugtuung, dass Vater und Tochter sich bei ihrer zärtlichen Versöhnung wie Brautleute verhalten. (24) Am Tage, an dem sich der Kindsvater offenbaren will, kommt man überein, dass die gesamte Familie bei dem Ereignis anwesend sein solle. Zur festgelegten Uhrzeit erscheint zunächst Leopardo und löst einige Irritationen aus, bevor er den Grafen F... anmeldet. Er erscheint in derselben Uniform und denselben Waffen und Orden, die er bei der Eroberung der Festung getragen hat. Die Marquise ist erschüttert

Rückkehr des Grafen

„Ich *will nichts* wissen"

Der Unbekannte meldet sich

Die Mutter testet ihre Tochter

und weist ihn von sich, obwohl er sowohl ihrer Mutter als ihr selbst zu Füßen liegt und unter Tränen ihre Hand ergreift. Auch als die Mutter ihr etwas ins Ohr flüstert, gibt sie ihre störrische Haltung nicht auf. In ungestümer Wildheit sagt sie, mit diesem Manne könne sie sich nicht vermählen, nennt ihn einen Teufel und verlässt den Raum, nicht ohne alle Anwesenden zuvor mit Weihwasser besprengt zu haben.

[Katastrophe: 3 Absätze]

(25) Alle stehen ratlos und betroffen. Dann vereinbaren die Eltern über den Kopf des sprachlosen Grafen hinweg die Hochzeit für den folgenden Tag in der Annahme, der Graf wolle sein Vergehen so schnell als möglich wiedergutmachen. (26) Die Marquise widersetzt sich jedoch weiterhin heftig einer Heirat. Erst aufgrund eines Heiratskontrakts, der eine sogenannte Josephsehe vorsieht, in der der Graf auf alle Rechte eines Gemahls verzichtet, willigt sie ein. (27) Während der Trauzeremonie sieht die Marquise ihren Bräutigam nicht an, und auch nach der Kirche trennen sich die Wege des Paares sofort. Der Graf bezieht eine Wohnung in M... , ohne zu der Familie des Kommandanten in Beziehung zu treten. Bei der Taufe seines inzwischen geborenen Sohnes fallen die Taufgeschenke des Grafen großzügig aus: 20.000 Rubel für den Knaben und ein Testament, das die Marquise nach dem Tod des Grafen zur Alleinerbin seines Vermögens macht. Von diesem Tag an wird der Graf auf Veranlassung der Obristin öfter eingeladen und erneuert nach Ablauf eines Jahres seine Bewerbung. Diesmal wird sie von der Marquise angenommen, eine zweite Hochzeit wird gefeiert und weitere Kinder folgen. Als der Graf später einmal seine Frau fragt, warum sie vor ihm wie einem Teufel geflohen sei, antwortet sie, „er würde ihr damals nicht wie ein Teufel erschienen sein, wenn er ihr nicht, bei seiner ersten Erscheinung, wie ein Engel vorgekommen wäre."

Figurenkonstellation

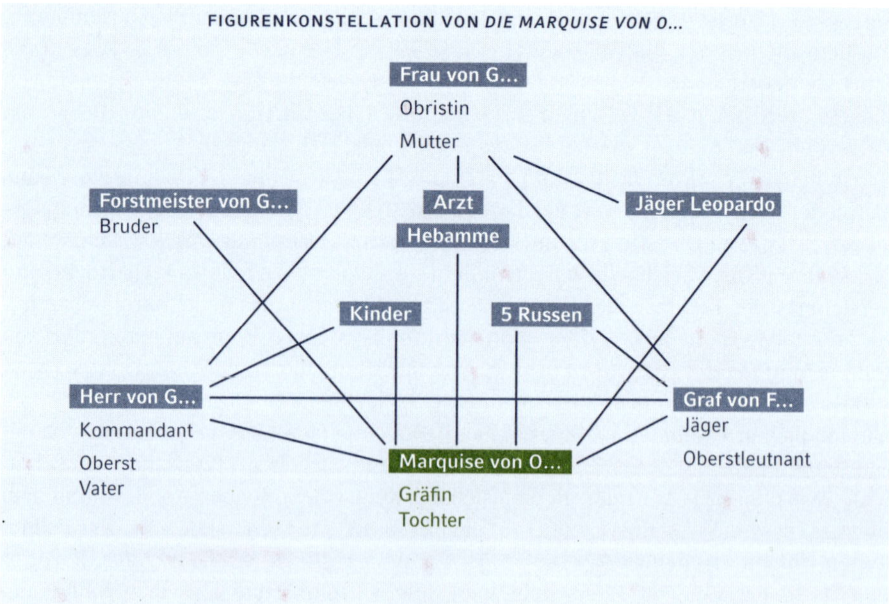

Schaubild 14: Figurenkonstellation von *Die Marquise von O...*

Übersicht: Analyse

(Es werden im Folgenden maximal drei Belegstellen angegeben)

Textsorte	analytische Erkenntnis-Novelle
Zeit	– Zeit der Handlung: 1799 (Zweiter Koalitionskrieg) – Erzählte Zeit: • Vorgeschichte, neun Monate Schwangerschaft, drei Jahre Ausblick • Wechsel zwischen Zeitraffung und Zeitdeckung
Raum	Oberitalien: M...: Mailand, Mantua oder Modena
Erzähler	– kaum auktorialer, konsekutiver Erzähler – eher sachlicher Erzählbericht mit szenischen Konzentrationen bei emotionalen Krisen der Figuren oder zur Vorbereitung von Entscheidungen – hohes Erzähltempo, große Ereignisdichte – Wertungen vorrangig in Absatz 1 und 2; kaum Deskriptionen, aber ausgeprägte Darstellung von Gestik und Mimik, oft wie Regieanweisungen der indirekten Rede vorangesetzt (13,14), der direkten Rede eingeschoben (44,36) oder nachgestellt (38,15 f.). – Kommentare: 19,37; 29,16; 45,5 f. – Ungenauigkeiten: mehrere Kinder (3,6) vs. zwei (3,21); drei Jahre (3,15) vs. die nächsten (3,23); Verschweigen vollständiger Orts- und Personennamen – falsche Titel (Marquise statt Marchese, Kaiser statt Zar; dt. Titel des russischen Grafen)
Figurenrede	– direkte und indirekte Rede: Dominanz der indirekten Rede, direkte Rede ohne Anführungen – Anreden: Stellung (Kommandant) statt Familienbezug (Vater); Ausnahme Marquise: „mein liebster Bruder" (27,3) , „mein teuerster Vater" (27,4), „liebste" (2-mal: 18,37) / „meine teuerste" (7-mal: 40,10 f.) / „meine vortreffliche Mutter" (37,33) – Doppeldeutigkeiten: Folgen: Kränklichkeit vs. Schwangerschaft (10,10 f.), Gründe: geschäftliche vs. private (15,16 f.)
Sonderformen	Zeitungsannonce: 34,14–17; Brief: 26,23–27
Sprache	schwer lesbare Sprache mit komplizierter hypotaktischer Syntax
Stilmittel	**semantisch**: Neologismus (32,1; 39,33; 40,19), Komposita (7,30; 17,15); Oxymoron (17,11), Superlative (29-mal: 3,16 u. 24; 14,1 u. 24; 39,20), Wortwiederholungen (19-mal: 13,21; 19,9; 44,35), Modaladverbien: indem, wobei (11-mal: 11,31; 19,13; 41,10), Zeitadverbien: eben (7-mal: 5,16; 9,21), bald (15-mal: 5,29; 33,2), inzwischen (14-mal: 11,19; 33,4), religiöses Wortfeld (10,11 f.; 45,9 f.), militärisches Wortfeld (6-mal: 14,14 ff.; 28,1 f.), Wortfeld des Theaters (9-mal: 5,2 ff.; 10,11 f., 11,33; 21,34)

	syntaktisch: Asyndeton (31,29 f.), Anapher (25,2 f.; 26,33–36), Epipher (31,17 f.), Parallelismus (40,32), Chiasmus (40,9 f.), Voranstellung (4,5 u. 24), Inversion (38,28; 39,9 u. 11); Partizipialkonstruktion (14-mal: 5,36; 13,34; 42,15), Doppelattribution bzw. Zwillingsausdrücke (12-mal vorzugsweise in der Darstellung und Sprache der Frauen: 22,8 und 30; 30,32 f.; 41,25 f.), Fragebündel (38,6); Attributhäufung (47,1) **pragmatisch**: formelhafte Wendungen (7-mal: 12,2 f.; 15,29; 39,5), Vergleiche (10-mal: 9,30 f.; 45,5; 47,31), Metaphern (6-mal: 5,1; 44,37), Widersprüche (Engel vs. Teufel, 47,28–31; göttliches Kind vs. Auswurf, 28,15 u. 32–29,7)
Motive	Geflecht von tektonisch-strukturellen Grundmotiven: Raumöffnungen (24-mal: Tür, 13-mal: 4,25; Fenster, 4-mal: 14,37; Portal, 2-mal: 5,17; Pforte, 2-mal: 30,29; Laubeneingang, 2-mal: 30,35; Tor, 36,23), Irrtum (16-mal: 8,19; 14,19; 34,26 ff.), Tränen (12-mal: 24,17 u. 35; 36,28; 46,14), Erröten (10-mal: 7,5; 23,9), Sprachlosigkeit (8-mal: 5,7; 17,13 f.; 44,17), Verwirrtheit (7-mal: 4,19; 15,30; 44,4), Erbleichen (7-mal: 9,31; 29,34; 45,13), Unruhe (7-mal: 13,4; 22,18; 29,1), zu Füßen (7-mal: 8,15; 19,22; 41,17), Ohnmacht (6-mal: 5,9; 25,23; 33,11), auf den Knien (6-mal: 27,17; 38,36; 44,27), Geld (5-mal: 12,34 f.; 44,34; 47,11), Wahnsinn (4-mal: 23,22), von Sinnen (4-mal: 20,18; 24,35; 32,23 f.), nichtswürdig (4-mal: 22,8; 30,6; 34,32), Handkuss (3-mal: 37,2), Verlegenheit (3-mal: 7,16), Rücken (3-mal: 27,12)
Ironie und Komik	– Sprachkomik: 25,16–22; Doppeldeutigkeiten (11,16 f.; 13,37 f.; 16,11; 18,17 u. 25); Falschurteile (12,26 f.; 18,28) – Sprachironie: 14,11–14; 31,21; 34,7 – Situationskomik: zurückgehaltene Information der Obristin (37 f.; 39,35 ff.), Versöhnungsszene zwischen Mutter und Tochter (38,18–39,14), Vater und Tochter (42,1–15), Offenbarung des Grafen (44,14–45,11); Missverständnisse (15,16 f.) – ironische Paradoxien: Tod der Russen (7,26), „Glück seiner näheren Bekanntschaft" (12,2), Mariensymbolik (s. u.), Geständnisbehinderung des Grafen – ironische Namensgebung: Julietta (kleine Julia) in Anspielung auf Rousseaus Julie; Lorenzo (der Lorbeerbekränzte) für den besiegten Kommandanten, der Haus und Tochter an den Feind (Graf F...) verliert.
Struktur	– 27 Erzählabsätze • inhaltlich: wie eine 5-aktige Komödie: Exposition (Errettung der Marquise: 1–4), steigerndes Moment (1. Ablehnung des Heiratsantrags: 5–9), Peripetie (Bestätigung der Schwangerschaft, Verstoßung: 10–15), retardierendes Moment (2. Ablehnung des Heiratsantrags, Wahrheitsprobe, 3. Ablehnung des Heiratsantrags: 16–24), Katastrophe (Heiratskontrakt, 1. und 2. Hochzeit: 25–27)

	• nach Absätzen und Textumfang: 3-gliedrig: I (1–9, 601 Zeilen), II (10–18, 602 Zeilen), III (19–27, 601 Zeilen) • antizipierte Filmstruktur: Hook (interessante Eröffnung: Anzeige), dramatischer Aufbau (Flashback: 1–15), Plot Point (= Hook: Anzeige), Reversels (Wendepunkte: Ablehnungen des Heiratsantrags), Kiss off (Happy End) – Dominanz 3- und 4-gliedriger Strukturelemente: • 5-fache Lüge: Kommandant (5,21), Marquise (26,4 f.), Graf (7,9 u. 30,22), Obristin (38,2 f.) • 4-fache Eheschließung: körperlich (5,9), juristisch (46,10 f.), sozial (46,24 f.), persönlich (47,20 f.) • 4-fache Weigerung des Kommandanten, seine Tochter anzuhören (27,6–16), 3-schrittige Behandlung des Themas: Zeugung (5,9), Schwangerschaft (9,1 f.–26,20), Geburt (47,4) • 3-fache Niederlage des Kommandanten: 5,21; 19,10 f.; 45,19 ff. • 3-fache Bestätigung der Schwangerschaft: 9,9 f.; 21,13 u. 24,36; 25,21 f. • 3-facher Konflikt der Marquise: mit sich selbst (innerer Konflikt), mit den Eltern, mit dem Kindsvater • 3-faches Schuldgeständnis des Grafen: 11,3 ff.; 12,18 ff.; 32,19 f. • 3-facher Heiratsantrag des Grafen: 10,11; 31,24; 44,32 f. • 3-facher Ausruf der Marquise: „Herr meines Lebens!" (27,16), „Gott, mein Vater!" (38,13), „Aber mein Gott!" (40,36) • 3-fache Ausdrucksform: Körpersprache, Lautsprache, Schriftsprache • 3-fache Schriftform: privat (Brief), juristisch (Testament), öffentlich (Anzeige) • Wiederholung (Verfolgungsszene Marquise-Kommandant: 27 vs. Graf-Marquise: 31 f.)
Symbolik	– ironische Mariensymbole: • Nach Konrad von Würzburg setzt sich der Marienpreis (Marienlob) zusammen aus erzählendem Lobpreis (Gold) und spiritueller Auslegung (Edelsteine): Gold (44,34), Stein (29,12). • Der eingeschlossene Garten (hortus conclusus) ist nach dem Hohelied (AT 4,12) ein Mariensymbol und als Paradiesgärtlein Motiv künstlerischer Gestaltung. Auch die geschlossene Pforte ist nach Ezechiel (AT 44,1–3) ein Mariensymbol. Die nichtjungfräuliche Empfängnis der Marquise wird durch die offene Pforte (30,29 u. 31,10) und den somit nicht geschlossenen Garten versinnbildlicht.

- Nach dem Physiologus[19] legt ein Einhorn den Kopf in den Schoß einer Jungfrau als Sinnbild für die Menschwerdung Christi im Schoße Marias. Hier verbirgt die Obristin ihr Antlitz im Schoße der Marquise (38,20) als Sinnbild der mütterlichen Verzeihung.
- Die vielfachen apotheotischen Anrufe der Mutter: „du Reinere als Engel" (38,22), „der du umstrahlt bist" (38,24), „du Herrliche, Überirdische" (38,30 f.) verweisen ebenfalls auf die Marienverehrung.

– Der Schwan (17,6) ist nicht nur ein Sinnbild der Reinheit, er symbolisiert in der griechischen Mythologie auch den Ort, wo Apollons Mutter in Wehen lag.
– Freimaurerverweis: Der Handschuh des Arztes (21,29) ist hier kein Fehdehandschuh, sondern eher ein Symbol für die reine Wissenschaft und Aufklärung desjenigen, dessen Hände bei der Arbeit sauber bleiben.
– ironisch-zotiges Handlungssymbol: Schlauch, Wasserstrahl (5,34 f.)
– Namenssymbolik: Graf F... (f.: fecit = er hat es gemacht), Thinka (Katharina: die Reine)

STRUKTUR VON *DIE MARQUISE VON O...*

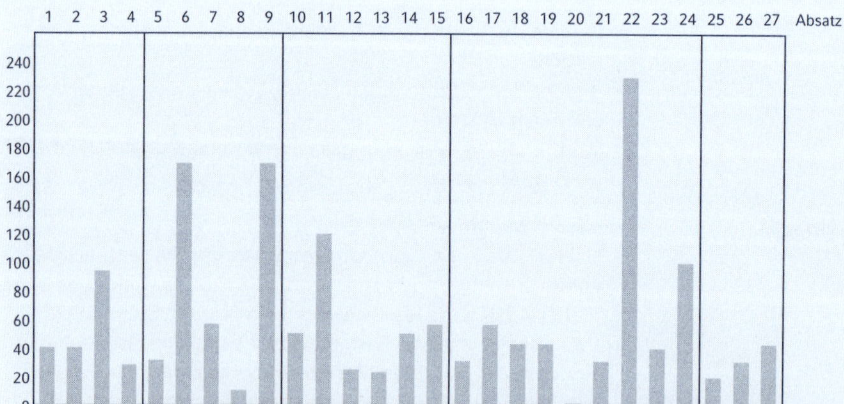

Absatz	1	2	3	4	5	6	7	8	9	10	11	12	13	14	15	16	17	18	19	20	21	22	23	24	25	26	27
Zeilen	41	40	95	27	33	171	57	11	170	49	121	26	24	49	58	34	58	43	44	4	31	230	41	98	20	29	46
Seite	3	4	5	7	8	9	14	15	16	20	21	25	25	26	27	29	30	31	33	34	34	35	41	42	45	45	46
dom. Figur	M		K	F	F	F	F	G	F	F	M	M	M	M	M	G	G	G		O	O	O	O		K		

Figurendominanz in den jeweiligen Absätzen:
M = Marquise **K** = Kommandant **F** = Familie **G** = Graf **O** = Obristin

Schaubild 15: Struktur von *Die Marquise von O...*

19 Eine frühchristliche Naturlehre in griechischer Sprache, zwischen 2. und 4. Jh. n. Chr. überliefert.

Übersicht: Interpretation

Das literarische Werk Heinrich von Kleists zählt zu den meistkommentierten der deutschen Literatur. Es verwundert deshalb nicht, dass die Deutungsaspekte so zahlreich sind.

Aspekt	Thematik
Biografie	literarische Verarbeitung eigenen Erlebens
Ästhetik	Spiel mit dem ersten Anschein
Psychologie	Darstellung des Problems der Identität und des Erkennens
Gender	labile Familienstruktur; Mann und Frau in einer Doppelrolle
Soziologie	Ständegesellschaft, Adel als Soldaten und Jäger
Politik	Allegorie auf die napoleonische Eroberung Preußens
Religion	Spiel mit Bibelmotiven: gegen Heuchelei und religiöse Mystifizierung
Kommunikation	Kommunikationsstörungen als Indiz für soziale Störungen, Symbolik der Raumöffnungen
Rezeptionsästhetik	geringe Erzählersteuerung, Spiel mit dem Leser, Herausforderung zu aktiver Rezeption
Gattungstheorie	Novelle

Biografischer Aspekt

Der **biografische Aspekt** beleuchtet das Verhältnis der Novelle zum Autor. Er geht aus von dem wechselvollen Leben Kleists mit seinen ständigen Brüchen und Richtungsänderungen und den damit verbundenen Folgen. Kleists Gefühl des wiederholten Versagens spiegelt sich in den Bevormundungen und Demütigungen seiner Familie. Die verarbeitet Kleist in seiner Novelle, in der es auch, besonders in der Figur des Kommandanten, um **Demütigungen und Unterwerfungen** geht. Kleists Vorliebe für militärische Themen resultiert aus seiner eigenen Militärzeit, die er aufgab, weil er mit den Auffassungen des preußischen Heeresreformers Carl von Clausewitz sympathisierte, aber der preußische Militarismus sich noch einer Reform gegenüber sperrte. Kleists kritische Einstellung erwuchs aus der Ablehnung jeglicher Bevormundung. Im Sinne der Aufklärung verfolgte er die Ideale des Wissens und der Selbstbestimmung. Seine Wertschätzung des Wissens führte ihn zu dem ironisch ausgearbeiteten Kontrast zwischen Wissen (Graf) und **unaufgeklärtem Nicht-Wissenwollen** (Marquise). Andererseits wollte Kleist das von der Aufklärung geforderte Primat der Vernunft durchbrechen, weil gerade das Gefühl und nicht der Verstand, wie er seiner Halbschwester Ulrike 1799 schrieb, der eigentliche Ort des Glückes sei. Die Marquise führt ihren **Kampf zur Unterdrückung des eigenen Gefühls** deshalb letztlich vergeblich. Kleist begeisterte sich für Rousseaus proklamierte Rückkehr zur Natürlichkeit. Er versprach sich von ihr eine Befreiung von allen gesellschaftlichen Zwängen, den unterwerfenden Formen von Autorität (Kommandant) und den erstarrten Ritualen der Zivilisation (Formelhaftigkeit des Ausdrucks und der gesellschaftlichen Formen). Kleist träumte 1802 von der Idylle eines bäuerlichen Lebens auf der Aare-Insel am Thuner See. Aufgrund der zugespitzten politischen Lage gab er diesen Plan zwar auf, aber seine Figuren dürfen seinen **Plan eines Lebens auf dem friedlichen Lande** (V…) verfolgen. Kleist stellte dem politischen Krieg des Verstandes (Kommandant – Graf) den emotionalen Krieg der Gefühle (Marquise) zur Seite. Fazit: Der biografische Aspekt erhellt einige Hintergründe und Strukturmerkmale der Novelle, trägt aber zur Deutung der Geschichte nur unwesentlich bei.

Ästhetischer Aspekt

Auch der **ästhetische Aspekt** trägt wenig zur Textdeutung bei, weil er in seinem analytischen Interesse mehr die Textgestaltung beleuchtet. Kleist wählt als Grundgerüst seiner Novelle das traditionelle **Aufbaukonzept eines fünfaktigen Dramas** und verstärkt den inneren Zusammenhalt durch eine Vielzahl von Klammern, die einmal aus drei- bis viergliedrigen sich wiederholenden oder steigernden Strukturelementen bestehen, zum anderen aus einer **Struktur von Widersprüchen**. Diese Widersprüche bilden aber keine unüberbrückbaren Gegensätze, sondern enttarnen die Bipolarität der angesprochenen Wirklichkeit, indem sie in einer **komplementären Synthese** miteinander verschmelzen. Es entsteht ein **Spiel mit dem ersten Anschein**. Um den Eindruck einer wahren Begebenheit zu erwecken, täuscht Kleist mit nur dem Scheine nach verschwiegenen Echtnamen für Orte und Personen eine Schlüsselerzählung vor. Selbst der sich anscheinend wie ein Chronist um Objektivität mühende Erzähler erweist sich gelegentlich als unzuverlässig. Auch der Anschein, es ginge um die detektivische Entdeckung des Kindsvaters trügt. Dazu sind der Erzählbeginn und die hinreichenden Textandeutungen in den Äußerungen des Grafen zu verräterisch. In Wirklichkeit geht es darum darzustellen, wie eine Frau von Adel und gutem Ruf eine uneheliche Schwangerschaft verkraftet und wie ihre Familie als unmittelbare Gesellschaft auf ein solch unerhörtes Ereignis reagiert. Kleists Neigung zur Erkundung des Menschen in Extremsituationen lässt ihn zur Gewalt als zerstörender Kraft der bestehenden Ordnung greifen, um mit dieser Form der Zerstörung von Konventionen **anthropologische Grundelemente** freizulegen. Letztlich trägt auch die komplizierte Syntax des Erzählers dazu bei, die suggerierte Aktionsnähe des Lesers zu zerstören.

Psychologischer Aspekt

Für Kleist hatte der Inhalt vor der Form Vorrang. Die nächsten fünf Aspekte befassen sich in sich weitender Perspektive mit dem Inhalt der Novelle. Der **psychologische Deutungsaspekt** rückt zwei Probleme in den Mittelpunkt der Betrachtung: das **Problem des Identitätsverlusts** und das **Problem der Gewinnung von Erkenntnis**. Das um 1800 besonders interessante Problem der Identität entsteht in der Novelle dadurch, dass der Marquise nicht bewusst zu sein scheint, wie sie schwanger geworden ist, obwohl sie sich schwanger fühlt und die physischen Merkmale einer Schwangerschaft nach zwei Geburten sehr wohl kennt. Es liegt entweder ein von den Eroberungsereignissen ausgelöstes **Trauma** vor, das sie mit Erinnerungslücken schont und dem die Marquise durch Verdrängungen ausweicht, oder es liegt ein **Konflikt ihrer psychischen Instanzen** vor, ein (psychoanalytisch formuliert) Konflikt zwischen ihrem Ich, ihrem Es und ihrem Über-Ich. Ein solcher Konflikt könnte aus psychoanalytischer Sicht so aussehen: Möglicherweise verliebt sich die Marquise – nach dreijähriger erotischer

Abstinenz und unterdrückter Sexualität im Hause ihrer Eltern – in ihren heldenhaften Retter, wodurch ein ihr unbewusstes sexuelles Begehren freigesetzt wird. Diesem Begehren nachzugeben untersagt ihr jedoch das Über-Ich (Gewissensinstanz). Nimmt man an, dass der emotionale Konflikt zwischen Es und Über-Ich entsprechend groß ist, so ist es denkbar, dass ihr Bewusstsein (das Ich) zu einer Lösung nicht in der Lage ist und sich einer Entscheidung allein durch eine Flucht in die Ohnmacht entziehen kann und jegliche Verantwortung für das Geschehen abgibt. Dass Gefahren für Leib und Leben der Marquise nicht zwangsläufig das Bewusstsein rauben, zeigt sie sowohl bei der Bedrohung durch die russischen Soldaten als auch beim Pistolenschuss ihres Vaters. Ihr auf ihren Retter gerichtetes Begehren selbst ist ihr also nicht bewusst, wohl aber das Verbot einer außerehelichen Liebesbeziehung. Dieser Konflikt kann nun in der Folge allein durch eine **Verdrängung** gelöst werden: Die Marquise will zunächst die Schwangerschaft nicht wahrhaben und projiziert dann die Ursache und Schuld an ihrem Zustand auf eine fremde, unbekannte Person. Sie bündelt die Kräfte ihres Willens, dass nicht sein kann, was nicht sein darf, und verschließt sich so weit als möglich jeglichem Erkenntnisprozess. Diese Erkenntnisverweigerung wird zunächst durch günstige Vorurteile (Obristin), falsche Einschätzungen (Kommandant), uneindeutige Verhaltensweisen (Graf) und eigene Gefühle begünstigt. Die von ihr nicht steuerbaren physischen Reaktionen (Erröten, Erbleichen) verraten die Marquise aber immer dann, wenn der von ihr tabuisierte Bereich berührt wird (z. B. 18,32). Erst als die Fakten nicht mehr zu leugnen sind, bekennt sich die Marquise zu ihrer Schwangerschaft, nimmt sie sogar voller Selbstbewusstsein an, überhöht aber das ihr Unbegreifliche ins Metaphysische und Religiöse. Kleist zeigt somit auf, wie leicht es ist und einem gemacht werden kann, einem Erkenntnisprozess auszuweichen, und wie schnell gesellschaftliche Tabuisierungen ein im Grunde natürliches Liebesverhältnis in ein skandalöses Licht rücken. In den Gegensatz zu diesem natürlichen Liebesgefühl, das kriminalisiert wird, stellt Kleist die unnatürliche Vater-Tochter-Beziehung, in der die Marquise ihr Bedürfnis nach sinnlicher Lust ausleben darf (42,1–24), was in der Zeit der Empfindsamkeit offenbar als tolerierbar und akzeptabel gilt. Hier geht Kleists Ironie bereits in Sozialkritik über.

Gender-Aspekt

Er übt sie vor allem anhand des kleinsten Sozialverbandes, der Familie. Unter dem **Gender-Aspekt** werden zudem die Rollenausübungen von Mann und Frau herausgestellt. Nachdem die Aufklärung alle möglichen Autoritäten hinterfragt hat, ist die bürgerliche Kleinfamilie erstarkt und hat Preußen sich seit 1794 neue Grundlagen für das Familien- und Sexualstrafrecht geschaffen. Gleichwohl zeichnet Kleist in denen von G... noch eine recht **traditionelle, aber labile Familienstruktur**: Der Kommandant gibt seinen beruflichen Pflichten gegenüber den familiären den Vorzug und ist auch ansonsten ein schlechtes Familienoberhaupt. Er versagt in der Rolle des Beschützers und verliert erst das Haus und dann auch seine Tochter an den Feind. Innerhalb der Familie erweist er sich als ein allein um die Ehre besorgter Despot, der den Familienmitgliedern Befehle erteilt, nahezu diktatorisch über die Sexualität von Frau und Tochter wacht, seiner Tochter mit der Pistole Gewalt androht und jegliche Kommunikation verweigert, diesen Machtmissbrauch aber mit rührseliger Sentimentalität kompensiert. Die Entscheidungsmacht hat ihm seine Gattin längst aus der Hand genommen, auch wenn sie sich gelegentlich immer noch zum Werkzeug ihres Mannes erniedrigen lässt (Briefdiktat). Sie ist eine pragmatische, durchsetzungsfähige Frau, die auch vor Manipulationen und Intrigen nicht zurückschreckt, um ihre materiellen und sozialen Interessen, Geld und gesellschaftliche Stellung, zu befördern. In ihr ist am ehesten jener Frauentypus zu sehen, von dem Kleist sich eine Vorkämpferrolle im gesellschaftlichen Emanzipationsprozess erhoffte. Der Marquise fehlt zu dieser Rolle noch das Selbstbewusstsein. Sie erfüllt ganz das Rollenbild der Frau ihrer Zeit und definiert sich über die gesellschaftlich ihr zugeschriebenen Tätigkeiten (3,23 f.; 28,14 f. u. 21–24). Zwar erfährt sie die Möglichkeit der Selbstbestimmung als Voraussetzung der Emanzipation, als sie sich in einem existenziellen Akt der väterlichen Autorität widersetzt und sich später ihrem Ehegatten verweigert, letztlich aber unterwirft sie sich erneut den geltenden Strukturen und bestätigt die alte Ordnung. Der Graf als Oberstleutnant nimmt der Marquise gegenüber nicht nur vom Dienstgrad her die Position eines Stellvertreters für den Vater ein, der den Rang eines Obersten bekleidet. Insgesamt greift Kleist auch hinsichtlich der Geschlechterrollen zu komplementären Paradoxien. Alle Figuren spielen eine **Doppelrolle**: der Kommandant ist Haustyrann und überzärtlicher Vater, der Graf Vergewaltiger und Liebender, die Obristin gibt die mütterliche Freundin und manipulative Intrigantin, und die Marquise erscheint mal als Heilige und mal als Hure. Doch niemand ist so, wie es scheint, denn alle Figuren werden nur in den Extremen gezeigt, die sie in ihrer Person vereinen.

Soziologischer Aspekt

Öffnet man den Blick unter dem **soziologischen Aspekt** weiter, rückt die Ständegesellschaft des 18. Jahrhunderts ins Blickfeld und vor allem der Adelsstand, in den Kleist ja selbst hineingeboren wurde. Dieser Stand profiliert sich in der Novelle als Soldaten- und Jägergesellschaft (Kommandant und Forstmeister). Der Graf wird geradezu zur Vorzeigefigur, denn er ist Oberstleutnant eines Jägerkorps (6,11 f.), mehrfacher Ordensträger, heldenhafter Offizier und dazu noch „schön wie ein junger Gott" (9,30 f.). Er entspräche ganz dem **preußischen Heldenklischee**, würde seine verwerfliche Tat sein Ansehen unverletzt lassen. Die Familie von G... lebt nach den Leitwerten ihres Standes: Ruhm, Ehre und Ansehen. Sie wird **vom Militär fremdbestimmt** (4,3 f.), und der soziale Rang (Kommandant, Obristin, Forstmeister) überlagert die familiären Beziehungen (Vater, Mutter, Bruder). Man strebt einen sozialen Aufstieg an (von dem Fräulein von G... zur Gräfin F...), verhindert eine uneheliche Geburt des Kindes (43,4 f.) und achtet auf die Einhaltung althergebrachter Rituale (5,21) und konvenierter Etikette (11,16 f.; 12,2 f.). Kleist ironisiert dieses tradierte System und gibt es der Lächerlichkeit preis. Er zeigt auf, wie vorurteilsbelastet und unverdient oft das gelobte Verdienst ist (7,4) und wie sehr der edle Schein trügen kann (12,26 f.). Die feine Etikette verhüllt nur, dass die gesellschaftliche Ordnung im Grunde auf den verschiedensten **Formen von Gewalt** beruht: Da wird nicht nur auf militärischer Ebene Krieg geführt, sondern auch zwischen den Menschen (34,33): Es geht um die Androhung der Gewalt (27,13; 35,1 f.), um Sieg (45,19) oder Niederlage (46,10–13), Eroberung (14,34 f.) und Unterwerfung (19,11), Verlust (33,35 f.), Gewinn (47,11–14) und Beute (28,1). Auf den **niedrigeren Stand** wird herabgesehen. Während die Hebamme allein aufgrund ihres gefragten Sachverstandes und ihrer Ratschläge noch den Status einer Gesellschafterin (26,19) zugesprochen bekommt, bleibt der Jäger Leopardo nahezu stummer Bediensteter. Als Jäger hat er einen gewissen Anteil an der adeligen Männergesellschaft und scheint wegen seiner schon durch seinen Namen angedeuteten animalischen Attraktivität (39,23) vor allem der Gräfin zu Diensten sein zu müssen (36,7 f.). Kleist deutet hier die Doppelmoral der adeligen Gesellschaft an, die auch schon den Grafen nicht davon zurückhält, für sein Vergehen fünf einfache Soldaten hinrichten zu lassen. Dass Kleist dabei einer Montaigne-Episode[20] von der unteren Schicht in den Adel transponiert, verdeutlicht, dass der Adel seine Privilegien zu Unrecht auf der Ungleichheit aufbaut.

Politischer Aspekt

Der **politische Deutungsaspekt** gründet sich auf den historischen Zusammenbruch Preußens nach den napoleonischen Siegen bei Jena und Auerstedt am 14. 10. 1806 und dem Untertitel der Novelle, nach dem Kleist den Schauplatz von den Norden in den Süden verlegt haben will. Die Handlung wäre dann eine **Allegorie**, nach der der französische (in der Novelle: russische) Graf den preußischen Kommandanten besiegt. Die Rolle der Marquise wird gedeutet als die der preußischen Intellektuellen, die zwar die Gewalt Napoleons verabscheuen, aber eine Neigung für die vor allem innerpolitischen Neuerungen empfinden. Das erwartete Kind wird deshalb gleichgesetzt mit der Erwartung der Reformen, die später von Hardenberg und Stein umgesetzt wurden. Wie tragfähig diese Deutung ist, sei angesichts des Hasses, den Kleist auf Napoleon hatte (er gedachte ihn sogar persönlich umzubringen), allerdings dahingestellt.

Religiöser Aspekt

Zwei weitere Deutungen fokussieren Einzelaspekte. Die zahlreichen **religiösen Bezugnahmen** innerhalb des Textes rechtfertigen schon, von einer zu erkennenden **Religionskritik** Kleists zu sprechen, in der er bestimmte Erscheinungen der pietistischen und empfindsamen Strömungen seiner Zeit ironisiert. So wendet er sich in den Versöhnungsszenen der Marquise mit ihrer Mutter und ihrem Vater **gegen die effektheischenden und oft heuchlerischen Äußerungsformen** der Sentimentalität, die nicht selten in eine scheinreligiöse Überhöhung ausarten, enttarnt anhand des Verhaltens der Marquise (28,5–34) die Neigung des Menschen, das ihm Unerklärliche zu mystifizieren und ihm den Rang des Religiösen zu verleihen, und geißelt schließlich die in ein exorzistisches Ritual mündende Teufelsvorstellung der Marquise (44,37 und 45,8 f.). So sehr Kleist einerseits dem Gefühl gegenüber dem Verstand das Recht einräumt, so sehr zeigt er ihm hier die Grenzen auf. Darüber hinaus ist auch in dieser Novelle ein **Spiel mit Bibelmotiven** erkennbar, sei es die Vertreibung aus dem Paradies (34,29), sei es die Heimkehr des verlorenen Sohnes, die er in der Variante einer Heimkehr der Tochter gar zweimal sich vollziehen lässt (3,23 u. 39,19), als handele es sich um einen Einzug nach Jerusalem.

Kommunikativer Aspekt

Der zweite Einzelaspekt beleuchtet die besondere **Kommunikation** zwischen den Novellenfiguren. Für Kleist ist die Sprache ein Indikator für Macht, Bewusstsein und Wahrheit. In dem Maße, in dem er der verstandesorientierten Sprache misstraut, weicht er auf andere Kommunikationsformen aus: zum einen auf die vom Willen unbeeinflussbaren **Körperreaktionen** des Errötens und Erblassens, die ein Heucheln nicht zulassen, zum anderen auf die eher justiziable Form der **Schriftsprache**. Die Wahrheit der unwillkürlichen Körperreaktionen steht damit in Kontrast zu den bewussten Gesten, die durchaus der theatralischen Manipulation unterliegen. Als Erscheinungsweisen der Schriftsprache treten die private Form des Briefes (vgl. Analyse) auf, die juristische Form des Ehekontrakts (46,10 f.), der Schenkung und des Testaments (47,11 f.)

---

20 Michel de Montaignes *Essai über die Trunksucht* (1588) berichtet von einer als keusch geltenden Bauersfrau und Witwe, die schwanger wird und von der Kirchenkanzel verkünden lässt, dem Verursacher, gibt er sich zu erkennen, zu verzeihen und ihn ggfs. zu heiraten. Daraufhin beichtet ein Ackerknecht die Tat, die in einem beiderseits alkoholisierten Zustand geschehen ist.

und die öffentliche Form der Zeitungsanzeige (34,14 ff.). Die gegen Ende der Novelle deutliche Zunahme der schriftlichen Verrechtlichung der Kommunikation verdeutlicht, wie wenig die mündliche Kommunikation gelingt, da sie immer wieder in Sprachlosigkeit und Schweigen erstirbt. Die private Kommunikationsverweigerung hat ihren Gipfel in der doppelten Distanzierung, wenn der Kommandant seine Tochter in einem seiner Frau diktierten Brief des Hauses verweist und sich daraufhin auch körperlich jedem Gespräch zu entziehen sucht. Sprachstörungen und Sprachverlust verweisen somit auf soziale Störungen und Verluste. Dazu dient auch die **Symbolik der Raumöffnungen**: Fenster, Türen, Portale, Pforte, Laube und Tor. Die kommunikative Offenheit des Grafen erkennt man daran, dass er fast alle Raumöffnungen im Sturm nimmt, bis seine Scheu (bzw. sein Schuldgefühl) ihn zunächst vor dem Eingang der Laube warten lässt (31,2) und er am Ende sogar nicht einmal wagt, die Tür zur Wiege seines Kindes (47,7) zu durchschreiten. Für den Kommandanten und die Marquise wird die verschlossene Tür zum Symbol ihrer kommunikativen Verweigerung (27,8 u. 40,21 f.; 28,28 u. 43,35). Für die Obristin wird sie zum Objekt, das ihre Verheimlichungen und Heimlichkeiten offenbart (40,6 u. 41,32).

Rezeptionsästhetischer Aspekt

Zum Schluss sind noch zwei textexterne Aspekte zu erwähnen, der rezeptionsästhetische und der gattungstheoretische Aspekt. Der **rezeptionsästhetische Aspekt** ist besonders unter Berücksichtigung der Autor-Rezipienten-Kommunikation (vgl. Kap. 130 ff.) von Interesse. Die Vielzahl der inhaltlichen Interpretationsaspekte verweist bereits auf eine relativ **geringe Steuerung des Lesers** durch den kleistschen Erzähler hin, obwohl dieser mit vor allem zeitlichen Bestimmungen eine exakte Leserführung vortäuscht. Durch Mehrdeutigkeiten, Unbestimmtheiten und Darstellungslücken wird der Leser zu einer aktiven Rezeption genötigt. Allein die zentrale Schlussfolgerung hinsichtlich des Vergewaltigungsakts, der im Text ja ausgespart und durch einen Gedankenstrich ersetzt wird, macht deutlich, dass Kleist auch **mit dem Leser spielt**. Zunächst weckt er auf dreifache Weise das Leseinteresse: Der Schauplatz der Handlung soll verlegt worden sein, man muss ihn also irgendwohin zurückverlegen; Orts- und Personennamen scheinen verschlüsselt, man muss sie demnach entschlüsseln; die Anzeige zu Beginn der Erzählung ist wie ein Köder, der Leser ist neugierig, wer wohl der Vater sein könnte. Dann folgt ein konstitutives Spiel der Verwirrungen, denn in dem Maße, in dem die Figuren sich widersprechen, sich verstellen und wechselseitig täuschen, wird auch der Leser durch die Figuren einer gezielten Desinformation unterzogen und getäuscht. Hinzu kommt, dass der Erzähler gezielt Lücken in seiner Darstellung zulässt (5,9; 36,7 f.), auf Introspektionen bei seinen Figuren verzichtet (Ausnahme: 47,17 f.) und einen Subtext an Zeichen und Verweisen ausbreitet, der vom Leser erst einmal entdeckt und verstanden werden will. So wird der Leser einerseits verunsichert, behält aber andererseits vor den Figuren einen Informationsvorsprung. Wenn er bald vermutet, wer der Vergewaltiger ist, hat sich längst sein Interesse für die Marquise und ihr sonderbares Verhalten geweckt. Mit einer gewissen Lust verfolgt der Leser die allmähliche Demontage des gesellschaftlichen Pflichtmodells von der weiblichen Unschuld, nicht ohne Häme rümpft er gegenüber dem Gefühlskitsch der Versöhnungsszenen die Nase. Handelt es sich um einen heutigen und womöglich sogar weiblichen Leser, empfindet er vielleicht sogar einen Skandal. Nahezu unmerklich hat Kleist den Erkenntnisprozess, dem die Marquise sich verweigert, umgekehrt im Erkenntnisstreben des Leseprozesses gespiegelt.

Der **gattungstheoretische Aspekt** untersucht, inwieweit der Text, von Kleist selbst ungenau als Erzählung etikettiert, dem Anspruch gerecht werden kann, eine **Novelle** genannt zu werden. Natürlich ist es eine unerhörte Begebenheit, wenn eine Frau den Vater ihres Kindes per Zeitungsanzeige sucht. Das Motiv der unwissentlichen Schwangerschaft ist tragfähig genug, um als Leitmotiv zu gelten. Auch über mehrere Wendepunkte verfügt die Erzählung: sei es das unerwartete Überleben des Grafen, sei es die trotz gegenläufiger Bekundungen wiederholte Eheverweigerung der Marquise, sei es die Versöhnungsintrige der Obristin. Zentraler Wendepunkt der Handlung und zugleich Mittelpunktsereignis bleibt freilich die Zeitungsanzeige. Auch formale Kennzeichen der Novelle sind feststellbar: Die Handlung verläuft einsträngig, die Figurenkonstellation ist überschaubar. Der Erzählstil steht einem objektiven Bericht nahe, weil der auktoriale Erzähler sich stark zurücknimmt und über die Gefühle und Gedanken seiner Figuren schweigt, sofern sie sie nicht selbst äußern oder sie sich an ihren Verhaltensweisen ablesen lassen. Das sind hinreichende Kriterien für eine Novelle. Von einer Kriminalnovelle zu sprechen, und sei es auch nur ironisch, wird der Tatsache insofern nicht gerecht, als nicht die kriminelle Tat und der Täter mit seiner Psyche im Mittelpunkt der Darstellung steht, sondern das Verhalten und die Psyche des „Opfers“.

Gattungstheoretischer Aspekt

Schaubild 16: Interpretationsansätze zu *Die Marquise von O…*

2.2.5 Fokus: E.T.A. Hoffmann, *Der Sandmann* (1816)[21]

Biografischer Bezug

Mozart-Verehrer

Amadeus hieß er gar nicht. Der Mozartverehrer Ernst Theodor Wilhelm Hoffmann (1776–1822) legte sich seinen dritten Vornamen, der in der Abkürzung gemeinsam mit den beiden ersten als E.T.A. zu seinem Markenzeichen werden sollte, erst 1805 zu. Hoffmann kann als der **repräsentativste Künstler der Romantik** gelten, weil er als Mehrfachbegabung Maler und Zeichner, Musiker und Komponist, Schriftsteller und Publizist zugleich war und in seiner Person alle Künste zu einer Einheit verschmolz. Dabei war er erst 1814 mit den in Berlin lebenden Romantikern in Kontakt gekommen.

Jurastudium

Als jüngster von drei Söhnen eines Hofgerichtsadvokaten in Königsberg geboren, hat Hoffmann eine einsame Kindheit und Jugend. Weil seine Eltern sich zwei Jahre nach seiner Geburt trennen, wächst er im Haushalt seiner verwitweten Großmutter mit deren drei unverheirateten Geschwistern auf. Aus Gründen der Familientradition drängt man den 16-Jährigen, der sich zu den Künsten hingezogen fühlt, ein ihm ungeliebtes Jurastudium aufzunehmen, das er gleichwohl 1800 mit seinem dritten Examen erfolgreich abschließt. Da hat er sich bereits wegen eines Skandals um eine zehn Jahre ältere Gesangsschülerin, der fünffachen Mutter Dora Hatt, ins schlesische Glogau versetzen lassen, wo er bei seinem Patenonkel wohnt. Mit diesem und dessen Familie zieht er in der Folge nach Berlin um. Mit dessen Tochter, seiner Cousine Minna Doerffer, hat er sich inzwischen verlobt. Als Hoffmann mit 24 Jahren seine erste Anstellung im ehemals polnischen, jetzt preußischen Posen antritt, steht er zum ersten Mal ohne verwandtschaftliche Aufsicht auf eigenen Füßen. Er löst die Verlobung mit seiner Cousine und heiratet die aus einfachen Verhältnissen stammende Michaelina Trzcińska (Mischa Rorer). Weil er prominente Posener zeichnerisch karikiert, wird er ins Dreitausendseelenkaff Płock strafversetzt. Erst zwei Jahre später erreicht er die Versetzung nach Warschau; weitere zwei Jahre später verliert er seine Anstellung, weil die Franzosen 1806 nach den militärischen Siegen über Preußen deren Verwaltungsstrukturen auflösen und Hoffmann den Huldigungseid auf Napoleon ablehnt. Ohne seine Frau schlägt er sich zunächst mühsam und verarmt in Berlin durch, bis er 1808 mittels eines Stellungsgesuchs den Posten eines Musikdirektors in Bamberg antreten kann. Auch diese Lebensstation wird jedoch aufgrund einer Intrige zu einem Misserfolg: Hoffmann legt die Orchesterleitung nieder und arbeitet in Bamberg weiter als Direktionsgehilfe, Hauskomponist, Bühnenarchitekt und Kulissenmaler. Zudem gibt er Gesangs- und Klavierunterricht. Dabei verliebt er sich unglücklich in Julia Marc, die erst 13-jährige Tochter einer verwitweten Konsulin, was mit einem Eklat endet. 1812 ist Hoffmann erneut arbeits- und mittellos. Die Berufung als Musikdirektor nach Dresden und Leipzig hilft ihm nur kurze Zeit. Zwei Jahre später befindet er sich nach seiner Entlassung wieder in tiefster Not. Erst 1814 beruhigt sich sein Leben, als er in den preußischen Staatsdienst zurückkehren kann. Es ist zugleich das Jahr, in dem mit den *Fantasiestücken* seine ersten schriftstellerischen Arbeiten erscheinen. In den ihm verbleibenden acht Lebensjahren widmet sich Hoffman neben seinem juristischen

Intrigen und Eklat in Bamberg

21 Ausführlich: Horst Grobe: *Textanalyse und Interpretation zu E.T.A. Hoffmann, Der Sandmann*. Hollfeld: Bange, 6. Aufl. 2017 (Königs Erläuterungen, Bd. 404).

Brotberuf, der ihn in höchste Ämter führt, verstärkt der Literatur, was ihm sogar mehr Geld einbringt als sein Amt.

E.T.A. Hoffmann ist 39 Jahre alt, als er seine Niederschrift zum *Sandmann* beendet. Wichtige Szenen soll er sogar während der Sitzungen des Kammergerichts in Berlin verfasst haben. Viele Verhältnisse und Erlebnisse seines Lebens finden in dem Text ihren Niederschlag:

- Der Autor empfand sich selbst als Missgestalt: Hoffmann war von kleiner Statur und wenig attraktiv, „hatte eine gelbliche Gesichtsfarbe, dunkles, beinahe schwarzes Haar“[22] (wie ihn sein Freund Julius Eduard Hitzig in der ersten Biografie des Dichters bechrieb) und graue, listig scheinende Augen.
- Wie sein Protagonist war Hoffmann ein nervöser Mensch, der bemüht war, die von seinem körperlichen Minderwertigkeitsgefühl ausgehenden Komplexe durch Geselligkeit und Erfolge zu kompensieren.
- Er fühlte sich schon in Königsberg von der gesellschaftlichen Umwelt unverstanden, abgestoßen und beklagte sein verfehltes Leben.
- Er hatte die Mittelmäßigkeit, Spießigkeit und Pedanterie eines kleinbürgerlichen Haushalts bei seiner Großmutter kennengelernt.
- Er kannte die deprimierenden Erfahrungen als Künstler und hatte durch zahlreiche Ablehnungen – erfolglose Zuwendung von Kompositionen an die Königin Luise und den Direktor des Königlichen Nationaltheaters Iffland, Ablehnung durch die Leipziger Musikverleger Härtel und Kühnel und deren Züricher Kollegen Nägeli, Zurückweisung des Angebots, Buchillustrationen vornehmen zu dürfen, vergebliche Bewerbungen um eine Anstellung als Musiker in Breslau, Leipzig und Frankfurt –, Misserfolge (Bamberg) und berufliche Versetzungen selbst erfahren, wie gedemütigt und erniedrigt sich ein Außenseiter fühlen kann.
- Er nahm selbst an physikalischen Experimenten zur Erzeugung von Geistererscheinungen teil.
- Er kannte die Auswirkungen einer Doppelexistenz als Künstler und Staatsbeamter.

INFO

Daten zum Text:	
Textsorte	Erzählung: Schauer-Novelle
Entstehungszeit	16. November 1815
Veröffentlichung	September 1816 (mit Jahreszahl 1817), Reimer'sche Realschulbuchhandlung, Berlin
Lit. Einordnung	zwischen Romantik und Biedermeier
Thema	Suizid eines Hochsensiblen nach frühkindlicher traumatischer Störung

22 Zit. nach: Detlef Kremer (Hrsg.): *E.T.A. Hoffmann. Leben – Werk – Wirkung.* Berlin, Boston: 2., erw. Aufl., de Gruyter 2012, S. 14.

Intertextualität	– Pygmalion-Motiv: Ovid, *Metamorphosen* – Narziss-Motiv: griechische Sage von Narziss und Echo – Horus-Motiv: ägyptischer Mythos: Kampf zwischen Horus und Seth (Augenraub)
Kontext	erste Erzählung des zweibändigen Sammelwerks *Nachtstücke, herausgegeben von dem Verfasser der Fantasiestücke in Callots Manier*
Zeit der Handlung	Beginn des 19. Jahrhunderts
Erzählte Zeit	etwa zwei bis drei Monate plus etwa acht Jahre Vorgeschichte plus etwa drei Jahre Nachgeschichte
Ort der Handlung	– Provinzial-Städtchen S. – Studienort G.
Hauptfiguren	Nathanael (Physikstudent) – Mutter, alte Kinderfrau, Vater, Coppelius (Advokat) – Clara (Verlobte); Lothar (deren Bruder) – Coppola (Wetterglashändler[14]); Spalanzani (Physikprofessor), Olimpia (dessen „Tochter"), Siegmund (Freund und Kommilitone Nathanaels)

Inhalt

(Die nachfolgenden Zahlen dienen einer im Text nicht vorhandenen Zählung von Kapiteln und Absätzen.)

[1] Nathanael an Lothar (Brief, 15 Absätze)

Traumatisches Kindheitserlebnis

(1) Nathanael teilt seinem Freund Lothar von seinem Studienort G. aus mit, dass mit dem Auftreten eines Wetterhändlers etwas Entsetzliches in sein Leben getreten sei. (2) Um das begreiflich zu machen, müsse er von seiner früheren Jugendzeit berichten: (3) Als man früher nach dem Abendessen im Familienkreis zusammengesessen habe, sei er wie seine Geschwister immer um neun Uhr mit der Bemerkung zu Bett geschickt worden, der Sandmann komme gleich. Da zu dieser Zeit wirklich der schwere Tritt eines Besuchers zu hören gewesen sei, habe Nathanael seine Mutter gefragt, was es mit dem Sandmann auf sich habe. Diese habe ihn beschwichtigt, das sei nur eine bildliche Redensart und eigentlich bedeutungslos. Die alte Kinderfrau seiner Schwester hingegen habe den Sandmann als böses Ungeheuer beschrieben, das den Kindern die Augen raube, um sie auf dem Halbmond seinen eulenähnlichen Kindern zum Fraß vorzuwerfen. Seine Angst habe sich auch später nicht gelegt, als er begann, dem Ammenmärchen zu misstrauen; er sei für alle Arten von Geistergeschichten sensibel geworden. In seinem 10. Lebensjahr habe er beschlossen, dem Geheimnis auf den Grund zu gehen. (4) Er habe sich im Zimmer seines Vaters hinter einer Gardine versteckt und entdeckt, dass es sich beim Sandmann um den Advokaten Coppelius handelte, der gelegentlich bei ihnen zu Mittag gegessen habe. (5) Nathanael beschreibt den

---

23 Wetterglas: Barometer, physikalisch–meteorologisches Instrument zur Messung des Luftdrucks.

Anwalt als monströse, furchteinflößende Gestalt, die durch seine knotigen, haarigen Fäuste bei den Kindern, die er kleine Bestien zu nennen pflegte, Ekel und Abscheu hervorgerufen habe. Die Eltern hätten Coppelius zwar offenbar auch verabscheut, sich ihm gegenüber aber eher unterwürfig verhalten. (6) Er sei damals von der Identität zwischen Coppelius und dem Sandmann überzeugt gewesen. (7) Versteckt im Zimmer seines Vaters, habe er beobachtet, wie die beiden Männer sich in schwarze Kittel gekleidet und in einer kleinen alchemistischen Küche hantiert hätten. Dabei habe der Vater seine Physiognomie der des hässlichen Advokaten angenähert. Als Coppelius Augen gefordert habe, sei Nathanael schreiend aus seinem Versteck hervorgestürzt. Coppelius habe ihn gefasst, um ihm glühende Körner in die Augen zu streuen, aber auf Bitten des Vaters davon abgelassen, ihm jedoch Hände und Füße zuerst ab- und dann wieder angeschraubt. Nathanael sei in Ohnmacht gefallen und habe sich später von seiner Mutter trösten lassen. (8) Er sei mehrere Wochen danach krank gewesen. Aber das schrecklichste Ereignis sei erst noch gekommen. (9) Etwa ein Jahr später, Coppelius solle zu diesem Zeitpunkt die Stadt bereits verlassen haben, (10) seien wieder die beängstigenden Schritte auf der Treppe zu hören gewesen, und die Kinder seien zu Bett geschickt worden. (11) Nathanael habe in seinem Zimmer mit dem Bild des Coppelius vor Augen keinen Schlaf gefunden, als gegen Mitternacht eine Explosion seinen Vater getötet habe. (12) Coppelius sei verschwunden geblieben. (13) In der Gegenwart meint der inzwischen in G. studierende Nathanael nun, in dem piemontesischen Wetterglashändler, der sich Guiseppe Coppola nennt, jenen Coppelius seiner Kindheit wiedererkannt zu haben. (14) Deshalb will er den Kampf gegen ihn aufnehmen, um den Tod seines Vaters zu rächen. (15) Der Mutter soll von all dem nichts erzählt werden.

Der Tod des Vaters

[2] Clara an Nathanael (Brief, 6 Absätze)

Claras vernünftige Erklärung

(1) Clara teilt ihrem Verlobten mit, dass sie seinen Brief an Lothar mit tiefer Erschütterung gelesen habe, weil er wohl irrtümlich an sie adressiert gewesen sei, und die Gestalt Coppolas sie zunächst bis in den Schlaf verfolgt habe. Jetzt sei sie aber wieder heiter. (2) Sie meint, alles Schreckliche, wovon Nathanael berichtet habe, sei nur in seinem Inneren vorgegangen. (3) Er habe das Ammenmärchen des Sandmanns mit der Erscheinung des Coppelius verknüpft. Dessen Treffen mit dem Vater habe wohl gefährlichen alchemistischen Zwecken gedient, wobei es dem Vater vermutlich um wissenschaftliche Erkenntnis gegangen sei. Nathanaels möglichen Einwand, sie sei in ihrer Oberflächlichkeit für das Geheimnisvolle unempfänglich, (4) widerspricht sie, auch wenn sie nur ein einfältiges Mädchen sei. (5) Wenn es eine dunkle Macht gebe, so müsse sie aus unserem Selbst erwachsen, sodass sie nur das Phantom unseres eigenen Ichs sei. Sie sei sich mit Lothar darin einig, Nathanael solle sich beide ihn bedrückenden Gestalten aus dem Sinn schlagen und nach Heiterkeit streben. Dann verlören auch die bösen Mächte ihre Kraft. (6) Gekürzter Abschiedsgruß.

[3] Nathanael an Lothar (Brief, 2 Absätze)

Nathanael ärgert sich

(1) Nathanael gibt seinem Unmut Ausdruck, dass Clara seinen Brief an Lothar gelesen hat und dass sie ihn so philosophisch und magistermäßig belehren zu können glaubt. Lothar möge es unterlassen, Claras analytischen Verstand zu schulen. Nebenbei wisse er nun von seinem Physikprofessor Spalanzani, bei dem er studiert, dass Coppola und Coppelius nicht identisch seien und Coppola die Stadt verlassen habe. Neulich habe

er einen Blick auf Spalanzanis versteckt gehaltene Tochter Olimpia erhaschen können. Sie sei ihm wegen des Ebenmaßes ihrer Erscheinung wunderschön vorgekommen, allerdings wirkten ihre Augen tot und unheimlich. Vielleicht sei sie nicht sonderlich intelligent. Er werde bei seinem nächsten Besuch mündlich ausführlicher berichten. (2) Abschiedsgruß.

[4] (In der Provinzialstadt S.; Erzählerbericht, 8 Absätze)

Der Erzähler meldet sich zu Wort

(1) Der Erzähler wendet sich an den Leser. Die Wirklichkeit seines Freundes Nathanael sei wunderlicher als alle Erfindung. Vielleicht sei der Leser auch schon einmal von einem Erlebnis so erfüllt gewesen, dass es ihm unmöglich war, die inneren Empfindungen zum Ausdruck zu bringen. Auch der Erzähler trage die Geschehnisse ungefragt aus eigenem Antriebe vor und sei sich hinsichtlich der Art des Erzählens sehr unsicher. Deshalb habe er sich entschlossen, die Briefe als Problemumriss voranzustellen, um sodann die Einzelheiten erlebnishaft auszumalen. Der Leser werde dann vielleicht glauben, dass nichts wunderlicher sei als das wirkliche Leben. (2) Den Briefen sei hinzuzufügen, dass Lothar und Clara als Waisen im Hause von Nathanaels Mutter Aufnahme gefunden hätten und Nathanael und Clara verlobt seien. (3) Statt mit seiner Erzählung fortzufahren, geht er zunächst auf Clara ein, beschreibt sie als weniger schön, aber mit einem erfrischend natürlichen Blick, von kindlicher Offenheit und analytischem Verstand. Manche hielten Clara deshalb für kalt und prosaisch. Als Nathanael bald darauf nach Hause kommt, lässt ihr Anblick Nathanael all seine Probleme vergessen. (4) Doch er hat sich gleichwohl verändert. Er bestreitet die menschliche Freiheit und sieht den Menschen unter der Einwirkung eines außer ihm liegenden höheren Prinzips. (5) Clara widerstrebt seine mystische Schwärmerei, und sie fordert ihn auf, die Gedanken an Coppelius aus seinem Kopf zu verbannen, denn nur sein Glaube verleihe diesem Macht. Aber Nathanael versucht sie seinerseits durch das Vorlesen aus mystischen Büchern oder seinen düsteren Dichtungen zu überzeugen. Letztlich verfasst er ein wüstes Gedicht, in dem er beschreibt, wie Coppelius seine Beziehung zu Clara zerstört. Dabei springen Claras Augen wie blutige Funken in Nathanaels Brust, worauf ihn ein flammender Feuerkreis fortreißt. In seiner Vorstellung erblickt er in Claras Augen den Tod. (6) Als er nach drei Tagen Arbeit Clara im Garten der Mutter sein Gedicht voll Inbrunst und Hingerissenheit vorträgt, bittet Clara ihn, das „wahnsinnige Märchen" ins Feuer zu werfen. Nathanael ist entsetzt und beschimpft sie als „lebloses, verdammtes Automat". Lothar ergreift für seine Schwester Partei und nach einer wechselseitigen Beleidigung scheint ein Duell unvermeidlich. Erst im letzten Augenblick geht Clara schluchzend zwischen die Kampfbereiten und führt eine Versöhnung herbei. (7) Nathanael fühlt sich vom Druck der finsteren Macht befreit und kehrt drei Tage später an seinen Studienort zurück. (8) Der Mutter wird der Vorfall verschwiegen.

Entfremdung zwischen Clara und Nathanael

[5] (Im Studienort G.; Erzählerbericht; 10 Absätze)

Neues Zimmer mit Aussicht

(1) Während seiner Abwesenheit ist das Haus, in dem Nathanael sein Zimmer hatte, aufgrund eines Feuers im Laboratorium der benachbarten Apotheke abgebrannt. Sein Habe ist aber von Freunden gerettet und in sein neues Zimmer gebracht worden. Da das Haus, in dem sich das neue Zimmer befindet, dem des Professors Spalanzani gegenüberliegt, kann Nathanael in das Zimmer dessen Tochter Olimpia blicken. Er bewundert zwar ihren schönen Wuchs, ist aber von ihrer Steifheit befremdet. Als

er gerade dabei ist, einen Brief an Clara zu schreiben, kommt der Wetterglashändler Coppola in seine Stube. Nathanael bemüht sich, Claras Ratschläge umzusetzen und seine Ängste zu beherrschen. Coppola breitet ihm mit dem wiederholten Zuruf „sköne Oke“ auf dem Tisch eine Vielzahl von Brillen aus. Nathanael ist entsetzt, fühlt sich von tausend Augen beobachtet und von ihren „blutroten Strahlen“ durchbohrt. Erneut hilft ihm der Gedanke an Clara, seinen Anfall in den Griff zu bekommen. Und so entschließt er sich tapfer, ein kleines Fernglas zu kaufen. Um es zu erproben, blickt er eher zufällig in Olimpias Zimmer und empfindet mit zunehmender Begeisterung das, was er sieht, mehr und mehr als lebendig. Lachend entfernt sich der bezahlte Coppola über die Treppe. Statt den Brief an Clara fortzusetzen, fühlt er sich immer stärker verführt, sich in den Anblick Olimpias zu versenken, bis sein Freund Siegmund ihn zur Vorlesung abholt. In den folgenden Tagen bleibt ihm ein Blick auf Olimpia verwehrt, obwohl er beständig nach ihr Ausschau hält und bei einem Spaziergang sogar gesehen zu haben glaubt, wie sie aus einem Gebüsch tritt. Nathanael verfällt in Liebeskummer. (2) Als er bei der Heimkehr im Hause Spalanzanis ein geräuschvolles Treiben gewahrt, erklärt ihm Siegmund dies mit den Vorbereitungen zu einem Fest, das der Professor zu geben gedenkt. Olimpia soll zum ersten Mal gesellschaftlich in Erscheinung treten. (3) Auch Nathanael ist eingeladen. Er ist von Olimpias Spiel auf dem Flügel und ihrem Gesang entzückt und kann sich, als er sie durch sein Fernglas betrachtet, nicht beherrschen, begeistert ihren Namen zu rufen. Auch während des sich anschließenden Balls kann er von Olimpia nicht lassen, fordert sie immer wieder zum Tanz auf, hält ihre Hand, küsst zum Abschied ihre eiskalten Lippen und fragt sie, ob sie ihn liebe. Er bemerkt nicht, dass die Gesellschaft und Professor Spalanzani ihn belächeln. Anderntags hört Nathanael verständnislos, wie die Leute über Olimpias Starrheit und Stumpfsinn herziehen. Auch Siegmund kann nicht nachvollziehen, was Nathanael an der „Holzpuppe“ mit dem „Wachsgesicht“ findet, hält Olimpia für eine Maschine, die ihre Lebendigkeit nur vortäuscht, und warnt Nathanael, auf einem „bösen Wege“ zu sein. Der aber bleibt dabei, dass er allein Olimpias innere Werte und ihren Liebesblick versteht. (4) Nathanael lebt fürderhin nur noch für Olimpia, liest ihr alles vor, was er jemals geschrieben hat, und fühlt sich nur von ihr, die ihm mit starrem Blick geduldig zuhört, verstanden. Aufkeimende Zweifel werden beschwichtigt; er spielt sogar mit dem Gedanken an eine eheliche Verbindung. Als er ihr einen Ring seiner Mutter anstecken will, hört er den Lärm einer heftigen Auseinandersetzung zwischen Spalanzani und dem „grässlichen Coppelius“ (!), wie ihm scheint. Dann sieht er, dass der Professor und „der Italiener Coppola“ (!) um eine weibliche Figur streiten, die dabei zu Bruch geht und ihre Augen verliert. Während Coppola mit der Puppe davonläuft, erkennt Nathanael mit Grausen, dass es sich um Olimpia handelt, deren Augen ihm von Spalanzani an die Brust geworfen werden. „Da packte ihn der Wahnsinn“. Mit den wiederholten Worten „Feuerkreis“ und „Holzpüppchen dreh dich“ würgt er den Professor, bis er von ihm weggerissen und in eine Irrenanstalt gebracht wird. (5) Der Erzähler wendet sich noch einmal an den Leser, um zu berichten, welche Folgen der Automatenbetrug in der Gesellschaft des Ortes zeitigte. Spalanzani muss die Universität verlassen, Coppola ist verschwunden. Unter der Bevölkerung geben sich einige, als hätten sie im Nachhinein schon alles geahnt; ein Rhetorikprofessor weiß, dass alles nur eine Allegorie sei, und bei den Liebespaaren müssen die Frauen mit ihrem Verhalten beweisen, dass sie denkende und empfindende Wesen sind. (6) Als Nathanael wie aus einem Traum er-

Nathanael stalkt Olimpia

Die fürchterliche Entdeckung

Nathanael scheint zu gesunden

wacht, befindet er sich wieder in seinem Zimmer des elterlichen Hauses und wird von Clara, Lothar, seiner Mutter und Siegmund gepflegt. Clara freut sich, ihren Geliebten wiederzuhaben; „jede Spur des Wahnsinns war verschwunden“. Als Siegmund sich von Nathanael verabschiedet, meint dieser seine Genesung allein Clara zu verdanken. Eine Erbschaft beschert der vierköpfigen Hausgemeinschaft ein kleines Gut auf dem Lande; Nathanael und Clara wollen heiraten. Als man gemeinsam durch die Stadt geht, schlägt Clara Nathanael vor, den Rathausturm zu besteigen, um in das ferne Gebirge zu sehen. (7) Oben auf der Galerie weist sie Nathanael auf einen grauen Busch hin, der auf sie zuzuschreiten scheint. Nathanael zückt sein Fernglas und richtet es auf Clara. Da durchschießt ihn erneut der Wahnsinn, mit den Worten „Holzpüppchen dreh dich“ will er Clara hinabstürzen. Clara kann sich so lange am Geländer festhalten, bis der hinaufeilende Lothar, von Claras Angstgeschrei alarmiert, sie rettet, indem er Nathanael ins Gesicht schlägt. (8) Nathanael kommt aber nicht zur Besinnung, springt wie toll herum und schreit „Feuerkreis dreh dich“. Als er in der am Fuße des Turms harrenden Menge Coppelius sieht, schreit er „Sköne Oke!“ und springt in die Tiefe. (9) Nathanael liegt mit zerschmettertem Schädel auf dem Pflaster, Coppelius ist verschwunden. (10) Mehrere Jahre später will man Clara in einer entfernten Gegend vor einem Landhaus mit zwei spielenden Jungen gesehen haben, folglich ist sie doch noch glücklich geworden.

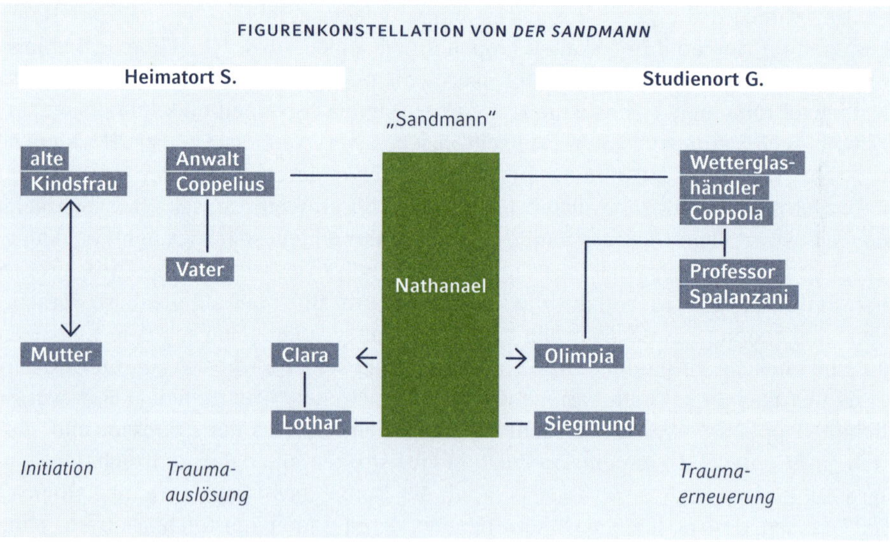

Schaubild 17: Figurenkonstellation von *Der Sandmann*

Übersicht: Analyse

Textsorte	scheinbarerer Brief-Roman; Erzählung: „Schauer-Novelle"
Erzähler	drei Erzähler: 1) Briefe: intradiegetischer Binnenerzähler Nathanael, Clara; 2) Erzählrahmen: homodiegetischer, anonymer, auktorialer bis personaler Erzähler: Wertungen: 17,33; 38,25; Kommentare
Tempus	Präteritum; Ausnahmen (Präsens): 7,11–18; 17,4–7; 23,19–24,2
Erzählte Zeit	etwa 15 Jahre (ca. von Nathanaels 4. bis 18. Lebensjahr)
Struktur	**Textgliederung**: fünfteilig: drei Briefe: 3–12, 12–16, 16 f.; zwei Erzählabschnitte: 17–26, 26–42 **dramatische Struktur**: fünfaktig drei Briefe (3–17): Exposition; 1. Erzählabschnitt (17–26): Steigerung; 2. Erzählabschnitt, Absatz 1–4 (26–38): Peripetie; 2. Erzählabschnitt, Absatz 5 und 6 (38–40): Retardierung; 2. Erzählabschnitt, Absatz 5–10 (40.–42): Katastrophe **Binnenstrukturen**: Nathanael (fünfaktig: tragödienhaft) Exposition (Vorgeschichte: 3–12), steigerndes Moment (Dissens mit Clara: 12–26); Peripetie (Olimpia: 26–38), Retardierung (scheinbare Genesung: 39–40), Katastrophe (Suizid: 41 f.) Clara (fünfaktig: komödienhaft) Exposition (Vorstellung: 12–16, 20 f.), Steigerung (Gedicht: 21–26), Peripetie (indirekte Auslösung des Fernglaskaufs: 27 f.), Retardierung (Turmereignis: 41), Katastrophe (privates Glück: 42) Olimpia (fünfaktig: tragikomödienhaft) Exposition (Vorstellung: 17), Steigerung (neues Zimmer: 26,30–27,12), Peripetie (Fernglaseinsatz: 29,23–30,8), Retardierung (Fest: 30,29–36,25), Katastrophe (36,25–37,31) Doppelfigur des Bösen: Coppelius/Coppola (fünfaktig, komödienhaft) Exposition (Vorstellung Coppola: 3,26–32, Vorstellung Coppelius: 6,15–10,6), Steigerung (Coppelius: Tod des Vaters: 10,31–12,4), Peripetie (Coppola: Fernglasverkauf: 27,12–29,14), Retardierung (Coppola: Verlust Olimpias: 36,25–37,28), Katastrophe (Coppelius: 42,4–18)
Sonderformen	drei Briefe zu Textbeginn
Figurenrede	direkte und indirekte Rede
Sprache	gehobener hypotaktischer Stil
Deskriptionen	eher typencharakteristisch als realistisch-detailliert

Stilmittel	**semantisch**: Wortfeld des Grauens (18 Begriffe: abscheulich [6,14] ... widerwärtig [8,20]); Gemination (Wortdoppelungen, 35-mal: 3,27), Wortwiederholungen (dreifach: 4-mal: 27,29; vierfach: 37,4), Superlativ (3-mal: 7,19), Kontrast (3-mal: 12,18), Neologismus (2-mal: 20,29), Figura etymologica (20,32) **syntaktisch**: Doppelausdruck (102-mal: 3,6), Doppelattribution (16-mal: 25,28), Dreifachattribution (5-mal: 14,21), Anapher (9-mal: 9,32 f.), Partizip (5-mal: 18,4), Asyndeton (4-mal: 26,27), Polysyndeton (3-mal: 7,9 f.), Imperativ (4-mal: 15,22), Ellipse (3-mal: 37,37 f.), Inversion (3-mal: 16,28), Aufzählung (3-mal: 37,1 f.) **pragmatisch**: Vergleich (35-mal: 3,16), Metapher (2-mal: 10,26), Wortspiel (32,10), Anreden (15-mal: 3,20); Vorausdeutungen (9-mal: 3,27), Religionisierung (7-mal: 3,6), Metonymie (3,30; 41,8), Synekdoche (28,11), Beleidigung (25,15 f.), Feuermetaphorik (glühen usw.)
Namenssymbolik	– Nathanael: (hebr.) von Gott gegeben = Theodor (gr.) – Clara: (lat.) laut, berühmt, hell, verständlich = Lothar (ahdt.) – Olimpia: (ital.) die auf dem Berg der Götter Sitzende, (lat.) olim + pia: seit langem + liebevoll, ergeben – Siegmund: (ahdt.) Sieg und Schutz – Coppelius: zu (ital.) coppo (Augenhöhle); coppella (Schmelztiegel) – Spalanzani: zu (ital.) spalanzare (die Augen aufreißen) – Coppola: zu (ital.) coppa (Augenhöhle); copula (Band, Verbindung; Enterhaken)
Farbsymbolik	Schwarz (Gefahr, Unheil, Tod: 9-mal: 7,31); Rot (Blut, Feuer: 6-mal: 7,27), Grau (unwirklich, geheimnisvoll: 3-mal: 7,23), Blau (krank, mystisch, sehnsüchtig: 2-mal: 8,13), Grün (krank, gefährlich: 7,23), Silber (vornehm: 7,36), Gold (edel; hier: täuschend: 14,18)
Symbole	Auge: Organ der Wahrnehmung, Spiegel der Seele, Sinnbild für Bewusstsein, Einsicht, Wissen und Macht, Begriff der Alchemie; Perspektiv: Medium der selektiven Rezeption und autistisch imaginativer Projektion vs. Klarsicht und Durchblick; Puppe: Projektions- und Kompensationsobjekt, Mutterersatz, Treppe: Aufstieg zur Reife vs. Abstieg ins Unbewusste, Begriff der Alchemie; Feuerkreis: Kreis = lat. orbit = anatom. orbita = Augenhöhle; Turm: künstler. Zurückgezogenheit (Elfenbeinturm), Sinnbild der Hybris (Turmbau zu Babylon), der Männlichkeit (Phallus) und der Jungfräulichkeit

Motive	Auge (48-mal: 3,10), Oke (6-mal: 27,27), Blick (12-mal: 18,6); akustische Eindrücke (52-mal: 37,1 f.), Lachen/lächeln (21-mal: 3,19), Feuermotiv (42-mal: 9,11–30), heiter (12-mal: 8,21), feindlich (11-mal: 3,23), starr (11-mal: 4,25), Treppe (9-mal: 3,31), Entsetzen (8-mal: 3,14), hold (7-mal: 3,6), schön (7-mal: 17,12), Blut/blutig (6-mal: 5,15), „Sinn und Gedanken" (5-mal: 12,23 f.), Riesen- (5-mal: 23,27), Natur (4-mal: 3,16), Tränen (4-mal: 24,32), Gardine (4-mal: 9,1), Dampf (4-mal: 4,26), Bild (4-mal: 11,17), kalt (4-mal: 21,4), Jammer (4-mal: 8,34), Wahnsinn (3-mal: 38,7)
Duplizität (Doppelerscheinungen)	– Entsprechungen: Vaterfigur (biologisch: Vater; wissenschaftl.: Spalanzani); Augenmagier (Coppelius, Coppola); warnende Analytiker (zu Hause: Clara, am Studienort: Siegmund), Mutterfigur (alt, biologisch: Mutter; jung, betreuend: Clara) – Kontraste: Erzählungen vom Sandmann (realistisch: Mutter vs. Ammenmärchen: alte Kinderfrau), Coppelius (Augenraub) vs. Spalanzani (Augenwurf), Homunculus (biologisches Scheitern: Vater und Coppelius vs. technisches Gelingen: Spalanzani und Coppola), Idealfrau (Clara vs. Olimpia) – trügerisches Familienidyll (innen: Nathanaels Familie vs. außen: Claras Familie)
Irrtümer/ Täuschungen/ Verwechslungen	– Nathanael (5): 12,16; 23,34; 28,22; 33,17 f.; 33,37 f.; Erzähler (4): 20,18 f. (die Aussagen „wolkenloser Himmel", „buntes, heitres Leben" sind falsch); 37,10; 37,35 f.; 40,13; Clara (2): 24,23; 25,5 f. – drei Verwechslungen: Lothar-Clara, Coppelius-Coppola, Clara-Olimpia
Ironie und Komik	– einfache Ironie: Clara bezeichnet sich als einfältig (14,13 ff.), niemand hat Olimpia als Puppe erkannt (38,36 f.). – groteske Übertreibung: Architekten und Maler loben Claras Schönheit (20,10–20), Olimpias „Ach" als mystische Hieroglyphe (35,3 ff.). – slapstickhafte groteske Komik: Verhalten der Gesellschaft nach Olimpias Zerstörung (39,6 f. u. 39,21–30) – Zynismus: Aussage des Coppelius (42,10 f.)
Synästhesie	<u>Verknüpfung der Sinne:</u> Gesichtssinn: s. Augenmotiv (65-mal); Gehör: s. akustische Eindrücke (52-mal); Geruch (2-mal: 6,23), Geschmack (8,11), Gefühl (5-mal: 10,7) <u>Verknüpfung der Künste:</u> Literatur: Schiller, *Die Räuber* (4,12), Schiller, *Die Braut von Korinth* (33,5 f.), Nathanaels Werke (35,22–24), Malerei: Aussehen Spalanzanis (17,2), Claras Schönheit (20,14 f. u. 20,17) Musik: Claras Blick (20,23), Olimpias Gesang (31,5 u. 31,14–17)

STRUKTUR VON *DER SANDMANN*

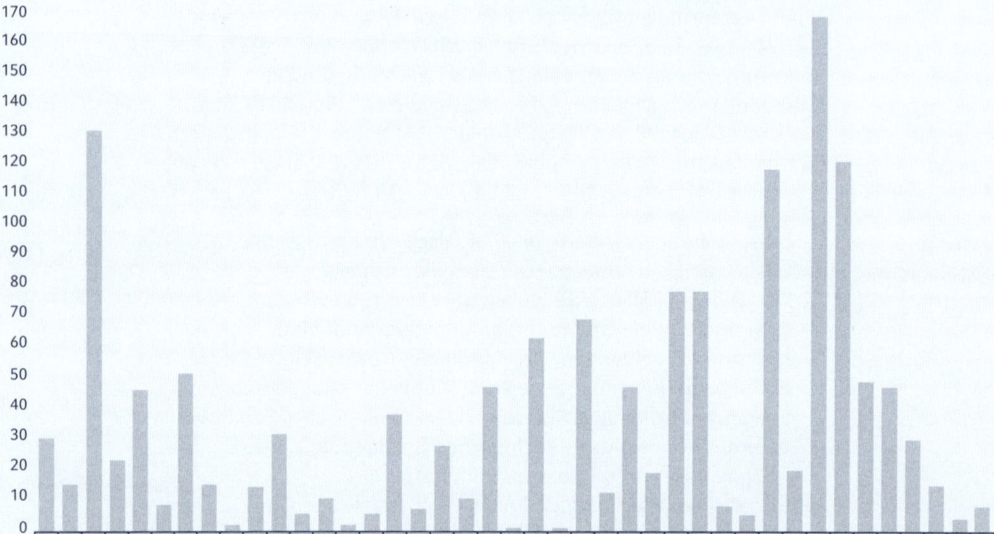

<table>
<tr><td>30</td><td>14</td><td>131</td><td>23</td><td>46</td><td>8</td><td>52</td><td>15</td><td>2</td><td>14</td><td>31</td><td>4</td><td>10</td><td>2</td><td>4</td><td>38</td><td>7</td><td>27</td><td>10</td><td>47</td><td>1</td><td>63</td><td>1</td><td>69</td><td>12</td><td>48</td><td>18</td><td>78</td><td>78</td><td>8</td><td>4</td><td>118</td><td>20</td><td>170</td><td>121</td><td>48</td><td>47</td><td>30</td><td>15</td><td>3</td><td>8</td><td>Zeilenumfang</td></tr>
<tr><td>1</td><td>2</td><td>3</td><td>4</td><td>5</td><td>6</td><td>7</td><td>8</td><td>9</td><td>10</td><td>11</td><td>12</td><td>13</td><td>14</td><td>15</td><td>1</td><td>2</td><td>3</td><td>4</td><td>5</td><td>6</td><td>1</td><td>2</td><td>1</td><td>2</td><td>3</td><td>4</td><td>5</td><td>6</td><td>7</td><td>8</td><td>1</td><td>2</td><td>3</td><td>4</td><td>5</td><td>6</td><td>7</td><td>8</td><td>9</td><td>10</td><td>Anzahl der Absä</td></tr>
<tr><td colspan="15">1. Brief Nathanaels</td><td colspan="6">Brief Clara</td><td colspan="2">2. Nath.</td><td colspan="8">Clara</td><td colspan="4">Olimpia</td><td colspan="6">Suizid</td><td>Textgliederung</td></tr>
<tr><td colspan="15">386</td><td colspan="6">130</td><td colspan="2">64</td><td colspan="8">315</td><td colspan="4">449</td><td colspan="6">151</td><td>Zeilenumfang</td></tr>
<tr><td colspan="23">Exposition</td><td colspan="8">Steigerung</td><td colspan="4">Peripetie</td><td colspan="2">Re-tard.</td><td colspan="4">Katastrophe</td><td>dramat. Struktur</td></tr>
<tr><td colspan="23">1. und 2. Fünftel</td><td colspan="8">3. Fünftel</td><td colspan="4">4. Fünftel</td><td colspan="6">5. Fünftel</td><td>Umfangsstruktur</td></tr>
</table>

Schaubild 18: Struktur *Der Sandmann* (Anzahl der Zeilen pro Absatz)

Die Erzählung vereint wie in Form eines Superzeichens folgende unterschiedliche Einflüsse miteinander:

MITEINANDER VERSCHMOLZENE EINFLÜSSE IN *DER SANDMANN*

Literatur:

- Ovidius Naso (Ovid), *Metamorphosen Libri* (Metamorphosen III: Mythen von Narziss und Pygmalion) (10 n. Chr.)
- Schiller, *Die Räuber* (1781)
- Schiller, *Das verschleierte Bild zu Saïs* (1795)

Medizin:

- Medizin: Adalbert Friedrich Marcus (1753–1816)
- Psychiatrie: Friedrich Speyer, Johann Christian Reil (1759–1813)
- Erregungstheorie: John Brown (1735–1788)
- Magnetismus: Franz Anton Mesmer (1734–1815)

Technik:

- Optik: Beginn der optischen Industrie in Deutschland: Johann Heinrich August Duncker (1767–1843)
- Mechanik: Julien Offray de La Mettrie (1709–1751)

Zeitgeist:

- Aufklärung: analytische Rationalität (Clara, Lothar, Siegmund)
- Sturm und Drang: Geniekult: Prometheus-Mythos (Nathanael)
- Klassik: Winckelmanns an antiken Statuen abgelesenes Schönheitsideal (Olimpia)
- Romantik: Betonung des Irrationalen (Nathanael); Universalpoetik (Hoffmann)

Mystik:

- Gotthilf Heinrich Schubert, *Ansichten von der Nachtseite der Naturwissenschaft* (1808)
- Magnetismus/Hypnose: Franz Anton Mesmer
- betrügerische Alchemie: Guiseppe Balsamo, gen. Alessandro Graf von Cagliostro (1743–1795)
- Geisterseher/Magier: Johann Christian Wieglets (1767–1843)

Schaubild 19: Miteinander verschmolzene Einflüsse in *Der Sandmann*

Übersicht: Interpretation[24]

Die Forschung ist sich zwar darüber einig, dass sich *Der Sandmann* einer eindeutigen Interpretation entzieht, doch haben sich vier unterschiedlich starke und differenzierte Deutungsansätze herausgebildet: ein biografischer, ein ästhetischer, ein soziologischer und ein psychologischer Ansatz.

Biografischer Ansatz

Der **biografische Aspekt** geht von der Namensähnlichkeit der Figur Nathanael (hebr. „Gott hat gegeben", Gottesgeschenk) und Amadeus (lat. „liebe Gott!") als selbst gewähltem Vornamen Hoffmanns aus und stützt sich zudem auf das Doppelleben, das beide, Figur wie Autor, führten. So wie Hoffmann seine Schriftstellerei vorwiegend nachts neben seinem Brotberuf als Richter betrieb, betätigt sich auch sein Protagonist Nathanael als ordentlicher Physikstudent nebenher als Poet. Ähnlichkeiten in der jugendlichen Erfahrung mit der Hysterie seiner Mutter, der bürgerlichen Atmosphäre der Familie seines Onkels und seiner Tanten, bei denen Hoffmann heranwuchs, sein Interesse an Geisteskrankheiten, dem der Autor vor allem in Bamberg intensiv nachging, und das Gefühl der eigenen Gefährdung durch den Wahnsinn in seiner unerwiderten Liebe zu seiner minderjährigen Gesangsschülerin Julia Marc lassen die Möglichkeit zu, den Text als **in die Fiktion transponierte Auseinandersetzung mit eigenen inneren und äußeren Erfahrungen** seines Lebens zu verstehen. Dem Schreiben des Textes käme damit die Bedeutung einer Selbsttherapie zu.

Ästhetischer Aspekt

Weitaus differenzierter nimmt sich der **ästhetische Aspekt** aus. Er beleuchtet vor allem die komplizierte, verschachtelte Struktur des Textes, seine Gleichsetzungen des Ungleichen, seine Parallelismen und Variationen, seine vielfältigen perspektivischen Brechungen, seine charakteristischen Stilmerkmale, seine Motivik und Symbolik, seine Selbstreflexionen und Ironien. Es scheint, als beabsichtige der Autor einerseits mit der Duplizität der Strukturelemente jegliche Form der Nachahmung zu diskreditieren und damit die eigene **Originalität des Werkes** hervorzuheben. Andererseits wollte er offenbar mit den Unschärfen, Verzerrungen und Lücken des Erzählens den Leser zu einer besonders **aktiven und kreativen Rezeption** animieren.

Philosophischer Ansatz

Der **philosophische Ansatz** versucht die geistesgeschichtlichen Voraussetzungen für die Verfassung des Textes zu klären. Dabei spielen einmal die Möglichkeiten und Grenzen des Erkennens eine Rolle und zum anderen das sich um 1800 wandelnde Naturverständnis. Kant hatte der optimistischen Hoffnung der **Aufklärung** auf grenzenlose menschliche Erkenntnis mit seiner Kritik die Schranken aufgezeigt, indem er das „Ding an sich" als der empirischen Erkenntnis unzugänglich herausgestellt hatte. Diese Einsicht in die Grenzen des Erkennens hält aber die weiterhin im optimistischen aufklärerischen Denken Verhafteten wie Clara nicht davon ab, der eigenen Vernunft absolut zu vertrauen. Menschen wie Clara nehmen daher auch an, alle Gefühle und Empfindungen seien von der Vernunft beherrsch- und kontrollierbar, und lassen als Realität nur das gelten, was sich empirisch, d. h. von den Sinnen – und dabei vor allem von den Augen – verstandesmäßig erschließen lässt. Der idealistische Fortschrittsglaube verleitet Menschen wie Coppelius oder Spalanzani sogar dazu, im Missbrauch ihrer Vernunft mittels der Alchemie die Grenzen des Menschen in **gefährlicher Überheblichkeit** zu

---

24 Vgl. auch: Oliver Jahraus (Hrsg.): *Zugänge zur Literaturtheorie. 17 Modellanalysen zu E.T.A. Hoffmanns Der Sandmann*. Stuttgart: Reclam, 2016.

überschreiten (Tod des Vaters) und in verantwortungslosem **absoluten Materialismus** zu wähnen, man könne Leben und Geist mechanisch erklären und konstruieren (Olimpia). Beides kritisiert Hoffmann ebenso wie die Verstiegenheit der neuen romantischen Naturphilosophie. Diese behauptet gleichsam im Ausgleich zu dem von Kant bewirkten Verlust der äußeren Realität mystisch verborgene innere Kräfte der Natur, die sich in einer Art Hieroglyphensprache äußerten (vgl. 35,3). Diese Kräfte zu entziffern, so glaubt man, gelinge dem Menschen nur in körperlichen oder geistigen Extremsituationen wie Ekstase, Inspiration, Trance oder Wahn. In der Figur Nathanaels führt Hoffmann die Gefahren einer solchen Weltauffassung vor, indem er die geheimen Kräfte dämonisiert und ins Riesenhafte steigert sowie die fatalen Auswirkungen dieser nicht verstandenen Kräfte am Verhalten der Zentralfigur aufzeigt. Des Weiteren verdeutlicht der Autor, in welchem Maße dadurch ein negatives, fatalistisches Weltbild gefördert wird, in dem sich der Mensch seiner Selbstständigkeit völlig begibt. Mit der Androiden Olimpia und dem dämonischen Paar Coppelius/Coppola spricht sich Hoffmann sowohl gegen die rationale als auch gegen die romantisch-irrationale Unnatur aus.

Literarhistorischer Aspekt

Der **literarhistorische Aspekt** spürt in dem Text jene Elemente auf, in denen sich Kennzeichen der Romantik niederschlagen, und prüft, inwieweit der Text der Epoche der Romantik zuzurechnen ist. Dabei wird zunächst der Gegensatz zwischen Aufklärung und Romantik in der Opposition von Clara und Nathanael wiedergefunden, die vergeblich versuchen, sich gegenseitig von ihrer eigenen Weltsicht zu überzeugen. Clara erscheint als Repräsentantin einer selbstgefälligen, fast biedermeierlichen Genügsamkeit und verstaubten Alltagsroutine, was Romantiker wie Hoffmann als **Philistertum** bezeichneten. Dem setzte die **Romantik** vor allem Dynamik, geniale Kreativität und Fantasie entgegen, die in der progressiven Universalpoesie ihren literarischen Ausdruck fand. In der Figur Nathanaels findet dieses Künstlertum seine kritische Problematisierung. Obwohl die Werke des Studenten eher Langeweile als Begeisterung auslösen, also nicht gerade genial sind, wie selbst der Erzähler zugibt (23,3 f.), treibt ihn seine ihn selbst berauschende Exaltiertheit bis an den Rand des Wahnsinns. Mit seinem überheblichen und übersteigerten Subjektivismus erscheint Nathanael wie die **Karikatur eines frühromantischen übersensiblen Künstlers**, der in narzisstischer Selbstbespiegelung sich selbst verfällt. Nicht umsonst erscheinen die künstliche Olimpia und der gekünstelte Nathanael namentlich als von der Normalität abgesetzt und von den Göttern in besonderer Weise Erkorene. Nathanaels Fantasie, die sich verselbstständigt, ermangelt es an dem notwendigen Realitätsbezug. Hoffmann drückt seine (Selbst-)Kritik der Romantik aber auch mit den stilistischen Mitteln der Romantik aus. Er allegorisiert, indem er die innere Befindlichkeit Nathanaels nach außen in sichtbare Figuren projiziert, bildet aus den Fantasmen eine zur Realität konkurrierende Parallelwelt und erschließt sie in synästhetisch universalisierter Empirie.

Rezeptionsästhetischer Aspekt

Den Konsequenzen der ästhetischen Textstruktur für den Leser widmet sich der **rezeptionsästhetische Ansatz.** Er befasst sich vornehmlich mit dem Auftreten und Verhalten des Erzählers. Dessen Unzuverlässigkeit ergibt sich aus der wechselhaften Darstellungsperspektive, wobei der im Grunde auktoriale Erzähler ankündigungslos in die personale Erzählhaltung hinübergleitet. So unterläuft er die Glaubwürdigkeit der fiktionalen Realitätsebene. Lücken im Erzählbericht weisen darauf hin, dass der Erzähler dem Leser nicht alles ihm Bekannte mitteilt oder sogar selbst nicht weiß. Nachträglich gefüllte Leerstellen (19,30–20,4) verstärken diesen Eindruck. Zudem nimmt der Erzähler kaum Wertungen vor, selbst die Aufklärung darüber, ob Coppelius und Coppola nun identisch sind oder nicht, versagt er dem Leser. Der Erzähler spielt mit ihm und bindet ihn zugleich in den Erzählprozess ein. In einem fiktiven Dialog mit ihm reflektiert er mögliche Erzählmodelle (18,36–19,17) und suggeriert so, als sei er auf dessen Mitarbeit angewiesen. Dem ist in der Tat so. Denn dadurch, dass der Leser sich auf die Geschichte einlässt und damit an ihre Möglichkeit glaubt, wird die Erzählung gleichsam ent-fiktionalisiert und wahr. Hoffmann verlagert so die Entscheidungen über alles Rätselhafte und Geheimnisvolle auf den Leser, fordert ihn zu einer aktiven Lektüre auf und überträgt ihm die Verantwortung, was und wie viel von der Geschichte einen Sitz in dessen Leben haben soll: ein perfekter **Autor-Leser-Bezug**. Er selbst empfiehlt ein **emblematisches Lektüreverständnis** (19,17–29), wobei die vorangestellten drei Briefe das Motto abgeben und die vom Erzähler dargebotene Geschichte Nathanaels die farbig ausgestaltete Pictura. Die Subscriptio wird vorgezogen und bereits an dieser Stelle formuliert (19,25–29).

Soziologischer Ansatz

Der erste *inhaltliche* Interpretationsblock richtet die Aufmerksamkeit auf die zur Sprache kommenden gesellschaftlichen Verhältnisse. Der **soziologische Ansatz** ist weit gefasst. Die Satire der Teegesellschaften verdeutlicht, dass die bürgerliche Gesellschaft noch **im aufklärerischen Denken verhaftet** ist und sich, mit dem Begriff der Romantiker gesprochen, philisterhaft verhält. Es ist irrwitzig, dass man (bzw. frau) zum Nachweis der eigenen Nicht-Automatenhaftigkeit sich eines automatisch-mechanischen Verhaltens befleißigt (39,19–30). Damit wird deutlich, wie stark das Denken, Verhalten und Empfinden der Menschen von äußeren Einflüssen abhängig ist. Hoffmann antizipiert, wenn auch nicht als erster, in gewisser Weise die naturalistische Milieutheorie. Hier unterwirft sich die Gesellschaft allerdings aus mangelndem Selbstbewusstsein noch freiwillig den eigenen Regeln, macht sich in Überanpassung von ihnen abhängig und selbstentwertend unterwürfig. Dass dieses duckmäuserische Verhalten, das darauf angelegt ist, Probleme zu verharmlosen und zu verschweigen (z. B. Vaters wunderbare Geschichten: 4,20), diese Probleme aber nicht mindert, sondern steigert, wird an der familiären „Explosion“ in Nathanaels Familie deutlich. Dabei handelt es sich um das Modell einer **typischen bürgerlichen Kernfamilie**, die aus Eltern und Kindern besteht und einen mittelständischen Haushalt ohne Finanzsorgen repräsentiert. Wenn in diese idyllisch scheinende biedere Alltagswelt das Geheimnisvolle einbricht, wirkt das zerstörend: Liebesbeziehungen scheitern, der Vater und am Ende auch der Sohn kommen sogar um. Deshalb zeigt Hoffmann am Ende seiner Erzählung durch den Gebrauch des Konjunktivs an, dass Claras Schlussidylle keine positive Lösung ist, weil sie die „Nachtseiten“ der *conditio humana* idealistisch ausblendet.

Gender-Aspekt

Etwas enger kreist der **Gender-Aspekt** das Verhältnis der Geschlechter in dieser Familie ein. Wir sehen die **traditionelle Familienstruktur** mit einem Vater, der nach innen die Führungsposition des Hausherrn verteidigt, nach außen aber längst abgegeben hat und entmachtet ist. Selbst selten zu Hause, dann sich im Tabaksqualm entziehend, ist er unfähig, seine Familie vor Demütigungen zu schützen. Letztlich stirbt auch sein Sohn an den Auswirkungen und Spätfolgen dieser Demütigungen. Auch die Mutter ist an dem Debakel nicht schuldlos. Zwar spendet sie wie ihre Rollennachfolgerin Clara Nathanael Nestwärme, befeuert aber durch ihr Verschweigen und Beschwichtigen noch zusätzlich Nathanaels Neugier nach Aufklärung der mysteriösen Vorgänge. Clara setzt diese Versagung komplementär fort. Sie spricht zwar Klartext, scheint aber ihre Rolle als Verlobte recht emotionslos und „kalt" zu gestalten, da von liebenden Zärtlichkeiten zwischen dem Paar an keiner Stelle die Rede ist. Beide Frauen werden bei ernsten Themen nicht zu Rate gezogen, man übergeht sie. Sie haben sich je nach Alter und familiärer Position den ihnen zustehenden Aufgaben im Haushalt zu widmen.

Kommunikativer Aspekt

Der **kommunikative Aspekt** konzentriert sich letztlich auf einen Teilaspekt der interpersonalen Bezüge. Man redet allgemein nicht viel, schwelgt lieber in Erinnerungsanekdoten, als Probleme zu diskutieren, und strebt eine ausgeglichene Harmonie an. Selbst Clara gibt sich trotz ihrer klaren Analyse konziliant. Das kann aber das grundlegende wechselseitige Unverständnis zwischen den Verlobten nicht heilen, wie die Briefe zeigen. Auch die nichtsprachliche Kommunikation zwischen Nathanael und Olimpia, die allein auf Körpersprache und optische Signale vertraut, scheitert. Der durch das Perspektiv eingeleiteten **medialen Kommunikation** kommt dabei besondere Bedeutung zu. Sie ist nicht nur einseitig, sondern offenbar auch fatal, weil sie die Wirklichkeit verfälscht und selbst wieder zum Medium macht. Nathanaels durch das Fernglas vermittelte Liebe zu Olimpia macht diese zum Mittel seiner narzisstischen Selbstliebe. Dass Hoffmann das Kommunikationsproblem nicht nur auf die erzählte Geschichte beschränkt, wird an seiner Bezugnahme zum Leser deutlich, den er als Adressat in seine Darstellungsprobleme einbezieht. Insofern verweist der Text auf die **Kommunikationsproblematik des Künstlers** allgemein. Selbst Nathanael ist ihr unterworfen. Als Kind drückt er seine Ängste in Kreidezeichnungen aus, die niemand wahrnimmt; als Erwachsener verfasst er Texte, die selbst seiner Verlobten unverständlich bleiben. Wo der soziale Rahmen, sei es Familie oder Gesellschaft, keine angemessene Reaktion auf künstlerische Aussageweisen zeigt, bleibt **Kunst ein kommunikativer Blind-Akt**.

Psychologischer Aspekt

Der bei weitem umfassendste Interpretationsansatz geht vom **psychologischen Aspekt** aus, zumal er sich in fünf Akzentuierungen darstellt. Die sanfteste Sicht beschränkt sich auf eine **Beschreibung der Normabweichung** im Verhalten Nathanaels. Sofern sie ihn nicht sogar entschuldigt, weil er nur unwissentlich an einem heimlich durchgeführten öffentlichen Experiment mit einem Automaten teilnimmt, stellt sie das Ungleichgewicht zwischen dem Physikstudenten und dem Dichter fest. Im sensiblen Verschmelzen der nicht miteinander zu vereinbarenden sinnlichen Eindrücke aus realen Erfahrungen (Wissenschaft) und märchenhaften Vorstellungen (Kunst) sieht diese Beschreibung der Normabweichung den Grund dafür, dass Nathanaels heimliches Beobachten und die kindliche Angst vor der nachfolgenden Strafe die Verkehrung von Real- und Vorstellungswelt und letztlich einen Selbstbestrafungs- und Vernichtungsprozess auslöst. Die **individualpsychologische Sicht** bewertet das Schicksal Nathanaels als verzweifeltes **Ringen eines vernachlässigten Ichs um Anerkennung und Selbstbestätigung.** Weil seine kindliche Neugier nach dem abendlichen Besucher von der Mutter ausweichend und unbefriedigend mit dem Sandmann-Märchen beantwortet wird, welches die Amme aus Disziplinierungsgründen mit einem Strafhorror verschärft, kann Nathanael nur den Sandmann zum Schlüssel der für ihn verbotenerweise beobachteten, aber unverständlichen Vorgänge im Zimmer seines Vaters nehmen. Dessen Unfalltod verstärkt das Angstgefühl der unheimlichen Bedrohung und Verfolgung durch etwas Feindliches. Nathanael rettet sich anscheinend in die Realitäten eines Physikstudiums, muss aber erleben, dass die Begegnung mit Coppola ausreicht, die lediglich verdeckten psychischen Wunden wieder aufzureißen. Claras rationale Hilfestellungen können deshalb nicht greifen, weil Nathanaels Verlobte der Angst als psychisches Faktum weder Realität noch Bedeutung zubilligt. Nathanaels Versuch, diese Angst literarisch zu bewältigen, indem er sie im Gedicht entäußert, scheitert an Claras Unverständnis und Abwehrhaltung. Ihre Aufforderung, den Text ins Feuer zu werfen, kommt der Aufforderung an Nathanael gleich, sein entäußertes Ego, also gleichsam sich selbst, zu vernichten. Diese fehlende Anerkennung, unterstützt von mangelnden Liebesbeweisen, treibt Nathanael in die Krise. Statt seinem eigenen Gefühl zu vertrauen und dem Optiker Coppola die Tür zu weisen, nimmt er vorübergehend die „vernünftige" Perspektive Claras ein und verlässt sich mit dem Fernglas des Weiteren auf eine entscheidende mediale Fremdperspektive, die ihm fortan ein eigenständiges selbstidentisches Handeln verwehrt. Mit diesem Kauf hat er nicht nur ein Instrument der zunächst körperlosen Annäherung an das Projektionsobjekt seiner Liebesgefühle erworben, sondern auch die Möglichkeit geschaffen, sich sehnsuchtsvoll eine Partnerin zu erschaffen, die ihm mit vorbehaltloser Akzeptanz ergeben ist. Nathanaels Narzissmus ist gleichsam eine ihm aus **mangelnder emotionaler Sozialisation aufgedrängte reflexive Liebe.** Deshalb kommt Olimpias Zerstörung einer Selbstzerstörung in effigie (‚im Bilde') gleich. Das durch Claras Pflege gegebene Zwischenidyll für Nathanael verdeckt nur oberflächlich die weiterhin ungelöste Problematik, weshalb nur die eigene Selbstzerstörung im Suizid als letzte Konsequenz übrig bleibt. Dieser Sicht zufolge ist Nathanaels Wahn lediglich eine **in die Tragödie gesteigerte extreme Verhaltensform**, der ggf. auch nicht akzeptierte Künstler der Realität erliegen können. Freuds **tiefenpsychologische Deutung**, die Nathanael als Opfer verdrängter Kastrationsängste sieht und das Auge als Motiv mit dem männlichen Glied gleichsetzt, kann man als Zwangsergebnis eines libidinösen Deutungssystems eher vernachlässigen. Es bleibt schließlich noch die **psychiatrische Sicht,** die die Texterignisse als **romantische Literarisierung eines psychopathologischen Prozesses** betrachtet und als Symptome einer posttraumatischen Belastungsstörung. Danach prägt das traumatische Kindheitserlebnis im Zimmer des Vaters eine innere psychotische Verhaltensbereitschaft, Innen- und Außenwelt paranoid umzukehren und im Rahmen dieser Bewusstseinsspaltung zwischen Wirklichkeit, Vorstellung und Wahn nicht mehr angemessen (gesund) werten zu können. Die Erzählung wäre dann eine dem heutigen Erkenntnisstand der Psychologie vorausgreifende **Krankheitsdarstellung.**

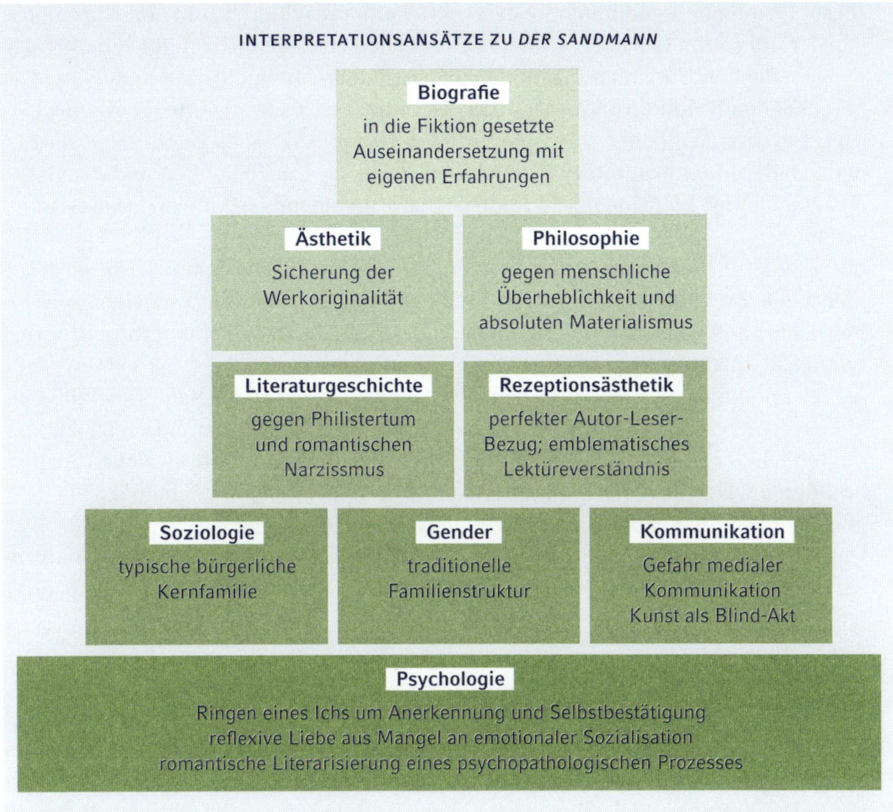

Schaubild 20: Interpretationsansätze zu *Der Sandmann*

2.2.6 Fokus: Hartmut Lange, *Das Haus in der Dorotheenstraße* (2013)[25]

Sozio-historischer Hintergrund

Berliner Republik

Die Jahre ab 1990 bis heute umfassen keine literarische Epoche, sondern markieren eher die Zeitspanne der jüngsten Gegenwart seit der Wiedervereinigung des geteilten Deutschlands, die man auch als Zeit der Berliner Republik bezeichnet.

- Sie ist **außenpolitisch** geprägt von der Aufwertung der Rolle Deutschlands im Verband der internationalen Völkergemeinschaft (Militäreinsatz im Kosovo, Afghanistan, Syrien) und der neben Frankreich wirtschaftspolitischen **Führungsrolle in der Europäischen Union**. Beide Rollen sind nicht unumstritten und reichern die innerpolitischen Spannungen an.

---

25 Ausführlich: Ralf Gebauer: *Hartmut Lange, Das Haus in der Dorotheenstraße*. Hollfeld: Bange, 2018 (Königs Erläuterungen Spezial).

- Diese Spannungen und innenpolitischen Debatten resultieren zum einen aus den von der Transition (abrupter Übergang vom alten zum neuen System) verursachten wirtschaftlichen Ungerechtigkeiten bei der Wiedervereinigung, den damit einhergehenden **Behinderungen des Angleichungsprozesses** und der Harmonisierung des wirtschaftlichen West-Ost-Gefälles, was in den neuen Bundesländern zu mangelnder Identifikation, erhöhter Arbeitslosigkeit, Umsiedlungen und Rechtsradikalität geführt hat, zumal sich Deutschland zunehmend als Einwanderungsland versteht.
- Sie resultieren zum anderen in den alten Bundesländern aus den die einzelnen Menschen direkt betreffenden kommunalen Problemen, wo die mangelhafte Finanzlage aufgrund der enormen Kosten des Aufbaus Ost zu einem **infrastrukturellen Entwicklungsstau** geführt hat.
- Sie resultieren ebenso aus der Agenda 2010 (von der Schröder-Regierung 2003 initiiert), die nach Ansicht ihrer Kritiker mit ihren einschneidenden Sparmaßnahmen im Bereich der Sozial-, Renten- und Gesundheitspolitik die **Kluft zwischen Arm und Reich** weiter vertieft hat, während ihr ihre Befürworter u. a. einen nachhaltigen positiven Effekt auf die Beschäftigungszahlen zuschreiben.
- Und sie resultieren letztlich aus den Folgen der **internationalen Krise** der Bankenwirtschaft, der weltweiten Energie- und Klimaproblematik und der Flüchtlingsproblematik.

Biografischer Bezug

Jahre in der DDR

Hartmut Lange wurde 1937 in Berlin-Spandau als Sohn eines Metzgers und einer Verkäuferin geboren. Als er zwei Jahre alt war, wurde die Familie zwangsweise nach Posen in Polen umgesiedelt. Der Vater fiel im Weltkrieg. Als seine Mutter mit ihm zu Kriegsende einen Fluchtversuch unternahm, gerieten beide in ein sowjetisches Lager, aus dem sie 1946 nach Ostberlin abgeschoben wurden. Hier lebte er in Berlin-Adlershof bis 1965. Lange besuchte die Oberschule nur bis zur elften Klasse und verdiente sich dann seinen Lebensunterhalt mit Gelegenheitsarbeiten. 1957–1959 studierte er Dramaturgie an der Deutschen Hochschule für Filmkunst in Potsdam-Babelsberg und arbeitete darauf 1961–1964 als Dramaturg am Deutschen Theater in Ostberlin, wo er sich mit dem Dramatiker Peter Hacks befreundete. Nach Konflikten mit der offiziellen Kulturpolitik der DDR nutzte Lange 1965 einen Urlaubsaufenthalt in Jugoslawien, um sich nach Westberlin anzusetzen. Hier erhielt er eine Anstellung an der Schaubühne am Halleschen Ufer und arbeitet seitdem in Berlin an verschiedenen Theatern als Dramaturg, Regisseur und freier Schriftsteller. Er lebt mit seiner Frau in Berlin und bei Perugia in Umbrien (Italien).

Selbsterfahrung des Einzelnen

Noch während seiner DDR-Zeit hatte Lange als **Dramatiker** auf sich aufmerksam gemacht und galt als einer der Talentiertesten in der Nachfolge des sozialistisch orientierten epischen Theaters im Stile Brechts. Er schrieb an die 15 Theaterstücke. Die Wende zur novellistischen Prosa kam 1982 mit einer weltanschaulichen Krise, als sich Langes geistige Orientierung weg von Marx und Engels hin zu Schopenhauer, Nietzsche und Heidegger verschob. Lange erkannte, dass die auf politischer Analyse basierende Erkenntnis niemandem hilft und rettet. Als Konsequenz dieser Einsicht rückte das Subjekt mit seiner existenziellen Problematik in den Mittelpunkt seines Interesses und die Darstellung der Selbsterfahrungen des Einzelnen ins Zentrum seiner Novellen. *Das Haus an der Dorotheenstraße* ist Langes 17. Buchausgabe einer Novelle oder Novellensammlung.

INFO

Daten zum Text:

Textsorte	Novelle
Veröffentlichung	*Das Haus in der Dorotheenstraße*, Diogenes Verlag AG, Zürich 2013, S. 71–93
Quelle	Shakespeare, *Die Tragödie von Othello, dem Mohren von Venedig* (1603/1604)
Literarische Einordnung	Gegenwart
Thema	Eheproblem
Kontext	dritte von fünf Novellen des gleichnamigen Sammelbandes
Zeit der Handlung	Mitte Februar bis Mai 2011
Erzählte Zeit	vier Monate
Ort der Handlung	Dorotheenstraße, 14109 Berlin (Potsdam-Kohlhasenbrück), Berlin, London
Hauptfiguren	Gottfried Klausen (Wirtschaftskorrespondent), Xenia (seine Frau), Chefredakteur, Sekretärin; Männerstimme

Inhalt (6 Kapitel)

(1) Das Ehepaar Klausen hat in der abseits gelegenen Dorotheenstraße in Kohlhasenbrück, an der Grenze zwischen Berlin-Wannsee und Potsdam, wo die Nathanbrücke über den Teltowkanal führt, ein älteres Haus gekauft. Gottfried Klausen hat Mitte Februar den Posten des Wirtschaftskorrespondenten einer überregionalen Tageszeitung in London übernommen. Seine Frau möchte aber vorerst in der Dorotheenstraße bleiben. (2) Nach sechs Wochen sitzt Klausen immer noch allein in seinem Zweizimmerapartment in London. Er ist unzufrieden und kommt mit dem Wetter nicht zurecht. Eines Tages besucht er eine Aufführung des Ehedramas *Othello*, dargeboten von der Royal Shakespeare Company, und findet das Stück unglaubwürdig, weil Othello, statt die vermeintliche Untreue seiner Ehefrau Desdemona vernünftig zu hinterfragen, diese eifersüchtig umbringt. Als er nach der Vorstellung seine Frau Xenia anruft, erreicht er sie weder über Handy noch Festnetz. Mit der Beruhigung, seinerseits die Telefonverabredung eingehalten zu haben, legt er sich schlafen. In der Nacht wird er wach, ist irritiert und fühlt sich fremd. (3) Am nächsten Morgen schlägt er seiner Frau eine seiner Meinung nach geeignete Dreizimmerwohnung in der Londoner Gower Street vor, aller-

Probleme einer Fernbeziehung

dings müsse der Vertrag in spätestens zwei Wochen unterschrieben sein. Als er seiner zögernden Frau seine Einsamkeit klagt, verabreden beide, dass Xenia am kommenden Sonntag nach London fliegen solle, um sich die Wohnung anzusehen. Zeitig wartet er mit einem Veilchenstrauß in der Hand vor dem Gate, doch Xenia kommt nicht. Als er sie über sein Handy anruft, antwortet ihm eine unbekannte Männerstimme. Klausen legt sofort auf und reagiert während der Heimfahrt nicht einmal mit einem Blick auf das wiederholte Klingeln. Er unterstellt eine falsche Verbindung und findet verschiedene Gründe dafür, sich keine Sorgen machen zu müssen. Als er Xenia dann endlich erreicht, ist ihm ihre Entschuldigung nicht wichtig; er nimmt alle Schuld auf sich und zeigt sich bemüht, baldmöglich nach Berlin zu kommen. (4) In den folgenden Wochen arbeitet er sehr intensiv, um eine Woche Urlaub in Berlin verbringen zu können. Am Abend vor seiner Abreise muss er wegen eines Brandgeruchs seine Schlafzimmerfenster schließen. Am Tage seines Abflugs (21. oder 24. Mai 2011) muss er feststellen, dass infolge eines Ausbruchs des Vulkans Grimsvötn in Island der Flughafen Heathrow geschlossen ist. Als er Xenia davon unterrichten will, hört er erneut eine Männerstimme und im Hintergrund Xenias Lachen. Xenia meldet sich nicht. (5) Klausner ist wie betäubt. Doch statt sich mit einem erneuten Anruf Klarheit zu verschaffen, sucht er nach möglichen Erklärungen, die in dem Verdacht münden, seine Frau betrüge ihn. Als er Tage später erneut eine *Othello*-Vorstellung besucht, verlässt er das Theater, bevor Othello im fünften Akt seinen Eifersuchtsmonolog hält, in dem er mit den Worten „Put out the light" Desdemonas Tod beschließt. Klausen sucht einen Pub auf, um alles zu überdenken. (6) Die Mordaufforderung „Put out the light" geht ihm nicht mehr aus dem Kopf. Er wird bei seiner Arbeit fahrig, recherchiert schlampig und berichtet von Privataffären einiger Abgeordneter sowie von Orientierungsproblemen im Londoner Nebel. Als sein Chefredakteur diese Berichte nicht akzeptiert, bittet Klausen, ihn zu versetzen, weil er sich mit London nicht anfreunden könne. Er möchte zunächst nach Island geschickt werden, um über das dortige Aschefeld zu berichten. Hier bricht der Erzähler die Darstellung von Gottfried Klausen mit den Worten ab, man wisse nicht, was danach geschehen sei. Stattdessen fragt er sich, warum Klausen nicht nach Hause in die Dorotheenstraße wolle, um wenigstens seine persönlichen Sachen zusammenzusuchen. Dort habe wegen der warmen Witterung die Kastanienblüte begonnen, und von der Nathanbrücke aus sei das immer hell erleuchtete Haus kaum noch sichtbar. Die Frau, die in dem Haus lache, solle sich aber nicht zu sicher fühlen. Denn es könne sein, dass eines Nachts der Hausherr doch noch zurückkäme, „Put out the light" riefe und alles Licht im Hause löschte.

Die rätselhafte Männerstimme

Offenes Ende

Übersicht: Analyse

Erzähler	– auktorialer Er-Erzähler mit Kommentaren in der Funktion eines antiken Dramenchores (Vermittler zwischen Leser und Geschichte): dialogische Struktur – Erzähler in der Rolle eines Chores (6-mal: 78,21 ff.; 78,26–79,18; 87,20–88,7; 88,14–20; 92,10–23; 93,7–18) – unzuverlässiges Erzählen: Lücken in der Darstellung der Figuren und der Handlung

Textsorte	– novellenhafte Erzählung
Struktur	– sechs Kapitel, das erste und letzte jeweils geteilt – Gliederung in Form eines 5-aktigen Dramas: Exposition (1–2: Figuren- und Problemeinführung: befremdende Wohn- und Eheverhältnisse), Steigerung (3: Xenias Ausbleiben, Männerstimme), Peripetie (4: Vulkanausbruch, Männerstimme, Xenias Lachen), Retardierung (5: Betrugsverdacht, Überlegung), Katastrophe (6: Bitte um Islandreise, Kritik und Warnung des Erzählers)
Raum-Zeit-System	– geografischer Raum als symbolischer Raum – zeitraffendes Erzählen
Sonderformen	gekürztes Originalzitat aus Shakespeare, *Othello*, V,2 (88,11–13)
Figurenrede	direkte Rede (13-mal: 75,6 ff.), indirekte Rede (8-mal: 75,3 ff.), innerer Monolog (mit Inquit-Formel und halber Anführung, 12-mal: 76,19 f.), Rede (87,20, 4-mal)
Sprache	schmucklose, nüchterne Ausdrucksweise in bevorzugter Hypotaxe
Tempus	episches Präteritum; Ausnahmen: Präsens (78,26–79,18; 81,3–8)
Deskriptionen	Landschaft (73,1–16), Klausens Haus (74,2–8), Klausens Zimmer (79,1–11), Wohnung in der Gower Street (80,4–10), Flughafen Heathrow (81,3–8), Klausens Haus (93,4–7)
Stilmittel	**semantisch**: Wortfeld der Vernunft (7-mal, vernünftig: 2-mal: 74,1; gründlich: 74,23, präzise: 74,25, Fakten: 77,21, Nachweisbarkeit: 77,21 Verabredung: 3-mal: 78,21, Klarheit: 87,14) vs. Wortfeld des Gefühls (7-mal: Gefühl: 73,21, Geborgenheit: 73,21, Unzufriedenheit: 76,18, Fremdheit: 3-mal: 78,27, Gekränktheit: 82,26, Geduld: 85,25, Zuneigung: 92,13), Wortfeld der Telekommunikation (telefonieren: 7-mal: 76,13 f.; Handy: 5-mal: 78,12), voller Name der Hauptfigur (Ausdruck der Distanz, 17-mal: 74,19) **syntaktisch**: hypotaktischer Doppelsatz (getragener Satzrhythmus: 34-mal: 73,1–6), Einschübe (15-mal: 74,23 f.), Satzanfang mit „Und" (6-mal: 75,6), Asyndeton (5-mal: 77,3–5), Ellipse (3-mal: 76,4), Anapher (2-mal: 79,1–3), Wiederholung (2-mal: 82,2–4), Polysyndeton (84,5–8) **pragmatisch**: Vergleich (2-mal: 85,20), doppelsinnige Andeutungen (10-mal: 76,21), Gegensätze (verwunschene ländliche Romantik Kohlhasenbrücks vs. öde Kargheit der Metropole Londons; rational kontrollierte, analytisch präzise Welt der Medienkultur vs. wilde, ungezügelte Welt der Natur: Garten, Vulkan; Othello-Kritik als Theorie des Umgangs mit vermuteter Untreue vs. egoistisch-eifersüchtige Verdächtigung als Praxis; Steigerung im Erzählerkommentar (Allgemeinplatz, 78,26 f.; vorwurfsähnlicher Einwand, 82,27–83,6; überprüfendes Bedenken, 87,17 ff.; vorwurfsvolles Bedenken, 92,14 ff.; drohende Warnung, 93,8 ff.)

Symbolik	**Namenssymbolik**: Gottfried (biedermännisch); Klausen (in sich eingeschlossen Alleinlebender); Xenia (Wortspiel: die Fremde vs. die Gastfreundliche) **Pflanzensymbolik**: Buche (Selbstsucht, Engstirnigkeit, Schutz der Ehe und Ehefrau), Fichte (Ringen um Klarheit, hoffnungsvolle Zuversicht), Veilchen (Unschuld, Demut; Bitte um Geduld), Kastanienblüte (sexuelle Sehnsucht, Bitte um Verzeihung), **Dingsymbole**: Haus (Geborgenheit, Heimat), Kanal (eingeschränkte Erotik), Brücke (Hindernisse überwinden), Halbkreis (Endstation), Vulkanausbruch (Ausbruch unterdrückter Gefühle), Asche (Ende der Liebesbeziehung)
Motive	weitmaschiges, loses Netz an inneren Bindungen: Verkehrsmittel (zur Überwindung von Distanz: Auto, Taxi, Bus, Zug, Flugzeug), Brücke (4-mal: 76,20), Schlafzimmer (3-mal: 84,18), Lachen (3-mal: 86,14), Regen (2-mal: 77,1), Männerstimme (2-mal: 86,8), Fenster (2-mal: 85,5), Untreue (2-mal: 78,4)
Intertextualität	Franz Kafka, *Auf der Galerie*, Erzählung (79,11–18) Max Frisch, *Biedermann und die Brandstifter*, Stück (Chorpassagen, besonders S. 93)

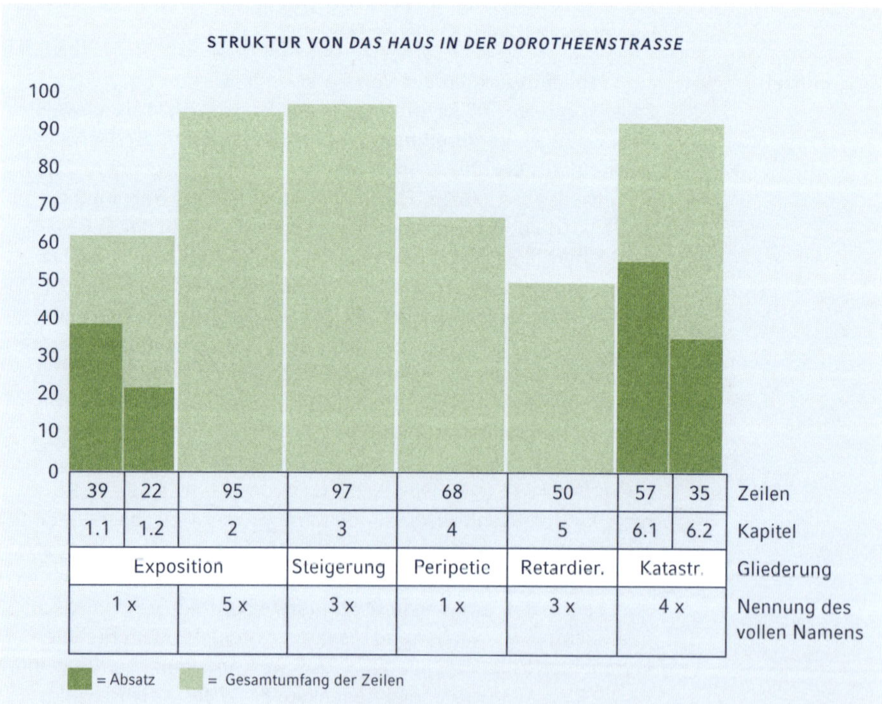

Schaubild 21: Struktur von *Das Haus in der Dorotheenstraße*

Übersicht: Interpretation

biografisch	eigene Erfahrungen
soziologisch	Entfremdung durch die moderne Arbeitswelt
Gender	Anzeichen des Rollenaufbruchs
kommunikationstheoretisch	Scheitern der Annäherung
psychologisch	Entdeckung des Unheimlichen in der eigenen Psyche
philosophisch	rationaler Zweifel als Teil einer emotionalen Verzweiflung
ästhetisch	auf die Problematik reduzierter Text der Andeutungen und Fragen
rezeptionsästhetisch	appellativer Text für aktive, reflexionswillige Leser

Biografischer Aspekt

Unter dem **biografischen Aspekt** lässt sich höchstens feststellen, dass Lange die Gegend in Kohlhasenbrück aus eigener Anschauung sehr gut kennt und die Problematik des geschilderten Einzelschicksals kein theoretisches Konstrukt ist, sondern der Lebenserfahrung des Autors erwachsen sein wird. Insofern ist der biografische Aspekt unergiebig und verzichtbar.

Soziologischer Aspekt

Die Geschichte zeigt unter dem **soziologischen Aspekt**, wie die zunehmende Großräumigkeit der Arbeitswelt (Rom, Madrid, London, S. 74,27 f.) selbst die engsten persönlichen und individuellen Nahbeziehungen (zur Ehefrau Xenia) gefährdet. Der moderne Mensch Klausen ist in der globalisierten Welt überall unterwegs, aber nirgends zu Hause. Selbst dem Ort, wo er seine emotionale Heimat wähnt (Kohlhasenbrück), entziehen seine zunehmenden Wissens- und Erlebnislücken das notwendige Sicherheitsempfinden und vorbehaltlose Vertrauen, die als Voraussetzungen für ein ungetrübtes Heimatgefühl grundlegend sind. Gewohnheit, Gedankenlosigkeit, Gleichgültigkeit sowie Spekulation und Misstrauen zersetzen zudem das Fundament des Vertrauens. Dadurch dass Klausen Beruf und Karriere zunehmend an die erste Stelle seines Lebens rückt (77,5–8, 92,3–9), verdrängt er von dort die personale Bindung, die allein seiner Psyche Halt gibt (80,16–18). Er lässt sich sogar dazu verleiten, die Erfordernisse dieser Bindungen durch die auf Konkurrenz, Erfolg und Profit ausgerichteten Strukturen der Arbeitswelt zu ersetzen und sich so nicht nur von seiner Heimat und dem ihm lieb gewesenen Menschen, sondern auch von sich selbst zu entfremden. Und plötzlich steht er vor dem unerwarteten Rätsel um die Treue seiner Frau, das ihm unheimliche Reaktionen in ihm hervorruft, die seine geordnet scheinenden Verhältnisse zerrütten.

Gender-Aspekt

Damit rückt auch der **Gender-Aspekt** in das Blickfeld. Das Verhältnis zwischen Klausen und seiner Frau scheint konservativ angelegt zu sein, soweit die Novelle ein Urteil zulässt. Klausen ist mit Sicherheit kein „Hausvater" mehr, schon deshalb, weil er nicht mehr in seinem Haus lebt und allem Anschein nach keine Kinder hat. Er ist vielmehr als im Ausland eingesetzter Wirtschaftsjournalist ein Mann des öffentlichen Lebens, verfolgt gesellschaftsanalytische Aufgaben und erscheint insofern als autonome, rationale Persönlichkeit, deren Wert sich daran bemisst, was sie für ihren Arbeitgeber leistet. Xenia, Klausens Frau, erscheint aus der Sicht Klausens ebenfalls in einem traditionellen Rollenschema gefangen. Ihr obliegt offenbar die Gestaltung des gemeinsamen Heims, die Sorge um die Behaglichkeit des täglichen Lebens, die eheliche Beziehungsarbeit und die wärmende Funktion der Ehegemeinschaft. Sie scheint einfühlsam, zurückhaltend und von ihrem Mann abhängig zu sein. Von einer eigenen beruflichen Tätigkeit ist an keiner Stelle die Rede. Da ihr der Text kein eigenes Auftreten zubilligt, wirkt sie merkwürdig entpersonalisiert und in Verschmelzung mit der botanischen Wildheit ihrer Wohnumgebung gleichsam naturalisiert. Das macht sie und ihr Verhalten rätselhaft, unerklärlich und stilisiert sie zu einem Mythos der Weiblichkeit. Doch die Positionierung der Geschlechter verharrt nur dem Anscheine nach in konservativer Stabilität. Xenia entscheidet selbstständig, wenn sie vorerst auf ihren Verbleib in Kohlhasenbrück besteht, die Reise nach London nicht antritt und sich vielleicht wirklich mit einem Liebhaber vergnügt. Klausen hingegen zeigt eher Anzeichen einer männlichen Krise. So bewegt er sich recht erfolglos in der Vorrangsrolle des Mannes und vermag wegen des getrennten Lebens seine tradierte Funktion als Beschützer nicht zu erfüllen. Er wirkt aus der Bahn geworfen, als er sich der Treue seiner Frau als Basis und Stütze seiner Lebenspraxis nicht mehr sicher zu sein wähnt.

Kommunikationstheoretischer Aspekt

Unter einem **kommunikationstheoretischen** Ansatz gerät vor allem die Dialektik der modernen technischen Kommunikation in den Blickpunkt. Es zeigt sich, dass trotz aller technischen Innovationen, die räumliche Distanz zwischen Menschen zu verkürzen oder zu überbrücken, sei es durch die Entwicklung verkehrstechnischer Hilfsmittel wie Eisenbahn, Automobil oder Flugzeug, sei es durch die Entwicklung kommunikationstechnischer Hilfsmittel wie Telefon und Handy, letztlich die psychische Distanz zwischen den Menschen nicht notwendigerweise verbessert wird. Vielleicht tragen die erweiterten technischen Kommunikationsmöglichkeiten paradoxerweise sogar zum Aufbau einer größeren zwischenmenschlichen Distanz bei. Zwischen Klausen und seiner Frau zumindest scheitern alle Versuche einer räumlichen Annäherung. Noch gravierender sind allerdings die durch das Scheitern von technischen Kommunikationsversuchen per Telefon oder Handy heraufbeschworenen Missverständnisse und Be- und Entfremdungen.

Psychologischer Aspekt

In welchem Maße mit der Selbstentfremdung das Unheimliche in uns Einzug halten kann, verdeutlicht der **psychologische Aspekt** der Deutung. Klausen ist sich seiner selbst zunächst sicher. Er ist wie gewohnt ganz auf sich selbst konzentriert, nimmt den Posten in London an, obwohl seine Frau nicht mitkommt, und handelt nach der Reihenfolge Ich, Wir, Du (75,7 f.). Er klagt seiner Frau gegenüber über sein Alleinsein in der Fremde (80,15 ff.), hat aber keinen Gedanken für *ihr* Alleinsein. Auch mit der in Aussicht genommenen Wohnung in der Gower Street meint er, über Lebensentscheidungen seiner Frau verfügen zu können. Ihre Erklärungen ihres Verhaltens und die Begründungen für ihre Entscheidungen sind ihm hingegen „unerheblich" (83,14). Die gemeinsame romantische Lebensidylle, die das Haus in der Dorotheenstraße repräsentiert, existiert nicht mehr, aber das wird von Gewohnheiten und Verabredungen kaschiert (78,21 ff.; 88,5 ff.). Jetzt reicht eine kleine Beunruhigung, um die dünne Oberfläche der Wirklichkeit zu durchbrechen und Verunsicherung, Illusion und Selbsttäuschung entstehen zu lassen. Shakespeares *Othello* liefert das literarische Alarmsignal. Nicht gelingende Telefonate und die nicht angetretene Londonreise seiner Frau irritieren zwar, aber beunruhigen noch nicht (82,6). Erst eine fremde Männerstimme am anderen Ende der Leitung sorgt für eine Verunsicherung, auf die Klausen nicht vorbereitet ist. Noch glaubt er, mit rationalen Erklärungsversuchen, Zugeständnissen und Schuldübernahmen zur alten Selbstgewissheit und Problemfreiheit zurückgefunden zu haben (82,27 f.). Doch das erneute Hören einer Männerstimme und vor allem das Lachen einer Frau, in dem er das seiner Frau erkannt zu haben meint (86,15), lösen eine emotionale Reaktion aus, der sein rationales Denken nicht gewachsen ist (87,13). Da es ihm unmöglich ist, die Sachverhalte logisch aufzuklären, blühen Vorstellungskraft und Fantasie auf (87,20–88,7). Die Erkenntnis, dass er selbst über den Menschen, der ihm am nächsten steht, nicht alles weiß, befremdet und bedroht ihn. Obwohl er die wahren Sachverhalte gar nicht erkennen kann, misst er seinen eigenen Mutmaßungen das Gewicht der Wirklichkeit zu und sieht psychopathische Gespenster, die sein Leben völlig durcheinanderbringen (90). Dies löst bei ihm eine innere Angst aus, die ihn sogar zu radikalen Lösungen drängt („Put out the light)". Das Unheimliche ist somit nicht nur ein Gefühl, das aus unerklärlichen Sachverhalten resultiert, sondern in noch höherem Maße die erschreckende Entdeckung der eigenen Psyche (91,18 f.).

Philosophischer Aspekt

Der **philosophische Aspekt**, den die Interpreten wegen der Lebens- und Erkenntniskrise des Autors gern betonen und unter dem sie Zusammenhänge mit Pascal, Hegel, Marx, Kierkegaard, Schopenhauer oder Nietzsche herstellen, vertieft und verallgemeinert diese psychologische Betrachtungsweise. Die Krise zwischen den Ehepartnern wird symptomatisch für die existenzielle Krise des Menschen schlechthin gewertet. Dieser hat trotz der langen Entwicklung der Aufklärung noch nicht zu sich selbst gefunden und will seine Unfähigkeit zu vertrauensvoller Partnerschaft nicht wahrhaben. Ihm wird in seiner gesellschaftlich verursachten selbstentfremdeten Situation die Natur mehr zur Bedrohung als zum Trost. So sieht sich der moderne Mensch aus der Beschränktheit seiner Erkenntnisfähigkeit einer existenziellen Situation ausgesetzt, deren Doppelbödigkeit und Unwägbarkeiten seine Grundangst des Lebens nährt und ihn in eine Sphäre des Unheimlichen hüllt. Lange erzeugt mittels bewusst eingesetzter Ambiguitäten (Mehrdeutigkeiten) eine Verrätselung der Welt und einen Angstzustand, in dem man die von der Welt der Sinne ausgelösten Zweifel mit dem Zweifel an der Welt des Verstandes vermengt: Der rationale Zweifel wird zu einer nahezu unheilbaren emotionalen Verzweiflung.

Ästhetischer Aspekt

Der **ästhetische Aspekt** erhellt, dass sich in dieser Erzählung die Fähigkeiten des Prosaisten mit denen des Dramatikers verbinden. Einem geringen Handlungsbogen – zwei ausgefallene Flüge, ein paar misslungene Telefonate – steht ein wohlkalkulierter Spannungsbogen gegenüber. Der reicht von einer einvernehmlich liebevollen Umarmung (75,13) bis immerhin zur Möglichkeit eines Mordes („Put out the light!", 93,15). Es ist aber nicht nur die manische Reaktion und psychologische Entwicklung Klausens, die den Bogen spannt, es sind auch die fast unscheinbaren erzählerischen Mittel, die zum Einsatz gelangen.

Zunächst setzt Lange einen ungenauen und in seinem Wissen lückenhaften Erzähler ein. Nicht nur, dass er dem Leser das Ende der Beziehungskrise vorenthält, er liefert von den Figuren auch keine Beschreibung, geht nicht auf ihr Alter ein, trifft keine Aussagen, ob Xenia ihren Mann zu den anderen Auslandsstationen begleitet hat, wie er alle möglichen Bemerkungen zu Xenia verschweigt. Auch seine Zeitangaben sind unpräzise: Nach dem ersten Telefonat mit der Männerstimme arbeitet Klausen zunächst „in den nächsten Wochen“ (84,1), dann, beim zweiten Telefonat mit der Männerstimme, fand das erste erst „vor Tagen“ (86,7) statt. Hinzu kommt, dass der Flughafen in Heathrow beim Ausbruch des Grimsvötn gar nicht gesperrt wurde, sondern nur einige Flüge ausfielen, z. B. nach Berlin am 24. 05. 2011. Eine Sperrung erfolgte ein Jahr zuvor beim Ausbruch des Eyjafjalla.

Der Erzählstil ist zurückhaltend nüchtern und scheint mit Stilmitteln zu geizen. Aber es ist genau diese Zurückhaltung, die die Geschichte raffiniert macht. Auf der anderen Seite strotzt die Geschichte nämlich vor Andeutungen. Neben den leicht durchschaubaren *Othello*-Motiven und dem des Vulkanausbruchs vollziehen sie sich einmal auf der doppeldeutigen Ebene der Sprache, wenn z. B. Klausen der Wind ins Gesicht bläst (76,21), es Viertel vor zwölf ist (78,24 f.) und sich zwei Welten nicht mehr berühren (79,17 f.); zum anderen aber auch durch das Nicht-Gesagte: Wenn Klausen meint, man müsse sich um die gemeinsame Wohnung kümmern (80,1), ist ihm vielleicht nicht klar, dass er sich vornehmlich um die gemeinsame Beziehung kümmern müsste. Wenn es ihm wichtig ist, wieder einmal auf der Nathanbrücke zu stehen (83,21 f.), ist ihm seine Frau Xenia offenbar weniger wichtig. Die Geschichte treibt das auf die Spitze, als Klausen es vorzieht, statt mit seiner Frau in Berlin ihre Beziehungsprobleme zu klären, sich von London nach Island versetzen zu lassen (92,4). Hier nimmt der Erzähler auch am deutlichsten die Rolle eines antiken Chores an, wenn er in einer Art mahnendem Vorwurf das Verhalten Klausens kritisiert. Das hat einen weiteren Effekt: Indem er an der Richtigkeit des Figurenverhaltens zweifelt, lässt er keinen Zweifel an der Glaubwürdigkeit und Realität des Erzählten zu. Letztlich hält der Erzähler in dem Maße, in dem die Andeutungstechnik seine Aussagen ersetzt, die Geschichte in einer eigentümlichen Schwebe, die letztendlich auf den nur möglichen, nicht aber notwendigerweise realen Schluss der Erzählung hinausläuft.

Rezeptionsästhetischer Aspekt

Diese ästhetische Struktur des Textes hat nicht nur einen selbstreferenziellen Wert, sie ist auch als Hinwendung an den Leser zu verstehen. Dies untersucht der **rezeptionsästhetische Ansatz**. Schon von Beginn an offenbart der Text seine im Grunde dialogisch-appellative Intention. Aussagen wie „wie gesagt“ (73,1) und „zugegeben“ (74,9) unterstellen nicht nur, dass der Leser auch die anderen Geschichten des Sammelbandes kennt – Lange geht bereits in der ersten Geschichte auf den Teltowkanal ein (11) – er suggeriert auch einen vorhandenen Erzähler-Leser-Bezug. Dieser steigert sich in den chorhaften Erzählerkommentaren, vom Allgemeinplatz (S. 78,26: „Jeder kennt…“) über den vorwurfsvollen Einwand (81,13 f.) und das überprüfende Bedenken (87,17 ff.) zum bedenkenden Vorwurf (92,14 ff.) und letztlich zur drohenden Warnung (93,8 ff.). So wie der antike Chor des Dramas eine Vermittlungsfunktion zwischen Stück und Publikum einnahm, so überträgt Lange diese Funktion hier auf den Erzähler. Dessen rhetorische Fragen sind eindeutig nicht an die Hauptfigur gerichtet, sondern an den Leser. Lange setzt somit einen aktiven Leser voraus, der bereit ist, die Reduktion des Erzählens auf die dargestellte Problemstruktur zu akzeptieren, unklare Erzählformen und Darstellungslücken in Kauf zu nehmen und die ihm vom Erzähler aufgedrängten Fragen zu erwägen und zu beantworten. Damit hat der Text eine appellative Gesamtfunktion: Der Leser soll sich einmal mit der Sachlage der vermuteten Untreue auseinandersetzen und zum anderen mit der Unheimlichkeit der eigenen Psyche, die jeden befallen kann. Mea res agitur: Es geht um meine eigene Sache.

Schaubild 22: Interpretationsansätze zu *Das Haus in der Dorotheenstraße*

2.3 LYRISCHE TEXTE ZU EINEM THEMENBEREICH IM HISTORISCHEN LÄNGSSCHNITT UNTER BERÜCKSICHTIGUNG IHRER POETOLOGISCHEN KONZEPTE

Bei der Behandlung der Gattung Lyrik werden keine Einzelwerke vorgegeben, sondern nur ein Thema. Deshalb ist es schwierig, selbst herausragende Gedichte des in Frage kommenden Themas als bekannt vorauszusetzen. Infolgedessen sollen in diesem Kapitel vor allem die strukturellen Wissenselemente angesprochen werden. Dazu gehören neben den Basisinformationen und denen zu den zeitgeschichtlichen und historischen Hintergründen der Epochen vor allem die kennzeichnenden stilistischen Strukturen sowie formalen Schwerpunkte.

2.3.1 Poetologische Konzepte

Übersicht: Formen und Elemente des lyrischen Sprechens

Gedichtformen	Lied	einfache Strophen aus meist 4 gereimten kurzen Versen
	Sonett	2 Quartette: abba, 2 Terzette: cdc/dcd oder cde oder ccd/eed
	Ballade	(dramatisches) Erzählgedicht
	Ode	reimlose Strophen in hohem Sprachstil
	Hymne	freirhythmischer feierlicher Preisgesang ohne Reim

Strophenformen	Distichon	2-zeilig, meist 6 Daktylen
	Lied	4-zeilig, oft im Kreuzreim mit alternierendem Metrum
	Chevy-Chase	4-zeilige Balladenstrophe: 1. u. 3. Vers: 4 Hebungen, 2. u. 4. Vers: 3 Hebungen, Kreuzreim
	Stanze	8-zeilig; Reimschema: abababcc, oft 5-hebiger Jambus
Metrum	Jambus	x´x: Gedícht: Blankvers (5-hebig ohne Reim), Alexandriner (6-hebig mit Zäsur)
	Trochäus	´xx: Prósa
	Anapäst	xx´x: Anapä́st
	Daktylus	´xxx: Dáktylus: Hexameter (6-hebig); Pentameter (6-hebig mit 2 fehlenden Senkungen)
	Knittelvers	unregelmäßig, 4 Hebungen, paargereimt
Vers	Zeilenstil	Kolon (Satzeinheit) und Versende stimmen überein (oft Satzzeichen, Beginn des nächsten Verses mit „und" etc.).
	Enjambement	Zeilensprung: Satzeinheit wird im folgenden Vers fortgeführt.
	Hakenstil	Dominanz von Enjambements in einer Strophe
Klangmittel	Assonanz	auffällige Wiederholung gleicher Vokale in betonten Silben: Am Anfang war alles wahr.
	Alliteration	auffällige Wiederholung gleicher Konsonanten in betonten Silben: wie wundersam das Wolkenwort gewählt
	Onomatopoesie	Lautmalerei: der Keks krackt und knackt
Endreime	Paarreim	aa bb cc
	Kreuzreim	abab
	umarmender Reim	abba
	Schweifreim	aabccb
	Haufenreim	aaaaa

andere Reime	Anfangsreim	Reim der ersten beiden Wörter im Vers
	Binnenreim	Reim innerhalb desselben Verses
	Schlagreim	Reim zwischen zwei aufeinanderfolgenden Wörtern
	Waise	reimloser Vers innerhalb einer gereimten Umgebung
Kadenz	männlich	betontes Versende: hát, Apparát, Erntedánk
	weiblich	unbetontes Versende: gelúngen, hában, Líebschaft
Bildlichkeit	Vergleich	mit wie: hoch wie ein Baum
	Metapher	Vergleich ohne wie: Er war ein Baum
	Symbol	allgemein eingeführtes und bekanntes Sinnbild: Rose = Liebe, Taube/Ölzweig = Friede
	Chiffre	außerhalb der Konvention willkürlich gewähltes Sinnbild: Eis = Schweigen

Übersicht: Geschichtliche Entwicklung der Lyrik

Humanismus	Gelehrtenpoesie	Dichterschulen: Imitationen und Variationen traditioneller Muster
Barock	höfische Poesie	Gesellschaftsdichtung und religiöse Dichtung: Kirchenlieder
18. Jh.	bürgerliche Poesie	Lehrgedicht, anakreontische Gesellschaftsdichtung, vaterländische und Kriegslieder, politische Lyrik, religiöse Lieder (Aufklärung), empfindsame und genialische Poesie, weltliche Lieder (Sturm und Drang), Gedankenlyrik (Klassik)
19. Jh.		irrationale Lyrik, intellektuelle Reflexion, Hymnen, Volkslieder und volkstümliche Lieder, Freiheitslieder (Romantik); pessimistische, idyllische, weltschmerzliche Lyrik (Biedermeier); politische Lyrik (Vormärz), Naturlyrik, Balladen, humoristische Lyrik (Realismus); Sozialkritik am technischen Zeitalter (Naturalismus); L'art pour l'art, Sprachexperimente, Metaphorik (Symbolismus)

2.3.2 Fokus: „unterwegs sein" – Lyrik vom Barock bis zur Gegenwart

Zum Thema „unterwegs sein"

Prozessualer Begriff

Unterwegs zu sein hat die **Bedeutung**, auf einem Weg zu sein von Position A zu Position B. Es bedeutet Bewegung, Veränderung und Entwicklung, je nachdem ob man den Begriff räumlich, zeitlich oder geistig auffasst. Unterwegs zu sein heißt auf einer Reise zu sein, einen Ausgangspunkt verlassen zu haben, aufgebrochen zu sein, aber einen Zielpunkt noch nicht erreicht zu haben, noch nicht angekommen zu sein. „Unterwegs sein" ist somit ein prozessualer Begriff.

Freiwillig oder gezwungen

Man kann aus verschiedenen **Gründen** auf dem Weg sein, sich entweder willentlich und aus eigenem Antrieb auf dem Weg befinden, aus fremdem Antrieb billigend an einer Reise teil- oder sie allein unternehmen oder aber auch gezwungenermaßen und unfreiwillig auf einer Flucht sein, sei es aufgrund einer endgültigen Emigration, eines vorübergehenden Exils oder einer Vertreibung.

Mit den jeweiligen Gründen verändert sich auch der **Sinn und Zweck** einer Reise. Er kann darin liegen, dem Alltag zu entkommen, Fernweh, Neugier oder Abenteuerlust zu befriedigen oder zu sich selbst zu finden, sich dem Modetrend einer Zeit folgend einer Erziehungs-oder Bildungsmaßnahme zu unterwerfen oder aus Angst vor Gewalt und Tod sein Leben zu retten.

In allen Fällen ist die **Problemstruktur** dieselbe. Unterwegs zu sein bedeutet, etwas Gewohntes, Vertrautes, heimatlich Bergendes zu verlassen, sich den Risiken der Ungewissheit anheimzugeben und sich etwas Neuem, Unerwartetem und Fremdem auszuliefern. Tut man das nicht, weil man in seiner gewohnten Komfortblase verweilt, reist man im Grunde auch nicht, denn man ist nicht wirklich unterwegs.

Der das Unterwegssein prägende **Prozess** wird bestimmt von der Begegnung mit Anderem in Form von Menschen, Lebensumständen, Landschaften, Klimaverhältnissen, sozialen Strukturen wie Sitten und Gebräuche sowie kulturellen, moralischen und politischen Ideen und Systemen.

Während und am Ende dieses Prozesses werden sich je nach der eigenen **Reaktion** auf das, dem man sich aussetzt oder dem man ausgesetzt wird, – sei diese Reaktion nun akzeptierend, tolerierend oder ablehnend – Rückwirkungen auf die eigene **Identität** einstellen. Die eigene Identität kann eine Bestätigung erfahren, sich stärken und festigen, sie kann aber auch durch Zweifel in eine Krise geraten und sich wandeln, bei extremer Erschütterung sogar verloren gehen und zum Entstehen einer völlig neuen Persönlichkeit führen. Das dürfte angesichts des auch für die menschliche Psyche gültigen Beharrungsvermögens allerdings eine Ausnahme bleiben. Unter Berücksichtigung all dieser Komponenten kann man Unterwegssein deshalb im weitesten Sinne auch als eine universelle **Metapher für das Leben** schlechthin auffassen.

Metapher für das Leben

Der lyrische Schwerpunkt lässt sich thematisch leider nicht weiter eingrenzen, denn er nimmt nach Aussage der Fachaufsicht und dem Vorsitzenden der Aufgabenkommission „den Motivkomplex ‚unterwegs sein' in einem umfassenden Sinne in den Blick."[26] „Neben dem Unterwegssein im wörtlichen Sinne (soll) auch das vielfältige Spektrum

---

26 Auskunft des Landesinstituts für Schule NRW (QUA-LiS NRW) vom 21. 12. 2017.

seiner übertragenen Bedeutungen – von der existenziellen, ursprünglich religiös bzw. metaphysisch konnotierten ‚Lebensreise' über das (...) gedankliche, entwicklungspsychologische Unterwegssein bis hin zu metaphorischen oder poetologischen Lesarten – vor dem Hintergrund literaturgeschichtlicher Entwicklungen berücksichtigt werden."[27] Das heißt, dass das Thema Reisen in seinem ursprünglichen Sinne eher in den Hintergrund tritt.

Das Thema in den Epochen

Da keine Autoren, sondern nur der Zeitraum vom Barock bis zur Gegenwart vorgegeben ist, eröffnet sich selbstverständlich ein sehr weites Feld, das Einzelbetrachtungen sinnlos macht. Wo immer in den vorgelegten Texten auf Personen, insbesondere Künstler, Zeitumstände, Orte, konkrete politische Verhältnisse oder Kulturobjekte jeglicher Art, seien es Gebäude, Skulpturen, Gemälde u. Ä. verwiesen wird, deren Kenntnisse man nicht im Rahmen einer altersgemäßen Allgemeinbildung voraussetzen kann, wird eine Erläuterung dem Textverständnis helfen müssen. Umgekehrt wird man wohl unterstellen dürfen, dass beim Prüfling grobe Kenntnisse über die jeweiligen in Frage kommenden literarischen Epochen und ihre soziopolitischen und kulturellen Hintergründe vorhanden sind, weil das Teil des literarhistorischen Unterrichts ist. Deshalb muss sich die Darstellung des Themas auf wesentliche Epochen und auf eine Zusammenfassung der signifikanten Merkmale der jeweiligen Lyrik beschränken.

Beschränkung auf wesentliche Epochen

Überblick über die Reiselyrik

Zeit	Reisetypus
17. Jhdt.	Forschungsreise, Abenteuerreise, Delegationsreise
Ende 18. Jhdt. – Ende 19. Jhdt.	Bildungsreise
Ende 19. Jhdt. – Mitte 20. Jhdt.	Erholungsreise, Erlebnisreise, Tourismus
Mitte 20. Jhdt. – heute	Urlaubsreise, Massentourismus

EPOCHEN

Barock (1600–1720)

In der Zeit des **Barock** sorgten die konfessionellen Streitigkeiten und die Wirren des Dreißigjährigen Krieges (1618–1648) für viel Bewegung der Soldaten auf dem europäischen Kontinent. Private Reisen fanden wegen der Zeitumstände selten statt. Dafür wurde schon allein wegen der Nähe der Lyrik zu religiösen Themen das Leben gern mit einer Reise verglichen.

Private Reisen nur Ausnahmen

Barocke Lyrik ist keine emotional motivierte individuelle Ausdruckskultur, sondern repräsentative rhetorische Sprachartistik.

---

27 Ebd.

Überblick

Textsorten	Lied (meist vierzeilige Strophen mit vier-hebigen Versen), Sonett (2 Quartette mit meist umarmendem Reim, 2 Terzette meist im Schweifreim) im Alexandriner (6-hebiger Jambus mit Mittelzäsur)
Intentionen	– Memento-mori-Gedanke: Gedenke, dass du sterblich bist! Meist religiös begründete Mahnung, sich an ewigen, geistlichen Werten zu orientieren statt an vergänglichen weltlichen. Adressaten sind Bürgertum und einfaches Volk, dem aufgrund seiner erzieherisch großen Bindung an Kirche und Glauben das Seelenheil einziger Besitz scheint. Vergänglichkeits-Thematik (Vanitas): unterstützt den Memento-Mori-Gedanken
	– Carpe-diem-Gedanke: Nutze den Tag! Meist religionsferne Mahnung, das kurze Erdenleben lustbezogen zu nutzen. Adressaten sind oft Adlige, die sich wegen ihres materiellen Besitzes ein lustbetontes Leben leisten können. – Vanitas-Gedanke: vanitas vanitatum: alles ist eitel! Mahnung an die Vergänglichkeit und Nichtigkeit alles Irdischen. Adressaten sind vor allem der Adel und diejenigen, die nach Macht, Einfluss, Amt, Wissen und Besitz streben. – Harmonisierung der Gegensätze
Stilelemente	– Formstrenge, Ästhetisierung – Kontrasttechnik (Polarisierung, Antithetik): • semantisch: zeitlich: früher – heute – Zukunft, Diesseits – Jenseits • wertend: positiv – negativ • begrifflich: z. B. Haus – Ruine • syntaktisch: Chiasmus; pragmatisch: Paradoxon, Oxymoron – konventionelle Bildlichkeit: Embleme (inscriptio – pictura – subscriptio), Allegorien, Topoi; Symbole, Metaphern, Vergleiche – Wiederholungen: Anapher, Parallelismus, insistierende Nennungen – Lautakzente: Assonanz, Alliteration, Klangmalerei

Aufklärung (1700-1785)

„Nützen und erfreuen"

Während in Mitteleuropa Preußen unter Friedrich dem Großen im Siebenjährigen Krieg (1756–1763) seine Großmachtstellung gegen Österreich unter Maria Theresia behauptete, entwickelte sich – ausgehend von der englischen Aufklärungsphilosophie, die Erkenntnisse allein auf Sinneswahrnehmungen und Erfahrung gegründet wissen wollte, und dem französischen Rationalismus Descartes' – eine Geistesbewegung, die alle Ordnungen auf die natürliche Vernunft und den gesunden Menschenverstand zurückzuführen bemüht war und eine Emanzipation des Individuums von Feudalismus und Absolutismus anstrebte.

Die **Lyrik der Aufklärung** will dementsprechend nach dem Motto Vergils „delectare et prodesse“ dazu beitragen, mit Gedankenlyrik und Lehrdichtung auf unterhaltsame Weise zu belehren und zu erziehen. Der englische Lyriker Laurence Sterne schuf mit seinem Reisebericht *Yoricks empfindsame Reise durch Frankreich und Italien* (1768) zudem ein Vorbild für Gefühlsbetontheit, Begeisterung für sittliche Ideale und das Schwärmen für Natur und Vaterland.

Überblick

Textsorten	Lehrgedicht, Fabel, Lied vs. Ode (verschieden Formen), Hymne (meist freirhythmisches Preis- und Lobgedicht)
Intentionen	– Überwindung der höfischen Dichtung zugunsten einer bürgerlichen Dichtung – Rückgewinnung von Realitätsnähe und Volksnähe – Denkanstöße geben, informieren, bilden und erziehen
Stilelemente	– (Aufklärung:) logisch-argumentativer Aufbau – genaueste Wirklichkeitsbeschreibung – satirische Realitätsdarstellung – (Empfindsamkeit:) schwärmerisches Pathos, enthusiastische Sprache – intensiviertes Sprechen

Sturm und Drang (1765–1785)

Neue Naturliebe

In der Zeit vor der Französischen Revolution (1789) wurde auch in der Dichtung gegen alle Normen und Traditionen rebelliert. Man lehnte sich gegen die reine Vernunftherrschaft auf, pries die schöpferische Kraft des Gefühls und der Fantasie und feierte Shakespeare als Originalgenie.

In der **Lyrik des Sturm und Drang** werden Formvorschriften ignoriert, weil sich das subjektive Gefühl unmittelbar und ungebrochen in der Erlebnislyrik niederschlagen will. Das führt hier zum schlichten Lied oder volksliedhaften Gedichten und dort zu einem auf antike Helden zurückgreifenden Hymnus. Inhaltlich wird neben der Begeisterung für den schöpferischen, in Freundschaft und Liebe sozial verlässlichen, freiheitsliebenden und patriotischen Menschen, auch ein natürliches Leben in der Natur propagiert, z. B. bei Wanderungen.

Klassik (1785-1830)

Der blutige Verlauf und die schrecklichen Folgen der Französischen Revolution sorgten für eine Suche nach einem menschenwürdigeren Vorbild, das man in der griechisch-römischen Antike gefunden zu haben glaubte. Diese Retrospektive im Verein mit den sittlichen Maximen des deutschen philosophischen Idealismus (Immanuel Kant) verschmolzen zu der Leitidee von Humanität und Harmonie, in der sich Mensch und Natur ebenso wie Individuum und Gesellschaft in einer Übereinstimmung befinden. Vor diesem Hintergrund glaubte man den Menschen zu einer widerspruchsfreien Persönlichkeit erziehen zu können.

Bildungsreise nach dem Vorbild Goethes

Die **Lyrik der Klassik**, wie man diese Epoche später nannte, ist inhaltlich geprägt von einer starken Orientierung an sittlichen Idealen und formal von starken Bezügen zur griechischen Klassik. Die poetischen Freiheiten des Sturm und Drang werden zugunsten einer strengen und virtuosen Handhabung antikisierender Formen zurückgenommen. Goethes *Italienische Reise* (1786–1788), veröffentlicht 1816–1817, lieferte vielen das Vorbild für die seitdem nach der adeligen Kavalierstour in Mode gekommenen bürgerlichen **Bildungsreisen**, vornehmlich in den europäischen Süden, die der Entfaltung, Festigung und Erweiterung der eigenen Persönlichkeit dienten.

Überblick

Textsorten	Lied, Sonett, Elegie (Gedicht in Distichen = aus einem Hexameter und einem Pentameter mit Mittelzäsur bestehenden Doppelversen), Ballade (erzählendes Gedicht in unterschiedlichen Formen), Hymne
Intentionen	– auf Humanität und Sittlichkeit ausgerichtete Inhalte – angestrebte Einheit des Guten, Wahren und Schönen – Präsentation von Maß und Ordnung – Herausstellung des Allgemeinen, Typischen, Immergültigen und Idealen
Stilelemente	– philosophische und existenzielle Reflexionen (Gedankenlyrik) – kunst- und anspruchsvolle Verssprache und Verwendung von Stilmitteln

Romantik (1800–1835)

Bedeutete die Epoche der Klassik bereits eine Abkehr von der Tagespolitik, steigerte sich die Hinwendung zum Ästhetischen noch mehr in der Zeit der napoleonischen Kriege, die nach dem Zusammenbruch Frankreichs zum Wiener Kongress (1815) führten, mit dem eine Epoche der Restauration einsetzte. Enttäuscht flüchtete sich die Romantik in die Idee einer alle Gegensätze aufhebenden, allumfassenden Synthese, die alle Bereiche des Lebens und alle Gattungen der Poesie in einer mystischen Einheit verschmelzen sollte und an mittelalterlichem Wunschdenken anknüpfte.

Sehnsucht

Die **Lyrik** ist nicht die von den Romantikern bevorzugte literarische Gattung, aber diejenige, die es ihnen am ehesten erlaubt, die divergierenden Sphären des Lebens miteinander zu harmonisieren und das subjektive Empfinden der **Sehnsucht**, dem bestimmenden Gefühl der Epoche, zum Ausdruck zu bringen. Deshalb ist neben der Natur und der Liebe vor allem die **Reise** eines der bevorzugten, manchmal patriotisch gefärbten Themen.

Überblick

Textsorten	Ballade, Hymnus, Sonett, Volkslied
Intentionen	– Fiktion einer ursprünglichen, heilen Welt – Poetisierung und Romantisierung der Welt: Versöhnung von Mensch und Natur – Erweiterung des Bewusstseins: Vermischung von Innen- und Außenwelt – Hang zum Irrationalismus und zum Gefühl
Stilelemente	traditionelle Formbeherrschung, Farbsymbolik, Imperative, Ironie als Mittel der Verfremdung, Paradoxon, Possessivpronomen, Schlichtheit des Ausdrucks, Symbol, Verniedlichungsformen, Wiederholungen

Biedermeier (1815–1848), Junges Deutschland (1830–1848), Vormärz (1840–1848)

Die Restauration unter Metternich unterdrückte und verhinderte mit ihrer Polizeistaatlichkeit bürgerliche Freiheiten ebenso wie nationale Einheitsbestrebungen. Auch die Julirevolution von 1830 wühlte zwar die Gemüter auf, blieb aber ohne politische Konsequenzen. Das hatte im **Biedermeier** einen Verzicht aufs Politische und einen Rückzug ins Private zur Folge. Man bewahrte die Tradition der Klassik und huldigte in Biederkeit und melancholischer Grundhaltung der Ordnung im Kreise der Familie.

Als Junges Deutschland wurde eine nur lose miteinander verbundene Gruppe von fortschrittlich gesinnten Schriftstellern bezeichnet, die in vielen programmatischen Texten einen emanzipatorischen Liberalismus predigten und sich rigide gegen Klassik und Romantik wandten. Ihre politische Sozialkritik fand zumeist einen publizistischen Ausdruck.

Flucht ins Exil

Ebenfalls eine politisch revolutionäre Haltung nahmen die Dichter des **Vormärz** ein, die sich in ihrer Lyrik zudem propagandistisch und agitatorisch für eine einheitliche deutsche Nation engagierten. Nach dem Scheitern der Märzrevolution von 1848 mussten viele Literaten ins **Exil** nach Belgien, Frankreich, der Schweiz und den USA gehen. Die Reisethematik spielte in diesen Epochen keine bedeutende Rolle, wenn man einmal von den Texten junger Schriftsteller absieht, die sich genötigt sahen, ins Exil zu gehen.

Realismus (1850–1890)

Preußen erwarb als mächtigster deutscher Einzelstaat die Führungsrolle zur Bildung eines Nationalstaates; nach drei siegreichen Kriegen gegen Dänemark, Österreich und Frankreich kam es mit Hilfe Bismarcks 1871 zur Gründung des Deutschen Reiches unter Kaiser Wilhelm I. Viele demokratische Freiheiten waren zwar auf der Strecke geblieben, wurden aber von Kaiserverehrung und ansteigender wirtschaftlicher Prosperität übertüncht. Dem propagierten Fortschrittsoptimismus der Gründerzeit standen aber Skeptizismus und Pessimismus des Bürgertums entgegen. Dieses spaltete sich zunehmend in vermögende Großbürger, traditionsbewusste Bildungsbürger, Kleinbürger und Industriearbeiter auf.

Verklärte Wirklichkeit

Der **Realismus** setzte mit den Grundzügen der Resignation und Entsagung die Struktur des Biedermeiers fort, wandte sich jedoch der neuen Wirklichkeit zu, die er aber künstlerisch veredelte und verklärt darstellte (poetischer Realismus). Die **Lyrik im Realismus**, die vor allem das Dinggedicht bevorzugte, war von geringerer Bedeutung.

Naturalismus (1880–1900)

Während das Deutsche Reich die Blütezeit des politischen und wirtschaftlichen Imperialismus erlebte, verschärften sich die sozialen Gegensätze und wurde die soziale Frage zum Hauptproblem der Innenpolitik. Dieser Tendenz folgte auch die Literatur des Naturalismus, die mit einer naturgetreuen Widerspiegelung der realen Verhältnisse (Kunst = Natur-x) auf die milieubedingten Verhältnisse des Menschen hinweisen wollte.

Kunst = Natur-x

Die von Arno Holz geprägte **Lyrik des Naturalismus** brach mit der Tradition und fand eine neuartige Formsprache, die sich durch Knappheit und einen an der Natur orientierten Rhythmus bestimmt. Aber wie im Realismus war sie von geringerer Bedeutung.

Impressionismus, Symbolismus (1890–1920)

Resignative Seelenlandschaften

Beide Strömungen sind als Gegenbewegungen zum Naturalismus zu verstehen, die sich bevorzugt in der **Lyrik** ausdrückten. Während der aus Frankreich beeinflusste Symbolismus sich bemühte, neben strenger Formdisziplin ein neues Sprachbewusstsein zu entwickeln (l'art pour l'art), führte der Impressionismus Ansätze der Romantik fort, indem er danach strebte, durch die Vermischung von Sinneseindrücken weniger die Außenwelt abzubilden als mit großer Sensibilität die von Empfindungen geprägte innere Seelenlandschaft intensiv zum Ausdruck zu bringen. Diesem Ausdruck haftet oft etwas Schwermütiges, melancholisch Resignatives an (Endzeitstimmung).

Überblick

Textsorten	Ballade, Sonett, Elegie
Intentionen	– spiritueller Gegenpol zur Technisierung und Materialisierung der Außenwelt – gesteigerter Ästhetizismus – Betonung der subjektiven Intuition
Stilelemente	strenge Formbeachtung, Reimbindung, erhöhte Bildlichkeit, Farbsymbolik

Expressionismus (1910–1925)

In einer Protesthaltung gegen den aggressiven Imperialismus des Deutschen Reiches unter Wilhelm II., die Erfolglosigkeit in der Lösung der sozialen Frage und die Verlogenheit des modernen Lebens begehrten viele Intellektuelle auf und strebten gesellschaftliche und politische Veränderungen und eine grundsätzliche Erneuerung der Menschheit an. Diese Geisteshaltung wurde durch Verlauf und Folgen des Ersten Weltkriegs verschärft und erschöpft.

Die **Lyrik des Expressionismus** setzte ihren Akzent vor allem auf die Ausdrucksstärke der Emotionen, die entweder pathetisch und enthusiastisch ausfielen, einem ekstatischen Schrei der Verzweiflung gleichkamen oder in schmerzhafter Verfallsschwermut ertranken. Der Reiseaspekt konzentriert sich in dieser Zeit vor allem auf die Erfahrungen während des Krieges.

Starke Emotionen

Überblick

Textsorten	traditionsfreie, experimentelle Formen, Formlosigkeit
Intentionen	– Zersprengung der alten Weltordnung und ihrer Normen – Sehnsucht nach dem und Propagierung des neuen Menschen – Ausweitung des subjektiv Individuellen ins global Humane
Stilelemente	orgiastische, barocke Sprachgewalt; Formfreiheit, Nominalstil, Interjektionen, assoziative Verknüpfungen, Neologismen, kräftige Bildlichkeit, dynamische Adjektive und Verben, Ellipsen, Kontraste, Superlative, Synästhesie

Gegenwart (nach 1945)

Die Zeit nach 1945 entspricht in etwa der Zeit der Bundesrepublik Deutschland. Zwischen 1948 und 1989 existierte dazu parallel die Deutsche Demokratische Republik (DDR), die aus der ehemals sowjetisch besetzten Zone Deutschlands hervorgegangen und nach dem Vorbild der ehemaligen Sowjetunion sozialistisch organisiert war. Erst nach der Wende 1989 und der Wiedervereinigung der beiden deutschen Teilstaaten besteht die sogenannte Berliner Republik, weil Berlin wieder Hauptstadt Deutschlands wurde. Diese Zeit wird auch gern als Gegenwart angesprochen. Reiselyrik gab und gibt es in der Bundesrepublik nahezu selbstverständlich, während sie in der DDR wegen der Ausreisebeschränkungen ins westliche Europa einen besonderen Stellenwert bekam.

Vielfalt und Vielstimmigkeit

Angesichts dieser historischen Entwicklung wundert es nicht, wenn in der Literatur allgemein und in der Lyrik speziell die unterschiedlichsten Strömungen nebeneinanderbestehen, von denen sich wegen der fehlenden historischen Distanz noch keine als dominant herausgeschält hat. Der offene Sammelbegriff **Postmoderne** versucht dieser unübersichtlichen Lage, die sowohl die Thematik als auch den Stil betrifft, nicht nur zu entsprechen, sondern firmiert umgekehrt sogar als Programm anti-epochaler Differenzierung und Spezifizierung. Heute sieht man sich einer Fülle vieler, oft selbst verlegter Reisegedichte gegenüber, die zwar nahezu alle erdenklichen Aspekte abdecken, aber oft von sehr strittiger Qualität sind.

Übersicht: Lyrik der Postmoderne

Formen	traditionelle Formen; Konkrete Poesie: Abkehr von formalen Traditionen neben neubelebten Formen der Tradition; Poetry-Slam bzw. Spoken-Word, Rap
Intentionen	Darstellung der banalen Alltagswelt einschließlich Technik und Medien Ausdruck subjektiver Erfahrungen, Stimmungen und Gefühle: Gleichgültigkeit, Resignation, Melancholie, Enttäuschung, Zweifel Vergangenheitsbewältigung vs. Politikferne Suche nach Identität und Lebenssinn
Stilmittel	Pluralisierung der Funktionen; Umgangssprache, Humor, Ironie, intertextuelle Allusionen, Eklektizismus (Vermischung von Stilen: Stilmix), Synkretismus (Vermischung von Ideologien), Simultanität, Verfremdungen, Textoffenheit, Lakonie

Übersicht: Weltanschauliche Kennzeichen moderner Lyrik[28]

- Entideologisierung: gegen Christentum, Humanismus, Marxismus
- Verlust eines gültigen Ordnungssystems
- Bezugslosigkeits- und Isolationsgefühl des Individuums
- soziale Kontakt- und Kommunikationsstörungen
- Fragmentarisierung der sinnlichen Wahrnehmungen
- Abhängigkeits- und Unterlegenheitsgefühl angesichts automatisierter Technik
- polyperspektivische Verunsicherung
- Flucht in die Innerlichkeit und irrationale Bewusstseinsräume

Tendenzen der Lyrik nach 1945

Zeit	Name	Beschreibung	Autoren
1945–1949	**Trümmer-Lyrik**	Stil des lakonischen Konstatierens	Günter Eich
	traditionelle Lyrik	Orientierung an Stilformen der Vergangenheit z. B. Klassik, Expressionismus	Oskar Loerke, Wilhelm Lehmann, Elisabeth Langgässer, Georg Britting

28 Vgl. *Deutsche Gegenwartslyrik*. Eine poetologische Einführung von H.-J. Willberg. Stuttgart: Reclam, 1989, S. 10 f. (Arbeitstexte für den Unterricht, UB 15010).

Zeit	Name	Beschreibung	Autoren
1951–1970	**hermetische Lyrik**	am Symbolismus anknüpfender Stil des l'art pour l'art: Chiffrensprache	Paul Celan, Yvan Goll, Gottfried Benn, Ingeborg Bachmann
1954–1964	**experimentelle Lyrik**	in Anlehnung an den Dadaismus: Konkrete Poesie, Wiener Gruppe	Eugen Gomringer, Helmut Heißenbüttel, Franz Mon, Ernst Jandl, Konrad Bayer, Gerhard Rühm, Oskar Pastior, H. C. Artmann
ab 1955	**lakonische Lyrik**	minimalistische Reduktion von Umfang und Aussage	Erich Fried, Volker von Törne
1968–1974	**engagierte Lyrik**	kritisch-tagespolitisch orientiert bis hin zum Agitprop	H. M. Enzensberger, Erich Fried, Franz Josef Degenhardt, Nicolas Born, Dieter Süverkrüp, Yaak Karsunke
1974–1985	**Alltagslyrik Neue Subjektivität**	prosanaher Stil mit subjektiver Perspektive auf Alltagsprobleme	Rolf Dieter Brinkmann, Wolf Wondratschek, Karin Kiwus, F. C. Delius, Sarah Kirsch, Jürgen Theobaldy
ab 1985	**postmoderne Lyrik**	Stilmischungen: Spiel mit Stilformen, Themen und Motiven	Durs Grünbein, Volker Braun, Ulla Hahn, Sarah Kirsch, Henning Heske
ab 1990	**Poetry-Slam**	eventhaft-interaktive Vermittlung von Lyrik	Nora Gomringer, Xóchil Andrea Schütz

2.4 KOMPLEXE, AUCH LÄNGERE SACHTEXTE

Als Sachtexte bezeichnet man alle nicht-fiktionalen Texte. Weil sie in der Regel eine Absicht haben und einen Zweck verfolgen, nennt man sie auch Gebrauchstexte. Sie treten in unserem Alltag in vielfältigster Weise in Erscheinung. Das macht es schwierig, ein eindeutiges Ordnungsraster zu erstellen, weil in den seltensten Fällen in einem Text nur eine einzelne Absicht verfolgt wird:

Gebrauchstexte

2.4.1 Übersicht: Sachtexte

Sprachfunktion	Stilmerkmale	Textsorten
darstellend-informativ	unpersönlich, sachlich, knapp, verständlich, zuverlässig, empfängerbezogen	Dokument, Bericht, Beschreibung, behördliche Schreiben, Inhaltsangabe, Nachricht, Protokoll, Rezept, Einkaufzettel
sozial-normativ	sachlich, regelnd, Bedingungen und Konsequenzen betonend, verbindlich, fachsprachlich	Satzung, Gesetz, Vertrag, Erlass, Verordnung
theoretisch-argumentativ, erörternd	analytisch, logisch strukturiert, definierend, begriffs- und erkenntnisorientiert, diskursiv, um Objektivität und Überzeugung bemüht, fachsprachlich	Erörterung, Essay, Interpretation, Facharbeit, wissenschaftlicher Text
	analytisch, meinungsbildend, subjektiv, innovativ, kreativ, ggf. auch unterhaltend	Kommentar, Rezension, Glosse, Leserbrief
expressiv-kontaktiv	ausdrucksbetont, autor- und empfängerbezogen, auf Miterleben, Mitfühlen und Anteilnahme angelegt	Karte, Brief, Tagebuch
appellativ-persuasiv	überredend, rhetorisch, emotionale Wortwahl, Hochwertwörter, handlungsanweisend	Werbetext, politische Rede

Bei den Abituraufgaben sollte das aufgezeigte Spektrum eingeengt sein auf theoretisch argumentative und erörternde Texte. Aber auch diese können recht unterschiedliche stilistische Erscheinungsformen zeigen, je nachdem ob sie wissenschaftlich, feuilletonistisch, essayistisch, assoziativ, logisch-sachlich, emotional, pointiert, agitativ oder anders angelegt sind.

Wie analysiert man einen Sachtext?

Das Schwierigste bei der Analyse eines argumentativen Sachtextes ist die Ermittlung seiner **logischen Struktur**. Nicht immer wird nämlich das schlichte Modell von Einleitung, Hauptteil und Schluss eingehalten, nicht immer gliedert sich der Hauptteil einfach in Pro und Contra. Oft enthält ein Sachtext ein auf den ersten Blick nicht leicht zu durchschauendes Geflecht von vorgetragenen Begründungen, die erst bezweifelt oder widerlegt werden, bevor der Autor seine eigenen Argumente vorträgt, sie eventuell gegen mögliche Anzweiflungen verteidigt und so seine These bzw. Antithese bekräftigt. Auch sollten die Beispiele und Belege auf ihre Stichhaltigkeit und ihre Beweiskraft ebenso geprüft werden wie angeführte Zitate oder der Verweis auf Autoritäten. Generell sollte ein besonderes Augenmerk auf **Konjunktionen und Adverbien** gelegt werde, die nicht selten Gedankenschritte eines Textes anzeigen wie: Bedingungen, Einräumungen, Gegensätze, Gründe, Modalitäten, Einschränkungen, Reihungen, Folgen und Zielformulierungen.

2.4.2 Übersicht: Argumentationsmodelle

Lineares Modell	Einleitung – These – Begründung (ggf. mehrgliedrig) – Widerlegung möglicher Nachteile – Darlegung der Vorteile und positiven Konsequenzen – Wiederholung der These / Schluss
Dialektisches Modell	Einleitung – Antithese – Begründungen der Antithese – Widerlegung der Begründungen – These – Begründungen der These – Zurückweisung möglicher Einwände – Fazit: Wiederholung der These / Schluss
Antithetisches Modell	Einleitung – Antithese 1 – Widerlegung ihrer Begründung – These 1 – Begründung – Antithese 2 – Widerlegung ihrer Begründung – These 2 – Begründung – etc. – Zusammenfassung und Fazit /Schluss

Durchschaut man die Argumentationsweise eines Textes nicht, läuft man leicht Gefahr, der vorgetragenen Meinung folgen zu müssen, und hat so z. B. keinen Ansatz zur Entfaltung einer eigenständig begründeten Ansicht.

3. INHALTSFELD KOMMUNIKATION

3.1 RHETORISCH AUSGESTALTETE KOMMUNIKATION IN FUNKTIONALEN ZUSAMMENHÄNGEN

Redesituation und Redeziel

Als am feinsten ausgestaltete Form der rhetorisch ausgestalteten Kommunikation und vermutlich einzig prüfungsrelevante Textsorte darf die **Rede** gelten. Ausgangspunkt einer jeden Redeanalyse muss die Klärung der Redesituation sein, also die Beantwortung der Fragen: Warum spricht wer worüber wo zu wem und wie sieht der soziokulturelle und historisch-politische Hintergrund dieser Rede aus?

Unter Berücksichtigung der Redesituation und des Redeziels unterscheidet man drei Redearten:

3.1.1 Übersicht: Redearten

Festrede (genus demonstrativum)	ausdrucksorientiert: Im emotionalen Einvernehmen zwischen Redner und Publikum wird einer Person, einer Sache, einem Anlass feierlich gedacht.
Entscheidungsrede (genus deliberativum)	handlungsorientiert: politische Rede: Mit allen zur Verfügung stehenden Mitteln wird etwas empfohlen oder abgelehnt.
Gerichtsrede (genus judiciale)	thematisch orientiert: Anklage oder Verteidigung: Es wird nur ein Aspekt, pro oder contra, berücksichtigt.

Von diesen drei Redegattungen ist die politische Rede sicherlich die interessanteste, weil komplexeste. Hier sind alle Redestrategien gefordert.

3.1.2 Übersicht: Redestrategien

Aufwertung	– Verwendung von positiv besetzten, dynamisch wirkenden Wörtern und Begriffen (Leitwörter, Hochwertwörter) – Hervorhebung, Lob und Anerkennung der Wir-Gruppe – positive Verallgemeinerungen und Betonung positiver Teilaspekte – Verwendung von gängigen Formulierungen (Schlagwörter) – Verweis auf gleichgesinnte Autoritäten

Beschwichtigung	– Herunterspielen, Ausklammern, Tabuisieren unangenehmer Probleme – Notwendigkeit und Zwanghaftigkeit des eigenen Vorgehens betonen – Appelle an die Verantwortungsgemeinschaft
Verschleierung	– Verwendung bewusstseinslenkender Begriffe – Sprachlenkung: ideologische Umbenennungen – Verwendung von Wörtern, deren Inhalt unklar ist (Leerwörter)
Abwertung	– Tadel, Kritik, Verunglimpfung der Gegner auch durch Unterstellungen – Hervorhebung von behaupteten Schwächen, Fehlern und Vergehen der Gegner – Aufspaltung des Gegners: Unterteilung in Gute und Schlechte, Behauptung gravierender Meinungsverschiedenheiten – Verwendung von negativ besetzten, hinfällig wirkenden, lächerlich machenden Wörtern und Begriffen
Dramatisierung	– emotional aufwühlendes, Angst und Befürchtungen schürendes, schicksalsträchtiges Vokabular – maßlose Übertreibungen (gern bei Zahlenwerten und Problemen)

Da die politische Rede versucht, mehr mit Sprachmitteln zu überreden als durch Argumente zu überzeugen, greift sie gern auf das Arsenal der Rhetorik zurück.

Die reine Feststellung des Vorhandenseins rhetorischer Figuren ist jedoch ebenso wertlos wie die Angabe, wie häufig ein bestimmter Buchstabe in einem Text vorkommt. Entscheidend ist, welche Funktion das jeweilige rhetorische Mittel erfüllt. Deshalb ist die nachfolgende Übersicht so geordnet, dass sie sowohl angibt, welchem sprachlichen Aspekt das jeweilige rhetorische Mittel zugeordnet werden muss, als auch benennt, welche Funktion es normalerweise in diesem Rahmen erfüllt.

3.1.3 Übersicht: Rhetorische Figuren

Figur	Beispiel	Definition	Funktion
			phonologisch
Alliteration	*wie <u>w</u>undersam das <u>W</u>olken<u>w</u>ort ge<u>w</u>ählt*	Silben: auffällige Wiederholung gleicher Konsonanten in betonten Silben	*Intensivierung*
Assonanz	*Am <u>A</u>nfang war <u>a</u>lles w<u>a</u>hr.*	auffällige Wiederholung gleicher Vokale in betonten Silben	*Intensivierung*

Emphase	*Ein M a n n steht vor dir.*	besondere Betonung eines Wortes	*Intensivierung*
Paronomasie	*Eile mit Weile*	Wortspiel durch Verbindung klangähnlicher Wörter	*Intensivierung*
			semantisch
Anadiplose	*Das Leben braucht Versöhnung. Versöhnung darf nicht …*	Ein Satz beginnt mit dem/den letzten Wort/Wörtern des vorherigen Satzes.	*Betonung*
Antithese	*Der Wahn ist kurz, die Reu' ist lang.*	Entgegenstellung von Begriffen und Gedanken	*Pointierung*
Hendiadyoin	*Hilfe und Beistand*	inhaltlich identische Substantive	*Betonung*
Neologismus	*Knabenmorgenblütenträume*	Wortneuschöpfung	*Anschaulichkeit*
Oxymoron	*schweigend im Gespräch vertieft; bittere Süße*	zwei sich widersprechende Vorstellungen	*Humor; innere Spannung*
Pleonasmus	*weißer Schimmel*	Wiederholung eines charakteristischen Merkmals des Bezugswortes	*Überbetonung*
Synästhesie	*das warme Braun ihrer Stimme*	Verbindung unterschiedlicher Sinneseindrücke	*Intensivierung*
Tautologie	*immer und ewig* *Persil bleibt Persil.*	inhaltlich identische Adjektive oder Satzaussage	*Betonung*
Zwillingsformel	*Mann und Maus, Kind und Kegel, Tod und Teufel*	zwei meist antithetische Begriffe, gern mit Alliteration	*Anschaulichkeit* *Betonung*
			syntaktisch
Akkumulation	*Vieh, Menschen, Stadt und Felder (Welt)*	Aufzählung zu einem Oberbegriff	*Ausschmückung*
Anapher	*Das Wasser rauscht / das Wasser schwoll*	Wortwiederholung am Satz- oder Versanfang	*Betonung*

Asyndeton	*Alles rennet, rettet, flüchtet.*	Reihung von Satzteilen ohne Konjunktion	*Dynamisierung*
Chiasmus	*Die Kunst ist lang und kurz ist unser Leben.*	symmetrische Überkreuzstellung einander entsprechender Satzglieder	*Pointierung*
Correctio	*Er ist schlau, ja sogar verschlagen.*	Korrektur eines zu schwachen Ausdrucks	*Pointierung*
Ellipse	*Je früher, desto besser.*	unvollständiger Satz	*Hast, Unruhe*
Epipher	*Doch alle Lust will Ewigkeit, will tiefe, tiefe Ewigkeit.*	Wortwiederholung am Satz- oder Versende	*Betonung*
Hyperbaton	*Es ist der Liebe milde Zeit.*	abweichende Satzstellung **(Inversion)**	*Betonung*
Klimax	*Ich kam, sah und siegte.*	Dreigliedrige Steigerung; umgekehrte Abschwächung: **Antiklimax**	*Pointierung*
Parallelismus	*Heiß ist die Liebe, kalt ist der Schnee.*	Wiederholung gleicher Syntaxabfolge	*Pointierung*
Polysyndeton	*und läuft und läuft und läuft*	unnötige Verbindung von Satzteilen durch Konjunktionen	*Betonung*
rhetorische Frage	*Sind wir nicht alle Menschen?*	Scheinfrage, die keine Antwort erwartet	*Nachdrücklichkeit*
Zeugma	*Ich heiße Peter und Sie herzlich willkommen.*	überraschende Zuordnung eines Prädikats zu unterschiedlichen Objekten	*Humor*
			pragmatisch
Allegorie	*Justitia = Gerechtigkeit*	konkrete bildhafte Darstellung eines abstrakten Begriffes	*Bildlichkeit*
Apostrophe	*Augen, verhüllt euch!*	pathetische Anrede	*Emotionalisierung*
Euphemismus	*Entsorgungspark = Mülldeponie*	Beschönigung	*Beschwichtigung*
Hyperbel	*Schneckentempo, Meer von Tränen*	Übertreibung	*Dramatisierung*

Ironie	*Du bist mir ein schöner Freund!*	unwahre Behauptung zur Kennzeichnung des Gegenteils	*Pointierung*
Litotes	*gar nicht so hässlich = recht hübsch*	behutsame Bejahung durch doppelte Verneinung	*Schonung oder Betonung*
Metapher	*Königin der Herzen*	Vergleich ohne wie	*Bildlichkeit*
Metonymie	*den ganzen Goethe lesen;* *ein Gläschen trinken;* *das Weiße Haus sagt*	Ersatz eines Wortes durch eines, das zu ihm in unmittelbarer Beziehung steht	*Anschaulichkeit*
Paradoxon	*Das Leben ist der Tod, und der Tod ist das Leben.*	Scheinwiderspruch	*Pointierung*
Periphrase	*Auge des Gesetzes = Polizei*	Umschreibung	*Bildlichkeit*
Personifikation	*Mutter Natur*	Vermenschlichung	*Anschaulichkeit*
Symbol	*Kreuz = christlicher Glaube* *Schwert = Krieg, Kampf*	vereinbartes konkretes Sinnbild für etwas Abstraktes	*Bildlichkeit*
Synekdoche	*Gemeinschaft von Tisch und Bett = Ehe*	ein Teil steht für das Ganze (pars pro toto)	*Anschaulichkeit*
Vergleich	*steif wie ein Stockfisch*	Verknüpfung zweier Begriffe mit wie	*Bildlichkeit*

3.2 AUTOR-REZIPIENTEN-KOMMUNIKATION

Vorab eine Anmerkung: Wie schon einmal beim Umgang mit der Linguistik scheint diesmal der mit der Rezeptionsästhetik dazu zu verführen, noch vor einer vorläufigen wissenschaftlichen Klärung der in Frage stehenden Phänomene diese zu einem Lehrstoff zu machen. Daraus ergeben sich Probleme bei der Abgrenzung zu produktionsästhetischen und textästhetischen Positionen, bei Entscheidungen innerhalb des rezeptionsästhetischen Richtungsstreits, bei der zu verwendenden Begriffsnomenklatur und bei der Klärung der durch sie bezeichneten Inhalte. Die nachfolgende zusammenfassende Darstellung versucht diesen Problemen aus dem Weg zu gehen, indem sie fachterminologische Begriffe samt der Namen ihrer Urheber vermeidet. Fraglich wird das Thema auch dadurch, dass es bislang zu keiner anwendbaren Methodik geführt hat und nicht zufriedenstellend zu operationalisieren ist.

3.2.1 Modell der textexternen Kommunikation der Textaufnahme

Drei Prozessphasen

Kein literarisches Werk entsteht isoliert von äußeren Einflüssen oder wird isoliert von äußeren Einflüssen rezipiert. Als Kommunikationsobjekt ist es selbst Bestandteil einer Kommunikation, die sich in drei Prozessphasen gliedern lässt:

- den **Prozess der Texterzeugung** vor der Veröffentlichung, in der der Autor im Mittelpunkt steht (Autor-Text),
- den **Prozess der Textaufnahme**, in der der Rezipient (= Leser) im Mittelpunkt steht (Text-Rezipient) und
- den **Prozess der Textwirkung**, in der die durch das literarische Werk vermittelte Kommunikation zwischen Autor und Rezipient in den Fokus rückt (Autor-Rezipient).

Unter Berücksichtigung möglichst vieler Faktoren kann man folgendes Modell der textexternen Kommunikation der Textaufnahme erstellen:

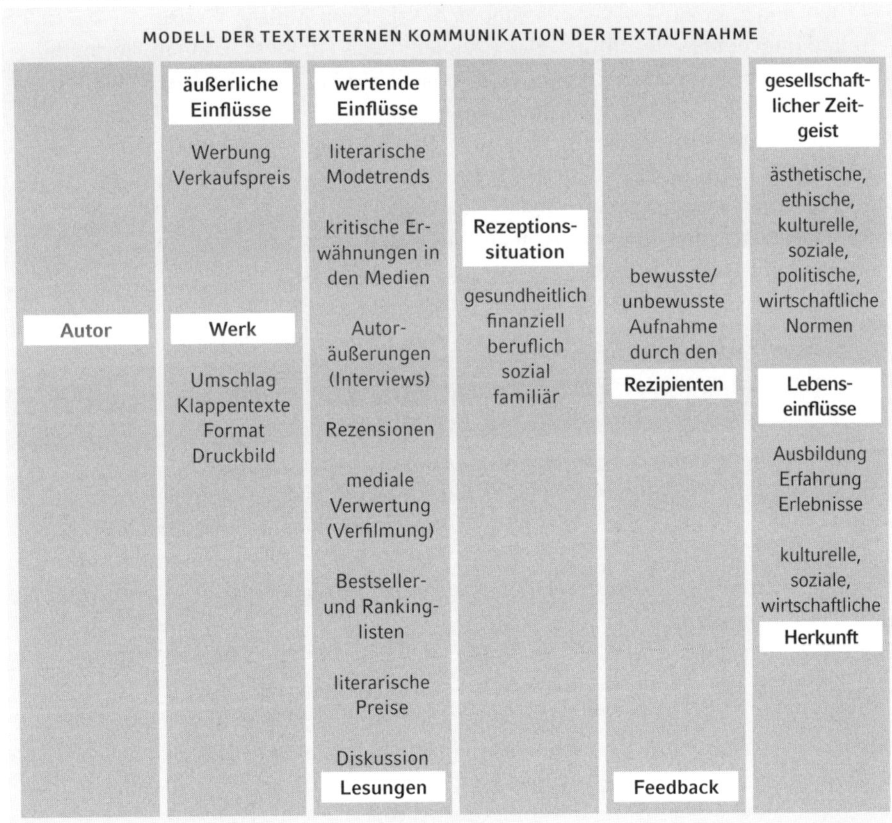

Schaubild 23: Modell der textexternen Kommunikation der Textaufnahme

3.2.2 Verhältnis von Autor und Rezipient

Verhältnisformen zwischen Autor und Rezipient

Ausgehend von diesem Modell ist es zunächst möglich, Besonderheiten in der Kommunikation zwischen Autor und Rezipienten zu verorten und in ihrem jeweiligen Bedingungsgefüge zu analysieren. Selbstverständlich sind diese Besonderheiten nicht generalisierbar, sondern können nur anhand einer speziellen Publikation nachvollzogen werden. Generalisierbar ist lediglich das prinzipielle Verhältnis von Autor und Rezipient:

- **kongruentes Verhältnis**: Der Rezipient stimmt dem Werk in Inhalt, Form und Intention zu. Autor und Rezipient bestätigen sich wechselseitig in ihren weltanschaulichen und ästhetischen Einstellungen.
- **teilkongruentes Verhältnis**: Der Rezipient stimmt einem Werk in Inhalt, Form und Intention nur teilweise zu. In der Folge ergibt sich eine in der Regel wohlwollende, sachliche Diskussion, bei der der Autor den vorgebrachten Einwänden entweder einsichtig, streitend oder ablehnend gegenübertreten kann. Eine Akzeptanz der Kritik kann z. B. zu Werkveränderungen bei späteren Auflagen führen.
- **teilinkongruentes Verhältnis**: Der Rezipient lehnt ein Werk in Inhalt, Form und Intention überwiegend ab. Es ergibt sich vielleicht ein engagierter bis heftiger Disput über die Ablehnungsgründe, an dem der Autor beteiligt sein kann.
- **inkongruentes Verhältnis**: Der Rezipient lehnt ein Werk vollkommen oder grundsätzlich ab aufgrund unvereinbarer Gegensätze in den weltanschaulichen, politischen, sozialen, kulturellen und/oder ästhetischen Einstellungen. Das hat in der Regel zur Folge, dass die Kommunikation gestört ist und Autor und Rezipient sich bestenfalls wechselseitig ignorieren. Fühlt sich der Rezipient sogar in seinen z. B. ethischen oder religiösen Grundeinstellungen verletzt, kann es zu einem gesellschaftlichen Skandal kommen, in dessen Verlauf Autor und Werk diskriminiert werden.

3.2.3 Lesen als Form der Kommunikation

Unilaterale Kommunikation

Die Autor-Rezipienten-Kommunikation ist ein umstrittener Begriff innerhalb der **Rezeptionsästhetik**. Er geht von der Vorstellung aus, dass unabhängig von allen textexternen Einflüssen, die auf Produktion und Rezeption eines literarischen Werkes einwirken, innerhalb des literarischen Textes eine Kommunikation zwischen Autor und Rezipient stattfindet, die erst durch den Lesevorgang realisiert wird. Das kann nur eine **unilaterale Kommunikation** sein; denn sie ist aus der Position des sendenden Autors nachvollziehbar, kann jedoch für die Position des Rezipienten nicht eingenommen werden, weil seine Kommunikationsakte während der Rezeption den Autor nicht (oder nur ausnahmsweise, etwa in Form von Leserbriefen oder Rezensionen) erreichen. Falls alle textexternen Kommunikationswege ausgeschlossen sein sollen, mag sich in ihm durch den Lesevorgang lediglich eine Vorstellung von dem Autor, seiner Denkweise und seinen Einstellungen herausbilden (**impliziter Autor**). Insofern ist nur die Betrachtung interessant, wie der Autor über sein Werk auf den Rezipienten einwirkt, d. h. welche Kommunikationsstruktur dem jeweiligen Werk eingeschrieben ist.

Mittel, mit denen Autoren auf Leser (ein-)wirken

Wie bei jeder Kommunikation müssen bestimmte Inhalte im Text sprachlich so formuliert sein, dass sie für einen Rezipienten verständlich sind. Dabei kann die Art und Weise der Formulierung, der **literarische Stil**, bereits segmentierende Wirkung für die Leserschaft haben, insofern er sich nur an die Leserklientel einer bestimmten ästhetischen Beheimatung richtet bzw. nur einen bestimmten Leserkreis anspricht. Unabhängig vom verwendeten Schreibstil hat der Autor innerhalb seiner Textaussagen unterschiedliche Möglichkeiten der Leseransprache. Er kann die Rezipienten direkt ansprechen, also im Drama über eine der Figuren, in erzählenden Texten über den Erzähler und in lyrischen Texten über das lyrische Ich, und ihnen so **Leseanweisungen, Lese- und Verständnishilfen** geben, er kann dies aber auch indirekt tun, indem er **Steuerungselemente** in den Text einschreibt, die dessen Wirkstruktur bestimmen. Als Steuerungselemente eignen sich vor allem die **Figuren** mit ihren Aussagen und die **Erzeugung von Emotionen**. Diese Wirkstruktur kann man in Abhängigkeit von der Vorstellungsbindung sehen, die der Autor durch Zusammenhang, Anschaulichkeit, Genauigkeit, Detailliertheit und Konsequenz seiner Darstellung beim Rezipienten erreicht, womit er ihn zur Identifikation mit dem Dargestellten einlädt oder sogar zwingt. Während der Leseprozess sukzessiv erfolgt, geschieht die Leserlenkung aber selten linear, sodass der Rezipient seine Erwartungen immer wieder korrigieren muss. Letztlich kann die Lesersteuerung während des Rezeptionsprozesses so weit gehen, dass der Autor den Rezipienten nicht nur in seiner Vorstellung bindet, sondern ihm durch Erläuterungen und Kommentare selbst die Wertung des Dargestellten abnimmt bzw. vorschreibt. Je stärker diese Leselenkung erfolgt, umso **passiver** vollzieht sich die Rezeption. Umgekehrt ist es aber auch möglich, dass der Autor auf solche steuernden Strukturelemente weitgehend verzichtet oder es dem Leser nicht nur ermöglicht, z. B. durch die Verwendung von Ironie, eine Distanz aufzubauen, sondern durch Mehrdeutigkeiten, Unbestimmtheiten oder Darstellungslücken den Rezipienten einlädt, wenn nicht sogar nötigt, diese ungenau oder nicht definierten Stellen der Darstellung selbst zu konkretisieren, zu vervollständigen oder zu füllen. Man spricht dann von Inferenzen, also von aus dem Kontext erschlossenen Informationen. So kommt es zu einer **aktiven Rezeption**, in deren Verlauf der Leser seine eigenen Vorstellungen einbringt, die in Abhängigkeit von den jeweiligen soziografischen Bezügen und sozialen wie individuellen Dispositionen des Rezipienten unterschiedlich ausfallen. Da kann schon das Geschlecht des Rezipienten ausschlaggebend sein oder auch das Maß der Lesekontinuität. Denn bei jeder Unterbrechung des Lesevorgangs muss nach unterschiedlich langer Zeit die Leseerinnerung aktiviert werden. Lesepausen wirken sich aber in der Regel so aus, dass die Leseerinnerung im Sinne einer Stilisierung der Erinnerungsinhalte komprimiert wird, also eine Reduzierung auf die vermeintlichen Grundstrukturen erfolgt. Das bringt notwendigerweise Verschiebungen innerhalb der Leseerinnerungen und vielleicht sogar der rezeptionalen Akzentuierungen mit sich. Verstärkt wird dieser Verlust des Gelesenen durch die möglicherweise situativ begründeten unterschiedlichen Dispositionen des Lesevorgangs. Die Unterschiedlichkeit der Rezeption hat wiederum zur Folge, dass das Verständnis des Textes unterschiedlich ausfallen kann, wenn nicht ausfallen muss. Das ist der Grund für die **unvermeidbare Unterschiedlichkeit der Interpretationen**. Diese Unterschiede werden umso größer, je unterschiedlicher die Horizonte der Rezipienten untereinander und die zwischen Autor und Rezipient sind, z. B. durch eine historische Distanz. Die Grenze der adäquaten Verstehbarkeit eines Textes liegt sicherlich dort, wo der innere Zusammenhalt seiner Strukturen nicht mehr erkennbar ist und auch vom Leser nicht mehr angemessen hergestellt werden kann.

Ständige Korrektur der Erwartungen

Der Leser als Mit-Erschaffer des Werks

Warum jeder ein Werk anders liest

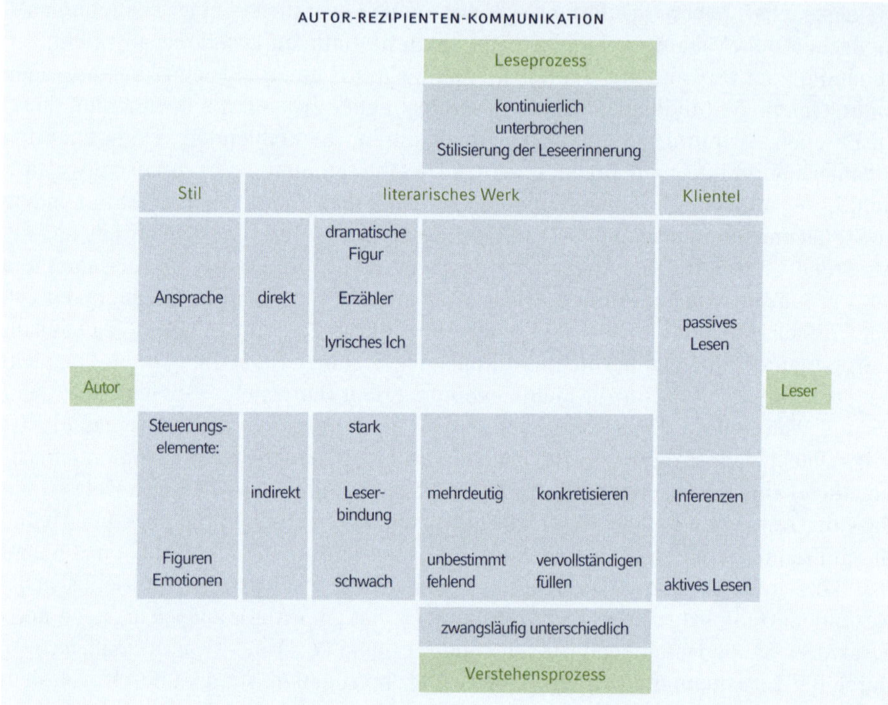

Schaubild 24: Autor-Rezipienten-Kommunikation

3.2.4 Lesen als Erfahrungsprozess

Literarische Wertung versus subjektive Nabelschau

Generell hat der Prozess des Lesens für den Rezipienten zur Folge, dass er sich in der Auseinandersetzung mit einem literarischen Werk in seiner zeitgenössischen Positionierung erkennt und nach Maßgabe des gelesenen Werks zu einer **kritischen Selbstverortung** geführt wird. Die Konfrontation der fiktionalen Welt eines literarischen Werkes mit der eigenen subjektiven Welt im Leseprozess ist somit ein Erfahrungsprozess, der einer doppelten Interpretation unterliegt: der des literarischen Werkes und der des eigenen Standpunktes. Damit sind auch die Extrempunkte der Rezeptionsästhetik definiert: Auf der einen Seite ist es die **literarische Wertung,** auf der anderen eine in Bezug auf das literarische Werk wertlose subjektive Nabelschau.

Erwartungshorizont

Zum Schluss sei noch auf den Begriff „Erwartungshorizont" eingegangen. Fraglos ist kein Leseprozess ohne einen Erwartungshorizont des Lesers denkbar. Fraglos ist aber auch, dass dieser Erwartungshorizont lediglich für die reflektierte Selbstbeobachtung des Lesers von Interesse ist und nicht ausschlaggebend sein kann für das dem Text angemessene Textverständnis oder dessen Interpretation. Es ist ein nur zu häufig begangener Fehler, den Erwartungshorizont zu Rezeptionsbeginn oder nach der ersten flüchtigen Lektüre eines Textes ohne Rücksicht auf die im Text enthaltenen Strukturen zur Grundlage einer Deutung zu machen (wer gibt schon gerne zu, dass sein Vor-Urteil irrig war). Erst aus der möglichst aufmerksamen Analyse des Textes kann sich in Verbindung mit angemessenen eigenen Vorstellungen eine tragfähige Textdeutung entwickeln.

4. INHALTSFELD MEDIEN

4.1 BÜHNENINSZENIERUNG EINES DRAMATISCHEN TEXTES

Beteiligte an einer Aufführung

Wie beim Film wird auch das Theater in der Schule nur in seiner klassischen Form als Literaturtheater thematisiert. Dabei geht man von dem Grundsatz aus, dass jedes Werk der dramatischen Literatur in der Regel nicht als Lesedrama geschrieben worden, sondern für eine Aufführung angelegt ist. An einer solchen Aufführung ist heute eine Vielzahl von Personen beteiligt:

- die **Intendanz**, die den Spielplan gestaltet und die dramatischen Werke auswählt, die zur Aufführung gelangen sollen.
- die **Dramaturgie**, die das aufzuführende Werk und seine Hintergründe fachwissenschaftlich erschließt,
- die **Regie**, die die Aufführung in Zusammenarbeit mit dem Dramaturgen, den Schauspielern und den Bühnenmeistereien plant und ihre Durchführung leitet,
- das **Schauspielensemble**, das die Verkörperung der Figuren übernimmt,
- die **Bühnenmeistereien**, die für die Lösung der gestalterischen, technischen und handwerklichen Fragen verantwortlich sind (Bühnenbild, Beleuchtung, Musik, Requisiten, Kostüme, Maske, Schreinerei, Schlosserei etc.).

Aufführungsstile

Allein die Anzahl der verschiedenen Menschen, die sich mit dem literarischen Werk auseinandersetzen, macht deutlich, dass es wohl nie zwei Inszenierungen geben wird, die gleich ausfallen. Das fängt mit der Intention an, mit der die Intendanz den jeweiligen Spielplan akzentuieren will, setzt sich über die Interpretation des Stücks durch Dramaturgie und Regie fort und endet bei den Umsetzungsmöglichkeiten des Schauspielensembles und der Bühnenmeistereien.

Insgesamt lassen sich folgende Aufführungsstile grob voneinander unterscheiden:

Übersicht: Aufführungsstile

Klassisches Illusionstheater	(„Meininger Spielweise“:) Absolute Texttreue, detailgetreue historische Ausstattung, wirklichkeitsnahe Spielweise: Streben nach einem Gesamtkunstwerk
Ausstattungstheater	Betonung der optischen Wirkung von Bühnenbild, Kostümierung, Requisite, Maske durch üppige Ausstattung
Erzähltheater	(episches Theater:) Betonung des Sprechtextes durch verfremdende Desillusionierungseffekte: argumentierendes Aufklärungstheater

Schauspielertheater	Betonung der Schauspielerpersönlichkeiten: Faszination der körperbetonten (Gestik, Mimik) Rollen-Interpretation
Regietheater	Betonung der Regieinspirationen: z. T. radikale Texteingriffe, große Umdeutungslust, Geschlechterwillkür bei der Rollenbesetzung
Postdramatisches Theater	Betonung medialer Techniken, Einbeziehung nicht-dramatischer Texte (z. B. Memoiren), Rücknahme des Sprechtheaters: Wahrnehmungserweiterung der Zuschauer

Der Begriff „Inszenierungsstil" wird zwar gern und oft verwendet, ist aber inhaltlich beliebig füllbar; ihm liegt kein System definierter Klassifikationen zugrunde. Bühneninszenierungen eines literarischen Textes lassen sich am besten im Vergleich erschließen.

Theaterkritik als möglicher Sachtext in Prüfung

Da eine Bühneninszenierung ein aktuelles Phänomen ist, kann sie nur dadurch prüfungsrelevant werden, dass man sie in Form der Aufzeichnung einer Live-Übertragung, einer Theaterinszenierung oder einer speziellen Fernsehproduktion bzw. einer schriftlich niedergelegten Besprechung (z. B. in Form einer Theaterkritik) behandelt. Bislang waren jedoch alle schriftlichen Prüfungsaufgaben textgestützt, d. h. es wurde noch nie der Ausschnitt einer Aufzeichnung materielle Grundlage einer Prüfungsaufgabe. Das ist auch dadurch begründbar, dass Theater und Fernsehen bzw. Film völlig verschiedenartig funktionierende Medien darstellen, die aus vielfältigen strukturellen und soziologischen Gründen keine angemessene Adaption zulassen. Die Rezension einer Bühneninszenierung kann jederzeit vorgelegt werden. Sie ist dann wie ein Sachtext zu behandeln.

4.2 KONTROVERSE POSITIONEN DER MEDIENTHEORIE

Vermutete Wirkung von Massenmedien

Unter dem Begriff „Medientheorie" versteht man alle wissenschaftlichen Ansätze, die sich mit dem Wesen und der Wirkung von Medien befassen. In der Schule geht es weniger um die Spezifika von Einzelmedien als um die vermutete Wirkung der Massenmedien, in der Regel also um kommunikationstheoretische und gesellschaftskritische Ansätze der Medientheorie.

Realität, Fiktionalität, Virtualität

Neben den bekannten Massenmedien Presse, Radio und Fernsehen spielen zunehmend moderne elektronische Medien eine Rolle, die neben der Realität und der Fiktionalität mit der Virtualität eine neue dritte Dimension eröffnet haben. Ist für die Fiktion die Realität noch Bezugsebene, so entgrenzt die Potenzialität des Virtuellen das Bewusstsein von der Gebundenheit an die rezeptive Wahrnehmung und öffnet die scheinbar grenzenlose Welt der aktiven Vorstellung, in der die Realität nur noch einen Simulationsstatus besitzt. Die abstrahierenden Kulturtechniken des Lesens und Schreibens könnten in dem Maße entwertet und abgelöst werden, in dem die Interaktivität zwischen Mensch und Maschine durch **immer komplexere Interfacesysteme** (Maus, Datenhandschuh, Datenhelm, VR-Brille) steigt. Das könnte für das menschliche Denken eine Entmythisierung der Realität, seine Loslösung von historisch gewachsenen Denkbezügen einerseits und mit wachsender Algorithmisierung ihre kybernetische Synthetisierung andererseits, also den Ersatz durch Kunstwelten, zur Folge haben.

Deshalb werden die Vor- und Nachteile, die fördernden und schädlichen Auswirkungen der zunehmend intensivierten Nutzung von Internet und Mobiltelefon konkret untersucht. Die Ergebnisse sind wie zu erwarten unterschiedlich, je nachdem welche Kompetenz sie in den Blick nehmen. Auch den wissenschaftlichen Untersuchungen fehlt wegen der mangelnden Langzeitstudien noch die überzeugende Beweiskraft. Die nachfolgende Übersicht soll, ohne einen Anspruch auf Vollständigkeit zu erheben, einige grundsätzliche der jeweils genannten Argumente auflisten.

Übersicht: Medienkritik

Medium	angenommene Vorteile	angenommene Nachteile
Handy / Chat (von Mädchen bevorzugt)	– Anonymität – Schnelligkeit – Erleichterung eines Beziehungsaufbaus – soziale Kontakte in einer sich immer weiter anonymisierenden Welt – psychische Stabilisation und gestärktes Selbstvertrauen durch positive Selbstdarstellung – konsequenzlose Identitätsexperimente – Verbesserung der Sozialkompetenz – gute soziale Integration – Erleichterung der sozialen Kontaktpflege	– Verkümmerung der Kommunikationsfähigkeit – Verlust der Rechtschreib- und Ausdruckskompetenz – Verlust der Privat- und Intimsphäre durch Selbst- und Fremddarstellungen – Schein-Privatraum – Begünstigung von Orts- und/oder Persönlichkeitslügen – Gefahr des Missbrauchs von Persönlichkeitsdaten – irreführende Selbstdarstellungen: Identitätstäuschungen – Gefahr der verzerrenden Projektion eigener Vorstellungen und Wünsche auf einen unbekannten Gesprächspartner: virtuelle Persönlichkeit – kommunikativer Druck der Vernetzung: Erwartungsprofile
Computer-Spiele (von Jungen bevorzugt)	– Förderung der Intelligenz durch Komplexität und Interaktivität der Spiele – spannender Zeitvertreib	– Schaffung einer realitätsfernen Wunschpersönlichkeit – zunehmende Entfremdung von der Realität – Förderung der Aggressivität durch interaktive Gewaltdarstellungen – Konditionierung durch Spielverfahren – soziale Isolation – Verschwendung von Lebenszeit

Internet	– Zugänglichkeit zu Informationen – Nutzung von Online-Diensten – Online-Coaching – Steigerung der Mündigkeit – Horizonterweiterung – transkulturelle Kommunikation – Förderung der Toleranz – Partizipationsfreiheit – Freisetzung von Innovation und Kreativität – Förderung der Demokratisierung	– Fehlen ganzheitlicher Sinneserlebnisse – ungesunde Schlaf- und Bewegungsarmut – Verkümmerung von Wahrnehmungsfähigkeiten – Gefahr eines anwachsenden Minderwertigkeitsgefühls – Schwierigkeiten der räumlichen Orientierung – grobmotorische Störungen – Gefahr des Mobbings, Shitstorms – Makel der digitalen Rückständigkeit – Gefahr der Internet-Sucht – Verlust von Ordnungs- und Hierarchiestrukturen – Verlust von Raum-Zeit-Kategorien

Verantwortungsbewusster Umgang mit neuen Medien als Ideal

Wie bei allen neuen Erfindungen gilt auch bei den neuen Medien, dass sie als technische Neuerungen zunächst selbst wertfrei sind. Ihre Bewertung ist abhängig davon, wie und wozu der Mensch sie nutzt. Bei der Nutzung kann man allgemein sagen, dass von einem allzu exzessiven Gebrauch selbstverständlich immer abzuraten und dagegen ein emanzipierter, verantwortungsbewusster Umgang mit den neuen Medien anzuraten ist. Die jeweiligen Extrempositionen sind auf jeden Fall zu verwerfen. Es ist weder sinnvoll, sich in eine süchtige Abhängigkeit von den Medien zu begeben, noch sich ängstlich von den medialen Entwicklungen der Zeit abzukoppeln und sie zu verteufeln; denn schließlich führt beides in eine nicht gewollte Isolation.

TEIL II: ANWENDUNGSWISSEN: VERKNÜPFUNGSASPEKTE

1. PSYCHOLOGISCHER ASPEKT: INDIVIDUATION UND SOZIALISATION – EINE KURZE GESCHICHTE DER LITERATUR

Übersicht

Werk	Individuation	Sozialisation
Faust I	unproblematisiert: Sowohl Faust als auch Gretchen haben zu einer eigenen Persönlichkeit mit eigenem Ethos (eigenen Lebensprinzipien) gefunden.	– egoistische Selbstverwirklichung mit geringer Berücksichtigung des Anderen (Faust) – Konflikt zwischen individuellen Lebenswerten und kirchlichen bzw. gesellschaftlichen Normen (Gretchen)
Die Marquise von O...	unproblematisiert: Sowohl die Marquise wie der Graf werden bereits im reifen Erwachsenenstatus eingeführt.	– Übereinstimmung mit den gesellschaftlichen Normen (Kommandant, Obristin) – sensationelle Durchbrechung eines gesellschaftlichen Tabus (Marquise) – Erschütterung eines gesellschaftlichen Idealbildes (Graf)
Der Sandmann	traumatisch belastetes Selbstbewusstsein Nathanaels	übertriebene Irrationalität verhindert eine sachgerechte und angemessene Wahrnehmung von Welt
Das Haus in der Dorotheenstraße	unproblematisiert: Gottfried Klausen wird bereits als Erwachsener eingeführt	berufliche Identifikation gefährdet bestehende Sozialbezüge

Individuation und Sozialisation sind zentrale Prozesse der menschlichen Entwicklung. In der Phase der **Individuation** nutzt der Einzelne als unabhängiges, eigenständiges Individuum seine Möglichkeiten, seine Persönlichkeit nach Maßgabe seiner Veranlagungen und Zielsetzungen zu verwirklichen. In der Phase der **Sozialisation** begreift er sich als Teil der Gemeinschaft, in der er lebt, und übernimmt in ihr nach Maßgabe seiner Individualität eine möglichst widerspruchsfreie Rolle. Die Darstellung dieser beiden Prozesse gehört wie die Liebesbeziehung zum Kanon literarischer Themen und Probleme und hat z. B. in Form des Entwicklungsromans sogar zu einem eigenen Genre gefunden.

Gedankenexperiment: Literaturgeschichte als Entwicklung eines Individuums

Wie in der Geschichte der deutschen Literatur mit diesen beiden Prozessen umgegangen worden ist und wie sich die explizit genannten literarischen Werke der Abiturobligatorik 2020 dazu verhalten, kann man am besten darstellen, wenn man bildhaft die phylogenetische Entwicklungsreihe der Literaturepochen wie eine ontogenetische Entwicklung (eines Individuums) begreift.

Im Zeitalter des **Barock** begann die deutsche Literatur erstmals konsequent die eigene Sprache zu benutzen (anstelle des Lateinischen), war gleichsam im kindlichen Zustande des Spracherwerbs. In einem solch jungen Stadium der Entwicklung ist die Persönlichkeit noch nicht entfaltet, sondern erprobt sich zaghaft im Rahmen der gesetzten Ordnungen und Regeln. Für den Barock war dies das von Kirche und Adel vorgegebene weltanschauliche Wertesystem. Ein individueller Ausdruckswille trat noch zurück hinter dem Bestreben, seine Virtuosität in der Nutzung der neu gewonnenen sprachlichen Möglichkeiten unter Beweis zu stellen, ohne die Rahmenbedingungen selbst ernsthaft in Frage stellen zu wollen.

Die Epoche der Aufklärung kann als Phase eines sich auf Logizität und Rationalität aufbauenden Selbstbewusstseins verstanden werden, in der das bestehende religiös begründete Ordnungssystem erstmalig eine eigene natur- und wesensbegründete Grundlegung erfährt, die auch Missstände und Fehlentwicklungen in dem bislang fraglos akzeptierten System offenbart. Die in diesem Zusammenhang erhobenen Anklagen drängen jedoch noch primär nach einer verstandesorientierten innersystematischen Lösung.

Sturm und Drang als Pubertät

Es werden in dieser Zeit aber auch andere Reaktionen gezeigt: Der Pietismus verwendet die neuen Erkenntnisse dazu, traditionell am alten System festzuhalten und ihm eine das religiöse Gefühl vertiefende Rechtfertigung zu verleihen. Im Kontrast dazu vertändelt sich die Anakreontik ganz in flüchtiger Oberflächlichkeit und kokettem Spiel. Dagegen entdeckt man im Sturm und Drang die Kraft der eigenen individuellen Persönlichkeit und Willensfreiheit und revoltiert nahezu pubertär gegen alle Einschränkungen der eigenen Person, die man auch in ihrer Entscheidungsverantwortung absolut setzt. Auch Goethes **Faust** ist zu diesen Figuren zu zählen. Obwohl er in jungen Jahren mit seinem Vater gegen die Pest gekämpft und sich so den Dank der Bevölkerung erwirkt hat, ist er im Grunde doch ein wissenschaftlicher Einzelkämpfer, der ohne Rücksicht auf andere und sich selbst bedingungslos sein Streben nach Vollkommenheit des Wissens und Erlebens verfolgt. Dabei ist er nicht ohne Gewissen, aber er versteht es immer wieder, es zugunsten seines Lebensziels zu beschwichtigen. An **Gretchen** wird greifbar, wie katastrophal der Konflikt zwischen dem eigenen Wollen und den gesellschaftlichen Normen enden kann, ohne dass Gretchen je den Boden des humanen Verhaltens verlassen hätte. Ihr ist nicht einmal die Möglichkeit des gesellschaftlichen Protests oder Aufbegehrens gegeben. Sie hat vielmehr alle gesellschaftlichen Konsequenzen ihres Handelns in religiöser Unterwerfung zu ertragen.

Verknüpfungsaspekt 1: Goethe

War der Blick bislang nahezu ausschließlich auf den Prozess der Individuation gerichtet und gipfelte er im Sturm und Drang in höchstem Autonomieanspruch, so erfährt er um 1800, vergleichbar mit der Adoleszenz, einen **Wandel der Perspektive zur Sozialisation**. Goethe und Schiller erkennen, dass die Egomanie ein Weg in die isolierende Sackgasse und den persönlichen Untergang ist, und suchen nach einem idealen harmonischen Ausgleich zwischen Individuum und Gesellschaft, zwischen Autonomiestreben, allgemeiner Menschenwürde und sozialer Vernunft. Das ist die Epoche der **Klassik**. Die von ihr idealisierten Lösungen scheitern aber an der Unvollkommenheit des Menschen und den ihn umgebenden Zuständen. Deshalb wird nach anderen Lösungsstrategien gesucht, zumal das Individuum zu kopflastig erscheint.

Suche nach einem Ausgleich

Die **Romantik** bemüht sich in einer Systemflucht, die Möglichkeiten der Individuation durch Betonung des Emotionalen und Irrationalen zulasten der Sozialisation zu bewahren bzw. diese Sozialisation lediglich spirituell zu vollziehen. Kleist zeigt in seiner Novelle anhand der **Marquise von O.**, wie schwierig es für eine nur bedingt emanzipierte Frau selbst des Adels ist, sich den gesellschaftlichen Normen entsprechend in einer Extremsituation angemessen zu verhalten und mit der Erschütterung gesellschaftlicher Ideale fertig zu werden. Da bedarf es mit der Zeitungsanzeige schon der sensationellen Durchbrechung des gesellschaftlichen Tabus, dass man eine außereheliche Schwangerschaft geheimzuhalten hat. E.T.A. Hoffmann geht sogar noch einen Schritt weiter, wenn er mit psychologischem Feinsinn am Schicksal des **Nathanael** den existenziellen Folgen einer spirituell misslungenen Individuation und Sozialisation nachspürt und zugleich vor den Gefahren einer einseitigen Überbetonung des Irrationalen warnt.

Verknüpfungsaspekt 2: Kleist

Verknüpfungsaspekt 3: Hoffmann

Während der **Biedermeier** versucht, das klassische Idealmodell dadurch zu retten, dass man den Kreis der Sozialisation eng auf die Familie begrenzt, ist der **Vormärz** bereit, seine Individualität kämpferisch für die Erreichung konkreter sozialer und politischer Ziele einzusetzen.

Dem **Realismus** des 19. Jahrhunderts gelingt ein bedingter Ausgleich zwischen Individuation und Sozialisation, insofern die Lösung in beiderseitigen Einschränkungen und Zugeständnissen gesehen wird, deren Hauptlast jedoch der Individuation zukommt. Eine gelungene Sozialisation wird möglich, wenn man das Potenzial seiner Individuation bescheiden an die Erfordernisse der realen Gegebenheiten anpasst. Die Romane Theodor Fontanes machen deutlich, dass dieser Grundsatz für alle gesellschaftlichen Kreise anzuwenden ist.

Am Ende des Jahrhunderts werden jedoch Zweifel an der alleinigen Eigenverantwortung des Menschen für Individuation und Sozialisation manifest. Im **Naturalismus** stellt man dar, dass diese Anpassung oft nicht allein vom Individuum zu leisten ist, weil die individuellen Voraussetzungen wie physische, intellektuelle und psychische Veranlagung, Erziehung und soziales Milieu dies nicht zulassen. Die zur Jahrhundertwende um sich greifende Skepsis erfasst, einer schweren Entwicklungskrise gleich, alle Bereiche. Zukunftsträchtige Entwicklungsmöglichkeiten für Individuation und Sozialisation sind nicht zu erkennen:

Literarische Moderne: verlorene Maßstäbe

- nicht im Rückzug auf die Individualität, infolge derer der **Impressionismus** die subjektive Wahrnehmung zum vorrangigen Maßstab macht,
- nicht in der romantischen Flucht in die Isolation ästhetischer Spiritualität, wie sie der **Symbolismus** betreibt, und auch

- nicht in der geniehaften und exaltierten Kraftmeierei des **Expressionismus** gegen alle Welt.

Zunehmende Desorientierung

Die immer stärker anwachsende Unüberschaubarkeit der modernen Welt, der Zusammenbruch der solide geglaubten politischen Ordnungssysteme nach dem Ersten Weltkrieg und die Beschleunigung und Dynamik der zivilisatorischen Entwicklung (Technisierung) werfen im 20. Jahrhundert mehr und schneller Fragen auf, als sich beantworten lassen. Die traditionellen Leit- und Wertmaßstäbe für die Individuation, zunächst nur angezweifelt, sind nun vollends verloren. Die gesellschaftlichen Umwälzungen vollziehen sich so turbulent, dass das Ziel einer sinnvollen Sozialisation nicht auszumachen ist. Der Mensch scheint seiner Existenz verzweifelt ausgesetzt, er erkennt höchstens noch in der Partnerbindung eine verlässliche Form der Verbindlichkeit und reagiert auf die allgemeine Verunsicherung mit pragmatischen Überlebensstrategien und klammert sich an die traditionellen oder unausgegorenen neuen Ideologien der Masse, wie es die Werke der **Neuen Sachlichkeit** schildern (Faschismus, Kommunismus).

Flucht in Ideologien der Masse

Nach der katastrophalen Verirrung in die vermeintlich neue Grundlagen schaffende Ideologie des Nationalsozialismus, in der sich jegliche Individuation an vorgegebenen Sozialisationsprinzipien zu orientieren hatte, ist man nach **dem Ende des Krieges** noch ratloser als zuvor. Die Impulse von außen durch zurückkehrende Exilanten sind schwach, und den von den Besatzungsmächten angebotenen Werten der demokratischen Freiheit misstraut man. Die Zeiten stehen schlecht für eine störungsfreie Individuation. Zerrüttete, zerrissene, aufgelöste Familienstrukturen, überholte und unbrauchbar gewordene Leitbilder sowie fehlende neue Orientierungsmarken lassen die Menschen in einem Ordnungsvakuum allein und begründen das Scheitern der Sozialisations- oder Re-Sozialisationsversuche der Erwachsenen. Es sind weniger die unmittelbaren Folgen des Krieges, die diese Zustände definieren, als die Entwicklungsbedingungen, die schon vor dem Krieg begannen, den Menschen über den Kopf zu wachsen: die unüberschaubare Dynamik des Simultaneität, die Vereinzelung in der Masse, die dschungelhaften Verhältnisse der Großstädte und vor allem der durch den allgemeinen Vertrauensschwund verursachte Verlust an menschlicher Beziehungssicherheit. Hier setzt eine Entwicklung ein, die bis heute nicht überwunden ist: der Ersatz der Bindungsverlässlichkeit durch die betäubende Teilhaberschaft an medialer Unterhaltung und Zerstreuung.

Verknüpfungsaspekt 4: Lange

Mit der Überwindung der deutschen Teilung und der **Wiedervereinigung** gingen zudem tradierte gesellschaftliche Grundsätze verloren und sind von einem einerseits verunsicherten und andererseits gierig ergriffenen liberalisierten Egoismus verdrängt worden. Die Sozialisation zeigt die Tendenz zur Polarisierung. Hier verkümmert sie zu einer entwerteten Beliebigkeit, Gleichgültigkeit und Hilflosigkeit und wird durch markt- und konsumgerechte Trends ersetzt, dort führt sie zu egozentrischer Ignoranz und Intoleranz sowie zu einer Konkurrenz um nicht immer gerechtfertigte Macht- und Führungsansprüche. Auch der Einfluss der modernen Arbeitswelt auf den Menschen und seine irritierenden und zerstörerischen Einflüsse auf dessen sozialen Beziehungen beeinflussen permanent die Sozialisierungsprozesse, wie **Hartmut Langes Novelle *Das Haus in der Dorotheenstraße*** zeigt.

Die Verbindung zur Lyrik liegt auf der Hand. Nirgendwo sonst sind die Äußerungsformen der Individuation und gleichzeitig der Sozialisation unmittelbarer als in Momenten subjektiver Emotionen. Einerseits versucht das Individuum, sich in seiner unverwechselbaren Persönlichkeit zu präsentieren, andererseits ist es bemüht, diese in der Auseinandersetzung mit einer wie auch immer gearteten Umgebung angemessen zur Geltung zu bringen. Je nach der gewählten Thematik, sei es das Verhältnis dieser Individualität zur Natur, zu reisebedingten Veränderungen, zur alltäglichen Weltumgebung, zu anderen Menschen, zu Organisationsformen, Zuständen und Verhältnissen der Gesellschaft oder Politik, bieten sich in der Lyrik unendliche Möglichkeiten und Motive der Darstellung einer vielleicht für verallgemeinerbar gehaltenen subjektiven Befindlichkeitsartikulation. Die Lyrik kann beleuchten,

Verknüpfungsaspekt 5: Lyrik

- in welchem Maße das individuelle Selbstbewusstsein in der Einschätzung und Wertung der eigenen Gefühle gesichert, fraglich oder unsicher, entwickelt oder unterentwickelt ist,
- inwieweit seine Beziehung zur Außenwelt einseitig oder wechselseitig, oberflächlich sinnlich oder kategorial analytisch und geistig reflektierend begründet ist,
- in welchem Maße und unter ggf. welchen Bedingungen eine Einvernahme und ein Einverständnis mit den erkannten Wertesystemen und Maßstäben des Lebensumfeldes vorhanden ist,
- aus welchen Gründen oder Auffassungsdifferenzen die Beziehung zu Welt und Menschen scheitert und der Verarbeitungsprozess dieses Dissenses die Persönlichkeit der betroffenen Person charakterisiert.

Im Bereich der **Sprache** werden Individuation und Sozialisation zu bestimmenden Faktoren der Sprachverwendung. Idiolekt, Soziolekt und Ethnolekt sind wichtige Identität stiftende Erscheinungsformen der subjektiven Sprachfindung. Im Idiolekt findet die eigene Persönlichkeit mit ihrer Milieuprägung ihren individuellen Ausdruck, im Soziolekt und Ethnolekt gibt das Individuum seine nicht nur sprachliche Sozialisation zu erkennen, indem es die Sprachmerkmale seiner sozialen Gruppe übernimmt und sich so gegen andere mögliche Vereinnahmungen verwahrt. Die Beherrschung von Varietäten befreit das Individuum wieder von solchen sozialen Einordnungen, Ab- und Ausgrenzungen.

Verknüpfungsaspekt 6: Sprache

Auch die **Medien** übernehmen heute bei der Individuation und Sozialisation eine wichtige Funktion, weil sie aufgrund ihrer Nähe bei der Entwicklung des Einzelnen nicht ohne Wirkung bleiben. Das Weltbild und das Realitätsbewusstsein eines Menschen werden wesentlich durch diese tertiäre Sozialisationsinstanz der Medien geprägt. Es ist nicht unerheblich, wieweit man sich mit seiner Realität auseinandersetzt oder inwieweit man in die Fiktionalität (Welt der Heftchenromane und Regenbogenpresse) oder Virtualität (Welt der interaktiven Computerspiele) entflieht und Surrogate von Sozialkontakten (Chats und soziale Netzwerke) für reale Beziehungen hält.

Verknüpfungsaspekt 7: Medien

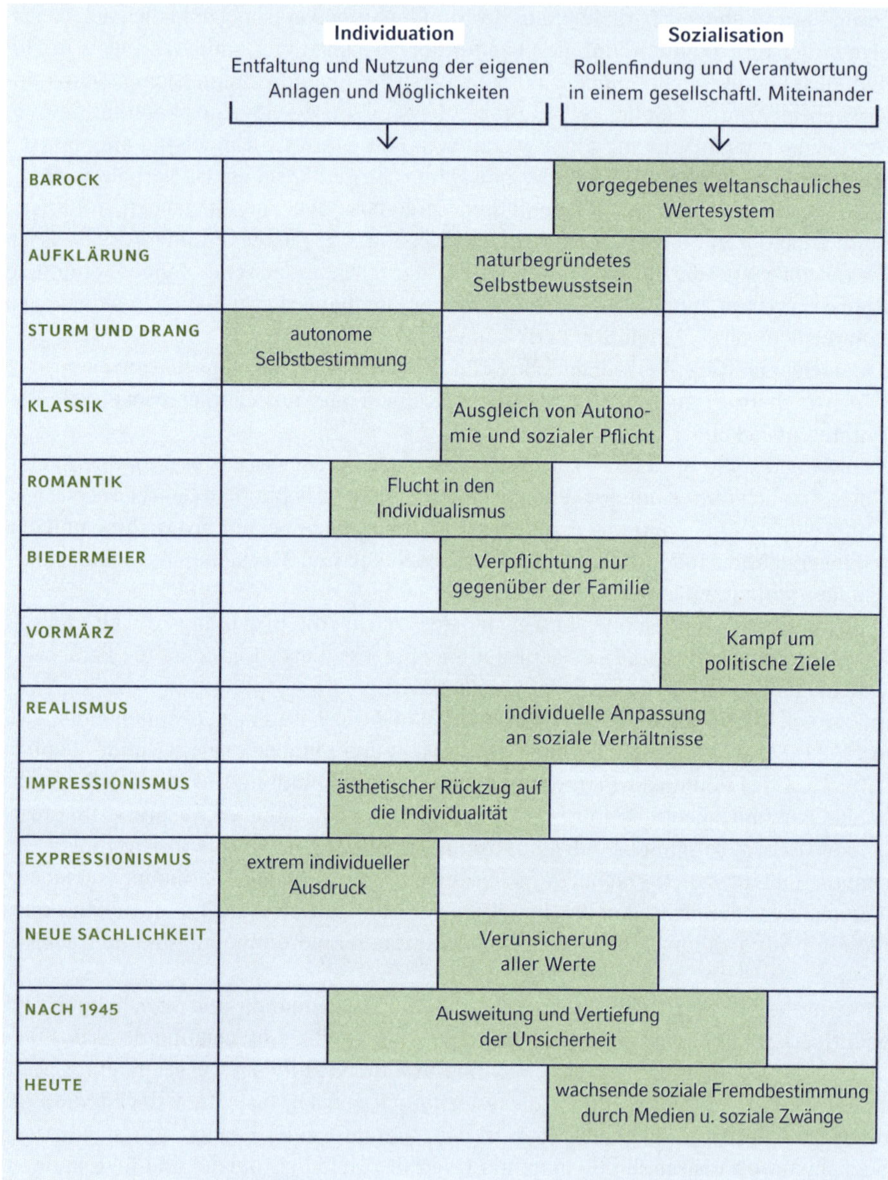

Schaubild 25: Individuation und Sozialisation

2. GENDERASPEKT

Die Stellung des Mannes in der Gesellschaft scheint über die Jahrhunderte relativ stabil. Religiös begründet, findet er im Patriarchat eine fest definierte privilegierte und dominante Rolle, die ihm erst seit dem Epochenumbruch 19./20. Jahrhundert ernstlich streitig gemacht wird. Das ist allein schon an der Autorschaft von Texten ablesbar, obwohl die Frauen bereits seit der Mitte des 12. Jahrhunderts zu schreiben begonnen haben (Hroswitha von Gandersheim, ca. 935 – 1002, wird als erste deutsche Dichterin angesehen) und sogar seither traditionell das Gros des Lesepublikums ausmachen. Dies ist keine Frage der literarischen Qualität: Da auch die Literaturgeschichtsschreibung männlich dominiert wurde, wurden selbst herausragende Texte von Autorinnen in der Regel gar nicht erst kanonisiert. Selbst die zum Abitur obligatorisch zu lesenden Texte entstammen männlichen Federn. Auch die Hauptfiguren der zu lesenden Texte sind überwiegend männlich. Lediglich Goethes Gretchen und Kleists Marquise von O... weichen davon ab. Hier wird erkennbar, dass sich erst im 20. Jahrhundert eine Veränderung der geschlechtsspezifischen Wertung vollzieht.

Dominanz männlicher Autoren in der Literaturgeschichte

2.1 DIE ROLLE DES MANNES IN DER GESELLSCHAFT

Übersicht

Werk	Figur	Männerbild
Faust I	Faust	selbstbewusst, zielstrebig, unabhängig (trotz des Paktes mit Mephisto), freidenkerisch: absolutes Ich
	Mephisto	unzuverlässig, verschlagen, zynisch, triebgesteuert: absolutes Es
	Valentin	Sprachrohr und Verteidiger der gesellschaftlichen Normen
Die Marquise von O...	Kommandant	uneingeschränktes Familienoberhaupt als gesellschaftliche Fassade; Verlust der Führungsposition innerhalb der Familie
	Forstmeister	angepasster, gehorsamer Sohn seines Vaters
	Graf F...	männliches Idealbild: von höherem Adel, reich, ansehnlich, mutig, entschlossen, verantwortungsvoll; aber mit Handlungsfehlern

Der Sandmann	Vater	zwiespältig: launiger Familienvater vs. unterwürfiges Familienoberhaupt
	Nathanael	psychisch krank: traumatisch belasteter Egoist mit bipolarer Störung
	Lothar, Siegmund	helfende Freunde
	Coppelius / Coppola	Verkörperung des rücksichtlos brutalen Bösen / bizarrer, gewinnorientierter Händler
	Spalanzani	zynischer, betrügerischer Materialist
Das Haus in der Dorotheenstraße	Gottfried Klausen	Fortleben einer Priorität des Mannes trotz konziliant scheinender Partnerschaft

Verknüpfungsaspekt 1: Goethe

Goethe zeichnet in seinem Drama *Faust I* mit seiner Zentralfigur weniger die Rolle des Mannes in einer bestimmten historischen Gesellschaft als vielmehr das absolute Selbstverständnis des Mannes, das zunächst einmal von allen sozialen Unwägbarkeiten befreit ist. **Faust** repräsentiert den Mann, wie man ihn sich schlechthin als Ideal eines autarken Menschen vorstellt: unabhängig, gebildet, intellektuell, freidenkerisch, selbstbewusst, zielstrebig, ehrgeizig, durchsetzungsfähig, kämpferisch.[29] Er ist dabei keine Maschine, hat Gefühle, Empfindungen, Zweifel, ist in der Lage, Leidenschaften zu entwickeln und sogar sein Leben zu opfern, sei es aus Verzweiflung und Einsicht in die menschliche Begrenztheit, sei es aus grenzenloser Gier nach Leben, Erlebnis und Erfahrung. Sofern man Faust und Mephisto als Doppelfigur betrachtet, steht Faust für das männliche Ich und Mephisto für das männliche Es. **Mephisto** ist insofern nicht Fausts Gegen-, sondern sein Ergänzungsspieler, seine Komplementärfigur. Er repräsentiert eine andere Bandbreite des Männlichen, denn außer Faust weiß ja niemand etwas von seiner teuflischen Natur: rücksichtslos, unzuverlässig, hinterhältig, verschlagen, listig, zynisch, überheblich, ganz diesseitig, wenig an Geistigem interessiert, sinnlich, sexbesessen. Ihn interessieren die Schicksale der Menschen nicht, auch wenn er gegenüber dem Herrn vorgibt, an ihrem Leid Anteil zu nehmen. Für ihn sind sie nur Gebrauchs- und Spielmaterial zur Verfolgung seiner eigenen Ziele. Ausgesprochen böse und diabolisch gebärdet er sich eigentlich vordergründig betrachtet nicht, wenn man von seinen entscheidenden Beihilfen zur Tötung von Gretchens Mutter und Bruder einmal absieht, sodass man schon wie Gretchen ein Gespür dafür aufbringen muss, um seine getarnte Schädlichkeit zu ahnen. Margarete, nicht Faust, ist somit die Gegenfigur zu Mephisto. Als Fausts männliches Gegenbild ist **Valentin** anzusehen, der in völliger Abhängigkeit von der Gesellschaft lebt: Als Soldat auch beruflich dem Gehorsam verpflichtet, ist er ein Sprachrohr der gesellschaftlichen Normen, deren Verteidigung und derjenigen seines Leumundes (guten Rufes) er höher veranschlagt als die Bindung an seine Schwester. Es hat also seinen Grund, wenn Goethe diesen absolut unaufgeklärten Mann sterben lässt.

---

29 Vgl. zum Thema Faust als Verkörperung eines ‚Selbsthelfers' auch Rüdiger Bernhardt: *Goethes Faust – Faust als Prototyp des modernen Menschen?* Hollfeld: C. Bange Verlag, 2013 (Onlinematerial, zu erwerben unter: http://www.bange-verlag.de/).

Da zwischen dem Erscheinen von Goethes *Faust I* und **Heinrich von Kleists** Novelle ***Die Marquise von O…*** gerade einmal zwei Jahre liegen, hat sich das Rollenbild des Mannes selbstverständlich nicht grundlegend geändert. So erscheint der **Kommandant** weiterhin als uneingeschränktes Oberhaupt der Familie, das in ihrem Namen und anstelle ihrer weiblichen Mitglieder spricht. Aber seine nach außen hin unbestrittene Position ist ausgehöhlt und wird nur noch mit Gewalt fassadenhaft aufrechterhalten. Auch sein unangemessener Vorname Lorenzo, der Lorbeerbekränzte, verweist auf nicht mehr gerechtfertigte Rollenverdienste. Kleist mildert aber seine Kritik dadurch, dass er dem Kommandanten, der weder sein Fort noch seine Familie befehligt, letztlich poetische Gerechtigkeit widerfahren lässt. Immerhin darf der Mann die Schmach seiner militärischen Niederlage durch den Grafen F… ausgleichen, wenn er diesem demütigenderweise den Ehevertrag diktiert. Die geistige Führung ist indes längst von seiner Frau, bezeichnenderweise gern Obristin genannt, übernommen worden. Auch die verweigerte Subordination der Tochter unter seinen Befehl, die Kinder zurückzulassen, als sie sich, von den Eltern verstoßen, auf ihr Landgut zurückzieht, deutet an, dass die Marquise mehr Selbstbewusstsein entwickelt als ihr gehorsamer Bruder, der **Forstmeister**. Mit allen Attributen eines heldenhaften männlichen Idealbildes wird hingegen der russische **Graf F…** ausgestattet, sodass es nahezu unglaubhaft ist oder einer schicksalhaften Ironie gleichkommt, dass ausgerechnet er sich an der Marquise vergangen haben soll. Körperlich wie charakterlich scheint Graf F…, von seiner einen Untat abgesehen, ein Vorbild seines Geschlechts und verkörpert ein eheliches sowie schwiegerelterliches Wunschbild: von höherem Adel, reich, ansehnlich, mutig, entschlossen, verantwortungsvoll und mit einer bedeutenden politischen Mission beauftragt. Kleist steigert auf diese Weise die Fallhöhe des heldenhaften Retters zum gedemütigten Sünder, dämpft seine Rollenkritik an solch einem überzogenen Männlichkeitsideal aber, indem er dem Grafen mit dem idyllischen Familienschlussbild poetische Gerechtigkeit widerfahren lässt.

Verknüpfungsaspekt 2: Kleist

Auch zehn Jahre nach dem Erscheinen des *Faust I* ist das männliche Rollenbild eigentümlich gebrochen, wie man in **E.T.A. Hoffmanns** Novelle ***Der Sandmann*** sehen kann. Erneut zeigt der **Vater** Nathanaels ein zwiespältiges Bild, aber diesmal mit vertauschten Sphären. Auf der einen Seite ist er als launiger Familienvater deren Zentrum, auf der anderen Seite passt er sich den gesellschaftlichen Mächten in Gestalt des Rechtsanwalts Coppelius bis zur Unterwerfung an. Mit Ausnahme von **Lothar** und **Siegmund**, die man als helfende Freunde Nathanaels kennenlernt, sind alle männlichen Figuren der Novelle nur aus Nathanaels verzerrender Sicht wahrzunehmen. Dabei erscheint Rechtsanwalt **Coppelius** als Verkörperung des brutalen und rücksichtslosen Bösen, der Wetterglashändler **Coppola** als dessen leicht ins Komische spielendes Gegenstück. Beide sind auf wirtschaftlichen Gewinn aus, jener mit Hilfe der gefährlichen Alchemie, dieser über die täuschende Verwendung hochkomplizierter Mechanik. Professor **Spalanzani** ist Coppolas wirtschaftlicher Partner, der sich bedenkenlos und mit Zynismus an den schädlichen Wirkungen ihres gemeinsamen Projekts Olimpia erfreut. Somit geht in Hoffmanns Novelle alles Übel vom Manne aus. Aber es ist auch ein Mann, der diesem Übel zum Opfer fällt. **Nathanael** ist jedoch noch viel zu unreif, zu ungefestigt und zudem noch aus seiner Kindheit traumatisiert, um als vollgültiger Repräsentant der Männerrolle in Frage zu kommen. In seiner wahnhaften Verblendung und seinem Egozentrismus wirkt er eher wie ein unglücklich verstocktes

Verknüpfungsaspekt 3: Hoffmann

Kind. Nur seiner Verlobten Clara gegenüber versucht er seine vermeintliche männliche Führungsrolle zu behaupten, wenn er sich ihre kluge Einmischung in seine Probleme Lothar gegenüber verbittet.

Verknüpfungsaspekt 4: Lange

Hartmut Langes Novelle ***Das Haus in der Dorotheenstraße*** kann man nahezu als Ein-Mann-Erzählung bezeichnen, da selbst seine Ehefrau Xenia nur eine Nebenrolle spielt. Das Verhältnis der Eheleute erscheint zwar vordergründig paritätisch und partnerschaftlich zu sein, doch wird an den Verhaltens- und Denkweisen Gottfried Klausens deutlich, dass er sich in einer dominanten Rolle sieht. Er allein entscheidet über seinen beruflichen Einsatzort und meint das partnerschaftliche Verhältnis erfüllt zu haben, wenn er sich an abgesprochene Vereinbarungen hält. Er weiß sehr wohl, dass man eheliche Probleme in einem gleichberechtigten, partnerschaftlichen Gespräch lösen sollte. Aber dieses Bewusstsein unterliegt in der Praxis den unbewussten, animalisch anmutenden Verhaltensweisen und tradierten männlichen Rollenmodellen, die ihm eine Überwachung seines Besitzes nahelegen, und damit einem eifersüchtigen Argwohn gegenüber seiner Gattin.

Verknüpfungsaspekt 5: Lyrik

Auch in der **Lyrik** schlägt sich das traditionelle Männerbild im männlichen Selbstverständnis, in seinem Wunschdenken und seinen Enttäuschungen nieder. Erst die Texte im 20. Jahrhundert differenzieren ein neues Verständnis und neue Anforderungen an diese Rolle. Bis in die **Sprachverwendung** ist die Dominanz der männlichen Perspektive nachweisbar, wie der feministisch gefärbte Sexismusvorwurf und seine Diskussion in den 1970er Jahren gezeigt haben.

2.2 DIE ROLLE DER FRAU IN DER GESELLSCHAFT

Übersicht

Werk	Frauenfigur	Frauenbild
Faust I	Gretchen / Margarete	Bürgerstochter: rollenkonforme Naive idealisierte Tugend
	Marthe	wohlhabende Bürgerwitwe: egoistisch-berechnende Frau, die das trügerische Rollenspiel der Gesellschaft beherrscht
	Lieschen	Dienstmagd: Sprachrohr und Verteidigerin der gesellschaftlichen Normen
Die Marquise von O...	Mutter	mit z. T. fragwürdigen Mitteln durchgesetzte Führungsrolle innerhalb der Familie
	Marquise	erfüllt das erwartete Klischee der adeligen Adelstochter und -witwe

Der Sandmann	Mutter	einfache Bürgersfrau und Versorgerin der Familie
	Clara	rational, aber nicht sozial emanzipiert
	Olimpia	Kunstwesen (Androide) als oberflächliche gesellschaftliche Repräsentationsfigur
Das Haus in der Dorotheenstraße	Xenia	vernachlässigte Ehefrau, die aus ihrem Rollenschema ausbricht

Verknüpfungsaspekt 1: Goethe

Geradezu komplementär zum Männerbild entwickelt sich in der Literatur das Bild von der Rolle der Frau. Die dominante Stellung des Mannes drängt die Frau in eine unterlegene Abhängigkeit, aus der heraus sie ihre Einflussmöglichkeiten nutzen muss. Deutlich ist diese Haltung in **Goethes *Faust I*** an der durchaus wohlhabenden Bürgerwitwe **Marthe Schwerdtlein**, die das trügerische Rollenspiel der Gesellschaft hinreichend beherrscht, um einerseits der Rollenerwartung entsprechend die trauernde Witwe spielen zu können und andererseits ganz pragmatisch Mephisto in eine Verbindung mit ihr zu manövrieren. Besitzgier und Eitelkeit sind ihre Ratgeber, um Gretchens von Faust geschenkten Schatz vor dem Zugriff von Mutter und Kirche zu schützen. **Gretchen** zeigt ihre Anfälligkeit für diese weibliche Schwäche und geht auf diesen Rat ein. Sie ist ein naives Produkt ihrer gesellschaftlich-kirchlichen Sozialisation, der zufolge sie aufopfernd das kleine Schwesterchen versorgt und die Rolle der vorbildlich braven Bürgerstochter spielt. Aber diese Schwäche und das Gefühl der Liebe, das die knapp Fünfzehnjährige erstmalig überfällt, brechen die Künstlichkeit dieser Rolle auf, die den Anforderungen und Anfechtungen des wirklichen Lebens kaum standhalten kann. Die Kraft zur Entsagung gewinnt die an Liebe und Leid in den Wahnsinn getriebene Margarete erst, als die gesellschaftlichen Normen diesen Schritt nicht mehr würdigen. Das macht ihre Tragik und die vieler junger Frauen ihrer Zeit aus. Goethe spaltet in diesem an seiner menschlichen Unvollkommenheit scheiternden Gretchen das idealisierte Teilwesen **Margarete** ab. Er verdeutlicht damit anfangs nicht nur die Lebensfremdheit der von der Gesellschaft geforderten Verhaltensformen, sondern zeigt am Ende auch auf, dass es an Wahnsinn grenzt oder man schon eine Heilige sein müsse, wenn man seiner Liebe entsagt, sich nicht aus dem Kerker retten lässt, sich der irdischen Gerechtigkeit stellt und sich demutsvoll der göttlichen Gnade anvertraut. In diesem tugendhaften Übermaß verkörpert sie ein himmlisches Idealbild der Frau und wird zur metaphysischen Gegenfigur Mephistos. **Lieschen** vertritt als Sprachrohr und Verteidigerin der übereinstimmenden Normen von Kirche und Gesellschaft noch leichtfertig den Standpunkt, der auch für Gretchen zuvor Gültigkeit besaß. Sie hat noch nicht begriffen, dass dieser Standpunkt nur einnehmbar ist, wenn man seine Individualität bedenkenlos diesen Normen aufopfert und vom Schicksal verschont wird, mit ihnen in Konflikt zu geraten. In dieser Rolle ist sie das weibliche Pendant zu Gretchens Bruder Valentin.

Verknüpfungsaspekt 2: Kleist

Die Handlung in **Heinrich von Kleists** Novelle ***Die Marquise von O…*** wird von den beiden Frauengestalten getragen. Während mit der unerklärlichen Schwangerschaft der Titelfigur der weibliche Aspekt der Frau in den Fokus gerückt wird, bestimmt ihre **Mutter** den Handlungsfortschritt des Textes durch ihre Entschlüsse und tatkräftigen

Aktionen. Auf Betreiben der Obristin, der schon von der Benennung her die Führungsrolle zugesprochen wird, kann der Graf zunächst vertröstet werden; sie verflucht ihre eigene Tochter ob deren vermeintlicher Empfängnislüge, und stellt nach der Zeitungsanzeige, in der die Marquise nach dem Vater ihres Kindes forscht, den Kontakt zu ihrer Tochter wieder her, holt sie auch ins Elternhaus zurück. Die Obristin erwartet auch mit ihrer Tochter zum festgelegten Termin nicht nur eben diesen ominösen Vater, sondern verzeiht ihm in Gestalt des Grafen auch sofort, akzeptiert ihn als zukünftigen Schwiegersohn und wünscht sogar an dessen Stelle den schnellstmöglichen Hochzeitstermin. Der Graf hat ihre Führungsrolle längst durchschaut und wendet sich deshalb bei dem büßerhaften Geständnis seiner Verfehlung und seiner Bitte um Vergebung auch vorrangig an sie, indem er in einer äußersten Geste der Unterwerfung auf Knien liegend den Saum ihres Kleides küsst. Triumphaler kann der Sieg im Geschlechterkampf mit ihrem Gatten um die gesellschaftliche Macht kaum ausfallen. Dass sich die Obristin dabei durchaus fraglicher Mittel bedient, ihren Gatten hintergeht, hinter seinem Rücken agiert und selbst vor einer Intrige gegen ihre Tochter nicht zurückscheut, spricht mehr für ihr bedingungsloses pragmatisches Machtstreben als für ihre moralische Lauterkeit. Der Text legt mit seiner Leerstellentechnik sogar nahe, dass sie ihren Gatten mit dem Jäger Leopardo betrügt. Die **Marquise** spielt demgegenüber die Rolle der tugendhaften Unschuld, wenn man sie der doppelten Mutter auch nicht fraglos abnimmt. Sie ist ganz in die gesellschaftlich geforderte Rolle als Frau hineinerzogen, widmet sich der Kunst, Lektüre, Strickerei und Kindererziehung und ordnet sich nach dem Tode ihres Mannes auch wieder der elterlichen Gewalt unter. Die Liebe zu ihren Kindern lässt sie für einen kurzen Zeitraum gegen den väterlichen Willen aufbegehren, doch begibt sie sich schnell wieder ihrer Selbstständigkeit und kehrt mit der Heimkehr ins Elternhaus und der Heirat des Grafen in die von der Gesellschaft vorgesehene Rolle der Frau zurück.

Verknüpfungsaspekt 3: Hoffmann

In **E.T.A. Hoffmanns** Erzählung ***Der Sandmann*** wird die Rolle der Frau durch drei ganz unterschiedliche Figuren repräsentiert. Die **Mutter Nathanaels** erfüllt noch ganz die Rollenerwartung an eine einfache Bürgersfrau, wenn sie sich der Familienversorgung und den Kindern widmet und von der Information über alle wichtigen Ereignisse verschont wird, sei es die geheime Labortätigkeit ihres Mannes, seien es die psychischen Probleme ihres Sohnes. **Clara** zeigt sich da schon wesentlich emanzipierter. Obwohl auch sie die den Frauen zugedachten häuslichen Tätigkeiten versieht, das Frühstück bereitet, strickt und später den kranken Nathanael pflegt, ist sie nicht nur logisch gebildet genug, die Problematik Nathanaels psychologisch klar zu analysieren, sie ist auch beherzt und selbstbewusst genug, ihre Gedanken ungefragt und ohne brüderlichen Schutz ihrem Verlobten gegenüber zu äußern. Fast um diese auffällige Rationalität zu kompensieren, schreibt ihr ihre gesellschaftliche Umgebung eine emotionale Kälte zu, also einen Mangel an weiblicher Empathie. Die Androide **Olimpia** ist eigentlich gar keine Frau, sondern kopiert als mechanische Puppe nur weibliches Aussehen und weibliche Verhaltensweisen. Umso typischer und eindeutiger treten die gesellschaftlich geschätzten Kriterien zutage. Ein hoher, schlanker Körper mit wespenartiger Taille und ebenmäßige Gesichtszüge gelten offenbar als schön, Klavierspiel, Gesang und Tanzvermögen als gesellschaftsrelevante Fähigkeiten. Über die Starrheit ihres Blicks, die Kälte ihrer Hände und die Monotonie und Einsilbigkeit ihres geringen Sprechvermögens vermag man jedoch nur hinwegzusehen, wenn man ihr mit den verblendeten Sinnen Nathanaels begegnet, der dies als Konzentration, seelische Tiefe, inniges Verständnis und edle Zurückhaltung missdeutet. Dass dies die von der patriarchalen Gesellschaft an einer Frau erwünschten und geschätzten Eigenschaften sind, beweist die folgende Sozialsatire, wonach nach der Entlarvung der Puppe die Männer von ihren Geliebten nahezu gegenteilige Verhaltensweisen als Beweis ihrer Authentizität erwarten. Olimpia erhellt, dass das vorherrschende Frauenbild der Epoche weniger an Werten der Persönlichkeit orientiert ist als an repräsentativen Oberflächlichkeiten, die die Frau zum Gegenstand erniedrigen.

In **Hartmut Langes** Novelle ***Das Haus in der Dorotheenstraße*** spielt Xenia, die Frau Gottfried Klausens, nur eine Nebenrolle und löst doch den Konflikt im Bewusstsein ihres Mannes aus. Bereits ihr Name weist auf ihre Doppelfunktion hin: Für ihren Mann ist sie „die Fremde“ geworden, weil er sich aufgrund seiner äußerlichen Abwesenheit von Berlin auch innerlich von ihr entfernt hat. Andererseits hat er aufgrund der misslungenen Telefonate, bei denen sich jeweils eine Männerstimme meldet, den Verdacht, dass sie auch „die Gastfreundliche“ sein könnte, also einen Liebhaber hat. Das Symbol des Vulkanausbruchs, der Gottfrieds Flug zu seiner Frau verhindert, kann ebenfalls als Bild dafür gedeutet werden, dass ihre bislang gezähmten triebhaften Leidenschaften einen plötzlichen Ausbruch erfahren haben. So gesehen wäre Xenia als vernachlässigte Ehefrau zu betrachten, die aus der Rolle der braven, geduldigen, sich unterordnenden Rolle als Ehe- und Hausfrau ausbricht, um selbstbewusst ihren bislang unterdrückten und vernachlässigten Bedürfnissen nachzugehen.

Verknüpfungsaspekt 4: Lange

Die Befreiung der Frau aus der männlichen sozialen Bevormundung schlägt sich erst in den **Gedichten** der Gegenwart nieder. Das ist schon daran erkennbar, dass in diesem Zeitabschnitt erstmals Frauen als Lyrikerinnen ernstlich wahrgenommen werden und sich nachhaltig zum Ausdruck bringen (z. B. Ingeborg Bachmann). Hier setzt sich die Entwicklung zum paritätischen bzw. gleichberechtigten Verhältnis zwischen den Geschlechtern fort.

Verknüpfungsaspekt 5: Lyrik

Im **linguistischen Aufbegehren** der Emanzipationsbewegung im Zuge der gesellschaftlichen Reformen der siebziger Jahre hat sich das Bewusstsein um geschlechtsspezifischen Sprachgebrauch geschärft. Die Bestrebungen nach einer sprachlichen Gleichstellung haben sich vor allem in Form von Doppelanreden („Schülerinnen und Schüler“, „Wählerinnen und Wähler“) niedergeschlagen, sind aber hinter den extremen Forderungen ihrer militanten Verfechterinnen wie Senta Trömel-Plötz und Luise F. Pusch zurückgeblieben (z. B. „frau“ statt „man“) und dienen heute manchmal eher einer ironischen Sprachspielerei.

Verknüpfungsaspekt 6: Sprache

3. LITERARHISTORISCHE ASPEKTE:

3.1 DIE LITERARISCHE ENTWICKLUNG ALS PENDELBEWEGUNG ZWISCHEN RATIO UND SENSUS (EPOCHENMERKMALE)

Verstand und Gefühl

Die Menschheitsgeschichte scheint sich manchmal zyklisch, also wie in einem Kreislauf, zu vollziehen oder einer Pendelbewegung zwischen zwei Extremen zu ähneln. So kann man sich auch die literarische Entwicklung vorstellen. Die Extreme werden hier durch zwei Pole gebildet, die sich nicht ausschließen, sondern kompensatorisch miteinander harmonieren können: die Ratio auf der einen und der Sensus auf der anderen Seite. Der Verstand äußert sich dabei in logischen Kategorien, objektiven Kriterien und abstrakten Begriffen, das Gefühl in Pathos, subjektiven Emotionen und expressiver Bildlichkeit. Je nach der historischen Pendelstellung gestalten sich die stilistischen Epochenmerkmale.

Übersicht

Epoche	Akzent	Schreibstil
Barock	ausgeglichen	differenzierte Formartistik
Aufklärung	rational-didaktisch	Diskurs abstrakter Begrifflichkeiten
Anakreontik	emotional	stilisierte Bildmuster
Pietismus	emotional	pathetisch-religiöse Empfindung
Sturm und Drang	emotional	genialisch-egoistische Subjektivität
Klassik	ausgeglichen	idealistisch-strenge Erhabenheit
Romantik	emotional	sehnsuchtsvolle Fantasie
Biedermeier	rational	wirklichkeitsnahe Idealität
Vormärz	ausgeglichen	leidenschaftliches politisches Engagement
Realismus	ausgeglichen	Betonung von Deskription und Figurenrede
Naturalismus	emotional	selektierender Verismus (schonungslose Wirklichkeitsdarstellung)
Symbolismus	rational	elitäre, vernunftbetonte Bildlichkeit

Impressionismus	emotional	sensible, sprachskeptische Subjektivität
Expressionismus	emotional	apokalyptische Wortgewalt
Neue Sachlichkeit	rational	wertungsarme, nüchterne Distanz
Trümmerliteratur	rational	skeptisch-misstrauische Zurückhaltung
Postmoderne	rational	skeptisch-resignative Lakonie

Standardisierte Schreibmuster

Die Zeit des **Barock** bietet ein ausgeglichenes Verhältnis zwischen Verstand und Gefühl. Das Lebensgefühl im spannungsvollen 17. Jahrhundert ist bestimmt von den Lebensalternativen „carpe diem“ und „memento mori“. Aber dieses Lebensgefühl findet keinen unmittelbaren individuellen Ausdruck, sondern wird gebrochen und überformt von standardisierten Schreibmustern. So wird eine relativ geringe Anzahl an zeitbedingten Aussagen und Intentionen in einer zwar kategorial überschaubaren, stilistisch aber möglichst artifiziellen und differenzierten Form zur Darstellung gebracht. Die literarische Wertung betont also die möglichst artistische Formbeherrschung, gleichgültig ist dagegen die Authentizität der Aussage.

Im Zeitalter der **Aufklärung** fächern sich unterschiedliche Bestrebungen auf. Die rational, weil didaktisch ausgerichtete Strömung, die Aufklärung im engeren Sinne, will einer gesellschaftlichen und moralischen Veränderung der Gesellschaft den Grund legen und diskutiert deshalb abstrakte moralische Begriffe (Tugend, Ehre, Toleranz). Die emotionale Strömung bagatellisiert dagegen das „carpe diem“ des Barock und vertändelt sich in der Oberflächlichkeit der **Anakreontik** (Wein, Weib und Gesang) oder klerikalisiert das „memento mori“ im **Pietismus** zu einem tiefen Religionsempfinden. Der **Sturm und Drang** als wichtigste Fortentwicklung der Aufklärung bricht mit der diskursiven Vernunft und proklamiert an ihrer Stelle das geniale subjektive Gefühl.

Zurücknahme des Gefühls

Der **Epochenumbruch zum 19. Jahrhundert** zeichnet sich aus durch eine rigorose Zurücknahme des Gefühls in der **Klassik** zugunsten einer vernunftorientierten Abstraktion. An straffen Fallbeispielen werden weltanschauliche Leitziele idealisiert und in erhabener, formstrenger Sprache zu scheinbar immerwährender Gültigkeit formuliert. Die **Romantik** kann als Umbruchphase angesehen werden. Einerseits versucht sie in Ergänzung der Klassik die Vollkommenheit der Literatur dadurch zu steigern, dass sie den Mangel an individuellem Gefühl ausgleicht und eine absolute Verschmelzung beider Bereiche anstrebt, andererseits entfernt sie sich wieder von der Verstandesorientierung und ersetzt sie durch die bis ins Extrem reichende Flucht in die Subjektivität von Gefühlswelten, Traum und Fantasie.

Engagement und Ironie

Noch vor der Jahrhundertmitte schlägt das Pendel wieder zurück. Zunächst gemäßigt im **Biedermeier**, der die Position der Klassik zurückgewinnen möchte, dann deutlich im **Vormärz bzw. Jungen Deutschland**. Durchaus im leidenschaftlichen Stil des bedingungslosen Engagements werden politische Umwälzungen in einer begrifflich prägnanten Sprache gefordert und zielorientierte Argumentationen effektiv verfasst. An Heinrich Heines Ironie wird seine Stellung zwischen Romantik und Vormärz deutlich.

Der **Realismus** ist erneut um eine Mittelposition zwischen den Extremen Ratio und Sensus bemüht, räumt aber der kontrollierenden und mäßigenden Vernunft den Vorrang ein. In der Deskription, den adjektivisch wie adverbial sich vollziehenden Wertungen und in ausufernden Figurengesprächen findet er seine um Objektivität bemühten stilistischen Erkennungszeichen. Selbst Thomas Mann knüpft noch an diese Schreibweise an. Dagegen lehnt sich der **Naturalismus** auf, indem er unter Verzicht auf intentionale Verfälschungen sich rückhaltlos und vermeintlich entfiktionalisierend der Wirklichkeit öffnet und gerade so eine emotional hoch aufgeladene Fiktion erstellt (Büchner als Vorläufer).

Mit dem Epochenumbruch zum 20. Jahrhundert findet erneut eine Auffächerung der Strömungen statt. Der Symbolismus wendet sich in seiner kopfbetonten Schreibartistik bewusst von der als aufdringlich empfundenen Emotionalität des Naturalismus ab, während der **Impressionismus** sich bisweilen sogar verzweifelt bemüht (Sprachkrise), den radikal individuellen Empfindungen sensibelsten Ausdruck zu verleihen. Das sprachliche Bild wird zum schillernden Gefäß feinster Gefühlsnuancen. Diese Selbstbespiegelungen dünken dem **Expressionismus** angesichts der von ihm geteilten Endzeitstimmung zu dekadent, weshalb er, vergleichbar der Zeit des Sturm und Drang, seine apokalyptischen Visionen mit drohender Sprachgebärde sowie neologistischer und metaphorischer Kühnheit in die Welt schleudert.

Ausdruck individueller Empfindungen

Der Erste Weltkrieg und seine wirtschaftlichen Folgen kühlen alle emotionalen Erhitzungen ab. In der **Neuen Sachlichkeit** misstraut man den Empfindungen, zieht sich auf die Nüchternheit des Verstandes zurück und bevorzugt eine wertungsarme Prädikation. Der einfache kurze Aussagesatz, die Parataxe und die Verben bestimmen das stilistische Bild.

Flucht in nüchterne Lakonie

Nach der durch das Pathos des Nationalsozialismus und den Schrecken des Zweiten Weltkriegs verursachten zwölfjährigen Pause (zugleich die Zeit der intentional und stilistisch divergierenden Exilliteratur) ergibt sich nach 1945 eine ähnliche Situation wie nach dem Ersten Weltkrieg. Abgeschreckt vom Missbrauch der nationalen wie persönlichen Gefühle, flüchtet man sich in der **Trümmerliteratur** in die sprachliche Lakonik des Verstandes („Kahlschlagliteratur"). Auch in der Literatur wird Realität erst langsam wieder aufgebaut, zerfällt aber angesichts fehlender Wertungskategorien zunächst noch in ein Mosaik der Simultanität.

Während die eine Strömung bestrebt ist, sich über die Anknüpfung an die Tradition des 19. Jahrhunderts wieder zu öffnen (Karl Krolow), zieht die andere sich unter der Last des Holocausts in eine ästhetische Isolation zurück (Paul Celan). Es braucht rund zwanzig Jahre der Konsolidierung, bis dem Sensus wieder getraut wird. Zunächst sind es (wie zur Zeit der Studentenbewegung) noch politisch-kritische und damit rational gesteuerte Proteste, die sich der Trägerschaft des Gefühls bedienen. Selbst in der **Neuen Subjektivität** der siebziger Jahre dominiert oft noch die eher gefühlsscheue und unterkühlte Distanz der Vernunft. Mit dem Begriff **Postmoderne** versucht man heute, trotz der fehlenden historischen Distanz den polyvalenten und richtungsvielfältigen Eklektizismus der Gegenwart zu bezeichnen, in dem pluralistisch eine Vielzahl von literarischen Versuchen, Verstand und Gefühl zu verbinden, nebeneinandersteht. Es scheint, als wollte ein mit Anspielungen und Symbolen aufgewerteter nüchternlapidarer Stil auf Verluste im kommunikativ-affektiven Bereich hinweisen und zu mehr Sensibilität und emotionalem Mut auffordern.

3.2 DIE NOVELLE: SPIELRÄUME UND GRENZEN DER GATTUNG

Bei den erzählenden Texten gibt es innerhalb der Gruppe der Texte mit mittlerer Länge unterschiedliche Möglichkeiten der gattungstheoretischen Einordnung. Die allgemeinste Klassifikation und damit die mit dem geringsten Unterscheidungswert ist die **Erzählung**. Fast alle narrativen Texte der Obligatorik flüchten sich von ihrer Autorenbenennung her unter dieses breite Begriffsdach. Doch werden von der Literaturwissenschaft die Texte von Kleist und Hoffmann durchaus als **Novellen** betrachtet. Nur Hartmut Lange ordnet seinen Text von sich aus unter den Begriff Novelle. Grund genug zu prüfen, inwieweit die drei Texte der Gattungsbezeichnung Novelle entsprechen können.

Übersicht

Werk	Textsorte	Kriterien
Die Marquise von O…	Novelle	ungewöhnliches Ereignis, Mittelpunktskonflikt Tektonik, Mittelpunktsereignisse, Wendepunkte, Leitmotiv
Der Sandmann	Novelle	ungewöhnliches Ereignis, Mittelpunktskonflikt, Einbruch des Dämonischen Tektonik, Mittelpunktsereignis, Rahmen, Wendepunkte, Leitmotiv
Das Haus in der Dorotheenstraße	Novelle	ungewöhnliches Ereignis, Mittelpunktsereignis Mittelpunktskonflikt, Einbruch des Dämonischen, Wendepunkt, Leitmotiv

Verknüpfungsaspekt 1: Kleist

Heinrich von Kleists Text *Die Marquise von O…* wird von der Literaturwissenschaft allgemein als Novelle betrachtet. Kontrolliert man diese Einordnung nach den Gattungskriterien, wird schnell erkennbar, dass zwei gattungstypische **intentionale** und mehrere strukturelle Beschreibungsmerkmale auf den Text zutreffen. Das ungewöhnliche Ereignis besteht in der Zeitungsanzeige der Marquise, das Leitmotiv in ihrer unerklärlichen Schwangerschaft. Der im Mittelpunkt stehende Konflikt erwächst sogar in doppelter Weise aus einem moralischen Widerspruch. Zuvörderst betrifft er die Handlung des Grafen, der die Marquise in einer Aktion zugleich rettet und schändet, in zweiter Linie das Bewusstsein der Gräfin, die ihre Schwangerschaft ihren Eltern gegenüber nicht zu erklären vermag, was sie unglaubwürdig macht. Beide Konflikte werden von den Figuren selbst ausgelöst. Gleich mehrere **strukturelle Novellenmerkmale** treffen auf den Text zu. Er besitzt einen an der Bauform des Dramas orientierten Aufbau und in dem vom Erzähler verschwiegenen sexuellen Übergriff des Grafen sowie in der Veröffentlichung der Suchanzeige der Marquise gleich zwei Ereignisse, die sich als Mittelpunktsereignisse bezeichnen lassen. Bereits der Untertitel des Textes suggeriert, der Text schildere eine wahre Begebenheit, was durch seinen chronikalen Erzählstil gestützt wird. Man kann auch mehrere Wendepunkte innerhalb der

Handlung ausmachen: Obwohl die von Arzt und Hebamme festgestellte Tatsache einer Schwangerschaft den Leser nicht wirklich überrascht, kommt die abrupte Verstoßung der Marquise durch ihre Eltern ebenso unerwartet wie ihre gnädige Wiederaufnahme nach dem von der Obristin initiierten Test. Auch die Selbstentlarvung des Grafen überrascht nicht, wohl aber die allen zuvor abgegebenen Bekundungen zum Trotz von der Marquise vorgenommene Ablehnung des Grafen als Gatten. Das letztendlich versöhnliche Ende kommt durch einen Gesinnungswandel der Marquise zustande.

Verknüpfungsaspekt 2: Hoffmann

Auch der Text ***Der Sandmann*** von **E.T.A Hoffmann** wird zu Recht als Novelle gelesen, denn er erfüllt **fast alle Beschreibungsmerkmale**. Er erzählt als ungewöhnliches Ereignis die Verblendung Nathanaels durch das technische Instrument des Perspektivs, rückt den Konflikt zwischen Vernunft und mystischer Empfindsamkeit in den Mittelpunkt und zeigt in den Szenen des väterlichen Labors, der Zerlegung der Puppe Olimpia und des Rathausturmbesuchs auf, inwieweit das Dämonische sich des Verstandes der Hauptfigur bemächtigen kann. Zudem ist der Text einem Drama vergleichbar aufgebaut, stellt Nathanaels traumatisches Kindheitserlebnis um die Figur des Rechtsanwalts Coppelius in den Mittelpunkt und versichert über seinen Erzähler rahmenartig ausdrücklich die Glaubwürdigkeit der dargestellten Ereignisse. Als unerwartete Wendepunkte der Handlung können die drei psychopathischen Rückfälle Nathanaels in seine traumatische Bewusstseinsstörung betrachtet werden, die einmal durch die Begegnung mit dem Wetterglashändler Coppola, dann durch die Zerstörung Olimpias und letztlich durch das auf Clara gerichtete Perspektiv ausgelöst werden. Dabei unterstreicht Nathanaels Suizid die dämonische Determiniertheit seines Handelns. Das Leitmotiv der Novelle, das immer wieder in Variationen auftauchende **Motiv der Augen**, kann wegen seiner Häufigkeit und Eindringlichkeit kaum übersehen werden. E.T.A Hoffmann dehnt seine Novelle durch einige Elemente aber auch in **Richtung eines Romans**. So ist seine Figurenkonstellation mit elf Figuren für eine Novelle relativ breit angelegt. Zudem folgt der Text mit den drei kommentarlos präsentierten einleitenden Briefen der Form des Briefromans. Darüber hinaus verlässt der Erzähler wiederholt die Ereignisdarstellung (vergleichbar einer narrativen Basis) zugunsten von deskriptiven (Clara), poetologischen (mögliche Einleitungen) und gesellschaftskritischen (Reaktionen auf Olimpia) Exkursen.

Verknüpfungsaspekt 3: Lange

Hartmut Lange bezeichnet seinen Text ***Das Haus in der Dorotheenstraße*** selbst als Novelle. In der Tat erfüllt er die zu dieser Einstufung erforderlichen Kriterien. Man findet inhaltlich sowohl ein unerwartetes, im Mittelpunkt der Handlung stehendes Ereignis, den Ausbruch des isländischen Vulkans, als auch einen Mittelpunktskonflikt, der sich, eingeleitet durch Klausens Besuch des *Othello*-Dramas, als Eifersuchtskonflikt offenbart und mit dem Zitat „Put out the light" selbst den Schluss des Textes beherrscht. Das Dämonische hält schließlich durch Klausens aufkeimende Zweifel an der Treue seiner Frau Einzug in die Handlung, eine Verdächtigung, die sich zwar nur auf Indizien stützt, aber gleichwohl wie ein Dämon ganz von ihm Besitz ergreift. Strukturell findet sich ein am Drama orientierender Aufbau der Handlung, deren Verlauf sich durch überraschende Ereignisse (ausbleibende Ankunft Xenias, ausbleibende Telefonkontakte, Vulkanausbruch, Männerstimme, Versetzungsbitte nach Island) mehrfach wendet. Das Haus in der Dorotheenstraße und die Nathanbrücke einerseits und die Othello-Aufführung und der daraus entnommene Zitatsatz andererseits erfüllen die Funktion von Leitmotiven.

4. THEMATISCHE ASPEKTE

4.1 LIEBE ALS LITERARISCHES MOTIV

Die Liebe zählt zweifelsfrei zu den häufigsten literarischen Motiven, nicht nur in der Lyrik. Es kann an dieser Stelle keine begriffliche Differenzierung dieses sehr vielschichtigen und deshalb vagen Begriffes geleistet werden. An dieser Stelle sollen unter dem Begriff Liebe alle von Zuneigung geprägten zwischenmenschlichen Beziehungsformen gefasst werden, unabhängig davon, ob sie in den jeweiligen literarischen Werken Wunsch oder Realität sind oder Bestand haben bzw. hatten.

Übersicht

Werk	Beziehung	Figur	Bild der Liebe
Faust I	asymmetrisch	Faust	Dominanz des sinnlichen Aspekts vor dem geistig-seelischen
		Gretchen	Harmonie von Sinnlichkeit und Gefühl
		Marthe	materielle Absicherung; Lustgewinn
Die Marquise von O...	asymmetrisch (verborgene Symmetrie)	Marquise	sich selbst gegenüber nicht eingestandene Zuneigung
		Graf	aufopfernde Liebe trotz anfänglicher Vergewaltigung
Der Sandmann	asymmetrisch	Clara	eher platonisch-fürsorglich orientiert
		Nathanael	wegen gestörter Individuation nur eine Form egoistischer Selbstbestätigung
		Olimpia	als Puppe zu jeglicher Emotion unfähig
Das Haus in der Dorotheenstraße	asymmetrisch	Gottfried	in Selbstverständlichkeit erstickt, durch Abwesenheit ausgetrocknet und durch Bevorzugung des Berufs eingeengt
		Xenia	eruptive Selbstbefreiung aus abhängiger Vernachlässigung

Auch in **Goethes *Faust I*** rückt in dessen zweiter Hälfte, dem als bürgerliches Trauerspiel sich darbietenden Gretchendrama, die Liebe als Problemfeld ins Zentrum der Betrachtung. Es handelt sich um eine asymmetrische Beziehung zwischen dem seiner äußeren Erscheinung nach als Adeliger auftretenden, etwa dreißigjährigen Faust und dem erst fünfzehnjährigen Bürgermädchen Margarete. Auch die Motive dieser Liebe

Verknüpfungsaspekt 1: Goethe

sind bei beiden Partnern unterschiedlich. **Faust** wird von Mephisto auf den fleischlich-sinnlichen Aspekt der Beziehung ausgerichtet, versucht jedoch zunehmend, allerdings vergeblich, den geistig-seelischen Aspekt zu gleichwertigem Einfluss kommen zu lassen. **Gretchen** ist von den Äußerlichkeiten der Begegnung mit Faust fasziniert und geblendet. Sie fühlt sich, halb Kind noch, in den Rang eines adeligen Fräuleins gehoben und schwärmt im Stillen von allen damit verbundenen Annehmlichkeiten des Besitzes und der Lebensumstände. Fausts galante Eleganz, sprachliche Einfühlsamkeit und zurückhaltende Werbung versteht sie zunehmend als Ausdruck der Anerkennung ihrer Persönlichkeit. Ihre Liebe zu Faust ist daher beseelt von der Hoffnung auf eine glückspendende harmonische Zweisamkeit, selbst wenn von einer gemeinsamen Zukunft nie die Rede ist. Andererseits darf man nicht übersehen, dass die Beziehung zu Faust keine kurzfristige vorübergehende Affäre ist, sondern fast ein ganzes Jahr andauert (vgl. Kap. 4.6 dieses Abi-Trainers). Trotzdem ist diese Beziehung ganz auf die Erfüllung der Liebessehnsucht ausgerichtet. Alles, was diese Erfüllung hemmt und was sie für Folgen haben kann, bleibt unproblematisiert. Deshalb muss diese Beziehung auch nach der Liebesnacht zerbrechen, weil beide Partner keine Gemeinsamkeiten besitzen, keine intellektuellen, keine ideellen und nicht einmal materielle. Deshalb klammert Goethe auch alle Aspekte der Beziehung zwischen der Liebesnacht und der Gefangenschaft im Kerker aus und beschränkt sich ganz auf die Darstellung von Gretchens Leidensweg. Bei ihrer Nachbarin **Marthe** gerät die Liebe zur spekulativen Ware, denn sie ist auch unter Vortäuschung das einzige den Frauen gesellschaftlich zur Verfügung stehende Mittel, mit dem sich legal Lust und soziale Absicherung gewinnen lassen.

Verknüpfungsaspekt 2: Kleist

In **Heinrich von Kleists** Novelle ***Die Marquise von O…*** liegt zwischen der Titelfigur und dem Grafen F. aus zwei Gründen eine asymmetrische Beziehung vor. Einmal lehnt die Marquise bis nach der Eheschließung den Grafen als Gatten ab, und zum anderen ist ihre Vergewaltigung durch den Grafen zunächst Grund genug, von keinem partnerschaftlich ausgeglichenen Verhältnis auszugehen. Aber diese Sicht hat nur vordergründig Bestand. Tatsächlich liebt der Graf die Marquise, gesteht ihr auch seine Gefühle (17,17) und tut alles, um sie heiraten zu dürfen. Für sie gäbe er sogar seine Stellung und Reputation auf und ginge ins Gefängnis (14,15 f.); er passt sich ihrer vertrauten Lebensumgebung an, indem er in Italien bleibt, unterwirft sich selbst dem demütigenden Josephsvertrag (Verzicht auf Geschlechtsverkehr) und steht mit seinem ganzen Vermögen für die Liebesbeziehung ein. Mehr kann man kaum für eine Liebe aufopfern. Und ob der Begriff Vergewaltigung für das, was geschehen ist, völlig angemessen ist, lässt die Erzählung ja offen: Vielleicht kann die Aussage des Grafen – „Ich glaubte auf Ihre Verzeihung rechnen zu dürfen" (31,11) –, als er sich unerlaubt Zugang zu ihrem Garten verschafft, ja auch auf den umstrittenen Liebesakt bezogen werden. Vielleicht hat die Marquise durch ihr Gebaren und Verhalten bei der Rettung vor dem Zugriff der russischen Soldaten den Grafen ja auch, und sei es ihr selbst unbewusst, ermutigt, die Grenzen des sittlich Statthaften zu überschreiten. Denn so gleichgültig, wie die Marquise tut, ist ihr der Graf keineswegs. Sie beeilt sich sehr, seinen Namen in Erfahrung zu bringen, sie verhält sich auch bei seiner wiederholten Werbung eher ausweichend, soweit die Familie sie nicht in eine andere Richtung drängt, und versteift sich trotz der erklärten Bereitschaft, jeden Vater ihres Kindes zu ehelichen, auf ihre schroffe Zurückweisung nur deshalb, weil sie sich in ihrer Eitelkeit, ihrem Stolz und vor allem in den vorhandenen Gefühlen ihm gegenüber verletzt fühlt. Nur weil bei beiden Ehegatten das grundsätzliche emotionale Einvernehmen vorhanden ist, also eine **verborgene Symmetrie der Beziehung** vorliegt, kann sich diese Ehe mit ihrer Dauer positiv entwickeln.

Verknüpfungsaspekt 3: Hoffmann

Bei der Beziehung zwischen Nathanael und Clara in **E.T.A. Hoffmanns** Erzählung ***Der Sandmann*** von Liebe zu sprechen fällt schwer. Zwar sollen beide eine „heftige Zuneigung zueinander" (19,36) gefasst haben, aber letztlich fehlt es an entsprechenden überzeugenden sprachlichen oder körperlichen Bekundungen. Selbst eine Briefanrede wie „herzinnigstgeliebter Nathanael" (16,3) wirkt steif und formell. Dabei ist Clara diejenige, der aufgrund ihres Verhaltens noch am ehesten die Zuneigung zu Nathanael abgenommen werden kann. Immerhin bemüht sie sich intensiv um die rationale Aufklärung ihres Verlobten angesichts seiner psychischen Probleme (Brief, 12–16) und pflegt ihn fürsorglich nach seinem völligen Zusammenbruch (39 f.). Doch eine wirkliche Hilfe ist sie ihm trotz all ihrer Angebote an Geborgenheit nicht. Wie tief ihre Gefühle für Nathanael wirklich sind, bleibt unklar, wenn man den Schluss der Erzählung berücksichtigt, nach dem sie sich offenbar relativ schnell von der jahrelangen Beziehung zu ihrem Verlobten hat lösen können. Nathanaels Verhältnis zu Clara nimmt sich schon reservierter aus. Wie an seiner Lothar gegenüber geäußerten Verärgerung erkennbar ist, stößt ihn Claras nüchterne und rationale Betrachtungsweise seines Problems zurück. Da wirkt es aufgesetzt und wie eine Floskel, wenn er sie „mein süßes liebes Engelsbild" (17,26) nennt. Leidenschaftliche Liebe kann aber auch das nicht genannt werden, was Nathanael der automatischen Maschine mit Namen Olimpia an Empfindungen entgegenbringt. Dazu sind sie zu stark überlagert von der Begeisterung über die eigene Selbstbestätigung. Von ihrer ungeteilten Aufmerksamkeit, ihrem geduldigen Zuhören und beständigen Blick fühlt sich Nathanael verstanden. Er küsst sie auf Hand und Mund (35,36 f.), und obwohl sie seinen Liebesbeteuerungen nicht antwortet, ist er bereit, sich mit ihr zu verloben (36,30 f.). In seinem Wahn verkennt er jedoch die Einseitigkeit und Zwecklosigkeit seiner Emotionen und die sinnlose Asymmetrie der Beziehung. Seine Liebe erscheint hier nicht als emotionale Basis und Voraussetzung für eine partnerschaftliche Bindung, sondern als spezielle krankhafte Äußerungsform des Wahnsinns.

Verknüpfungsaspekt 4: Lange

Von Liebe wird in **Hartmut Langes** Novelle ***Das Haus in der Dorotheenstraße*** eigentlich nie gesprochen. Lediglich eine etwas länger ausfallende Umarmung in der Flughafenhalle Berlin-Schönefeld kann auf eine emotionale Beziehung zwischen Gottfried Klausen und seiner Frau Xenia verweisen. Ansonsten scheint die Beziehung eher von rationalen und praktischen Erwägungen bestimmt, was beim Erwerb des Hauses in Kohlhasenbrück durchaus erfolgreich gewesen ist, letztlich eine eheliche Beziehung aber nicht auszufüllen vermag. Ein jeder scheint sich in das vom Partner getrennte Leben mehr oder weniger eingewöhnt zu haben. Man vermisst einander zwar irgendwie, aber es schmerzt nicht genug, um die Verhältnisse zu ändern. Gottfried empfindet die Situation zwar als unbefriedigend, aber sein Egoismus verlangt nur nach einer Beendigung des subjektiven Einsamkeitsgefühls, nicht nach der Person und dem Menschen Xenia. Zudem fehlt es ihm an hinreichender Empathie, um zu verstehen, dass auch seine Frau den Zustand ihrer Beziehung unbefriedigend empfinden müsste. Sein Entschluss, um eine Versetzung nach Island zu bitten, statt zu seiner Frau nach Berlin zu fliegen, um ihre Situation zu klären, hat den Charakter einer kindlichen Trotzreaktion, mit der er vielleicht beabsichtigt, die vermeintliche Untreue seiner Frau zu bestrafen, falls er nicht sogar zu feige ist, sich der ehelich problematisch gewordenen Situation zu stellen. Allerdings lässt die Novelle offen, ob Xenia ihren Mann wirklich betrügt. Schließlich liefert der Erzähler keine Berichte, die über die Erkenntnisse Gottfrieds hinausgehen. Sollten seine Zweifel berechtigt sein, erklärt sich Xenias Verhalten als eruptive Selbstbefreiung aus der ehelichen Vernachlässigung.

Verknüpfungsaspekt 5: Lyrik

In der modernen Literatur insgesamt erscheint Liebe eher als eine Illusion von der Rettung des Ichs, denn als ein das Selbst- und Partnerbewusstsein festigendes, beglückendes Gefühl.

4.2 DAS TRAGISCHE ALS LITERARISCHES MOTIV

Der Begriff des Tragischen bezeichnet eine Grundsituation des menschlichen Daseins, der seine inhaltliche Füllung vor allem in der Diskussion der deutschen Philosophie seit Schelling entwickelt hat. Bis dahin hat sich seine Bedeutung weitgehend aus der Tragödie hergeleitet, die als künstlerische Gestaltungsform des Tragischen gilt.

Unausweichlicher Konflikt

Nach Georg Friedrich Wilhelm Hegel (1770–1831), der das Tragische als eine „**Dialektik der Sittlichkeit**“ definierte, versteht man darunter den unausweichlichen Konflikt zwischen gleichberechtigten Werten oder Mächten, der für die an diesem Konflikt beteiligten Personen notwendig in Leid und Untergang endet. Man kann zwei Formen des Tragischen unterscheiden: das **Schicksal-Tragische**, bei dem die Person nicht für die über sie hereinbrechende Tragik verantwortlich ist, und das **Charakter-Tragische**, bei dem der Konflikt und der Ursprung des Leids aus den Eigenschaften oder Verhaltensweisen der Person selbst erwächst. Das Tragische erzeugt einerseits Ehrfurcht vor der Unvermeidlichkeit des tragischen Geschicks und andererseits Bewunderung für den heldenhaften, wenn auch letztlich erfolglosen Kampf gegen das unvermeidliche Verhängnis.

Übersicht

Werk	Werkbezug	Art des Tragischen
Faust I	Gelehrtendrama: Faust	keine (evtl. Charakter-Tragik)
	Gretchendrama: Faust Gretchen	Charakter-Tragik keine Charakter-Tragik
Die Marquise von O...	Novellenhandlung Figuren	keine
Der Sandmann	Novellenhandlung Nathanael	Schicksals-Tragik Charakter-Tragik
Das Haus in der Dorotheenstraße	Novellenhandlung Klausen	Schicksals-Tragik Charakter-Tragik

Verknüpfungsaspekt 1: Goethe

Da Goethe selbst sein Drama als Tragödie bezeichnet hat, ist man dieser Bezeichnung auch bei der Beschreibung seiner Teile gefolgt. So wird häufig sowohl von der „Gelehrtentragödie" als auch von der „Gretchentragödie" gesprochen. Beide Begriffe lassen sich jedoch kaum halten.

Besonders im **Gelehrtendrama** vermisst man weitgehend das Tragische. Sicher steht der Gelehrte Faust in einem Konflikt: Einerseits will er sein Wissen erweitern, andererseits sind ihm von der Natur Grenzen gesetzt. Der menschliche Erkenntnisdrang ist zweifelsfrei ein hoher anthropologischer Wert, die demütige Anerkennung der menschlichen Unvollkommenheit und Begrenztheit dagegen ein religiöser. Der Konflikt entsteht aus der unnachgiebigen Hartnäckigkeit, mit der Faust seinem Erkenntnisdrang folgt, also aus einer Charaktereigenschaft der Zentralfigur: Er wendet sich der schwarzen Magie zu. Für Faust ist dieser Konflikt zwar unausweichlich, er leidet unter ihm, aber er bedeutet nicht seinen Untergang. Faust ist den beschworenen Mächten der schwarzen Magie nicht gewachsen; sein Versuch der Erkenntniserweiterung scheitert, ohne ihn zu vernichten. Hätte der verzweifelte Faust das Gift getrunken, mit dem er seinem vermeintlich sinnentleerten Leben ein Ende setzen will, wäre auch dies kein tragisches Ende gewesen, weil diesem selbstgewählten Untergang die Unvermeidbarkeit gefehlt hätte. Letztlich hat der Konflikt für Faust sogar einen positiven Ausgang, weil sich ihm durch das Auftreten Mephistos die Chance eröffnet, seine Interessen von der fanatischen Suche nach theoretischen Erkenntnissen zu verlagern auf die Suche nach praktischer Lebensqualität und Welterfahrung.

Im **Gretchendrama** liegt die Sache etwas komplizierter. Für **Faust** entsteht abermals kein tragischer Konflikt, da er sich mit der vorehelichen Schwängerung eines jungen Mädchens in keine unausweichliche Auseinandersetzung mit der Gesellschaft setzt. Seine Verhaltensweise verletzt zwar Tugendwerte, hat aber keine Sanktionen zur Folge, erst recht keinen Untergang. Dass er an Gretchens Schicksal mitleidend Anteil nimmt, ehrt ihn menschlich, macht ihn aber nicht zu einer tragischen Figur. Anders ist es bei **Gretchen**. Sie steht in dem Konflikt, einerseits dem körperlichen Begehren der Liebe folgen zu *wollen* und andererseits den religiösen und sozialen Forderungen nach ehelicher Jungfräulichkeit folgen zu *sollen*. Diesen Konflikt zwischen Wollen und Sollen, zwischen subjektivem und objektivem Willen, hat Goethe als Kern des Tragischen angesehen. Zwar ist Gretchens Tragik nicht schicksalhaft über sie verhängt, sondern erwächst ihrer eigenen Leidenschaft, aber die sich einstellende Schwangerschaft bringt sie notwendig in eine leidschaffende Situation, aus der sie sich nicht selbst befreien kann. Ihr Versuch, durch die Kindstötung den Normverstoß zu verschleiern, scheitert und beschleunigt ihren Untergang: Gretchen ist eine tragische Figur. Sie ist es umso mehr, als ohne ihren unmittelbaren Willen, also eher schicksalhaft, der Tod von Mutter und Bruder ihr Schuldkonto belasten. Dieses Urteil wandelt sich etwas, sobald man die andere Seite ihrer Doppelexistenz fokussiert. Während sie nämlich als Gretchen von der irdischen Gerichtsbarkeit durch die Hinrichtung zu Tode gebracht wird, wird sie als **Margarete**, die aller Fährnisse und Leiden zum Trotz und letztlich sogar entsagungsvoll an ihrem religiösen Glauben festhält, von der himmlischen Gerichtsbarkeit erlöst und dem ewigen Leben zugeführt. Mit der Doppelbezeichnung macht Goethe also deutlich, dass die besondere Tragik der Figur Margarete/Gretchen darin liegt, dass sie sich in dem Wertekonflikt nicht nur für einen, sondern für beide Werte entscheidet, für die irdische Liebe und die religiöse Norm. Die Vereinbarkeit beider Werte ist in dem Begriff der Liebe begründet, der sozial zwar auch eine körperliche Ausdrucksform hat, aber zugleich auch Ausdruck eines zentralen Gottesbezuges ist (Pietismus). So gelingt, wenn auch nur unter Vernachlässigung des Kindsmordes, unter diesem Doppelaspekt der Figur die Vereinigung von Sinnlichkeit und Sittlichkeit. Dass eine solche Figur im Planspiel des Dramas trotzdem an den sozialen Verhältnissen scheitert, verdeutlicht, dass Goethe diese Verhältnisse für veränderungsbedürftig hält.

Verknüpfungsaspekt 2: Kleist

In **Kleists** Novelle ***Die Marquise von O.*** liegt trotz des insgesamt dramatischen Handlungsverlaufs keine Tragik vor. Das liegt an dem positiven Ausgang der Geschichte. Zwar wird eine kurze Lebensphase der Marquise von ihrer ungewollten Empfängnis schicksalhaft beeinflusst: Sie macht sich mit ihrem unglaubhaften Beharren auf die Unkenntnis ihrer Schwangerschaft nahezu zum Gespött, hat die Sanktionen ihrer Eltern zu ertragen und die Demütigung, die von ihrer Zeitungsanzeige ausgeht. Aber letzten Endes bringt ihr dieses Schicksal kein Leid ein, sondern einen Ehemann, der sie auf Händen trägt, und offenbar auch eine glückliche Familie.

Verknüpfungsaspekt 3: Hoffmann

Ganz anders in **Hoffmanns** Novelle ***Der Sandmann***. Hier lassen sich mehrere tragische Handlungsstränge finden. Dabei ist die doppelt gescheiterte Liebe Nathanaels, obwohl sie die Novellenhandlung bestimmt, noch am wenigsten schlimm. Das Scheitern ist seinem **Charakter** bzw. seinen Verhaltensweisen zuzuschreiben. Seine Liebe zu Clara scheitert an seinem verbohrten Hang zu Mystizismen und seiner defätistischen Überzeugung von der Existenz böser und vernichtender Mächte, die „Liebe" zu Olimpia an der (infolge seiner Verblendung) grotesken Wahl ihres Bezugsobjekts. Immerhin scheint Clara mit einem anderen Partner noch ihr Familienglück gefunden zu haben, während Olimpias Puppenexistenz in Zerstörung endet. Aber da sie keine Person, sondern ein Ding ist, ist das nicht tragisch. Da man die charakterliche Entwicklung Nathanaels nicht von den traumatischen Ereignissen seiner Kindheit trennen kann, denen er schicksalshaft ausgeliefert war, gründet sich die Tragik seines Charakters letztlich in einer **Schicksalstragik**, der er nicht ausweichen konnte. Dass trifft insbesondere auf seinen Suizid zu, in dem sein Leid gipfelt. Denn der Kauf des Perspektivs, der seinen finalen Wahnsinn auslöst, steigert und letztlich auch seinen Suizid zur Folge hat, rührt vor allem von einer Clara zuliebe getroffenen Entscheidung, mit der er seine instinktive innere Aversion überformt.

Verknüpfungsaspekt 3: Lange

In **Hartmut Langes** Novelle ***Das Haus in der Dorotheenstraße*** liegt bezüglich der Handlung eine **Schicksals-Tragödie** vor: Es ist ein Naturereignis, das zunächst verhindert, dass Klausen zu seiner Frau nach Berlin fliegen kann, um mit ihr persönlich über die vermuteten Eheprobleme zu sprechen. Dieses schicksalhafte äußere Ereignis fördert gleichzeitig Gottfried Klausens **Charakter-Tragik**. Sein unsensibles Verhalten seiner Frau gegenüber wird ihm nicht bewusst, sein unreflektiertes Vertrauen darauf, dass mit ihrer Ehe alles in Ordnung sei, hält jedoch der Belastung durch die misslingenden telefonischen Kontaktaufnahmen nicht stand. Die vom *Othello*-Drama ausgehenden Zweifel an der Treue der Ehefrau fallen bei ihm offenbar, trotz anfänglicher Leugnung, auf fruchtbaren Boden, setzen sich fest, keimen erst nur als allgemeine gedankliche Verunsicherung auf, bis sie sich, von den faktischen Ereignissen (ominöse Männerstimme) genährt, schon zu Deutungs- und Verstehensmöglichkeiten verdichten, um sich letztendlich in einer Art Bestätigungsschleife für ihn immer stärker zur einzig denkbaren Wirklichkeit zu profilieren. Dieser gesamte Verunsicherungs- und

Verdächtigungsprozess verläuft für Klausens Bewusstsein ebenso quälend wie unaufhaltsam, sodass man am Ende gar fürchten muss, er könnte sich für eine kriminelle Lösung seines Eifersuchtsproblems im Stile Othellos entscheiden, der seine Gattin Desdemona aus – unbegründeter – Eifersucht ermordet.

Innerhalb der Lyrik tritt das Tragische außerhalb von Balladen gern in Reflexionsgedichten auf, wenn, vor allem in resignativen Rückblicken, die Vergeblichkeit des eigenen Wollens und Handelns beklagt wird.

Verknüpfungsaspekt 4: Lyrik

4.3 DAS KOMISCHE ALS LITERARISCHES MOTIV

Definition des Komischen

Das Komische gilt neben dem Tragischen als eine der beiden Grundformen menschlichen Erlebens. Seine vielfachen subjektiv wie kulturell unterschiedlichen Erscheinungsformen haben bislang eine umfassende und einheitliche Bestimmung verhindert. Als strukturell kennzeichnend für das Komische kann jedoch zusammengefasst werden, dass es als „Resultat einer Handlung“ (Robert Gernhardt) auf einer Durchbrechung der Erwartungshaltung des Rezipienten beruht, die von einer irgendwie vom Rezipienten empfundenen Diskrepanz ausgelöst wird und zu einem emotionalen Effekt führt, der zwischen heiterem Gelächter und einem Gefühl distanzierter Betroffenheit liegen kann. Das Lachen hat dabei eine ausgleichende Funktion und ein distanzierendes Überlegenheitsgefühl gegenüber dem Verlachten zur Folge, sodass dies wie im Falle der Betroffenheit zum abzulehnenden Beispiel wird.

Abgrenzung der Begriffe des Wortfeldes Komik

Innerhalb der Literatur kann das Komische als **Handlungs- oder Situationskomik, Verhaltens- oder Charakterkomik** sowie **Sprachkomik** in Erscheinung treten.

- Wenn das Komische darauf abzielt, einen irgendwie gearteten Geltungsanspruch kritisch zu vernichten, wird das Komische zur **Ironie**,
- bedient es sich dabei entlarvender Mittel, wird es zur **Satire.**
- Sind die zur Gestaltung der Handlungs- oder Charakterkomik verwendeten Mittel grobschlächtige und derbe Übertreibungen, spricht man von einer **burlesken** Komik,
- haben sie zusätzlich einen verfremdenden oder sogar dämonischen Charakter, spricht man von **grotesker** Komik.

Der Begriff der **Ironie** dürfte als festgelegte rhetorische Form bekannt sein; er bezeichnet einen Ausdruck, den man zur Verstärkung benutzt, um das Gegenteil dessen zu verstehen zu geben, was man wortwörtlich sagt. Bemüht sich die Ironie dazu gar beißend verspottenden Hohns, so steigert sie sich zum **Sarkasmus,** und will sie zudem noch verletzen, redet man von **Zynismus**.

Im umgangssprachlichen Sinne **komisch** ist etwas dann, wenn man das Ungewohnte nicht einzuordnen vermag. Empfindet man es als eigenartig und seltsam, kann man es auch **bizarr** nennen oder, sofern es einem drollig erscheint, also niedlich und amüsant, **skurril**. So klar sich diese Begriffe zu unterscheiden scheinen, so schwierig sind sie in der Verwendung, zumal die zu Grunde liegende Subjektivität des Urteilenden nicht selten zu unterschiedlichen Bewertungen führt.

Übersicht

Werk	Art der Komik	Erscheinungsform
Faust I	Situationskomik	*Zwischen-Szenen*: 5: Auerbachs Keller: burlesk-grotesk 6: Hexenküche: grotesk 21: Walpurgisnacht: grotesk *Teilszenen:* Pentagramm-Szene in Szene 2: Studierzimmer: satirisch Schüler-Szene in Szene 4: Studierzimmer: satirisch
	Charakterkomik	Mephistopheles: satirisch, burlesk, grotesk
	Sprachkomik	Mephisto: ironisch, satirisch, sarkastisch Dialog: Schüler-Mephisto in Szene 4: Studierzimmer: satirisch Dialog: Marthe-Mephisto in Szene 12: Garten: ironisch Szene 22: Walpurgisnachtstraum: ironisch
Die Marquise von O...	Situationskomik	paradox: Erschießung der Soldaten vs. Belobigung des Grafen satirisch: Versöhnungsszenen burlesk: Versöhnungsszene Mutter-Tochter grotesk: Versöhnungsszene Vater-Tochter zynisch: Lob des Grafen für die „Rettung" der Marquise
	Sprachkomik	ironisch: Namensgebungen
Der Sandmann	Situationskomik	grotesk: Liebe Nathanaels zu Olimpia bizarr: Brillenanbieter Coppola
	Charakterkomik	skurril: Coppola

Verknüpfungsaspekt 1: Goethe

Obwohl **Goethes** Drama ***Faust I*** den Untertitelbegriff „Tragödie“ trägt, finden sich darin dennoch zahlreiche komische Elemente. Der Begriff „Tragödie“ besagt nur, dass die Handlung für die Protagonisten des Stücks (hier: Gretchen) unglücklich endet, was in der Regel bedeutet, dass sie sterben. Wie die Wirkung des Tragischen zumeist in ihrer Vorbildfunktion besteht, so gründet sich die Funktion des Komischen in der Distanzierung vom Dargestellten. Diese Möglichkeiten nutzt Goethe immer wieder, wenn der satanische Bereich Mephistos berührt wird. Man kann ganze Szenen oder Szenenteile der komischen Gestaltung zurechnen. Im **Gelehrtendrama** finden sich zwei satirische Teilszenen und eine ganze burleske Szene: Dass der Teufel Mephisto das Studierzimmer Fausts wegen des Pentagramms an der Tür nicht verlassen kann (1395) und auf die Hilfe einer Ratte angewiesen ist (1513), ist nicht nur komisch, sondern entlarvt bereits zu diesem frühen Zeitpunkt die Unvollkommenheit der mephistophelischen Mächte.

Auch die bekannte Universitätssatire, in der Mephisto einen armen Schüler zum Besten hält, ist nicht nur wegen der sprachlichen Ironien sprachkomisch, sondern wird schon allein dadurch zu einem situationskomischen Moment, dass Mephisto sich als Faust ausgibt und verkleidet (1851). Situationskomik zur Gänze liegt dann abschließend in der Szene in *Auerbachs Keller* vor. Hier findet man alle Komikformen vor:

- Das **Situationskomische** wird in dieser Zauberszene am deutlichsten, als sich die vier Studenten in burlesker Art wechselseitig an der Nase ziehen (2319),
- das **Charakterkomische** ist durch die knorrigen Studententypen selbst gegeben,
- und das **Sprachkomische** lässt sich leicht in den andeutenden Sprachspielen nachweisen, als Frosch vergeblich versucht, Mephisto auszuhorchen (2189 ff.), oder an den satirischen Liedern, die gesungen werden.

Als grotesk ist ebenfalls die erste Szene des **Gretchendramas** zu bewerten. Die „Hexenküche" ist mit ihren Elementen der Verfremdung und Dämonisierung schon per se ein grotesker Ort, dessen Charakter noch durch die spektakuläre Erscheinungsweise und zotige Gestik der Hexe gesteigert wird. Die Sprechweise der Meerkatzen und die Zaubersprüche der Hexe geben die befremdenden sprachlichen Farben dazu. Heute, im Zeitalter des gehobenen Showbusiness, werden sich Regisseure vermutlich auf eine solche Szene stürzen, um alle ihre komischen Unterhaltungselemente herauszustellen. Der Charakter des bürgerlichen Trauerspiels macht es Goethe schwer, im Gretchendrama weitere komische Teilszenen unterzubringen. Da bedarf es einer Figur wie der Frau Marthe, die das verlogene Spiel der Gesellschaft so gut beherrscht, dass selbst Mephisto angst und bange wird. So ist auch der Dialog während des gemeinsamen Spaziergangs im Garten mit einer rokokohaft tändelnden Sprache überzogen, in dem das andeutungsvoll Gemeinte Marthes und das vertuschend Gesagte Mephistos zu einem ironisch-erotischen Fangreigen wird, der aus dem Komischen heraus die ernsthafte Annäherung zwischen Faust und Gretchen kontrastreich beleuchtet. Mephistos Auftreten im Gretchendrama ist immer wieder einmal von ironischen oder satirischen Kommentaren begleitet. Am deutlichsten tritt das in der Szene 14: *Wald und Höhle* in Erscheinung, als Mephisto Faust nur mit brutalen Sarkasmen und Zynismen dazu bewegen kann, seine Gewissensskrupel in Leidenschaft zu ersticken. Wie im Gelehrtendrama fügt Goethe auch in das Gretchendrama eine Szene ein, die mit verfremdenden und dämonischen Mitteln einen grotesken Gegensatz zur Trauerspielhandlung bildet: *Walpurgisnacht*. Es ist schon eine bizarre Szenerie, die Goethe da auf die Bühne gestellt sehen will, ein groteskes Kaleidoskop dämonischer Welten, als gelte es, eine Rocky-Horror-Picture-Show zu antizipieren. Ob die gespenstische Hexenorgie wirklich wie eine schwarze Messe wirkt und nicht dilettantisch in exorzistischer Lächerlichkeit versinkt, hängt sicherlich von der Inszenierung der Szene ab. Hinreichend schockierende optische und sprachliche Effekte enthält sie jedenfalls. Allein das Bild des roten Mäuschens, das Faust aus dem Munde der tanzenden schönen jungen Hexe springen sieht (4179), gibt die Ambivalenz und Doppelbödigkeit der Szenerie wieder. Die folgende Szene *Walpurgisnachtstraum* ist allein wegen ihrer mangelhaften inhaltlichen Anbindung an das Gretchendrama bizarr. Hier setzt Goethe wie in einem intellektuellen kabarettistischen Pausenfüller ganz auf die ironische Assoziationsfähigkeit seines zeitgenössischen Publikums, wenn er in vierundvierzig Strophen selbstkritische Figurenaussagen aneinanderreiht. Einem heutigen Betrachter dürfte sich die Komik dieser Verse kaum noch erschließen, weshalb die Inszenierungen sie meistens streichen. Andererseits getraut sich niemand, diese Strophen in Anpassung an die heutige Zeit neu zu verfassen, wie es z. B. bei Stücken von Nestroy durchaus üblich ist.

Insgesamt bleibt festzustellen, dass Goethe das Komische in nahezu allen möglichen Erscheinungsformen nutzt, um seiner Tragödie ein komplementäres Gegengewicht zu geben und mit dieser an Shakespeare orientierten Stilmischung seinem Drama, das sich dadurch vom klassischen Drama unterscheidet, nicht nur eine unterhaltsame Abwechslung, sondern im Sinne eines universalpoetischen Werks einen harmonisierenden Ausgleich der Atmosphären zu schaffen.

Verknüpfungsaspekt 2: Kleist

Auch in **Kleists** Novelle ***Die Marquise von O...*** finden sich verschiedene Formen der Komik. Am stärksten ist sie in den **situationskomisch** und satirisch angelegten Versöhnungsszenen zwischen der Tochter und zunächst der Mutter und dann dem Vater. Äußert sich in jener die burleske Kritik nur in Form von sprachlichen Exaltationen (Überspanntheiten) und wechselseitigen Kniefällen, färbt Kleist diese gar mit den grotesken Gebärden inzestuösen Verhaltens. Auch die Offenbarungsszene des Grafen ist burlesk überzeichnet. Damit werden alle hochemotionalen Szenen ins Lächerliche gezogen. Feiner handhabt Kleist die Komik in den paradoxen Handlungsmomenten der Novelle: So müssen die russischen Soldaten, die die Marquise vergewaltigen wollten, ihr Tun in der Erschießung büßen, während der Graf, der sich heimlich selbst sexuell an ihr vergangen hat, im zynischen Gegensatz dazu für seine Verhaltensweisen ausdrücklich gelobt wird. Die Neigung der Frauen zu religiösem Pathos wird in der Mariensymbolik konterkariert, mit der man die vermeintlich unerklärbare Schwangerschaft der Marquise in Beziehung setzt. Komisch wirken auch die immer wieder auftretenden Hindernisse, die ein eindeutiges Geständnis des Grafen nicht zulassen, von Kleist aber zugleich geschickt zur Steigerung der Handlungsspannung eingesetzt werden. Während eine charakterkomische Figur eigentlich fehlt und nur die Hebamme sich einer solchen Zeichnung annähert, finden sich mehrfach Formen der **Sprachkomik** in Kleists Novelle. Schon der Name Lorenzo, der Lorbeerbekränzte, karikiert eher den Kommandanten, dem es weder gelingt, sein Fort noch seine Familie zu schützen. Er ist auch an den meisten sprachkomischen Situationen beteiligt, indem er Formulierungen verwendet, die in ihrer Doppeldeutigkeit oder situativen Unangemessenheit ironisch klingen und ihn in den Augen des besser orientierten Lesers lächerlich machen.

Verknüpfungsaspekt 2: Hoffmann

Die Komik in **E.T.A. Hoffmanns** Erzählung ***Der Sandmann*** neigt aufgrund der in ihr entworfenen dämonischen Atmosphäre eher dazu, das gespenstisch Unheimliche zu steigern. Das Motiv der blutigen Augen, die Nathanael an die Brust springen, ist sicherlich die groteskeste Horrorvorstellung. Aber auch die **situationskomischen** Momente, die aus der grotesken Liebe Nathanaels zur Androiden Olimpia entstehen, sorgen für Befremden. Der Wetterglashändler Coppola hat zudem einen bizarren Auftritt, als er Nathanaels Tisch mit den Worten „sköne Oke“ mit Brillengestellen überschwemmt. Er ist überhaupt eine etwas **skurrile Figur** und als solche ein Gegenpart zu seinem düster-dämonischen „Zwilling“ Coppelius. Der ist allein durch seinen zynischen Schlusssatz „wartet nur, der kommt schon herunter von selbst“ hinreichend gekennzeichnet.

Verknüpfungsaspekt 3: Lyrik

In der **Lyrik**, vor allem in solchen Texten, die sich metaphorisch mit der Lebensreise befassen, ist das Komische eher selten zu finden und tritt, wenn überhaupt, höchstens als mehr resignativ denn heiter gestimmter Humor zutage.

4.4 DAS UNHEIMLICHE ALS LITERARISCHES MOTIV

Das Unheimliche lässt sich definieren als die aufgrund nicht gelingender rationaler Erklärung erwachende Angst vor einem bedrohlich wirkenden Fremden und ist als solche das Gefühl einer existenziellen Verunsicherung. Das Unheimliche wirkt umso bedrohlicher, je mehr das Unerklärliche das eigene Leben zu gefährden scheint oder die Grundgewissheiten des Lebens in Zweifel zieht. Sigmund Freud verstand im Rahmen seines psychoanalytischen Denksystems das Unheimliche als die Angst vor der Konfrontation mit etwas Verdrängtem oder als Wiederbelebung eines überwundenen naiven (kindlichen) Realitätsverständnisses.

Übersicht

Werk	Figur/Werkbezug	Erscheinungsform
Faust I	Faust Mephisto Böser Geist Szenen	alchemistische Praktiken, Geisterbeschwörungen Erscheinungs- und Verwandlungszauber Bedrohung Gretchens Walpurgisnacht, Nacht. Offenes Feld, Kerker
Die Marquise von O…	Marquise	Bedrohung des Ichs durch das Es
Der Sandmann	Wort Figuren Szenen	„Sandmann" Doppelwesen Coppelius-Coppola im Experimentierzimmer des Vaters, Zerstörung Olimpias,
Das Haus in der Dorotheenstraße	Klausen	Hineinsteigern in eine angenommene Fantomvorstellung, rätselhafte Männerstimme

Verknüpfungsaspekt 1: Goethe

In **Goethes *Faust I*** spielt das Dunkle und Unheimliche schon allein über die **Figur Mephistos** eine erhebliche Rolle, obwohl es ja die alchemistischen Praktiken Fausts sind, die ihn erst auf den Plan rufen. So entziehen sich bereits in der Anfangsszene Fausts magische Beschwörungen des Welt- und Erdgeistes dem rationalen Verständnis. Aufgrund der relativ geringen existenziellen Bedrohung wirken sie jedoch eher geheimnisvoll als unheimlich. Dasselbe gilt für den **Verwandlungszauber** bei der Erscheinung Mephistos in der ersten *Studierzimmer*-Szene und Fausts Verjüngungszauber in der *Hexenküche*. Der Trinkzauber in *Auerbachs Keller* dient sogar mehr der komischen Unterhaltung als der Erzeugung von Ängsten. Dass man in Fausts Welt Zauber für möglich hält, entspricht dabei ganz der Freudschen Vorstellung von der Wiederbelebung einer naiv-okkulten Realitätsauffassung. Unheimlicher erscheinen da schon die Szene im *Dom*, wo der böse Geist Gretchens Gewissen quält, die *Nacht*-Szene, als Faust und Mephisto an der von Hexen umtanzten Hinrichtungsstätte vorbeireiten, und die Schlussszene im *Kerker*, wo die Todeserwartung Gretchens durch ihre geistige Verwirrung emotional gesteigert wird. Am Unheimlichsten muss die *Walpurgisnacht* bewertet werden, da sie vollständig jeglichem rationalen Zugriff entzogen ist. Allein durch ihre irrlichternde, skurrile Atmosphäre erzeugt sie ein Gefühl des Grauens, das durch den Ekel, den die aus dem Mund der Hexe Lillith springende rote Maus hervorruft, noch intensiviert wird. Das Unheimliche hat in Goethes Drama die Funktion, einmal die teuflische Sphäre des Bösen um die Gestalt Mephistos auszumalen, zum anderen aber auch warnend aufzuzeigen, in welch hohem Maße die als real wahrgenommene Welt mit den unbewusst bedrohenden Mächten der Natur und des Geistes verbunden ist.

Verknüpfungsaspekt 2: Kleist

In **Kleists** Novelle ***Die Marquise von O…*** spielt das Unheimliche zwar nur eine geringe, aber nicht unwichtige Rolle. Was Leser und Hauptfigur erschreckt, ist die zunächst unterdrückte Erkenntnis der Marquise, dass ihr Bewusstsein die Realität nicht angemessen widerspiegelt, sodass sie sich ihre eigene Schwangerschaft nicht erklären kann und externe Hilfe benötigt. Sich auf das eigene Bewusstsein nicht verlassen zu können, in Rechnung stellen zu müssen, dass die eigene Psyche über Kräfte verfügt, die mächtiger sind, entzieht dem Selbstvertrauen und einer der vermeintlichen Grundgewissheiten des Lebens die Basis. Weit vor Freud zeigt Kleist damit auf, inwieweit das selbstbewusste Ich durch das **unbewusste Es** bedroht ist.

Verknüpfungsaspekt 3: Hoffmann

Weitaus massiver und gleich von Anfang an tritt das Unheimliche in **E.T.A. Hoffmanns** Erzählung ***Der Sandmann*** zutage, die sich an den Erzählschemata der zeitgenössischen Bundesromane orientiert, in denen von mysteriösen Geheimgesellschaften und ihren Machenschaften erzählt wird. Eine **Unerklärlichkeit** reiht sich für die Hauptfigur Nathanael an die nächste. Als Kind kann er sich nicht erklären, welche Bewandtnis der Besuch des Rechtsanwalts Coppelius im Hause der Eltern hat, und glaubt auch den beschwichtigenden oder bedrohenden Geschichten nicht, mit denen man ihn abspeist. Er kann sich auch die alchemistischen Vorgänge im Zimmer seines Vaters nicht erklären und bewertet deshalb, erst recht nach der Bestrafung für seine heimliche Zeugenschaft und dem Unfalltode seines Vaters, alles Erlebte als unmittelbar existenzielle Bedrohung. Nicht erklärbare physiognomische und zufällige namentliche Ähnlichkeiten wiederbeleben das zwischenzeitlich Verdrängte und werfen ihn immer wieder in die **Ängste** seines Traumas zurück, das sich zu verselbstständigen beginnt und Nathanael letztlich vollständig beherrscht. Den letzten Schock, der seine Psyche zusammenbrechen lässt, erfährt er in seiner verblendeten und tragischen Liebe zu der Androiden Olimpia. Mit ihr geraten für ihn die elementarsten Lebenskategorien über lebend oder tot, wirklich oder künstlich endgültig in Verwirrung. Das Ausmaß des Grauens hat zwar nun seinen Höhepunkt erreicht, kann sich aber noch einmal wiederholen, auf dem Rathausturm. Nur der Suizid bleibt dem so vom Unheimlichen verfolgten Nathanael als einziger Fluchtweg offen. Die **Macht der Psyche**, deren Erkenntnis bei Kleist noch mehr ein Erstaunen hervorruft, wird bei Hoffmann für denjenigen zu einer die ganze Persönlichkeit verzerrenden Kraft, der sich seinen Emotionen und Fantasien vorbehaltlos anheimgibt.

Verknüpfungsaspekt 4: Lange

Hartmut Lange knüpft in seiner Novelle ***Das Haus in der Dorotheenstraße*** mehr an Kleist als an Hoffmann an. Auch für den rationalen Menschen Gottfried Klausen ist das sich in seinem Denken und Fühlen Abspielende unerklärlich. Ausgelöst durch die dramatische Darstellung einer Eifersuchtstragödie kann er sich nicht mehr dagegen wehren, dass auch bei ihm Misstrauen seiner Frau gegenüber aufkeimt und sich so verdichtet, dass er kaum noch imstande ist, seine Vorstellungen von der Wirklichkeit zu unterscheiden. Auch er erlebt, vergleichbar mit Kleists Marquise, die gespenstische Situation, sich auf sein Bewusstsein nicht mehr verlassen zu können, in dem sich Realität und aus dem Unbewussten aufsteigende Ängste immer enger miteinander verbinden.

Innerhalb der **Lyrik** wird das Unheimliche spätestens seit der Romantik als Einflussgröße menschlichen Handelns wahrgenommen. Es erscheint dann als mysteriöse Macht, der sich der Mensch in seinem Leben ausgeliefert sieht. Diese Macht kann dann sowohl ausgleichende und kompensierende als auch tragische Funktion haben.

Verknüpfungsaspekt 5: Lyrik

4.5 ERKENNTNIS ALS LITERARISCHES MOTIV

Übersicht

Werk	Figuren	Erscheinungsform
Faust I	Faust	weiße und schwarze Magie, sinnliche Erfahrung als scheiternde Erkenntniswege
Die Marquise von O...	Marquise	Erschütterung des empirischen und rationalen Erkenntnisweges
Der Sandmann	Nathanael	Gefahr des rationalen Erkenntnisweges: Begriff-Vorstellung-empirische Überprüfung; Scheitern und Bestrafung heimlicher subjektiver Erkenntniswege
Das Haus in der Dorotheenstraße	Klausen	Grenzen des rationalen Erkennens, Gefahren ihrer Überschreitung

Allein die Hauptfigur von **Goethes *Faust*** steht beispielhaft für das menschliche Ringen um Wissen und Erkenntnis. Der mittelalterliche Gelehrte hat alle wissenschaftlichen Disziplinen seiner Zeit studiert, sich alles ihm verfügbare Wissen angeeignet und erkennt doch, dass er bei Weitem nicht alles weiß. Folglich verlässt er die normalen Erkenntniswege und wendet sich erst der weißen und dann der schwarzen Magie zu. Beide Zugänge enttäuschen ihn. Der eine liefert ihm nicht Erkenntnisse genug, dem anderen ist er seiner menschlichen Natur nach nicht gewachsen. Da kommt ihm der sich in Gestalt eines Pudels offenbarende Höllengeist Mephistopheles gerade recht. Mit ihm geht er einen problematischen Pakt ein, um die Bereiche von Welt und Leben kennenzulernen, die sich ihm bislang noch nicht erschlossen haben. Mephisto unterschätzt jedoch das Anspruchsniveau Fausts, wenn er meint, ihn mit oberflächlichen Lustbarkeiten in Auerbachs Keller binden zu können. Erst das Spiegel-Bildnis der schönsten Frau, die Faust jemals vor Augen gekommen ist, vermag das Interesse des Protagonisten zu wecken. Diese Vorstellung soll Mephisto in einer konkreten Begegnung erfahrbar machen. So führt er Faust Gretchen zu. Faust muss jedoch erkennen, dass seine Empfindungen von Liebe und Lust für Gretchen Schmerz und Tod zur Folge haben. Diese Erkenntnis lässt ihn zwar verzweifeln, seinen Drang nach Erkenntnis und Erfahrung von Welt aber nicht erlahmen.

Verknüpfungsaspekt 1: Goethe

Verknüpfungsaspekt 2: Kleist

In **Kleists** Novelle ***Die Marquise von O...*** geht es um ein bescheideneres Wissen. Die Marquise geht von der empirischen Überzeugung aus, dass eine Schwangerschaft dann nicht vorliegen kann, wenn – wie die zweifache Mutter aus Erfahrung weiß – in ihrer sinnlichen Erfahrung nicht die Bedingung der Möglichkeit einer Schwangerschaft, also das Erlebnis eines Zeugungsaktes, vorhanden ist. Es fällt ihr äußerst schwer, diese empirische Überzeugung zu verlassen, sich der von ihr selbst geahnten und von Arzt und Hebamme bestätigten Tatsache einer Schwangerschaft zu beugen, die logisch notwendige Voraussetzung eines Zeugungsaktes rational zu akzeptieren und sich auf die Suche nach dem zugehörigen Vater zu machen. Als sich dieser Vater endlich meldet, zerstört er zugleich die rationale Position der Vernunft, zu der sich die Marquise inzwischen entwickelt hat. Schließlich hat aus Sicht der Marquise der Graf als Retter ihres Lebens und Bewahrer ihrer Ehre gut und lobenswert gehandelt. Das Subjekt des Guten kann aber der Logik nach nicht zugleich das Subjekt des Bösen sein (47,29 ff.). Das Geständnis des Grafen zerstört somit die Gültigkeit ihrer subjektiven logischen Urteile und erschüttert damit ihre Identität.

Verknüpfungsaspekt 3: Hoffmann

Noch komplizierter liegt der Fall in **E.T.A. Hoffmanns** Erzählung ***Der Sandmann***. Nathanael begegnet zuerst dem logischen **Begriff** „Sandmann", den er sich durch die Mutter und das Ammenmärchen erklären lässt. Aufgrund dieser Informationen entwickelt er eine **Vorstellung** des unheimlichen Sandmanns, die sich verfestigt, weil er sie in naiv-künstlerischen Zeichnungen äußert und einübt. Die heimliche **empirische Überprüfung** dieser Vorstellung im Experimentierzimmer seines Vaters durch die subjektive Beobachtung mit den eigenen Augen führt zu einer doppelten Enttäuschung: Der fremde Sandmann ist der bekannte, wenn auch verhasste Anwalt Coppelius und der vermeintlich bekannte Vater ist ein fremd erscheinender Alchemist. Die von der Selbstentdeckung ausgelösten Ereignisse nimmt Nathanael als Entmenschlichung und Verdinglichung zu einer montierbaren Puppe wahr; als Folge dieses **traumatischen Erlebnisses** liegt er wochenlang mit Fieber zu Bett.

Hoffmann steigert diese Geschehnisfolge in einer erweiterten Wiederholung. Jetzt tritt Coppola in die vorstrukturierte und traumatisch besetzte Rolle des **Sandmanns** ein und erweitert sie, offenbar als Widerspiegelung einer Strafe für das heimliche Beobachten, um die obskure und dämonische **Vorstellung** von Nathanael entgegengeschleuderten blutigen Augen. Erneut äußert Nathanael diese Vorstellung naiv-künstlerisch, diesmal literarisch in Form eines Gedichts. Es ist tragisch, dass Nathanael im Bestreben um eine Erweiterung der von Clara eingeforderten Rationalität sich über das von Coppola erworbene Perspektiv abermals einer **heimlichen Beobachtung** hingibt. Diesmal ist das Objekt seiner Erkenntnis Olimpia, die rätselhafte, schöne Tochter seines Physikprofessors. Hat im Laborzimmer seines Vaters die Gardine noch Nathanael vor einer Entdeckung verborgen, so soll sie jetzt umgekehrt das Wahrnehmungsobjekt Olimpia vor neugierigen Blicken schützen. Wie als Strafe für Nathanaels verbotene Blicke verfällt er einem Liebesbann, der sich erst in einem weiteren Trauma löst, als er der Zerstörung seiner Geliebten zusehen und erkennen muss, dass Olimpia nur eine Puppe war. Diese **empirische Erfahrung** stößt ihn in den Wahnsinn. Die dritte Erkenntnissituation Nathanaels ist so banal wie fatal. Sie verstößt weder gegen ein Verbot, noch geschieht sie heimlich, sondern nach einem Hinweis Claras öffentlich auf der Rathausturmplattform. Es ist wieder das Perspektiv, das Nathanael diesmal endgültig der Realität entzieht. In dem zu beobachtenden grauen Busch scheinen einerseits Gesichtsmerkmale des Anwalts Coppelius vorhanden, andererseits führt der Anblick Claras, die unmittelbar vor dem Glase Nathanaels steht, zu einer Reduktion ihrer Person auf die Augen, die Nathanael in wieder auflebender Vorstellung unheilbringend bedrohen. Jetzt, wo **Vorstellung und sinnliche Wahrnehmung** zur Deckung zu kommen scheinen, bleibt dem durch seine Traumata selbst fast zu einem lenkbaren Automaten gewordenen Nathanael nach dem gescheiterten Versuch, Clara zu ermorden, nur die Selbstzerstörung.

Verknüpfungsaspekt 4: Lange

Gottfried Klausen in **Hartmut Langes** Novelle ***Das Haus in der Dorotheenstraße*** ist mit dem Vorgang des Erkennens schon von Berufs wegen vertraut, kann man ihn doch als das Erkenntnisorgan seiner Zeitung in London betrachten. Er beherrscht also die Fähigkeit, Erscheinungen dieser Welt mit einem geeigneten Raster an Kriterien zu erfassen, angemessen zu beschreiben und korrekt einzuordnen. Erkennen ist für ihn ein rein rationaler Vorgang, von dem emotionale Einflüsse als störend ferngehalten werden. Diese Fähigkeit zeichnet Klausen aus und definiert ihn, nicht nur beruflich, sondern auch menschlich. Als er durch den Besuch einer *Othello*-Aufführung mit dem Problem der Eifersucht bei vermeintlicher ehelicher Untreue konfrontiert wird, reagiert er deshalb zunächst ganz rational und meint, ein solches Problem müsse mit vernünftigen Kategorien hinterfragt werden. Doch als sich in der Kommunikation mit seiner Frau ihm unerklärliche Ereignisse einstellen, versagt erstmalig sein gewohntes Programm zur Erfassung der Welt. Die Lücken des rational Erklärlichen wachsen und füllen sich mit dem Gefühlsgift, das er in der *Othello*-Aufführung kennengelernt hat. Das hat auch Rückwirkungen auf seine berufliche Tätigkeit, in die sich mehr und mehr nichtrationale, emotionale Kriterien einschleichen und seine Arbeitsergebnisse verderben. Klausen hat sich nicht mehr im Griff und flieht nicht nur vor dem sich vor ihm aufbauenden Eheproblem, sondern auch vor der zu komplexen beruflichen Herausforderung zur Berichterstattung über die alles begrabende Vulkanasche nach Island. Er scheint, als ginge es ihm darum, auch die Grundmauern seiner Persönlichkeit aus dem Erstickungsfeld der von ihm unbeherrschten Gefühle auszugraben.

Verknüpfungsaspekt 4: Lyrik

In der **Lyrik** spielt die Erkenntnis vor allem in den Gedichten eine Rolle, die sich gedanklich mit den Bedingungen des Menschseins im Allgemeinen auseinandersetzen. Sie tritt dann als formulierte Lebenserfahrung oder Lebensweisheit in Erscheinung und hat nicht selten einen reflexiven oder appellativen Charakter.

4.6 BESONDERHEITEN DER AUTOR-REZIPIENTEN-KOMMUNIKATION

Besonderheiten der Autor-Rezipienten-Kommunikation lassen sich einordnen auf einer Achse zwischen den Extremen einer nahezu fehlenden und einer fast vollständig determinierenden **Leserlenkung**. Die Extreme selbst sind nicht realisierbar, denn im ersten Falle verlöre der Text jegliche Intentionalität und wäre sinn- und wertlos, im zweiten Falle kann kein Autor einen Text so eng determinieren, dass dem Leser nicht die Möglichkeit einer eigenen Auffassung bliebe. Interessant bleibt also zu untersuchen, ob, auf welche Weise, wie stark und zu welchem Zweck ein Autor auf die Rezeption seines Werks Einfluss nimmt.

Verknüpfungsaspekt 1: Goethe

Goethes Drama *Faust I* ist schon wiederholt als sehr spezielles Drama herausgestellt worden. Das gilt auch für die Autor-Rezipienten-Kommunikation. Schon die dreifache Einleitung ist als pragmatische Rezeptionsorientierung zu verstehen: In der *Zueignung* liegt rezeptionsästhetisch eine direkte Ansprache an den Leser/Zuschauer vor, da die Sprecherrolle für den Rezipienten mit dem Autor verschmilzt. In diesem Dramenelement beschreibt der Autor seinen Schaffensprozess in einer Weise, als wolle er damit eventuelle Ungereimtheiten, Brüche und Widersprüche begründen und entschuldigen. Das *Vorspiel auf dem Theater* stellt eine auf drei Figuren verteilte Lenkung der Rezipientenerwartung dar, indem es die erste generelle Formationsregel des Gesamttextes enthüllt. Da keine der Figurenäußerungen zurückgenommen oder entwertet wird, dehnt Goethe den formal-inhaltlichen Erwartungshorizont des Rezipienten aus auf die Summe aller genannten Intentionsmöglichkeiten. Das dritte Vorspiel, der *Prolog im Himmel*, steuert die interpretative Grundeinstellung des Rezipienten und stellt die zweite generelle Formationsregel vor: Bei dem Dramengeschehen handelt es sich um die Darstellung eines metaphysischen Experiments mit Faust als Fallbeispiel. Diese drei Steuerungsmomente haben Folgen für die Rezeption der Figuren:

Folgen für Figurenrezeption

- **Faust** wird zur zentralen Beobachtungsfigur; er ist das Experimentalobjekt, zu dem der Rezipient eine affektive Distanz einnimmt.
- **Mephistopheles** wird im *Prolog im Himmel* als Experimentator bestimmt; er ist der Versuchsleiter, der die jeweiligen Versuchsanordnungen arrangiert und wertend kommentiert (häufig am Szenenende). Damit ist er einerseits als Spielfigur Teil der Spielhandlung, andererseits als Kommentarfigur und auswertende Instanz zugleich ein ins Spiel integrierter Rezipient der Versuchsreihe. Goethe verhindert die mögliche Identifikation des Lesers/Zuschauers mit der integrierten Rezipientenrolle Mephistos durch dessen ironische Sprache, die Distanz schafft.
- **Gretchen** wiederum erscheint infolge von Mephistos Aussage am Ende der Szene *Hexenküche* (2601 f.) als Experimentfigur des Experimentobjekts Faust. Dies kehrt die Distanzhaltung, die der Rezipient zur Faustfigur einnimmt, insofern um, als sie ihm als emotionale Sympathiefigur angeboten und zur eigentlichen Mitleidsfigur des Dramas wird.

Kontraste als Verstehensraster

Eine weitere Rezeptionsanordnung schafft Goethe mit dem **strukturellen Aufbau** seines Dramas. Die dominante Oppositionsstruktur des Dramentextes in Form zahlreicher Kontraste (vgl. S. 52 f. dieses Abi-Trainers) liefert dem Rezipienten ein Raster des Verstehens. Als syntaktisches Steuerungselement ist diese Struktur zugleich Rezeptionshilfe. Diese Funktion wird gestützt durch den Wechsel von Szenen realer und magischer Fiktion, wodurch der Autor den unterhaltungsorientierten Szenen eine Entlastungsfunktion für die Anstrengung des Rezeptionsprozesses verleiht. Umgekehrt kommt dem *Walpurgisnachtstraum* eine intellektuelle Ventilfunktion zu, insofern Goethe mit dieser Szene bewusst nur einen ausgewählten Rezipientenkreis (Kenner des zeitgenössischen Literaturbetriebs) anspricht. Da die Inhalte dieser Szene aber mit der Gesamthandlung des Dramas nicht verbunden sind, irritieren sie die Rezeption etwas, stören sie jedoch nicht; sie könnten auch entfallen.

Orts- und Zeitangaben

Hinsichtlich der **Grundkomponenten** einer zu entfaltenden Fabel verzichtet Goethe auf zu enge Determinationen. Es werden nur zwei Orte genannt: Leipzig (Szene 5) und das Harzgebirge (Szene 21). Es finden sich auch nur zwei Zeitangaben: Ostern (Szene 1) und die Walpurgisnacht vom 30. April auf den 1. Mai (Szene 21). Alle anderen Ort-

und Zeitvorstellungen bleiben unbestimmt. Während die mangelnde Konkretisierung der Ortsdeiktika für die Rezeption weitgehend entbehrlich ist, fordert der Autor mit den mangelnden Zeithinweisen die aktive und produktive Vorstellung des Lesers/Zuschauers heraus. Für die Ortsvorstellungen reichen die Hinweise „Straße", „Garten", „Zwinger", „Dom", „Am Brunnen", „Kerker" völlig aus. Die Aussparung der Darstellung des Todes der Mutter, der Zeitspanne der Schwangerschaft, der Geburt des Kindes, seiner Tötung durch Ertränken, der Flucht Gretchens und ihrer Wiederergreifung rafft die Handlung nach der Kopulation jedoch in einer nahezu missdeutbaren Weise. Erst mit der notwendigen Füllung dieser Darstellungslücken durch den Rezipienten wird deutlich, dass die Beziehung zwischen Faust und Gretchen mindestens ein Jahr bestanden haben muss. Die vom Autor vorgenommene Dehnung und Akzentuierung der Annäherungsphase der Beziehung lässt sich so je nach Rezeption entweder als die eigentliche Prüfungssituation für das Beobachtungsobjekt Faust werten, für den seine Beziehung zu Gretchen mehr als nur ein flüchtiges Sexualabenteuer war (vgl. Szene 23). Sie kann aber auch so verstanden werden, dass Faust nach der Liebesnacht das Interesse an der Person Gretchens verloren hat und sich nur anlässlich ihrer Einkerkerung mit Skrupeln plagt.

Die **semantisch-syntaktische Komposition** des Dramas erhellt zudem, dass Goethe mittels eines komplexen Geflechts von intertextuellen Verweisen den Rezipienten ein offenes Angebot macht, den Text je nach dem eigenen kulturellen Niveau zu verstehen und einzuordnen, ohne irgendeinen Grad des Verständnisses zwingend vorauszusetzen (Ausnahme: *Walpurgisnachtstraum*).

Im Gegensatz zum Drama steht dem Autor eines **erzählenden Textes** neben den Figuren mit ihren Aussagen und ihrem Verhalten vor allem der Erzähler als Steuerungselement zur Verfügung. Dabei kommt dem allwissenden auktorialen Erzähler mehr Steuerungsmöglichkeit zu als dem in seiner Monoperspektive eingeschränkten Ich-Erzähler. Beide können sich aber beliebig determinierender Faktoren wie Faktensetzung, Beschreibung, Figurenrede, Wertung und Kommentar bedienen oder den Rezipienten durch Symbole, Andeutungen oder sogar Leerstellen zu Inferenzen, d. h. nur aus dem Textkontext erschließbaren Informationen, einladen oder sogar zwingen.

Verknüpfungsaspekt 2: Kleist

In **Heinrich von Kleists** Novelle ***Die Marquise von O...*** liegt eine zwiespältige Form der Leserlenkung vor, wie bereits an dem uneindeutigen Erzähler ablesbar ist. Es muss sich um einen auktorialen Erzähler handeln, da er Wertungen und Kommentare abgibt. Er tut das aber in einem so begrenzten Maße, dass er sich zumeist als ein die Ereignisse unmittelbar begleitender Er-Erzähler ausnimmt, der zudem noch unvollständig und aus wechselnden Positionen berichtet. Das macht die „Wahrheitsfindung" für den Leser nicht einfach. Ungewöhnlich ist sicherlich der massive **Erwartungsaufbau** durch die vorweggenommene Zeitungsannonce der Marquise, der einer doppelten Funktion dient: Er sorgt für Lesespannung und macht einen Rückblick erforderlich, der diese Annonce erklärt. Der erzeugte Spannungsbogen wird von drei Schwangerschaftsvermutungen getragen, der der Marquise selbst, der des Arztes und der der Hebamme. Im Zentrum des Rückblicks steht Graf F... mit ebenfalls drei Aktionen, der Rettung der Marquise sowie seinem Auftreten vor und nach der Neapelreise. Beide Motive werden so miteinander verschränkt, dass es dem Leser möglich ist, in ihrem Abgleich miteinander relativ schnell zu ermitteln, wer der Erzeuger der Schwangerschaft ist. Diese Erkenntnis wird ganz dem analytisch-detektivischen Gespür des Lesers überlassen, zumal das Faktum des Geschlechtsakts vom Erzähler durch den berühmt gewordenen Gedankenstrich ausgeklammert und verschwiegen wird. Der zweite Teil der Novelle nach der Annoncenveröffentlichung widmet sich ganz der Frage, ob das Elternpaar trotz der vielleicht vorhandenen Lebenslüge der Marquise zueinander findet. Die durchschaubare Intrige der Obristin kann den Leser nicht verunsichern, dafür aber die unerwartete kategorische Ablehnung der Heirat durch die Marquise. Kleist legt viel Wert darauf, die emotionalen Situationen zwischen den Figuren auch hinsichtlich der Körpersprache detailliert zu schildern, sodass die Vorstellung der Rezeption recht konkret determiniert wird. Dagegen gibt es kaum beschreibende Hinweise dafür, sich die Figuren selbst als Personen vorzustellen. Ihre bis zur Widersprüchlichkeit kontrastreiche Zeichnung bietet dem Rezipienten zudem einen großen **Ermessensspielraum** der Bewertung an. Kleist geht es demnach weniger um die fiktive Darstellung eines anekdotenhaften Ereignisses, das in der konkreten Wirklichkeit verankert ist, als um das Fallbeispiel eines moralischen und gesellschaftlichen Konflikts.

Verknüpfungsaspekt 3: Hoffmann

E.T.A. Hoffmann soll sich ein Zimmer schwarz tapeziert und mit gruseligen Requisiten ausgestattet haben lassen, um beim Schreiben eine Horroratmosphäre besser nachempfinden und schildern zu können. Das mag Hinweis genug sein, dass es ihm in seiner Erzählung ***Der Sandmann*** auch um die Erzeugung solch emotionaler Effekte gegangen ist. Im Vordergrund steht aber die explizit vom Erzähler formulierte shakespearehafte Absicht, den Leser davon zu überzeugen, dass zwischen Himmel und Erde nichts unerklärlicher sei als das menschliche Leben. Schon die drei kommentarlos die Erzählung einleitenden Briefe stecken das Spannungsfeld zwischen rationaler Klarheit und irrationaler Bedrohung einschließlich ihrer jeweiligen Repräsentanten ab. Zudem bedient sich Hoffmann wie Kleist des Handlungsvorgriffs als **Steuerungselement**, um Leseneugier zu wecken und Rückblicke zu begründen. Der Rückblick hebt die drei Kindheitserlebnisse hervor, die Nathanael geprägt haben: die unterschiedlichen Sandmann-Erklärungen, das erlebte Trauma im väterlichen Zimmer und den Unfalltod des Vaters. Der Spannungsbogen der Handlung stützt sich ebenfalls im Dreischritt auf Nathanaels allgemeine Wesensveränderung, seine zunehmende Lektüre mystischer Bücher und sein fantastisches Gedicht, das beinahe in einem Duell gemündet hätte. Rückblick und Spannungsbogen folgen einander und gewöhnen den Leser an Nathanaels Exaltiertheit. Im zweiten Teil der Erzählung baut der Erzähler auf dieser Akzeptanz auf, indem er, abermals im Dreischritt, den Leser mit den grotesk gesteigerten und im Grunde unglaubhaften Handlungen Nathanaels in eine nahezu fantastische Welt entführt: Nathanael kauft ein kleines Fernglas, das ihn die Kategorien „natürlich" und „künstlich" vertauschen lässt, verliebt sich trotz freundschaftlicher Warnung rückhaltlos in eine mechanische Puppe und stürzt sich schließlich bei einem erneuten Wahnanfall vom Rathausturm. Diese **Leserlenkung** gelingt dem Erzähler durch eine wiederholte direkte Ansprache des Lesers, indem er die Wahrheit seiner Erzählung zu legitimieren versucht: Die einleitenden Briefe seien Dokumente, er sei mit den Hauptfiguren seiner Erzählung bekannt, er könne die Auswirkungen der Ereignisse auf die Anteil habende Gesellschaft darstellen. All das befähigt den Erzähler aber nicht, allwissend zu erzählen. Vielmehr lässt er entscheidende Fragen offen, z. B. die, ob Coppelius und Coppola tatsächlich identisch sind, oder die, ob am Ende tatsächlich Coppelius am Fuße des Turms auftaucht. Auch hält sich der Erzähler mit der Entscheidung zurück, ob sich das von ihm Wiedergegebene wirklich ereignet hat oder nur dem kranken Hirn

Nathanaels so erschienen ist. Detailliert gruselige szenische Darstellungen steigern den Imaginationsgrad bis ins Reale und suggerieren auf diese Weise Authentizität. Damit wird der ohne Realitätsfilter ausgestattete Leser in eine Situation gebracht, in der sich ihm vom Erzähler ungekennzeichnet reale und irreale Wirklichkeitselemente mischen. So wird er gezwungen, sich selbst aktiv mit der Möglichkeit, die Fiktion könne tatsächlich real sein, auseinanderzusetzen. Er wird vom Erzähler gleichsam in die **Rolle eines verantwortlichen Gutachters** des geschilderten pathologischen Krankheitsverlaufs gedrängt.

Verknüpfungsaspekt 4: Lange

Hartmut Lange setzt die von Hoffmann angewendete Leserlenkung fort und steigert sie noch. In seiner Novelle ***Das Haus in der Dorotheenstraße*** sorgen vor allem die Realdeiktika zu Beginn der Erzählung für einen Rahmen der Glaubwürdigkeit. Bemerkungen wie „wie gesagt" und „zugegeben" suggerieren eine bestehende Beziehung zwischen Erzähler und Leser, die Vertrauen voraussetzt. Dieser Schulterschluss gewinnt geradezu privaten Charakter, wenn der Erzähler mit dem Satzanfang „Jeder kennt die Stimmung (…)" (78) zu einer Identifikation des Lesers mit Gottfried Klausen einlädt. Dabei fällt zunächst kaum auf, dass die Hauptfiguren, das Ehepaar Klausen, nur mit wenigen Strichen gezeichnet werden und der Erzähler uns nahezu alle Informationen über diese beiden Figuren schuldig bleibt. Der Leser schließt von sich aus diese Lücken je nach seinen eigenen Lebenserfahrungen und Vorstellungen. Mit fortschreitendem Text häufen sich dann die Erzählerkommentare, die der erlebten Rede nahestehen, weil sie wie erzählte Gedanken Klausens in Erscheinung treten, sich aber zunehmend von Klausen distanzieren, indem sie eine reflektierende Frageform annehmen, wie man sie von den Chören des antiken Dramas kennt. Diese Kommentare wirken wie von einem außerhalb Klausens tätigen Gewissen geäußert. Sie beeinflussen massiv die Rezeption und Wertungen des Lesers, der sich, wie in einem Dialog mit dem Erzähler stehend, genötigt fühlt, auf diese Fragen zu antworten. Zugleich tritt der Erzähler am spannendsten Punkt der Handlungsführung überraschend mit dem Bekenntnis zurück, er kenne den Ausgang des Geschehens nicht, und überlässt es erneut dem Leser, selbst einen angemessenen Schluss zu finden. Der zunächst nur konjunktivisch angedachte Schluss (durchaus denkbar: 93) gleitet nahezu unauffällig in den Indikativ, der wieder fiktive Realität erzeugt, und bietet so die radikalste Lösung des Problems an. Lange spielt also extrem mit der produktiven und reflexiven Aktivität des Lesers.

TEIL III: ÜBUNGSAUFGABEN HINWEISE, TIPPS UND LÖSUNGSMÖGLICHKEITE

1. DIE AUFGABENSTELLUNGEN IM ABITUR

Die Vorgaben

Für die Ablegung des schriftlichen Abiturs im Fach Deutsch gelten im Grund- und Leistungskurs die gleichen strukturellen **inhaltlichen Anforderungen**. Diese Anforderungen umfassen die Verstehensleistung und die Darstellungsleistung. Bei der Verstehensleistung wird unterschieden zwischen der Reproduktionsleistung, der Wiedergabe von Kenntnissen (Anforderungsbereich I), dem Transfer, der Anwendung von Kenntnissen (Anforderungsbereich II) und der Problemlösung und Wertung (Anforderungsbereich III). Jede Aufgabenstellung muss alle drei Anforderungsbereiche ansprechen. Dabei ist bei den analytischen Aufgabenarten I (nichtfiktionale Texte) und II (fiktionale Texte) das Verhältnis dieser Anforderungen gleich, bei der argumentativen Aufgabenart III verschiebt sich das Profil zugunsten des dritten Anforderungsbereichs. Die Aufgabenart IV scheint den Schwerpunkt eher auf den Anforderungsbereich I zu legen. Seit 2011 wird die Zuordnung der Anforderungsbereiche zu den Punktbewertungen nicht mehr ausgewiesen.

Die Art der im Abitur zulässigen **Aufgabenstellungen** ist seit 2014 auf vier Aufgabenarten erweitert worden; im Falle der analytischen Aufgabenarten ist eine Differenzierung durch Kennbuchstaben vorgesehen. Der Kennbuchstabe A bezeichnet dabei die Analyse eines einzigen Textes, die Buchstaben B und C weisen auf einen Vergleich zweier gleichartiger Texte hin oder auf eine spezielle Anforderung. Hier fehlt leider eine Bezeichnungssystematik. Die neu hinzugetretene Aufgabenart IV verlangt das „materialgestützte Verfassen eines Textes mit fachspezifischem Bezug". Zu diesem Zwecke werden in der Klausur mehrere unterschiedliche Materialien (Texte, Bilder, Grafiken etc.) vorgelegt. Der zu erstellende Text soll eine konkrete Adressatenausrichtung haben. Wegen seiner relativen Neuheit und der geringen Erfahrung mit ihrem Umgang in Lehrer- und Schülerschaft wird diese Aufgabenart „in der schriftlichen Abiturprüfung im Fach Deutsch frühestens ab 2020 zur Anwendung gebracht"[30]. Alle Aufgabenstellungen bestehen aus mindestens zwei Aufgabenteilen, die je nach Aufgabenart unterschiedlich gewichtet werden. Die Aufgabenstellung selbst enthält keine Kennzeichnung der vorliegenden Aufgabenart. Diese treten seit 2012 ohnehin zunehmend zugunsten von üppig formulierten Aufgabenstellungen in den Hintergrund. Deren Formulierung ist ebenfalls reglementiert, sodass vor allem an den auffordernden Verben (Operatoren) erkennbar ist, welche Leistung genau erwartet wird. So ist heute vor allem das Augenmerk auf diese bis zu fünf Operatoren zu lenken, die den Vorteil besitzen, die Prüflinge meist einer Reflexion des methodischen Vorgehens zu entheben.

---

30 www.standardsicherung.schulministerium.nrw.de/cms/zentralabitur-gost/faecher/fach.php?fach=1 (Stand: Februar 2018)

Die Operatoren

Trotz z. T. anders lautender Informationen besteht in NRW seit dem 27. 08. 2015 ein Katalog von Operatoren, der auch für die Durchführung der Prüfungsaufgaben im Fache Deutsch für das Jahr 2020 verbindlich ist.[31]

Die **formalen Anforderungen** sind im Leistungskurs und im Grundkurs etwas unterschiedlich. Klausuren im Leistungskurs werden für viereinviertel Zeitstunden angesetzt, im Grundkurs beträgt die Bearbeitungszeit drei Zeitstunden. Da drei Aufgaben zur Auswahl vorgelegt werden, kommt zu dieser Bearbeitungszeit eine halbe Stunde Auswahlzeit hinzu. Es stehen im Leistungskurs also insgesamt 285 Minuten Gesamtarbeitszeit zur Verfügung.

Anforderungsprofil der Aufgabenarten

Die punktgestützten Bewertungen der Lösungsbögen folgen den Abiturvorgaben und wurden auf der Grundlage der in den zurückliegenden Abiturprüfungen in Grund- und Leistungskursen verteilten Punktwerte erstellt. Die Aufgabenarten I C und II B wurden bislang noch nicht angeboten. Das ist allerdings nur für die Aufgabenart II B nachvollziehbar. Bei der neuen Aufgabenart IV soll offenbar nur ein differenzierter Arbeitsauftrag gestellt werden.

Die Gesamtpunktzahl beträgt im LK und GK z. Zt. 100 Punkte. Die Teilpunktsumme für die Darstellungsleistung beträgt immer 28 Punkte. Die einzelnen Punktsummen bei den Teilaufgaben können je nach Aufgabe variieren und werden in Abhängigkeit von der Aufgabenformulierung zunehmend flexibler gehandhabt.

Übersicht: Punkteverteilung bei den Aufgabenarten

Aufgabenart	I A	I B	I C	II A	II B	II C	III A	IV
1. Teilaufgabe	39/42	36	36	42	42	30/42	24/30	72
2. Teilaufgabe	30/33	36	36	30	30	30/42	48/42	
Darstellung	28	28	28	28	28	28	28	28
Summe	100	100	100	100	100	100	100	100

Die **Bewertung** der Klausurarbeiten geschieht für Grund- und Leistungskurs vergleichbar durch einen punktgestützten Bewertungsbogen, der aus einem Raster besteht, das den erwarteten Lösungskriterien eine maximal zu vergebende Punktzahl zuordnet. Dieser Bewertungsbogen berücksichtigt alle inhaltlichen Anforderungen und weist sie differenziert aus. Er lässt auch einen individuellen Bewertungsspielraum von bis zu 7 Punkten für nicht vorhergesehene, aber sinnvolle Lösungsbeiträge zu, sofern dadurch die Gesamthöchstpunktzahl der Teilaufgabe nicht überschritten wird. Die der Leistung

---

31 www.standardsicherung.schulministerium.nrw.de/cms/zentralabitur-gost/faecher/gefile.php?file=3832 (Stand Februar 2018)

zuzumessende Note wird durch Addition aller erreichten Punkte ermittelt und einer Bewertungstabelle entnommen. Es gehört m. E. zu den Vorbereitungen zum Abitur, auch in dieser Hinsicht einen möglichst differenzierten Kenntnisstand zu besitzen.

Übersicht: Darstellungsleistung

	Anforderungen **Der Prüfling**	**Maximal erreichbare Punktzahl**
1	strukturiert seinen Text kohärent, stringent und gedanklich klar: – angemessene Gewichtung der Teilaufgaben in der Durchführung – gegliederte und angemessen gewichtete Anlage der Arbeit – schlüssige Verbindung der einzelnen Arbeitsschritte – schlüssige gedankliche Verbindung von Sätzen	6
2	formuliert unter Beachtung der fachsprachlichen und fachmethodischen Anforderungen: – Trennung von Handlung und Metaebene – begründeter Bezug von beschreibenden, deutenden und wertenden Aussagen – Verwendung von Fachtermini in sinnvollem Zusammenhang – Beachtung der Tempora – korrekte Redewiedergabe (Modalität)	6
3	belegt die Aussagen durch angemessenes und korrektes Zitieren: – sinnvoller Gebrauch von vollständigen und gekürzten Zitaten in begründeter Funktion	3
4	drückt sich allgemein präzise, stilistisch sicher und begrifflich differenziert aus: – sachlich-distanzierte Schreibweise – Schriftsprachlichkeit – begrifflich abstrakte Ausdrucksfähigkeit	5
5	formuliert lexikalisch und syntaktisch sicher, variabel und komplex (und zugleich klar)	5
6	schreibt sprachlich richtig	3
	Summe	**28**

Übersicht: Notenfindung

Für die Zuordnung der Notenstufen zu den Punktzahlen wird zurzeit folgende Tabelle verwendet:

Note	Punkte	Erreichte Punktzahl
sehr gut plus	15	95 –100
sehr gut	14	90 – 94
sehr gut minus	13	85 – 89
gut plus	12	80 – 84
gut	11	75 – 79
gut minus	10	70 – 74
befriedigend plus	9	65 – 69
befriedigend	8	60 – 64
befriedigend minus	7	55 – 59
ausreichend plus	6	50 – 54
ausreichend	5	45 – 49
ausreichend minus	4	40 – 44
mangelhaft plus	3	34 – 39
mangelhaft	2	27 – 33
mangelhaft minus	1	20 – 26
ungenügend	0	0 –19

2. KLAUSURÜBUNGEN

2.1 KLAUSURAUFGABEN

Im Folgenden werden zunächst vier Klausurübungen angeboten. Sie beziehen sich auf die einzelnen obligatorischen Fokusse und können auch einzelnen Halbjahren der Qualifikationsphase zugeordnet werden. Im Unterschied zu den Abituraufgaben dürfen sie jedoch inhaltlich nicht kurs- und damit themaübergreifend formuliert sein. Ansonsten unterliegen alle Klausuren der Qualifikationsphase demselben Anforderungsprofil wie die Abiturklausuren. Sie sind also eine gute Übung, sich auf die Aufgabenarten und das Bewertungssystem im Abitur vorzubereiten.

Die Abfolge der Übungsaufgaben orientiert sich an der vom Ministerium gewählten Reihenfolge der inhaltlichen Schwerpunkte, also:
Q 1.1: Inhaltsfeld Sprache: Aktualität der Sapir-Whorf-Hypothese
Q 1.2: Inhaltsfeld Texte: Johann Wolfgang von Goethe, *Faust I*
Q 2.1: Inhaltsfeld Texte: Heinrich von Kleist, *Die Marquise von O…*; E.T.A. Hoffmann, *Der Sandmann*; Hartmut Lange, *Das Haus in der Dorotheenstraße*
Q 2.2: Inhaltsfeld Texte: „unterwegs sein" – Lyrik vom Barock bis zur Gegenwart.

Die tatsächliche Abfolge der Inhalte im Unterricht kann je nach Fachcurriculum der Schulen davon abweichen. Die Klausurdauer kann je nach schulischer Organisation mit vier Unterrichtsstunden und den eingeschlossenen Pausen zwischen 180 und 210 Minuten schwanken. Eine Auswahlzeit steht den Prüflingen selbst dann nicht zu, wenn mehrere Aufgaben zur Wahl vorgelegt werden sollten. Lediglich die letzte Klausur vor der Zulassung in Q 2 – von Schülern und Lehrern gern als „Vor-Abiklausur" bezeichnet – setzt eine Wahlmöglichkeit zwischen mindestens zwei Aufgaben voraus und unterliegt den gleichen zeitlichen Vorschriften wie die Abiturklausur, dauert also viereinviertel Zeitstunden plus einer halben Stunde Auswahlzeit.

Die Bewertung der Klausuren in der Qualifikationsphase unterscheidet sich auch von der zentralen Klausur der Einführungsphase, in der der ersten Teilaufgabe dreißig und der zweiten Teilaufgabe sowie der Darstellungsleistung jeweils fünfzehn Punkte, insgesamt also maximal nur sechzig Punkte zugeordnet werden.

2.1.1 Aufgabe 1 (K 1)

Bezüge zu den Vorgaben 2020

- Inhaltsfeld Sprache
    - Verhältnis von Sprache, Denken, Wirklichkeit
    - Aktualität der Sapir-Whorf-Hypothese

AUFGABENSTELLUNG

1. Analysieren Sie den Text *Sprache und Wirklichkeit* von Werner Mues, indem Sie seine Aussagen zum Verhältnis von Sprache und Wirklichkeit erläutern, seinen Gedankengang erschließen und die verwendeten Mittel der Darstellung und ihre Wirkung untersuchen. *(39 Punkte)*
2. Setzen Sie anschließend die Überlegungen von Mues in Beziehung zur Sapir-Whorf-Hypothese. Zeigen Sie Übereinstimmungen und Unterschiede auf und beziehen Sie selbst kurz Stellung. *(33 Punkte)*

Materialgrundlage
Werner Mues: *Sprache – was ist das?* München: Hueber, 2. Aufl. 1970, S. 26–28

Zugelassene Hilfsmittel
Wörterbuch der deutschen Rechtschreibung

TEXT

Werner Mues
***Sprache und Wirklichkeit* (1970)**

Gewiss deutet Sprache zunächst hin auf das Sein, auf die Wirklichkeit; vor allem tut sie das mit Eigennamen: *Karl, Deutschland, der Rhein.* Aber über das Hindeuten hinaus *deutet* Sprache die Wirklichkeit, im eigentlichen Sinn des Wortes deuten, d. h. sie interpretiert die Welt in einer ihr eigenen Weise.

Jedes Sprachvolk hat so im Laufe der Zeiten seine eigene Art die Welt zu sehen herausgebildet und diese Sehweise an Lautgebilde geknüpft. So wählt z. B. jede Sprache aus dem Farbspektrum ihre eigenen, von den anderen Sprachen verschiedenen Farbtöne. So unterscheiden sich auch von Sprachgemeinschaft zu Sprachgemeinschaft die Sprachformen (Form und Inhalt) für Geschmacks-und Tastempfindungen, für Einstellungen zu Wärme und Kälte. Ja, die gesamte Umwelt spiegelt sich von Sprache zu Sprache anders, und nicht nur die Umwelt, sondern auch die Innenwelt des Menschen, Konkretes und Abstraktes.

So übernimmt auch jeder Einzelmensch das Bild der Welt und alles Außen- und Innenleben von seiner Sprachgemeinschaft.

Daraus hat man nun weitgehende Schlüsse gezogen. Man sagt z. B., das Weltbild sei dem Menschen auferlegt von seiner Sprache; die Muttersprache sei für ihn eine a priori Form* des Erkennens, und wer nur seine Muttersprache spreche, unterliege in dem, was er denkt und tut, nicht eigenen Maßstäben. Man hat weiter daraus hergeleitet, erst tiefere Einsicht in viele verschiedene Sprachen und ihre Strukturen werde den Menschen der Zukunft aus der Enge der eigenen Sprache lösen und ihm höhere Denkmöglichkeiten verschaffen. Extrem formuliert dies B. L. Whorf in *Language, Thought and Reality*, wenn er sagt, erst interlinguistische Forschung könne die Erkenntnisschranken jeder einzelnen Sprache stürzen und der Menschheit den Weg freimachen „for science's next great march into the unknown".

Nun ist es gewiss unbestreitbar, dass jede einzelne Muttersprache das Denken jedes einzelnen Menschen tief beeinflusst. Nicht nur Vorstellungen, Begriffe und Denkformen, sondern Vorlieben und Abneigungen, Wert- und Vorurteile werden übermittelt mit der Muttersprache. Das gesamte Verhalten des Menschen wird durch sie mitbestimmt. Käme ein Kind, etwa aus dem äußersten Süden Italiens, gleich nach seiner Geburt nach Schweden und lernte dort in einer schwedischen Familie Schwedisch als einzige Sprache, so würde es damit schwedische Lebensart annehmen, wenn natürlich damit auch der Einfluss der Erbmasse nicht ausgeschaltet wäre.

Doch dürfen wir das Sonderdasein sprachlicher Welten nicht überschätzen. Vergessen wir nicht: Sprache, jede Sprache, ist und bleibt nur ein Instrument des Denkens. Wir müssen doch voraussetzen, dass das Denkvermögen, wenn es sich auch in Einzelsprachen entfaltet, für Menschen aller Zungen gleich ist. Die Möglichkeit zur Entfaltung höheren Menschentums, auf welchem Gebiet auch immer, ist jedenfalls in allen Sprachen, auch den primitiven, vorhanden. (...) Besonders deutlich wird die Steuerung durch das Denken bei wissenschaftlichen Entdeckungen, die wohl mit den Mitteln vorhandener Sprachformen gemacht werden, während die Entdeckungsergebnisse selbst neue Denkgebilde sind, denen nun erst ein sprachliches Gewand angepasst werden muss, um sie zu neuer gültiger Sprachform zu machen.

Gewiss kann fortschrittliches Denken durch überkommene Sprachformen gehemmt werden. Sprachwendungen wie: *Die Sonne geht auf, Der Mond geht unter, der Erdkreis, die Himmelskuppel* haben sicher das Aufdämmern neuer kosmischer Erkenntnisse behindert. Und ein Wort wie *leer* macht es auch heute noch vielen Menschen schwer verständlich, dass es wirklich „leere" Behälter eigentlich gar nicht gibt. Gewiss ist auch, dass in den verschiedenen Sprachen sich Qualitätsunterschiede in der Eignung strukturaler Beziehungsformen für logisches Denken finden. Aber sicher ist ebenfalls, dass neue Erkenntnisse in allen Sprachen gemacht werden und dass, wenn neue Erkenntnisse sich erst einmal in einer Sprachgemeinschaft ausgebreitet haben, veraltete oder weniger geeignete Sprachformen neue Denkinhalte keineswegs mehr behindern.

Für Sprachformen kann man generell weder Logik, noch Sachlichkeit, noch Anpassung an Entwicklungsfortschritte in Anspruch nehmen. Dennoch wird das Denken fertig auch mit den Rückständigkeiten seines jeweiligen Sprachinstrumentes. So sehr es darauf angewiesen ist, unterworfen ist schöpferisches Denken seinem Sprachinstrument nicht; es reicht weiter und darüber hinaus.

Anmerkungen

a priori: von vornherein, von der Wahrnehmung unabhängig; Einsicht, deren Richtigkeit durch die Erfahrung weder bewiesen noch widerlegt werden kann.

2.1.2 Aufgabe 2 (K 2)

Bezug zu den Vorgaben 2020

- Inhaltsfeld Texte
  - Strukturell unterschiedliche Dramen aus unterschiedlichen historischen Kontexten
  - Fokus: Johann Wolfgang von Goethe, *Faust I*

AUFGABENSTELLUNG

1. Erarbeiten Sie anhand des Textauszuges aus Goethes Drama *Faust I.*, in welcher Zwangslage sich Faust und sein Vater befunden haben. *(42 Punkte)*
2. Erörtern Sie anschließend das wissenschaftliche Dilemma, das von Faust in diesem Ausschnitt angesprochen wird. *(30 Punkte)*

Materialgrundlage

Johann Wolfgang Goethe: *Faust. Der Tragödie Erster Teil.* Stuttgart: Reclam, 2013, Vers 981–1067, S. 29–32

Zugelassene Hilfsmittel:

Wörterbuch zur deutschen Rechtschreibung

Unkommentierte Ausgabe von Johann Wolfgang von Goethe: *Faust. Der Tragödie Erster Teil*

TEXT

Johann Wolfgang von Goethe
Faust I, Vor dem Tor

ALTER BAUER:
Herr Doktor, das ist schön von Euch,
Dass Ihr uns heute nicht verschmäht,
Und unter dieses Volksgedräng,
Als ein so Hochgelahrter, geht.
So nehmet auch den schönsten Krug,
Den wir mit frischem Trunk gefüllt,
Ich bring ihn zu und wünsche laut,
Dass er nicht nur den Durst Euch stillt;
Die Zahl der Tropfen, die er hegt,
Sei Euren Tagen zugelegt.
FAUST:
Ich nehme den Erquickungs-Trank

Erwidr' euch allen Heil und Dank.
(DAS VOLK *sammelt sich im Kreis umher.*)

ALTER BAUER:
Fürwahr es ist sehr wohl getan,
Dass Ihr am frohen Tag erscheint;
Habt Ihr es vormals doch mit uns
An bösen Tagen gut gemeint!
Gar mancher steht lebendig hier
Den Euer Vater noch zuletzt
Der heißen Fieberwut entriss,
Als er der Seuche Ziel gesetzt.
Auch damals Ihr, ein junger Mann,
Ihr gingt in jedes Krankenhaus,
Gar manche Leiche trug man fort,
Ihr aber kamt gesund heraus.
Bestandet manche harte Proben;
Dem Helfer half der Helfer droben.
ALLE
Gesundheit dem bewährten Mann,
Dass er noch lange helfen kann!
FAUST:
Vor jenem droben steht gebückt,
Der helfen lehrt und Hülfe schickt.

(Er geht mit Wagnern weiter.)

WAGNER:
Welch ein Gefühl musst du, o großer Mann!
Bei der Verehrung dieser Menge haben!
O glücklich, wer von seinen Gaben
Solch einen Vorteil ziehen kann.
Der Vater zeigt dich seinem Knaben,
Ein jeder fragt und drängt und eilt,
Die Fiedel stockt, der Tänzer weilt.
Du gehst, in Reihen stehen sie,
Die Mützen fliegen in die Höh:
Und wenig fehlt, so beugten sich die Knie,
Als käm das Venerabile*.
FAUST:
Nur wenig Schritte noch hinauf zu jenem Stein,
Hier wollen wir von unsrer Wandrung rasten.
Hier saß ich oft gedankenvoll allein
Und quälte mich mit Beten und mit Fasten.
An Hoffnung reich, im Glauben fest,
Mit Tränen, Seufzen, Händeringen

Dacht ich das Ende jener Pest
Vom Herrn des Himmels zu erzwingen.
Der Menge Beifall tönt mir nun wie Hohn.
O könntest du in meinem Innern lesen,
Wie wenig Vater und Sohn
Solch eines Ruhmes wert gewesen!
Mein Vater war ein dunkler Ehrenmann,
Der über die Natur und ihre heil'gen Kreise
In Redlichkeit, jedoch auf seine Weise,
Mit grillenhafter Mühe sann;
Der, in Gesellschaft von Adepten*,
Sich in die schwarze Küche schloss,
Und, nach unendlichen Rezepten,
Das Widrige zusammengoss.
Da ward ein roter Leu*, ein kühner Freier,
Im lauen Bad, der Lilie* vermählt,
Und beide dann, mit offnem Flammenfeuer,
Aus einem Brautgemach ins andere gequält.
Erschien darauf mit bunten Farben*
Die junge Königin* im Glas,
Hier war die Arzenei*, die Patienten starben,
Und niemand fragte: wer genas?
So haben wir mit höllischen Latwergen*
In diesen Tälern, diesen Bergen,
Weit schlimmer als die Pest getobt.
Ich habe selbst den Gift an Tausende gegeben,
Sie welkten hin, ich muss erleben,
Dass man die frechen Mörder lobt.
WAGNER:
Wie könnt Ihr Euch darum betrüben!
Tut nicht ein braver Mann genug,
Die Kunst, die man ihm übertrug,
Gewissenhaft und pünktlich auszuüben.
Wenn du, als Jüngling, deinen Vater ehrst,
So wirst du gern von ihm empfangen;
Wenn du als Mann die Wissenschaft vermehrst,
So kann dein Sohn zu höh'rem Ziel gelangen.
FAUST: O glücklich! Wer noch hoffen kann
Aus diesem Meer des Irrtums aufzutauchen.
Was man nicht weiß, das eben braucht man,
Und was man weiß, kann man nicht brauchen.

Anmerkungen:

Venerabile	die in der kath. Prozession mitgeführte Monstranz mit der geweihten Hostie
Adepten	Schüler der Alchimie
roter Leu	rötliches (männliches) Quecksilberoxyd
Lilie	weiße (weibliche) Salzsäure
Farben	Quecksilbersalzkristalle
Königin	erzieltes Heilmittel
Arzenei	Arznei
Latwergen	dick eingekochte Arznei

Aufgabe 3 (K 3)

Bezüge zu den Vorgaben 2020

- Inhaltsfeld Texte
  - Strukturell unterschiedliche Erzähltexte aus unterschiedlichen historischen Kontexten
  - E.T.A. Hoffmann, *Der Sandmann*

AUFGABENSTELLUNG

1. Analysieren Sie den Textauszug aus E.T.A. Hoffmanns Novelle *Der Sandmann,* indem Sie seinen Inhalt wiedergeben, ihn in den Kontext einordnen, seine besondere Erzählsituation untersuchen und seine Funktion bestimmen. *(30 Punkte)*
2. Prüfen Sie anschließend, inwieweit es sich bei der vorliegenden Episode um ein komisches Textsegment handelt oder inwieweit „eine Textwelt mit übernatürlichen Komponenten vorliegt, die mit der eines Märchen, eines Fantasyromans usw. vergleichbar ist." (Tepe/Rauter/Semlow) *(42 Punkte)*

Materialgrundlage

E.T.A. Hoffmann: *Der Sandmann*. Hrsg. von Rudolf Drux. Stuttgart: Reclam, 2015, S. 38 f.

Zugelassene Hilfsmittel

Wörterbuch zur deutschen Rechtschreibung
Unkommentierte Ausgabe von Hoffmann, *Der Sandmann*

TEXT

E.T.A. Hoffmann
***Der Sandmann* (1816)**

Ehe ich, günstiger Leser! dir zu erzählen fortfahre, was sich weiter mit dem unglücklichen Nathanael zugetragen, kann ich dir, solltest du einigen Anteil an dem geschickten Mechanikus und Automat-Fabrikanten Spalanzani nehmen, versichern, dass er von seinen Wunden völlig geheilt wurde. Er musste indes die Universität verlassen, weil Nathanaels Geschichte Aufsehen erregt hatte und es allgemein für gänzlich unerlaubten Betrug gehalten wurde, vernünftigen Teezirkeln (Olimpia hatte sie mit Glück besucht) statt der lebendigen Person eine Holzpuppe einzuschwärzen*. Juristen nannten es sogar einen feinen und umso härter zu bestrafenden Betrug, als er gegen das Publikum gerichtet und so schlau angelegt worden, dass kein Mensch (ganz kluge Studenten ausgenommen) es gemerkt habe, unerachtet jetzt alle weise tun und sich auf allerlei Tatsachen berufen wollten, die ihnen verdächtig vorgekommen. Diese Letzteren brachten aber eigentlich nichts Gescheutes* zutage. Denn konnte z. B. wohl irgendjemanden verdächtig vorgekommen sein, dass nach der Aussage eines eleganten Teeisten* Olimpia gegen alle Sitte öfter genieset, als gegähnt hatte? Ersteres, meinte der Elegant*, sei das Selbstaufziehen des verborgenen Triebwerks gewesen, merklich habe es dabei geknarrt usw. Der Professor der Poesie und Beredsamkeit nahm eine Prise, klappte die Dose zu, räusperte sich und sprach feierlich: »Hochzuverehrende Herren und Damen! merken Sie denn nicht, wo der Hase im Pfeffer liegt? Das Ganze ist eine Allegorie – eine fortgeführte Metapher!* – Sie verstehen mich! – Sapienti sat!*« Aber viele hochzuverehrende Herren beruhigten sich nicht dabei; die Geschichte mit dem Automat hatte tief in ihrer Seele Wurzel gefasst und es schlich sich in der Tat abscheuliches Misstrauen gegen menschliche Figuren ein. Um nun ganz überzeugt zu werden, dass man keine Holzpuppe liebe, wurde von mehrern Liebhabern verlangt, dass die Geliebte etwas taktlos singe und tanze, dass sie beim Vorlesen sticke, stricke, mit dem Möpschen spiele usw., vor allen Dingen aber, dass sie nicht bloß höre, sondern auch manchmal in *der* Art spreche, dass dies Sprechen wirklich ein Denken und Empfinden voraussetze. Das Liebesbündnis vieler wurde fester und dabei anmutiger, andere dagegen gingen leise auseinander. »Man kann wahrhaftig nicht dafür stehen«, sagte dieser und jener. In den Tees wurde unglaublich gegähnt und niemals genieset, um jedem Verdacht zu begegnen. – Spalanzani musste, wie gesagt, fort, um der Kriminaluntersuchung wegen der menschlichen Gesellschaft betrüglicher Weise eingeschobenen Automats zu entgehen. Coppola war auch verschwunden. –

Anmerkungen

einzuschwärzen	einzuschmuggeln
Gescheutes	Gescheites, Kluges
Teeisten	wohl: regelmäßiger Besucher von Teezirkeln
eine fortgeführte Metapher	so wird in der Rhetorik die Allegorie definiert
Sapienti sat!	Dem Wissenden genügt's; das reicht für den Kenner.

Aufgabe 4 (K 4)

Bezüge zu den Vorgaben 2020
- Inhaltsfeld Texte
  - Lyrische Texte zu einem Themenbereich im historischen Längsschnitt
  - „unterwegs sein" – Lyrik von Barock bis zur Gegenwart

AUFGABENSTELLUNG

1. Analysieren Sie Hugo von Hofmannsthals *Ballade des äußeren Lebens. (33 Punkte)*
2. Analysieren Sie das Gedicht *Reisen* von Gottfried Benn und vergleichen Sie es mit Hofmannsthals *Ballade des äußeren Lebens*. Berücksichtigen Sie dabei auch den jeweiligen literaturgeschichtlichen Hintergrund. *(39 Punkte)*

Materialgrundlage
Text 1: Hugo von Hofmannsthal: *Ballade des äußeren Lebens*. In: Echtermeyer: Deutsche Gedichte. Von den Anfängen bis zur Gegenwart. Neugestaltet von Benno von Wiese. Düsseldorf: Bagel, Erweiterte Neuausgabe 1972, S. 562
Text 2: Gottfried Benn: Reisen. In: Ders.: *Gedichte. Gesammelte Werke in vier Bänden.* Hrsg. von Dieter Wellershoff, Bd. 3. Wiesbaden: Limes, 2. Aufl. 1963, S. 327

Zugelassene Hilfsmittel
Wörterbuch der deutschen Rechtschreibung

TEXT 1

Hugo von Hofmannsthal
***Ballade des äußeren Lebens* (1894)**

Und Kinder wachsen auf mit tiefen Augen,
die von nichts wissen, wachsen auf und sterben,
und alle Menschen gehen ihre Wege.

Und süße Früchte werden aus den herben
und fallen nachts wie tote Vögel nieder
und liegen wenig Tage und verderben.

Und immer weht der Wind, und immer wieder
vernehmen wir und reden viele Worte
und spüren Lust und Müdigkeit der Glieder.

Und Straßen laufen durch das Gras, und Orte
sind da und dort, voll Fackeln, Bäumen, Teichen,
und drohende, und totenhaft verdorrte ...

Wozu sind diese aufgebaut? Und gleichen
einander nie? Und sind unzählig viele?
Was wechselt Lachen, Weinen und Erbleichen?

Was frommt* das alles uns und diese Spiele,
die wir doch groß und ewig einsam sind
und wandernd nimmer suchen irgend Ziele?

Was frommt‘s, dergleichen viel gesehen haben?
Und dennoch sagt der viel, der Abend sagt,
ein Wort, daraus Tiefsinn und Trauer rinnt

wie schwerer Honig aus den hohlen Waben.

Anmerkungen
Hugo von Hofmannsthal (1874–1929): einer der wichtigsten österreichischer Schriftsteller des Fin de Siécle, Lyriker und Dramatiker, Begründer der Salzburger Festspiele
frommen nutzen

TEXT 2

Gottfried Benn
***Reisen* (1950)**

Meinen Sie Zürich zum Beispiel
sei eine tiefere Stadt,
wo man Wunder und Weihen
immer als Inhalt hat?

Meinen Sie, aus Habana*,
weiß und hibiskusrot,
bräche ein ewiges Manna
für Ihre Wüstennot?

Bahnhofstraßen und Rueen,
Boulevards, Lidos, Laan* –
selbst auf den Fifth Avenuen
fällt Sie die Leere an –

Ach, vergeblich das Fahren!
Spät erst erfahren Sie sich:
bleiben und stille bewahren
das sich umgrenzende Ich.

Anmerkungen

Gottfried Benn (1886–1956): Arzt für Haut- und Geschlechtskrankheiten, Dichter und Essayist; Militärarzt in beiden Weltkriegen

Habanna	Havanna
Rueen	(frz.) Straßen
Boulevards	breite Straße
Lido	Kur- und Badestrand, besonders bei Venedig
Laan	(ndl.) Allee
Fifth Avenue	eine der bekanntesten Straßen in Manhattan, New York City

2.2 LÖSUNGSVORSCHLÄGE ZU DEN KLAUSURAUFGABEN

2.2.1 Lösungsvorschlag Aufgabe 1 (K 1)

Aufgabenart

Analyse eines Sachtextes mit weiterführendem Schreibauftrag (I A)

ERLÄUTERUNGEN DER AUFGABENSTELLUNG

Die erste Aufgabe erfordert eine normale vollständige Analyse eines Sachtextes. Zunächst kennzeichnet man kurz die Textthematik oder seine Problematik. Dann wird der Text gegliedert reproduziert und sein argumentativer Aufbau beschrieben. Um Doppellungen zu vermeiden, ist es ratsam, die beiden Schritte der Reproduktion und der logischen Analyse zusammen durchzuführen. (Zur besseren Darstellung und Überprüfung der eigenen Ergebnisse werden sie jedoch in dem folgenden Schreibplan und dem Lösungsvorschlag getrennt durchgeführt.) Sodann sollten die Textaussagen zum Verhältnis von Sprache und Wirklichkeit erläutert werden. So wird der Gedankengang erschlossen und das Textverständnis abgesichert. Die Untersuchung der verwendeten Mittel der Darstellung und ihrer Wirkung bildet die sprachliche Analyse. Die gefundenen Ergebnisse werden in der abschließenden Bestimmung der sprachtheoretischen Position, die der Text einnimmt, zusammengeführt.

Die zweite Teilaufgabe erwartet einen Transfer der Analyseergebnisse zur Sapir-Whorf-Hypothese. Hier ist es zunächst erforderlich, kurz zusammenzufassen, was man unter dieser Hypothese versteht, bevor man der Aufgabenstellung folgend die Übereinstimmungen und Unterschiede zwischen dieser Hypothese und den Aussagen Mues' herausarbeitet. Die Arbeit schließt mit einer kurzen eigenen Stellungnahme, welcher der beiden genannten Positionen man aus welchen Gründen den Vorzug gibt.

SCHREIBPLAN ZU TEILAUFGABE 1

BAUSTEIN	ERLÄUTERUNG	OPERATION
Einleitung	Verwendung der bekannten Textdaten	verfasst eine aufgabenbezogene Einleitung
Problembestimmung	Benennung des zentralen Themas oder Problems	erschließt das zentrale Thema oder Problem
Reproduktion	Gegliederte Wiedergabe des Textes mit eigenen Worten (keine Nacherzählung!)	gibt den Inhalt des Textauszuges gegliedert wieder
Logische Analyse	Untersuchung des logischen und argumentativen Aufbaus des Textes	erschließt den Gedankengang des Textes
Inhaltliche Analyse	Erläuterung und Kommentierung der Textaussagen	erschließt und erläutert die inhaltlichen Aussagen des Textes
Sprachliche Analyse	Untersuchung der sprachlichen Textgestaltung und ihrer Funktion bzw. Wirkung,	untersucht die Mittel der Darstellung und ihre Wirkung
Theoretische Einordnung	Bestimmung, welche sprachtheoretische Position der Verfasser in diesem Text einnimmt	bestimmt die sprachtheoretische Position des Textes

LÖSUNGSMÖGLICHKEIT ZU TEILAUFGABE 1

	Anforderungen **Der Prüfling**	**maximal erreichbare Punktzahl**
1	*formuliert eine aufgabenbezogene Einleitung, etwa:* Verwendung der gegebenen Textdaten: Autor, Titel, Textsorte, Erscheinungsdatum	3
2	*erschließt das zentrale Thema oder Problem, etwa:* Das Verhältnis von Sprache und Wirklichkeit	3
3	*gibt den Inhalt des Textauszuges gegliedert wieder, etwa:* Jedes Individuum übernimmt mit seiner Muttersprache eine bestimmte Interpretation von Welt. Daraus hat man hergeleitet, der Mensch verfüge in seinem Denken und Handeln nicht über eigene Maßstäbe, und erst die Kenntnis mehrerer Sprachen könne ihn aus dieser Enge befreien. Obwohl es richtig ist, dass	3

	das Denken des Einzelnen von seiner Muttersprache beeinflusst wird, darf man nicht übersehen, dass die Sprache nur ein Instrument des Denkens ist; denn das Denkvermögen aller Menschen ist gleich, und alle Menschen sind zu wissenschaftlichen Entdeckungen in der Lage. Sprache kann fortschrittliches Denken deshalb nur behindern, aber nicht verhindern.	
4	*erschließt den Gedankengang des Textes, etwa:* 1. These 1: Sprache interpretiert die Welt (1–4), Erläuterung 1 (5–6), Beispiel (6–8), Erläuterung 2 (8–12). 2. Folgerung: Jeder Einzelmensch übernimmt das Weltbild seiner Sprache (13–14). 3. Zwei weitere Schlussfolgerungen (Referat der Sapir-Whorf-Hypothese): • Der Mensch unterliegt in seinem Denken und Handeln den Maßstäben seiner Sprache (15–18). • Erst die Kenntnis mehrere Sprachen kann ihn aus dieser Enge befreien (18–21). • Beleg (21–24) 4. Argument zu These 1: Wiederholung der These (25–26), Erläuterung (26–29), Beispiel (29–32) 5. Gegenargument und These 2: Sprache ist ein Instrument des Denkens (33–34), Begründung (35–38), Beispiel (38–42). 6. Fortschritt als Problemfall (43–44): Beispiel 1: kosmologische Aussagen (44–46), Beispiel 2: „leer" (46–47), Folgerung 1: Unterschiedliche Eignung der Sprachen für Logik (47–49), Folgerung 2: Sprache behindert Denkinhalte nicht (49–52) 7. Schlussfolgerung und Bestätigung der These 2: Das Denken überwindet Sprachrückstände und kann durch sie nicht verhindert werden (53–57).	9
5	*erschließt und erläutert die inhaltlichen Aussagen des Textes, etwa:* – Sprache deutet nicht nur benennend auf Wirklichkeit hin, sondern deutet sie auch. – Die eigene Weltsicht einer Sprache wird daran deutlich, wie sie ihre Bezeichnungen für das Farbspektrum, für Geschmacks- und Tastempfindungen sowie für Einstellungen für Wärme und Kälte wählt. – Sowohl die Wahrnehmung des Menschen (Umwelt) wie auch seine Einstellungen zu dieser Wahrnehmung (Innenwelt) werden von der Sprache beeinflusst. – Zusammenfassung zweier in der Sapir-Whorf-Hypothese gezogenen Schlussfolgerungen – Jedes Kind wächst in das Weltbild seiner zufälligen Muttersprache hinein. – Die allen Menschen gemeinsame, gleiche biophysische Grundvoraussetzung erlaubt ihnen eine gleichartige Entfaltung ihres Denkvermögens.	9

	– Viele durch Denkprozesse erreichte wissenschaftliche Neuentdeckungen bedürfen erst einer nachträglichen sprachlichen Benennung. – In der Sprache abgebildete Wahrnehmungstäuschungen können neue Denkinhalte nur vorübergehend behindern, aber nicht verhindern.	
6	*untersucht die Mittel der Darstellung und ihre Wirkung, etwa:* – semantisch: apodiktische Adverbien („gewiss“: 1, 25, 43, 47; „sicher“: 49; „jedenfalls“: 37), bestätigende Interjektion („ja“: 10) und Partikel („doch“: 33, 35); adversative Konjunktionen („aber“: 2, 49; „sondern“: 11, 27; „dennoch“: 54), Gemeinschaft stiftendes „wir“ (33, 34, 35) – syntaktisch: überwiegend Hypotaxe – pragmatisch: Anapher („so“: 6, 8, 13; „man“: 15, 18; „gewiss“: 43, 47), Gegensätze	6
7	*bestimmt die sprachtheoretische Position des Textes, etwa:* – Mues spricht sich für eine Dominanz des Denkens aus, räumt aber ein, dass die Sprache das Denken tief beeinflussen kann. – inkonsequente Haltung, vermutl. interdependent	6
9	erfüllt ein weiteres aufgabenbezogenes Kriterium (max. 4 Punkte)	
	Summe 1. Teilaufgabe	**39**

SCHREIBPLAN ZU TEILAUFGABE 2

BAUSTEIN	ERLÄUTERUNG	OPERATOR
Überleitung	Erwähnung der Sapir-Whorf-Hypothese im Text	verfasst eine aufgabenbezogene Überleitung
Reproduktion	Darstellung der Sapir-Whorf-Hypothese	stellt die Sapir-Whorf-Hypothese dar
Vergleich	Überprüfung der Übereinstimmungen und Unterschiede in den Aussagen des Textes und der Sapir-Whorf-Hypothese	vergleicht die Thesen der Sapir-Whorf-Hypothese mit denen von Mues
Stellungnahme	eigene Stellungnahme zum Verhältnis von Sprache und Denken	nimmt Stellung zum Verhältnis von Sprache und Denken

LÖSUNGSMÖGLICHKEIT ZU TEILAUFGABE 2

	Anforderungen **Der Prüfling**	maximal erreichbare Punktzahl
1	*verfasst eine aufgabenbezogene Überleitung, etwa:* Bezugnahme zur Erwähnung des Sapir-Whorf-Hypothese im Text	3
2	*stellt die Sapir-Whorf-Hypothese dar, etwa:* – Whorf vertritt als wissenschaftlicher Laie und Schüler des Linguisten Sapir die Theorie des sprachlichen Relativismus. – Er glaubte, in der Sprache der Hopi-Indianer Anzeichen dafür gefunden zu haben, dass sie die Welt anders beschreiben und verstehen als die Menschen europäischer Sprachen. – Er verallgemeinert daraus, dass jede Muttersprache ihren Mitgliedern eine spezifische Denkweise und Weltsicht gestaltet. – Aus der Verschiedenheit menschlicher Sprachsysteme folgert er, dass Menschen unterschiedlicher Sprache eine unterschiedliche Denkweise und Weltsicht haben. – Nur die Beherrschung verschiedener Sprachen erlöst das Individuum aus seiner relativen Weltsicht und Denkbeschränkung.	9
3	*erläutert die Gemeinsamkeiten zwischen den Aussagen des Textes und der Sapir-Whorf-Hypothese, etwa:* – Mues stimmt Whorf in folgenden Punkten zu: • Jede Sprache deutet die Welt auf ihre eigene Weise (4). • Jedes Individuum übernimmt die Weltsicht seiner Muttersprache (13 f.). • Jede Sprache beeinflusst das Denken ihrer Sprachteilnehmer (25 f., 42–47).	6
2	*erläutert die Unterschiede zwischen den Aussagen des Textes und der Sapir-Whorf-Hypothese, etwa:* – Mues ist im Gegensatz zu Sapir-Whorf-Position der Ansicht: • Die Sprache ist ein Instrument des Denkens (34). • Das Denken der Menschen ist wegen der gleichen neurophysiologischen Voraussetzungen von der Sprache unabhängig (35 f.). • Geistiger Fortschritt beruht auf Leistungen des Denkens und ist in allen Sprachen leistbar (37 f.). • Bei aus dem Denken heraus entwickelten Neuentdeckungen folgt die sprachliche Benennung erst nach (41). • Das Denken kann von der Sprache zwar behindert, aber nicht verhindert werden (54 f.).	9

4	*nimmt Stellung zum Verhältnis von Sprache und Denken, etwa:* – Es sind unterschiedliche Stellungnahmen denkbar: • Position eines gemäßigten sprachlichen Relativismus: Sprache beeinflusst das Denken, bestimmt es aber nicht. • Position der Interdependenz: Sprache und Denken beeinflussen sich gleichermaßen wechselseitig. • Position der Denkdominanz: Sprache ist ein Instrument des Denkens zur Kommunikation.	6
5	erfüllt ein weiteres aufgabenbezogenes Kriterium (max. 4 Punkte)	
	Summe 2. Teilaufgabe	**33**

2.2.2 Lösungsvorschlag Aufgabe 2 (K 2)

Aufgabenart

Argumentative Entfaltung eines fachspezifischen Sachverhalts bzw. Problems oder eines Problems, dessen fachlicher Hintergrund aus dem Unterricht bekannt ist, im Anschluss an die eingeschränkte Analyse einer Textvorlage (III A)

ERLÄUTERUNG DER AUFGABENSTELLUNG

Im Gegensatz zu allen anderen Aufgabenarten hat der Aufgabentyp III A sein theoretisches und praktisches Schwergewicht auf der Argumentation. Während in der ersten Teilaufgabe das theoretische Vermögen im Umgang mit argumentativen Texten überprüft wird, ist in der zweiten Teilaufgabe, die stärker wiegt als die erste, die eigene Argumentationsfähigkeit nachzuweisen. Die Punktverteilung schwankt zwischen 24 : 48 oder 30 : 42, je nach Anforderungsprofil des vorgelegten Textes und der Aufgabenstellung. Das theoretische Vermögen erstreckt sich im Wesentlichen darauf, die Problemstellung eines Textes zu verstehen, den Aufbau der Argumentation mit ihren Thesen, Argumenten und Belegen zu durchschauen und die Intention und Position des Verfassers zu erkennen. Da es sich hier bei der Textvorlage nicht um einen Sachtext handelt, sondern um einen Auszug aus einem bekannten Drama, ist es sinnvoll, nach einer kontextuellen Einordnung des Auszugs die Wiedergabe des Inhalts mit der Analyse der Textstruktur zu verbinden. Statt einer vollständigen Analyse wird im Rahmen einer eingeschränkten Analyse auf eine Untersuchung der sprachlichen Darstellung verzichtet. Trotzdem ist man gut beraten, wenn man den Darbietungsstil zumindest kurz kennzeichnet.

Die zweite wichtigere Teilaufgabe umfasst in der Regel eine gelenkte argumentative Auseinandersetzung mit Positionen und Aussagen der Textvorlage. Bislang ist bei der Aufgabenstellung auf die generelle Anweisung „Erörtern Sie …" zugunsten der Vorgabe leitender Aspekte verzichtet worden. Sinn solcher Aspekte ist es, die Thematik in einem gedanklich übergeordneten Bereich zu verankern und die aktuelle Relevanz des Themas diskutieren zu lassen oder eine komplexere Problematik in Einzelaspekte aufzuschlüsseln.

In dieser Aufgabenstellung sollen Sie zunächst den Textauszug hinsichtlich der in ihm dargestellten Zwangslage untersuchen, in der sich Faust und sein Vater als Mediziner befanden. Die Erörterung besteht darin, anhand selbst gewählter Argumente und Beispiele abwägend darzustellen, worin, allgemein betrachtet, das wissenschaftliche Dilemma der beiden besteht. Es kann nicht erwartet werden, dass Sie das Dilemma lösen. Andererseits sollte man Ideen, die zu Lösungsansätzen beitragen, nicht zurückhalten.

SCHREIBPLAN ZU TEILAUFGABE 1

BAUSTEIN	ERLÄUTERUNG	OPERATOR
Einleitung	Ausgangspunkt: Zentraldaten des Textes	verfasst eine aufgabenbezogene Einleitung
Einordnung in den Kontext	Darstellung, in welchem Kontext des Dramas der Auszug zu betrachten ist. Keine Inhaltsangabe des Dramas oder Teildramas!	ordnet den Auszug in den Dramenkontext ein
Texterschließung	Darstellung von Thematik und Problematik des Textes	stellt die Thematik des Textes dar
Analyse der Problematik	detaillierte Untersuchung, wie sich die Problematik zeigt und wie versucht wird, sie zu lösen	untersucht die Darstellung der Problematik
Deutung der Problematik	Interpretation der beiden wissenschaftlichen Sichtweisen (Faust vs. Wagner)	deutet die dargestellte Problematik
Kennzeichnung der Darstellungsform	Beschreibung des Darstellungsstils	beschreibt die Darstellungsform des Textes
Schlussurteil	Urteil über die zeitgenössische Relevanz der Thematik	bewertet den Text

LÖSUNGSMÖGLICHKEIT ZU TEILAUFGABE 1

	Anforderungen **Der Prüfling**	**maximal erreichbare Punktzahl**
1	*formuliert eine aufgabenbezogene Einleitung, z. B.:* Verwendung der bekannten Textdaten	3
2	*ordnet den Text in den Dramenkontext ein, z.B.:* Szene 2 des Gelehrtendramas: *Vor dem Tor.* Nach dem vergeblichen Versuch Fausts, den Erdgeist zu beschwören – weshalb er sich aus Verzweiflung beinahe umgebracht hätte –, befindet sich der Gelehrte mit seinem Famulus auf einem Osterspaziergang vor den Toren der Stadt.	3
2	*stellt die Thematik des Textes dar, z. B.:* Darstellung der wissenschaftlichen Überforderung: Helfen wollen, aber nicht können; unterschiedliche Wissenschaftsperspektiven bei Faust und Wagner	3
3	*untersucht die Darstellung der Problematik, z. B.:* Ein Bauer wünscht Faust ein langes Leben. (2) Begründung: Während die Pest wütete (1000), haben Faust und sein Vater vielen geholfen (999, 1002). (3) Faust wehrt demütig ab (1009 f.). (4) Wagner ist von dieser Verehrung beeindruckt. (5) Faust legt seinen Konflikt dar: als gläubiger Christ erfleht er ein Wunder / ein Ende der göttlichen Heimsuchung (1026–29), der Dank des Volkes ist unbegründet (1030–33), Fausts Vater versuchte sich trotz seiner Redlichkeit vergeblich in der Alchimie (1034–58), aufgrund der Vergabe dieser zweifelhaften Arzneien starben mehr Menschen als an der Pest (1049–54). (6) In Wahrheit verehrt das Volk Mörder (1055). (7) Wagner verneint die Problematik und betont die wissenschaftliche Tradition (1056–63). (8) Faust spricht sich gegen die optimistische Vorstellung eines kontinuierlichen Erkenntnisfortschritts aus (1064–67).	9
4	*deutet die Problematik*, z. B.: – Fausts pessimistischer Ansatz: Die Wissenschaft ist überfordert, weil sie die tatsächlich auftretenden Probleme nicht wirklich lösen kann. – Wagners optimistischer Ansatz: Die Wissenschaft basiert auf der Tradition und macht von Generation zu Generation Erkenntnisfortschritte.	6
5	*beschreibt die Darstellungsform des Textes, z. B.:* Dialog in Knittelversen mit Kreuzreim	3

6	*bewertet den Text, z. B.:* Darstellung der mit der Entwicklung der Wissenschaft aufkommenden methodischen Erkenntniszweifel im Zeitalter der Renaissance	3
7	erfüllt ein weiteres aufgabenbezogenes Kriterium (max. 4 Punkte)	
	Summe 1. Teilaufgabe	**30**

SCHREIBPLAN ZU TEILAUFGABE 2

BAUSTEIN	ERLÄUTERUNG	OPERATOR
Überleitung	Wissenschaftszweifel gibt es auch heute noch.	verfasst eine sachbezogene Überleitung
Aktualisierung	Aktualisierung des Problems unter Beibehaltung der medizinischen Perspektive	stellt die aktuelle Situation des Problems dar
Antithese 1	Prüfung der Argumente, die für die Ansicht Fausts sprechen	prüft die Argumente, die für die Ansicht Fausts sprechen
These 1	Prüfung der Argumente, die der Ansicht Fausts widersprechen	prüft die Argumente, die der Ansicht Fausts widersprechen
Antithese 2	Prüfung der Argumente, die der Ansicht Wagners widersprechen	prüft die Argumente, die der Ansicht Wagners widersprechen
These 2	Prüfung der Argumente, die die Ansicht Wagners stützen	prüft die Argumente, die die Ansicht Wagners stützen
Schlussurteil	Zusammenfassung der Untersuchungsergebnisse in einem begründeten Schlussurteil	beurteilt das aktualisierte Problem abschließend

LÖSUNGSMÖGLICHKEIT ZU TEILAUFGABE 2

	Anforderungen Der Prüfling	maximal erreichbare Punktzahl
1	*formuliert eine aufgabenbezogene Überleitung, z. B.:* Die dem Renaissancemenschen Faust fiktiv zugeschriebene und von Goethe zu Beginn des 19. Jahrhunderts formulierte Problematik der Wissenschaft ist auch heute noch aktuell.	3
2	*stellt die aktuelle Situation des Problems dar, z. B.:* Überforderung der Medizin erkennbar an den zurzeit noch nicht endgültig heilbaren Krankheiten: statt Pest heute Krebs, Aids, Ebola, multiresistente Keime etc.; allerdings Wandlung der Einstellung zur Wissenschaft	6
3	*prüft die Argumente, die für die Ansicht Fausts sprechen, z. B.:* Medizin sucht auch heute experimentell nach wirksamen Medikationen; aber nicht mehr alchimistisch, sondern kontrolliert und verantwortungsvoll in Laborversuchen; allerdings sind Irrtum, Betrug und Scharlatanerie nicht ausgeschlossen (Fausts Mörderbekenntnis).	6
4	*prüft die Argumente, die der Ansicht Fausts widersprechen, z. B.:* Der Wissenschaftspessimismus Fausts ist nicht mehr haltbar, weder utilitaristisch noch pragmatisch. Viele Erkrankungen und weltweite Seuchen sind nahezu ausgerottet bzw. heilbar: Pest, Tuberkulose, Scharlach, Kinderlähmung etc.; auch ohne endgültiges Konzept lassen sich viele Krankheiten vorläufig wirksam therapieren.	6
5	*prüft die Argumente, die der Ansicht Wagners widersprechen, z. B.:* Die Wissenschaftsvorstellung Wagners: (bruchlos kontinuierlicher Erkenntnisfortschritt, Erkenntnis = Wahrheit) ist naiv. Es hat sowohl sprunghaft geniale Entwicklungen gegeben als auch wissenschaftliche Irrtümer; Wissenschaftlichkeit beruht nicht auf Wahrheitsfindung, sondern auf logischer Richtigkeit und Konsequenz.	6
6	*prüft die Argumente, die die Ansicht Wagners stützen, z. B.:* Wissenschaft beruht auf tradierten Methoden und Prinzipien; die heute weltweite Verfügbarkeit von Erkenntnissen fördert, beschleunigt und sichert den Fortschritt. Die Vergabe der Nobelpreise verdeutlicht, dass oft neue Erkenntnisse zeitnah, aber unabhängig voneinander gewonnen werden bzw. ohne Vorarbeiten nicht möglich sind.	6

7	*beurteilt das Problem abschließend, z. B.:* – Das Dilemma, helfen zu wollen, aber nicht zu können, besteht weiter fort und ist in der Unvollkommenheit des Menschen begründet. – Der Wissenschaftsbegriff hat sich gewandelt: Er ist realistischer geworden. – Aus heutiger Sicht ist Wagner trotz dessen falscher Wissenschaftsauffassung eher Recht zu geben als dem ungeduldigen, selbstüberheblichen Faust. – Es scheint, als neigte selbst Goethe dazu, eher Wagners Position der allmählichen Entwicklung der Wissenschaftstradition zu teilen.	9
8	erfüllt ein weiteres aufgabenbezogenes Kriterium (max. 6 Punkte)	
	Summe 2. Teilaufgabe	**42**

2.2.3 Lösungsvorschlag Aufgabe 3 (K 3)

Aufgabenart

Argumentative Entfaltung eines fachspezifischen Sachverhalts bzw. Problems oder eines Problems, dessen fachlicher Hintergrund aus dem Unterricht bekannt ist im Anschluss an die eingeschränkte Analyse einer Textvorlage (III A)

ERLÄUTERUNG DER AUFGABENSTELLUNG

Die Aufgabenart III A setzt ihren Schwerpunkt in eine Argumentation innerhalb der zweiten Teilaufgabe. Hier ist eine Diskussion in Abwägung zweier Deutungsaspekte gefordert. Die erste Teilaufgabe entspricht der normalen Analyseaufgabe eines literarischen Textauszugs. Der Text soll in den Erzählkontext eingeordnet und reproduziert werden. Die dann normalerweise anstehende Untersuchung der sprachlichen Darstellung wird auf eine Untersuchung der besonderen Erzählsituation beschränkt. Damit entfällt die sprachliche Analyse des Textes auf seine sprachlichen und gestalterischen Mittel und reduziert sich auf die Darstellung des Erzählerverhaltens. Die erste Teilaufgabe soll mit einer Bestimmung der Funktion, die dieser Episode zugeschrieben werden kann, abgeschlossen werden.

Die zweite Teilaufgabe knüpft an diese Funktionsbestimmung an, indem sie zwei spezielle Deutungsmöglichkeiten der Episode zur argumentativen Prüfung anbietet. Die eine verlangt von Ihnen zu prüfen, inwieweit im Text Elemente des Komischen dominieren, die andere, inwieweit der Text eine Welt abbildet, die einem übernatürlichen Zauber unterworfen ist. Diese Prüfung muss in einem persönlichen Urteil münden.

SCHREIBPLAN ZU TEILAUFGABE 1

BAUSTEIN	ERLÄUTERUNG	OPERATOR
Einleitung	Verwendung der bekannten Textdaten	verfasst eine aufgabenbezogene Einleitung
Textwiedergabe	Wiedergabe des Textinhalts (keine Nacherzählung!)	gibt den Inhalt des Textauszuges korrekt wieder
Kontext	Einordnung des Textes in den Zusammenhang der Erzählung	ordnet den Textauszug in den Erzählkontext ein
Analyse	Untersuchung des Erzählerverhaltens	untersucht die besondere Erzählsituation des Textes
Schlussurteil	abschließende Bewertung der Funktion der Episode	beurteilt die mögliche Funktion der Episode

LÖSUNGSMÖGLICHKEIT ZU TEILAUFGABE 1

	Anforderungen **Der Prüfling**	**maximal erreichbare Punktzahl**
1	*verfasst eine aufgabenbezogene Einleitung, etwa:* Verwendung der bekannten Textdaten	3
2	*ordnet den Textauszug in den Erzählkontext ein, etwa:* Nathanael hat sich so sehr in die Androidin Olimpia verliebt, dass er ihr einen Ring schenken will. Da wird er Zeuge eines Streites zwischen Professor Spalanzani, dem Vater Olimpias, und dem Wetterglashändler Coppola, in dessen Verlauf der Körper Olimpias zerstört wird. Nathanael erkennt, dass Olimpia nur eine Puppe war, rastet völlig aus und will Spalanzani erwürgen. Man hält ihn jedoch zurück und bringt ihn in eine Irrenanstalt. Die Folgen dieses Aufsehen erregenden Ereignisses werden in der folgenden Episode dargestellt.	6
3	*gibt den Inhalt des Textauszuges korrekt wieder, etwa:* – Spalanzani muss die Universität verlassen und entzieht sich der polizeilichen Untersuchung seines Betruges durch Flucht, Coppola ist ebenfalls verschwunden. – Die bürgerliche Gesellschaft, die sich gern in Teezirkeln trifft, ist verstört. Im Nachhinein wollen viele den Betrug schon früher bemerkt haben, ein Rhetorikprofessor bestreitet gar die Fakten und hält alles für eine Allegorie. – In den Paarbeziehungen misstrauen die Männer jetzt aber häufig ihren Frauen und erwarten von ihnen Verhaltensweisen, die sie als echt lebende Menschen ausweisen.	6

4	*untersucht die besondere Erzählsituation des Textes, etwa:* Einschub einer Nebenhandlungsepisode: auktorialer Erzähler, direkte Anrede des Lesers (1), Erzählbericht, szenisches Erzählen (16–19), zwei direkte Reden (17–19, 29), indirekte Rede (14 f.)	6
5	*beurteilt die mögliche Funktion der Episode, etwa:* – Entspannungspause für den Leser nach hochdramatischer Szene – gesellschaftskritischer Einschub zur Ironisierung der Langeweile und Selbstgefälligkeit des Bildungsbürgertums – sozialkritische Ironisierung gesellschaftlichen Schwarmverhaltens – ironische Entlarvung der grundsätzlichen Täuschbarkeit und Verunsicherbarkeit des Menschen	9
7	erfüllt ein weiteres aufgabenbezogenes Kriterium (max. 4 Punkte)	
	Summe 1. Teilaufgabe	**30**

SCHREIBPLAN ZU TEILAUFGABE 2

BAUSTEIN	ERLÄUTERUNG	OPERATOR
Überleitung	Mehrdeutigkeit der Episode	verfasst eine aufgabenbezogene Überleitung
Analyse 1	Untersuchung, inwieweit im Text Elemente des Komischen dominieren	überprüft, inwieweit im Text Elemente des Komischen dominieren
Analyse 2	Untersuchung, inwieweit im Text Elemente einer durch Zauber dämonisierten Welt vorliegen	überprüft, inwieweit der Text eine Zauberwelt abbildet
Schlussurteil	begründetes abschließendes Schlussurteil	formuliert ein begründetes Schlussurteil

LÖSUNGSMÖGLICHKEIT ZU TEILAUFGABE 2

	Anforderungen Der Prüfling	maximal erreichbare Punktzahl
1	*verfasst eine aufgabenbezogene Überleitung, etwa:* Mehrdeutigkeit der Episode	3
2	*überprüft, inwieweit im Text Elemente des Komischen dominieren, etwa:* – Handlungs- und Verhaltenskomik: • Verhalten der Männer: misstrauische Verhaltensauflagen gegenüber ihren Frauen (bizarre Ironie) • Verhalten der Frauen: viel Gähnen, taktlos Singen und Tanzen, beim Vorlesen sich mit etwas beschäftigen, Äußerung von Gedanken und Empfindungen (groteske Satire) • Verhalten der Paare: Einige trennen sich leise (Ironie, da sie eine oberflächliche Beziehung pflegten oder da sie das Verhalten der gesellschaftlichen Umgebung ablehnen). – Charakterkomik: Rhetorikprofessor: ignoranter Fachidiot (sarkastische Satire) – Sprachkomik: „ganz kluge Studenten" (Ironie), „Teeist" (Wortspiel zu Deist = Gottgläubiger; also: Leichtgläubiger), „Professor der Poesie und Beredsamkeit" (Überbetonung des Ästhetischen) – Der Text ist ins Komische verzerrt und die Darstellung ist nicht ernst zu nehmen.	15
3	*setzt überprüft, inwieweit der Text eine Zauberwelt abbildet, etwa:* – Der Text ist ernst zu nehmen. – Das Verhalten der Teegesellschaft ist nicht normal. Wenn die Teilnehmer Olimpia nicht als Puppe erkennen, sind sie in einer Situation, in der ihnen keine normalen Wahrnehmungen gestattet werden. Sie leben dann in einer irgendwie verzauberten Welt. – Die Reaktion der Teegesellschaft auf den Betrug ist nicht normal. Eine normale Beziehung zwischen Menschen bräuchte die durchgeführten Maßnahmen zur Absicherung des Menschseins nicht. Die Teegesellschaft handelt, als stehe sie wie hypnotisiert unter einem dämonischen Bann. – Die Teegesellschaft ist keine normale Gesellschaft der Realität, sondern unterliegt wie Nathanael ebenfalls einem dämonischen Einfluss.	15

4	*formuliert ein begründetes Schlussurteil, etwa:* – Beide Deutungen sind vertretbar und lassen sich am Text belegen. – Der Komik-Ansatz deutet den Text lockerer und betont eine sozialkritische Deutung. Diese passt zu einer philosophischen Interpretation des Gesamttextes, nach der sich der Text gegen menschliche Überheblichkeit und absoluten Materialismus ausspricht, und auch zu einer literaturhistorischen Interpretation, nach der sich der Text gegen ein Philistertum und gegen romantischen Narzissmus ausspricht. – Der Zauber-Ansatz nimmt den Text wörtlich und betont ein dämonisches Grundklima in der Textwelt. Das entspricht ebenfalls einem philosophischen Verständnis der Erzählung, insofern die Gefahren der romantischen Naturauffassung in ihren aberwitzigen Auswirkungen konsequent zur Wirklichkeit der Textwelt werden. – Es könnte in der Absicht des Verfassers E.T.A. Hoffmann liegen, beide Verstehens-Ansätze romantisch miteinander zu verschmelzen.	9
5	erfüllt ein weiteres aufgabenbezogenes Kriterium (max. 6 Punkte)	
	Summe 2. Teilaufgabe	**42**

2.2.3 Lösungsvorschlag Aufgabe 4 (K 4)

Aufgabenart
Vergleichende Analyse von literarischen Texten (II C)

ERLÄUTERUNG DER AUFGABENSTELLUNG

Die Textanalyse verlangt in der ersten Teilaufgabe eine vollständige Erschließung des Gedichts von Hugo von Hofmannsthal. Dazu gehört, dass Sie zunächst das Thema des Gedichtes benennen, seine inhaltlichen Aussagen erschließen, seinen formalen Aufbau beschreiben und die formale wie sprachliche Gestaltung des Textes im Hinblick auf ihre Funktion untersuchen. Die Analyse endet mit einer Deutung des Textes.

Die zweite Teilaufgabe erfordert hinsichtlich der Erschließung des zweiten Textes dasselbe. Erst nach der doppelten vollständigen Textanalyse beginnt der Vergleich, in dem Sie Ähnlichkeiten und Unterschiede der beiden Texte und Gestaltungen herausarbeiten und vor dem literarhistorischen Hintergrund bewerten. Es wäre zudem sinnvoll, darauf einzugehen, auf welche Weise in beiden Gedichten das Thema „unterwegs sein“ angesprochen wird.

SCHREIBPLAN ZU TEILAUFGABE 1

Baustein	Erläuterung	Operator
Einleitung	Ausgangspunkt: Zentraldaten des Textes	formuliert eine aufgabenbezogene Einleitung
Thema	Benennung des dargestellten Themas oder der dargestellten Problematik	benennt das Thema des Gedichts
Inhaltliche Analyse	Erschließung des Textinhalts: Herausarbeiten von Sachverhalten, die nicht explizit genannt werden	erschließt den Inhalt des Gedichts
Textbeschreibung	Beschreibung der Gedichtform: genaue, eingehende, sachliche Darstellung des formalen Textaufbaus	beschreibt den formalen Aufbau des Gedichts
Formale Analyse	Untersuchung der formalen und sprachlichen Gestaltung des Textes unter Berücksichtigung ihrer jeweiligen Funktion: Untersuchung der phonologischen, semantischen, syntaktischen und pragmatischen Sprachebenen	untersucht formale und sprachliche Gestaltungsmittel des Gedichts
Deutung	Deutung/Interpretation des Textes	deutet den Text

LÖSUNGSMÖGLICHKEIT ZU TEILAUFGABE 1

	Anforderungen **Der Prüfling**	**maximal erreichbare Punktzahl**
1	*formuliert eine aufgabenbezogene Einleitung, etwa:* Nennung von Titel, Autor, Textsorte und Entstehungszeit	3
2	*benennt das Thema des Gedichts, etwa:* Das Gedicht behandelt die Sinnfrage des Lebens.	3
3	*erschließt den Inhalt des Gedichts, etwa:* (1. Strophe) Das Leben der Menschen vergeht ohne Beachtung. (2) Auch in der Natur herrscht Vergänglichkeit. (3) So ist es immer; die Verhältnisse des Daseins bleiben gleich. (4) Auch die menschlichen Artefakte sind dem Verfall unterworfen. (5) Vier Fragen nach dem Sinn von Veränderung und Vielfalt. (6) Frage nach dem Sinn menschlicher Einsamkeit und Ziellosigkeit. (7) Und doch „sagt der viel, der Abend sagt", weil (8) das Wort wie „schwerer Honig" ist.	6

4	*beschreibt den formalen Aufbau des Gedichts, etwa:* – sieben Strophen zu je drei Zeilen (Terzinen) und ein Einzelvers – 5-hebiger Jambus mit weiblicher Kadenz, damit auch Elfsilber (Endecasillabo), Ausnahmen: Vers 17, 20, 21 männlich (Zehnsilber) – Reimfolge: xbx bcb cdc ded efe fgf hxg h – Zeilenstil (Ausnahmen: 7, 10, 13, 21 Enjambement)	3
5	*untersucht formale und sprachliche Gestaltungsmittel des Gedichts, etwa:* – **phonetisch**: Assonanzen auf a (5, 20), e (3, 8), i (7, 14, 21), o (12), ü (4, 9), ei (15), ie (16): Lautfarbigkeit; Alliterationen auf d (11), h (22), n (14), w (2, 7, 15): Weichheit – **semantisch**: **Wortfelder a) der Natur**: „Früchte" (4), „Vögel" (5), „Wind" (7), „Gras" (10), „Bäume" (11), „Honig", „Waben" (22); **b) des Menschen**: „Kinder" (1), „Menschen" (3), „wir", „Worte" (8), „Glieder" (9), „Lachen", „Weinen", „Erbleichen" (15), „Wort", „Tiefsinn", „Trauer" (21), und **c) seiner Artefakte**: „Fackeln", „Teich" (11), „Spiele" (16): Mensch kaum hochwertiger als die Natur – Wiederholungen: „und" (25-mal), „wachsen" (Z. 1/2), „immer" (7), „viel" (19/20), „sagt" (20): Monotonie des Seins; keine Farbe – **syntaktisch**: ein Satz pro Strophe, Ausnahmen: Strophe 5: vier Fragen, Strophe 7+8: zwei Sätze: klare logische Gliederung; sechs rhetorische Fragen: Aufforderung zum Nachdenken; Ellipse (12): Anreiz zum Weiterdenken; Anaphern (Und; was frommt: 16/19): eintönige Wdhlg. – **pragmatisch**: zwei Vergleiche (5, 22): Anschaulichkeit; Gegensätze (wachsen-sterben: 1. Strophe; süß-herb: 2. Strophe; Lust-Müdigkeit: 3. Strophe; da-dort: 4. Strophe; Lachen-Weinen: 5. Strophe)	9
6	*deutet den Text, etwa:* – schwermütig-melancholischer Text der Resignation angesichts der Sinn- und Ziellosigkeit des Daseins – Alles Leben – Mensch, Flora (Früchte), Fauna (Vogel) – ist auf Vergänglichkeit ausgerichtet und geprägt von der Wiederkehr des immer Gleichen im Spannungsfeld zwischen den Empfindungspolen Lust und Last. – Das gilt für die menschlichen Artefakte ebenso wie für die Elemente der Natur: Feuer (Fackel), Luft und Erde (Bäumchen), Wasser (Teich). – Der Sinn der Verschiedenheit in der Vielfalt ist nicht fassbar. – Das gilt auch für den Menschen: Er ist zwar als „Krone der Schöpfung" groß, aber einsam, rastlos unterwegs, aber ohne erkennbares Ziel. – Das Streben nach immer mehr Welterfahrung ist fruchtlos. – Und doch adelt den Menschen die Akzeptanz dieses Daseins im Rückblick (Abend) und spendet ihm Trost (Honig) in der sinnlosen Struktur dieser Welt (leere Waben).	9

7	erfüllt ein weiteres aufgabenbezogenes Kriterium (max. 4 Punkte)	
	Summe Teilaufgabe 1	**33**

SCHREIBPLAN ZU TEILAUFGABE 2

Baustein	Erläuterung	Operator
Überleitung	Verwendung der gegebenen Textdaten	formuliert eine aufgabenbezogene Überleitung
Inhaltliche Analyse	Wiedergabe des Textinhalts: keine Nacherzählung	stellt inhaltliche Aspekte des Textes dar
Beschreibung der Form	kurze Beschreibung der Gedichtform	beschreibt den formalen Aufbau des Gedichts
Sprachliche Analyse	Analyse der formalen und sprachlichen Gestaltungsmittel unter Berücksichtigung ihrer Funktion	untersucht formale und sprachliche Gestaltungsmittel
Deutung	Deutung/Interpretation des Textes	deutet das Gedicht
Vergleich 1	Herausstellung der Ähnlichkeiten zwischen beiden Texten	erschließt Ähnlichkeiten zwischen beiden Texten
Vergleich 2	Herausarbeitung der Unterschiede zwischen beiden Gedichten	erschließt Unterschiede zwischen den Gedichten
Schlussbeurteilung	Bewertung der beiden Texte vor dem literarhistorischen Hintergrund	wertet die Gedichte vor dem literarhistorischen Hintergrund

LÖSUNGSMÖGLICHKEIT ZU TEILAUFGABE 2

	Anforderungen **Der Prüfling**	**maximal erreichbare Punktzahl**
1	*formuliert eine aufgabenbezogene Überleitung, etwa:* Verwendung der gegebenen Textdaten	3
2	*stellt inhaltliche Aspekte des Textes dar, etwa:* – (1. und 2. Strophe:) Fremden Orten wie Zürich oder Havanna eignet keine wesentliche Besonderheit. (3) Überall herrscht die gleiche Ödnis und Leere. (4) Es ist sinnlos zu reisen. Das Individuum bleibt auf sich selbst und seine Begrenztheit verwiesen.	3

3	*beschreibt den formalen Aufbau des Gedichts, etwa:* – vier Strophen zu je vier Versen – dreihebiger Daktylus als Grundmaß, aber nur in den Versen 1, 2, 7, 11, 14, 15, 16 vollständig durchgeführt, in allen anderen Versen fehlt eine Senkung an wechselnder Stelle. – Kreuzreim, wechselnde Kadenz; Ausnahme: In der ersten Strophe sind die eigentlich a zu reimenden Verse Waisen. – leicht dominanter Zeilenstil; Ausnahmen: 1, 3, 7, 11, 15: Enjambements	3
4	*untersucht formale und sprachliche Gestaltungsmittel, etwa:* – **phonetisch**: Assonanzen auf i (4); Alliterationen auf b (9–10), f (13), l (10), w (3): geringe Lautbetonung: gedanklicher Schwerpunkt – **semantisch**: provokative Anrede: lyrisches Sie (1, 5, 8, 12, 14); **urbanes Wortfeld:** Städte („Zürich", „Havanna"), Straßen („Bahnhofstraße", „Rueen", „Boulevards", „Lidos", „Laan", „Fifth Avenue"); **religiöses Wortfeld**: „Wunder", „Weihe"; „Manna"; **negatives Wortfeld**: „Wüstennot" (Neologismus), „Leere"; Farben: „weiß", „hibiskusrot"); – **syntaktisch**: pro Strophe ein Satz, Ausnahme Strophe 4: drei Sätze; zwei rhetorische Fragen (Str. 1 und 2), ein Ausrufesatz (13) – **pragmatisch**: Wortspiel (fahren-erfahren: 13/14)	6
5	*deutet das Gedicht, etwa:* – scheindialogischer Text im aggressiv-pathetischen Ton der Verzweiflung angesichts der existenziellen Vereinzelung des Menschen – Eine Reise bietet keine Erfüllung. – Die Reise in eine andere Stadt, der Wechsel der äußeren Umgebung, auch wenn sie wie Havanna exotisch ist, vermag das Ich des Menschen nicht von sich zu erlösen. – Überallhin, ob in deutsch-, französisch-, italienisch-, niederländisch- oder englischsprachigen Ländern, überallhin nimmt das Ich seine innere Leere mit. – Es ist sinnlos, immer unterwegs zu sein, um vor sich selbst zu flüchten. – Es gilt, sich seinem Ich zu stellen, es zu akzeptieren und damit auch seine eigenen Grenzen: eine Emigration in die Isolation.	9
6	*erschließt Ähnlichkeiten zwischen beiden Texten, etwa:* – Beide Texte sind formal traditionell verfasst. – Beide Texte sind resignativ und betonen die Einsamkeit und innere Isolation des Menschen. – Beide Texte heben die Sinnlosigkeit hervor, in der Welt unterwegs zu sein. – Beide Texte heben hervor, dass das äußere Leben und seine wechselhaften Umstände nicht in der Lage sind, dem inneren Leben Sinn und Erlösung zu verschaffen. – Beide Texte zeigen auf, dass der Mensch letztlich allein auf sich zurückgeworfen wird und sein Ich in der Isolation zu akzeptieren und zu ertragen hat.	6

7	*erschließt Unterschiede zwischen den Gedichten, etwa:* – Hofmannsthal findet zu seinen Aussagen über den Denkansatz der Vergänglichkeit, Benn über den des Reisens. – Hofmannsthal resigniert in Melancholie, Benn nach verzweifeltem Aufbegehren.	3
8	*wertet die Gedichte vor dem literarhistorischen Hintergrund, etwa:* – Hofmannsthals Gedicht ist zur Zeit des Fin de Siècle geschrieben, Benns Gedicht entstand nach dem Zweiten Weltkrieg. – Hofmannsthals Text ist durchtränkt von der empfindsamen Endzeitstimmung des 19. Jahrhunderts. Benns Text ist vor dem Hintergrund der Fluchten ins Exil und Benns eigener Entscheidung, im „Dritten Reich" zu bleiben, während der NS-Zeit zu sehen, aber auch der existenzialistischen und nihilistischen Erfahrung als Arzt in zwei Weltkriegen.	6
9	erfüllt ein weiteres aufgabenbezogenes Kriterium (max. 6 Punkte)	
	Summe Teilaufgabe 2	**39**

3. ABITURPRÜFUNG

Anlage des Übungsabiturs

Im Folgenden wird mit zwei Abiturprüfungspaketen zu jeweils drei Aufgaben die schriftliche Abiturprüfung simuliert. Eine feste Reihenfolge der Aufgaben gibt es nicht. Es muss damit gerechnet werden, dass eine Aufgabenart zweimal vorkommt, im Leistungskurs am ehesten der Typ II C, aber auch damit, dass ein Aufgabentyp ganz fehlt, z. B. Typ I. Die insgesamt sechs Aufgaben sind so gewählt, dass alle drei literarischen Gattungen angesprochen werden. Im Anschluss an jedes Prüfungspaket erfolgt der Lösungsteil mit Erläuterungen zur Aufgabenstellung, Schreibplan und Lösungsbogen für beide Teilaufgaben. Das soll ermöglichen, sich wie im Abitur zunächst mit allen Aufgaben auseinanderzusetzen, eine Aufgabenwahl zu treffen und die gewählte Aufgabe zu bearbeiten. Erst danach sollte man sich den Hinweisen, Tipps und Lösungsmöglichkeiten zuwenden. So kann man sowohl zweimal eine Abiturprüfung simulieren, als auch sich sechsmal mit einer Aufgabe intensiv auseinandersetzen. Eine zusätzliche Online-Aufgabe zum ‚Materialgestützten Verfassen eines Textes mit fachspezifischem Bezug' können Sie unter *www.bange-verlag.de/abitur-nrw-2020-pruefungstraining-deutsch-leistungskurs* kostenlos im DIN-A4-Format downloaden.

3.1 ABITURPRÜFUNG ÜBUNGSPAKET I

3.1.1 Aufgabe 1 (Ü 1)

AUFGABENSTELLUNG

1. Analysieren Sie die Episode von Herrn Schwerdtlein aus der Szene *Der Nachbarin Haus* aus Johann Wolfgang von Goethes Drama *Faust I* und bestimmen Sie die Funktion dieser Episode im Handlungskontext. *(42 Punkte)*
2. Deuten und bewerten Sie anhand der Informationen zur *Grand Tour* das Reiseverhalten Schwerdtleins, und klären Sie abschließend, welche weitere Funktion der Schwerdtlein-Episode vor diesem Hintergrund beizumessen ist. *(30 Punkte)*

Materialgrundlage

Text 1: Johann Wolfgang Goethe: *Faust. Der Tragödie Erster Teil.* Stuttgart: Reclam, durchgesehene Ausgabe 2000, S. 84–87, Verse 2914–2940, 2951–3000, 3008–3017

Text 2: Artikel *Grand Tour*, Wikipedia: https://de.wikipedia.org/wiki/Grand_Tour (Stand: Februar 2018)

Zugelassene Hilfsmittel
Wörterbuch der deutschen Rechtschreibung
Unkommentierte Ausgabe zu Goethe *Faust I*

TEXT 1

Johann Wolfgang Goethe
***Faust I, Der Nachbarin Haus* (1773/1774)**

MEPHISTOPHELES:
Ich wollt, ich hätt eine frohere Mär*!
Ich hoffe, Sie lässt mich's drum nicht büßen:
Ihr Mann ist tot und lässt Sie grüßen.
MARTHE:
Ist tot? das treue Herz! O weh!
Mein Mann ist tot! Ach ich vergeh!
MARGARETE:
Ach! liebe Frau, verzweifelt nicht!
MEPHISTOPHELES:
So hört die traurige Geschicht!
MARTHE:
Ich möchte drum mein' Tag' nicht lieben,
Würde mich Verlust zu Tode betrüben.
MEPHISTOPHELES:
Freud muss Leid, Leid muss Freude haben.
MARTHE:
Erzählt mir seines Lebens Schluss!
MEPHISTOPHELES:
Er liegt in Padua begraben
Beim heiligen Antonius*,
An einer wohlgeweihten Stätte
Zum ewig kühlen Ruhebette.
MARTHE:
Habt Ihr sonst nichts an mich zu bringen?
MEPHISTOPHELES:
Ja, eine Bitte, groß und schwer:
Lass' Sie doch ja für ihn dreihundert Messen singen!
Im Übrigen sind meine Taschen leer.
MARTHE:
Was! Nicht ein Schaustück*? kein Geschmeid*?
Was jeder Handwerksbursch im Grund des Säckels spart,
Zum Angedenken aufbewahrt,
Und lieber hungert, lieber bettelt!

MEPHISTOPHELES:
Madam, es tut mir herzlich leid;
Allein er hat sein Geld wahrhaftig nicht verzettelt.
Auch er bereute seine Fehler sehr,
Ja, und bejammerte sein Unglück noch viel mehr.
(...)
MARTHE:
Erzählt mir doch!
MEPHISTOPHELES:
Ich stand an seinem Sterbebette,
Es war was besser als von Mist,
Von halbgefaultem Stroh; allein er starb als Christ,
Und fand dass er weit mehr noch auf der Zeche hätte*.
Wie, rief er, muss ich mich von Grund aus hassen,
So mein Gewerb, mein Weib so zu verlassen!
Ach, die Erinnrung tötet mich
Vergäb sie mir nur noch in diesem Leben! -
MARTHE *(weinend)*:
Der gute Mann! ich hab ihm längst vergeben.
MEPHISTOPHELES:
Allein, weiß Gott! sie war mehr schuld als ich.
MARTHE:
Das lügt er! Was! am Rand des Grabs zu lügen!
MEPHISTOPHELES:
Er fabelte gewiss in letzten Zügen,
Wenn ich nur halb ein Kenner bin.
Ich hatte, sprach er, nicht zum Zeitvertreib zu gaffen
Erst Kinder, und dann Brot für sie zu schaffen,
Und Brot im allerweitsten Sinn,
Und konnte nicht einmal mein Teil in Frieden essen.
MARTHE:
Hat er so aller Treu, so aller Lieb vergessen,
Der Plackerei bei Tag und Nacht!
MEPHISTOPHELES:
Nicht doch, er hat Euch herzlich dran gedacht.
Er sprach: Als ich nun weg von Malta ging
Da betet' ich für Frau und Kinder brünstig;
Uns war denn auch der Himmel günstig,
Dass unser Schiff ein türkisch Fahrzeug fing,
Das einen Schatz des großen Sultans führte.
Da ward der Tapferkeit ihr Lohn,
Und ich empfing denn auch, wie sich's gebührte,
Mein wohlgemessnes Teil davon.
MARTHE:
Ei wie? Ei wo? Hat er's vielleicht vergraben?

MEPHISTOPHELES:
Wer weiß, wo nun es die vier Winde haben.
Ein schönes Fräulein nahm sich seiner an,
Als er in Napel fremd umherspazierte;
Sie hat an ihm viel Liebs und Treus getan,
Dass er's bis an sein selig Ende spürte*.
MARTHE:
Der Schelm! der Dieb an seinen Kindern!
Auch alles Elend, alle Not
Konnt nicht sein schändlich Leben hindern!
MEPHISTOPHELES:
Ja seht! dafür ist er nun tot.
Wär ich nun jetzt an Eurem Platze,
Betraurt' ich ihn ein züchtig Jahr,
Visierte dann unterweil nach einem neuen Schatze.
MARTHE:
Ach Gott! wie doch mein erster war,
Find ich nicht leicht auf dieser Welt den andern!
Es konnte kaum ein herziger Närrchen sein.
Er liebte nur das allzu viele Wandern
Und fremde Weiber, und fremden Wein,
Und das verfluchte Würfelspiel.
MEPHISTOPHELES:
Nun, nun, so konnt es gehn und stehen,
Wenn er Euch ungefähr so viel
Von seiner Seite nachgesehen.
(...)
MARTHE:
O sagt mir doch geschwind!
Ich möchte gern ein Zeugnis haben,
Wo, wie und wann mein Schatz gestorben und begraben.
Ich bin von je der Ordnung Freund gewesen,
Möcht ihn auch tot im Wochenblättchen lesen.
MEPHISTOPHELES:
Ja, gute Frau, durch zweier Zeugen Mund
Wird allerwegs die Wahrheit kund;
Habe noch gar einen feinen Gesellen,
Den will ich Euch vor den Richter stellen.
Ich bring ihn her.

Anmerkungen

Mär	hier: Nachricht
Hl. Antonius	(1195–1231) Sein Wirken in Padua wird wie folgt dargestellt: „Schulden wurden erlassen, zerstrittene Familien versöhnten sich, Diebe gaben das gestohlene Gut zurück,

	Dirnen kehrten ins ehrbare Leben zurück, unrechtmäßige und überhöhte Zinsen wurden den Schuldnern zurückerstattet." (Ökumenisches Heiligenlexikon; zit. nach: https://www.heiligenlexikon.de/BiographienA/Antonius_von_Padua.html)
Schaustück	Gedenkmünzen, die z. B. bei Wallfahrten oder fürstlichen Festen ausgegeben werden
Geschmeid	Geschmeide, kostbarer Schmuck
Zeche hätte	Er wurde mit der Beichte vor seinem Tod nicht fertig.
bis an sein selig Ende spürte	Anspielung auf die Syphilis, die man früher auch als „Mal de Naple" (Krankheit Neapels) bezeichnete.

TEXT 2

Grand Tour

Grand Tour (franz.; dt. große Reise) (auch Kavalierstour, Cavaliersreise u. a. Bildungsreisen) war die Bezeichnung für eine seit der Renaissance obligatorische Reise der Söhne des europäischen Adels, später auch des gehobenen Bürgertums, durch Mitteleuropa, Italien, Spanien und auch ins Heilige Land. In weiterem Sinne wurden auch die Bildungsreisen erwachsener Angehöriger der genannten Stände so bezeichnet. Insbesondere in England fand die Grand Tour im achtzehnten Jahrhundert einen reichen literarischen Niederschlag.

Die Grand Tour stellte ursprünglich den Abschluss der Erziehung dar, sie sollte der Bildung des Reisenden den „letzten Schliff" geben. Die Adeligen suchten insbesondere bedeutende europäische Kunststädte auf und besichtigten dort Baudenkmäler aus Antike, Mittelalter und Renaissance, reisten durch malerische Landschaften, sprachen aber auch an europäischen Fürstenhöfen vor. Dabei sollten sie Kultur und Sitten fremder Länder kennenlernen, neue Eindrücke sammeln und für das weitere Leben nützliche Verbindungen knüpfen. Weiter diente die Tour der Vertiefung von Sprachkenntnissen sowie der Verfeinerung von Manieren, allgemein dem Erwerb von Weltläufigkeit, Status und Prestige. Gerade für adlige Reisende war es auch reizvoll, Lektionen französischer oder italienischer Fechtmeister in Anspruch zu nehmen und dadurch ihre Kenntnisse im Waffenhandwerk zu vertiefen. Unausgesprochenes weiteres Ziel war häufig die Erlangung einer gewissen Erfahrung in erotischen Dingen, manchmal auch die Anbahnung von Heiratsmöglichkeiten.

3.1.2 Aufgabe 2 (Ü I)

AUFGABENSTELLUNG

1. Analysieren Sie den Auszug aus dem Text *Eifersucht* von Max Frisch. *(42 Punkte)*
2. Überprüfen Sie anschließend, inwieweit die Aussagen Frischs das Verhalten Gottfried Klausens in Hartmut Langes Novelle *Das Haus in der Dorotheenstraße* erläutern können. *(30 Punkte)*

Materialgrundlage
Max Frisch: *Eifersucht*. In: Max Frisch: Ausgewählte Prosa. Frankfurt/M.: Suhrkamp, 1963, S. 69–72

Zugelassene Hilfsmittel
Wörterbuch der deutschen Rechtschreibung

TEXT

Max Frisch
***Eifersucht* (1950)**

Männer, die ihrer Kraft und Herrlichkeit sehr sicher sind, wirklich sicher, und Weiber, die ihres Zaubers sicher sind, so sicher, dass sie beispielsweise nicht jedem Erfolg ihres Zaubers nachgeben müssen, sieht man selten im Zustand der Eifersucht. Dabei fehlt es auch ihnen nicht an Anlass! Aber sie haben keinen Grund zur Angst, und zwar kennen sie den Verlust, die brennende Wunde, die keiner Liebe erspart bleibt, doch kommen sie sich darum nicht lächerlich vor, nicht verhöhnt, nicht minderwertig. Sie tragen es, nehmen es nicht als Niederlage, sowenig wie das Sterben eine Niederlage ist, machen kein Geheul über Untreue, und die Frau, der sie eines Tages nicht mehr genügen, beschimpfen sie nicht als Hure, was sowieso meistens ein falsches, unpassendes Wort ist –
(…)
Die Sprache schon meint es nicht gut, wenn sie vom Gehörnten redet oder vom Hahnrei, ein besseres Wort hat sie nicht, und es ist kein Zufall, dass die Eifersucht, wie bitter sie auch in Wahrheit schmeckt, so viele Possen füllt. Immer droht ihr das Lächerliche. (…) Offenbar ist die Eifersucht, obschon sie Entsetzliches anzurichten vermag, nicht eine eigentlich tragische Leidenschaft, da ihr irgendwo das Anrecht fehlt, das letzte, das ihr die Größe gäbe –
Othello?

Was uns an Othello erschüttert, ist nicht seine Eifersucht als solche, sondern sein Irrtum: er mordet ein Weib, das ihn über alles liebt, und wenn dieser Irrtum nicht wäre, wenn seine Eifersucht stimmte, und seine Frau es wirklich mit dem venezianischen Offizier hätte, fiele seine ganze Raserei (ohne dass man ein Wort daran ändern müsste) unweigerlich ins Komische; er wäre ein Hahnrei, nichts weiter, lächerlich mitsamt seinem Mord.

Warum übrigens ein Mohr*?
Othello oder der Mohr von Venedig, heißt der ganze Titel. Othello ist in erster Linie nicht ein Eifersüchtiger, sondern ein Mohr, also ein Mensch aus verachteter Rasse. Sein persönlicher Erfolg, den er soeben errungen hat, ändert nichts an seinem verwundeten Selbstvertrauen. Man achtet ihn zwar: obschon er ein Mohr ist. Es bleibt das Obschon, das er spürt, es bleibt seine andere Haut. Er leidet an seinem Anderssein; hier wurzelt die Tragödie, scheint mir, und so entwickelt sie sich auch. Noch handelt es sich nicht um Eifersucht; aber hinter allem, wie ein Schatten, steht jenes Gefühl von Minderwert, und der Mohr ist ehrgeizig, wie wir es alle sein müssen in dem Grad, als wir Mohren sind. Der einzige, der dafür eine Nase hat und die Wunde wittert, ist der verwundete Jago, dessen erste Worte, soviel ich mich erinnere, Worte eines verletzten Ehrgeizes sind. Er wie kein anderer weiß, wie er den erfolgreichen Mohren vernichten kann: durch seine eigene Mohrenangst, seine Angst vor dem Minderwert. Mit diesem Gefühl muss Jago arbeiten, wenn er sich rächen will, und das will er ja. Das allgemeinste Gefühl von Minderwert, das wir alle kennen, ist die Eifersucht, und der Griff auf beide Tasten, den Shakespeare hier macht, ist ungeheuer. Er deutet das eine mit dem anderen. Das besondere, scheinbar fremde Schicksal eines Mannes, der eine andere Haut oder eine andere Nase hat, wird uns erlebbar, indem es in einer verwandten Leidenschaft gipfelt, die uns bekannt ist; die Eifersucht wird beispielhaft für die allgemeinere Angst vor dem Minderwert, die Angst vor dem Vergleich, die Angst, dass man das schwarze Schaf sei –.
Wenn Othello kein Mohr wäre?
Man könnte es versuchen – um festzustellen, dass das Stück zusammenbricht, dass es seine wesentliche Metapher verliert; um einzusehen, dass der Eifersüchtige immer ein Mohr ist.
(...)
Wenn es so weit ist: wenn der Blick zweier Augen, der Glanz eines vertrauten Gesichtes, den du jahrelang auf dich bezogen hast, plötzlich einem anderen gilt; genau so. Ihre Hand, die dem andern in die Haare greift, du kennst sie. Es ist nur ein Scherz, ein Spiel, aber du kennst es. Gemeinsames und Vertrautes, jenseits des Sagbaren, sind an dieser Hand, und plötzlich siehst du es von außen, als Spiel, fühlend, dass es für ihre Hand wohl keinen Unterschied macht, wessen Haar sie verzaust, und dass alles, was du als euer Letzteigenes empfunden hast, auch ohne dich geht; genau so. Obschon du es aus Erfahrung weißt, wie auswechselbar der Liebespartner ist, bestürzt es dich. Nicht allein, dass es nicht weitergeht, es bestürzt dich ein Verdacht, alles Gewesene betreffend, ein höhnisches Gefühl von Einsamkeit, so als wäre sie (du denkst sie auch schon ohne Namen) niemals bei dir gewesen, nur bei deinem Haar, bei deinem Geschlecht, das dich plötzlich ekelt; und als hätte sie dich, sooft sie deinen Namen nannte, jedes Mal betrogen ...

Andererseits weißt du genau:
Auch sie ist nicht die einzigmögliche Partnerin deiner Liebe. Wäre sie nicht gewesen, hättest du deine Liebe an einer anderen erfahren. Im Übrigen kennst du, was niemanden angeht, nur dich: deine Träume, die das Auswechselbare bis zum völlig Gesichtslosen treiben, und wenn du nicht ganz verlogen bist, kannst du dir nicht verhehlen, dass alles, was man gemeinsam erlebt und als ein Letzt-Gemeinsames empfunden hat, auch ohne sie gegangen wäre; genau so. Nämlich so, wie es dir überhaupt möglich ist, und vielleicht, siehe da, ist es gar nicht jenes Auswechselbare, was im Augenblick, da ihre Hand in das andere Haar greift, einen so satanischen Stich gibt, im Gegenteil, es ist die Angst, dass es für ihre Hand vielleicht doch einen Unterschied macht. Keine Rede davon: Ihr seid nicht auswechselbar, du und er. Das Geschlecht, das allen gemeinsame, hat viele Provinzen, und du bist eine davon. Du kannst nicht über deine Grenzen hinaus, aber sie. Auch sie kann nicht über die ihren hinaus, gewiss, aber über deine; wie du über die ihren. Hast du nicht gewusst, dass wir alle begrenzt sind? Dieses Bewusstsein ist bitter schon im Stillen, schon unter zwei Augen. Nun hast du das Gefühl wie jeder, dessen Grenzen überschritten werden und dadurch sozusagen gezeigt, das Gefühl, dass sie dich an den Pranger stellt. Daher bleibt es nicht bei der Trauer, hinzu kommt die Wut, die Wut der Scham, die den Eifersüchtigen oft gemein macht, rachsüchtig und dumm, die Angst, minderwertig zu sein. Plötzlich, in der Tat, kannst du es selbst nicht mehr glauben, dass sie dich wirklich geliebt habe. Sie hat dich aber wirklich geliebt. Dich! – aber du, wie gesagt, bist nicht alles, was in der Liebe möglich ist…
Auch er nicht!
Auch sie nicht!
Niemand!
Daran müssen wir uns schon gewöhnen, denke ich, um nicht lächerlich zu werden, nicht verlogen zu werden, um nicht schlechthin die Liebe zu erwürgen –.

Anmerkungen

Max Frisch (1911–1991): Schweizer Schriftsteller und Architekt; zwischen 1958 und 1963 unterhielt er in Rom eine von starker Eifersucht belastete Beziehung zur Schriftstellerin Ingeborg Bachmann

Mohr: Historische Bezeichnung für einen Menschen mit dunkler Hautfarbe, abgeleitet von „Mauren" als Bezeichnung für die Bewohner Mauretaniens; wird heute teils als diskriminierend empfunden und sollte nicht mehr verwendet werden

3.1.3 Aufgabe 3 (Ü I)

AUFGABENSTELLUNG

1. Analysieren Sie das Gedicht *Ebenbild unseres Lebens* von Andreas Gryphius. *(36 Punkte)*
2. Analysieren Sie das Gedicht *Lebensgruß* von Heinrich Heine und vergleichen Sie beide Texte miteinander. Berücksichtigen Sie dabei auch den jeweiligen literarhistorischen Hintergrund. *(36 Punkte)*

Materialgrundlage

Text 1: Andreas Gryphius: *Ebenbild unseres Lebens*. In: Echtermeyer: Deutsche Gedichte. Von den Anfängen bis zur Gegenwart. Neugestaltet von Benno von Wiese: Düsseldorf: Bagel, 1961, S. 110 f.

Text 2: Heinrich Heine: *Lebensgruß*. In: Ders.: Werke in vier Bänden, Bd. 1. Hrsg. von Paul Stapf. Basel und Stuttgart: Birkhäuser, 1956, S. 124

Zugelassene Hilfsmittel

Wörterbuch der deutschen Rechtschreibung

TEXT 1

Andreas Gryphius
***Ebenbild unseres Lebens* (1639)**

Der Mensch, das Spiel der Zeit, spielt, weil* er allhie lebt
Im Schauplatz dieser Welt; er sitzt, und doch nicht feste.
Der steigt, und jener fällt, der suchet die Paläste
Und der ein schlechtes Dach; der herrscht, und jener webt.

Was gestern war, ist hin; was itzt das Glück erhebt,
Wird morgen untergehn; die vordem grüne Äste
Sind nunmehr dürr und tot; wir Armen sind nur Gäste,
Ob* denen ein scharf Schwert an zarter Seide schwebt.

Wir sind zwar gleich am Fleisch, doch nicht vom gleichem Stande:
Der trägt ein Purpurkleid, und jener gräbt im Sande,
Bis nach entraubtem Schmuck der Tod uns gleiche macht.

Spielt denn dies ernste Spiel, weil es die Zeit noch leidet,
Und lernt, dass wenn man vom Bankett des Lebens scheidet,
Kron, Weisheit, Stärk und Gut sei eine leere Pracht!

Anmerkungen
Andreas Gryphius (1616–1664): Dramatiker und einer der berühmtesten Lyriker des Barock
weil solange
ob über

TEXT 2

Heinrich Heine
***Lebensgruß* (1827)**

Eine große Landstraß ist unsere Erd,
Wir Menschen sind Passagiere;
Man rennet und jaget, zu Fuß und zu Pferd,
Wie Läufer oder Kuriere.

Man fährt sich vorüber, man nicket, man grüßt
Mit dem Taschentuch aus der Karosse;
Man hätte sich gerne geherzt und geküsst,
Doch jagen von hinnen die Rosse.

Kaum trafen wir uns auf derselben Station,
Herzliebster Prinz Alexander*,
Da bläst schon zur Abfahrt der Postillion,
Und bläst uns schon auseinander.

Anmerkungen
Heinrich Heine (1797–1856): Schriftsteller, Journalist und bedeutender Lyriker der Romantik
Prinz Alexander Prinz Alexander von Wittgenstein

3.2 LÖSUNGSVORSCHLÄGE ZUM ÜBUNGSPAKET I

3.2.1 Lösungsvorschlag Aufgabe 1 (Ü I)

Aufgabenart
Analyse eines fiktionalen Textes mit weiterführendem Schreibauftrag (II A)

Bezüge zu den Vorgaben 2020
- Inhaltsfeld Texte
  - Strukturell unterschiedliche Dramen aus unterschiedlichen historischen Kontexten
  - *Faust I* (J. W. v. Goethe)

ERLÄUTERUNG DER AUFGABENSTELLUNG

Die erste Teilaufgabe verlangt von Ihnen eine vollständige Analyse des gegebenen Dramenauszugs. Dazu zählen nach einer kontextuellen Einordnung des Auszuges in den Gesamttext und einer gegliederten Wiedergabe des Textinhalts eine Analyse der Textgestalt und der sprachlichen Gestaltung sowie eine inhaltliche Analyse des Textauszuges. Zum Schluss findet die Deutung statt, die die funktionale Bedeutung des Textauszuges im Gesamtzusammenhang des Dramas klärt.

Zur Lösung der zweiten Teilaufgabe wird eine kurze Information zur Grand Tour gegeben. Diese Information ist zunächst inhaltlich kurz wiederzugeben. Ausgehend von dieser Information soll das Reiseverhalten Herrn Schwerdtleins gedeutet und bewertet werden. Dazu ist zunächst dessen Reise, soweit der Dramentext darüber Auskunft gibt, mit einer Grand Tour in Vergleich zu setzen. Dabei muss nicht nur die Reiseroute berücksichtigt werden, sondern auch das Verhalten des Reisenden, das sich aus der Zielsetzung einer solchen Reise ergibt. Zum Abschluss sind die Arbeitsergebnisse daraufhin zu prüfen, inwieweit der Schwerdtlein-Episode eine neue, bisher nicht erkannte Funktion beigemessen werden kann.

SCHREIBPLAN ZU TEILAUFGABE 1

Baustein	Erläuterung	Operator
Einleitung	Verwendung der bekannten Textdaten	verfasst eine aufgabenbezogene Einleitung
Kontextuelle Einordnung	Einordnung des Auszugs in den Gesamttext des Dramas (keine Inhaltsangabe des Dramas!)	ordnet den Text in den Gesamtkontext des Dramas ein
Textwiedergabe	Gliederung und inhaltliche Zusammenfassung des Textes (keine Nacherzählung!)	gibt den Inhalt des Textauszugs gegliedert wieder

Textbeschreibung	Beschreibung der äußeren Form des Textes unter Verwendung der Kriterien des Dramas	beschreibt die äußere Form des Textes
Sprachliche Analyse	Untersuchung der sprachlichen Gestaltung des Textes und der dazu verwendeten Mittel	untersucht die sprachliche Gestaltung des Textauszuges
Inhaltliche Analyse	Untersuchung der inhaltlichen Aussagen und Erläuterung ihres gedanklichen Zusammenhangs	erschließt und erläutert die inhaltlichen Aussagen des Textes
Funktionsbestimmung	Bestimmung der Funktion der Episode im Handlungskontext	bestimmt die Funktion der Episode

LÖSUNGSMÖGLICHKEIT ZU TEILAUFGABE 1

	Anforderungen **Der Prüfling**	**maximal erreichbare Punktzahl**
1	*verfasst eine aufgabenbezogene Einleitung, etwa:* Verwendung der bekannten Textdaten: Verfasser, Titel, Textsorte, Erscheinungsjahr	3
2	*ordnet den Text in den Gesamtkontext des Dramas ein, etwa:* Auszug aus der Szene „Der Nachbarin Haus“: Gretchens Nachbarin Marthe sorgt sich scheinbar um das Schicksal ihres verschollenen Mannes. Als Gretchen sie einweiht, von Faust ein weiteres Geschenk in Form eines Schmuckkästchens erhalten zu haben, bestärkt sie diese darin, das Geschenk vor der Mutter und der Öffentlichkeit zu verheimlichen.	3
3	*gibt den Inhalt des Textauszugs gegliedert wieder, etwa:* fünf Sinnabschnitte: (1) Mephisto überbringt Marthe die Nachricht vom Tode ihres Mannes (2914–2924), (2) Mephisto berichtet von der Grabstätte Schwerdtleins (2925–2936) und (3) dessen Sterbeumständen (2937–2969). Dann (4) tauschen sich Mephisto und Marthe über Schwerdtleins Lebensführung aus (2970–3000). Am Ende (5) erbittet Marthe von Mephisto eine Sterbeurkunde ihres Mannes (3008–3017).	3

4	*beschreibt die äußere Form des Textes, etwa:* – Dialog zwischen Mephisto und Marthe: der Redeanteil Mephistos ist doppelt so hoch (56 Verse) wie der Marthes (29 Verse). – gebundene Rede: jambisch, vier bis sechshebig; wechselnde Reimstruktur, bei der sich die inhaltlichen Sinnabschnitte überlappen: 2914–2922: Paarreime; 2923–2932: Kreuzreim, Paarreim, Kreuzreim; 2933–2940: Schweifreimvariante (abbcac) und Paarreim; 2941–2968: 3-facher Wechsel von umarmendem Reim und Paarreim; 2969–2980: umarmendes Schema von Paarreim und umfassendem Reim; 2981–3000: fünf Kreuzreime; 3008–3017: fünf Paarreime – Zeilenstil, Ausnahmen: 2925, 2927, 2986, 2999, 3013 *Angestrebt ist hier keine vollständige Darstellung der beispielhaft genannten Aspekte, sondern eine Schwerpunktsetzung durch den Prüfling, die allerdings mehrere Gesichtspunkte aufgreift.*	6
5	*untersucht die sprachliche Gestaltung des Textauszuges, etwa:* – **phonetisch**: Assonanzen auf a (2925, 2938, 2961, 2964, 2969, 2970, 3010), e (2939, 2941), i (2929), o (2914), u (2934), ei (2933, 2967, 3000); Alliterationen auf w (2927, 2980, 2996, 3010, 3014), z (3013); Binnenreim: 2998: lautliche Unterstützung der Aussagen und Emotionen – **semantisch**: **Wortfeld des Sterbens** („tot": 2916, 2917, 2918, 2988, 3012; „Tod": 2922; „Leid": 2923; „begraben": 2925, 3010; „Ruhebette": 2928, „Sterbebett": 2952; „starb": 2953; „tötet": 2957; „Grab": 2961; „letzte Züge": 2962; „vergraben": 2979; „Ende": 2984; „gestorben": 3010), **der Kirche** („heiligen Antonius": 2926; „wohlgeweiht": 2927; „Messe", 2931; „Christ": 2953; „betet": 2072), **der Reise** („Padua": 2925; „Handwerksbursch": 2934; „Malta": 2971; „Schiff": 2974; „N[e]apel": 2982; „Wandern": 2995); **der materiellen Werte** („Schaustück", „Geschmeid[e]": 2933, „Geld": 2938, „Schatz": 2975, „Lohn": 2976) – **syntaktisch**: narrativ (Mephisto) vs. emphatisch (Marthe): 18 Ausrufezeichen, davon 15 bei Marthe; sieben Fragezeichen, alle bei Marthe; Aufforderungssätze (3-mal: 2924), Gemination (5-mal: 2936), Anapher (2979), Chiasmus (2923) – **pragmatisch**: Metapher (5-mal: 2928), Katachrese (2917, 3012), Ironie (2916, 2931, 2938, 2983), Hypokrisie (Heuchelei): 2917, 2959, 2992 ff. *Angestrebt ist hier keine vollständige Darstellung der beispielhaft genannten Aspekte, sondern eine Schwerpunktsetzung durch den Prüfling, die allerdings mehrere Gesichtspunkte aufgreift.*	9

6	*erschließt und erläutert die inhaltlichen Aussagen des Textes, etwa:* – Mephisto informiert Marthe über den Tod ihres Mannes und berichtet über dessen Sterben, wobei er vorgibt, Zeuge gewesen zu sein. – Herr Schwerdtlein ist auf seiner Reise in Padua an der Syphilis verstorben und begraben und hat kein Erbe hinterlassen. – Marthe spielt die Rolle der trauernden Witwe, ist aber in Wahrheit nur an möglicher materieller Hinterlassenschaft interessiert. – Mephisto rät Marthe, während des Trauerjahres nach einem neuen Mann Ausschau zu halten. – Die Witwe ziert sich, indem sie vorgibt, keinen vergleichbaren Mann finden zu können, räumt aber gleichzeitig die Laster ihres Gatten ein (viermal W[eh]!): Wandern, Weiber, Wein, Würfelspiel. – Mephisto ist bereit, statt einer Sterbeurkunde für das rechtsgleiche mündliche Zeugnis zweier Zeugen zu sorgen.	12
7	*bestimmt die Funktion der Episode, etwa:* – Mephisto erfindet die Geschichte vom Leben und Tod Schwerdtleins, um über Marthe Faust und Gretchen zusammenzuführen. – Mit der erfundenen Geschichte ihres Gatten erlaubt er sich ein makabres Spiel und demaskiert zugleich die heuchlerische Geldgier und Manipulierbarkeit der Nachbarin.	6
8	erfüllt ein weiteres aufgabenbezogenes Kriterium (max. 4 Punkte)	
	Summe Teilaufgabe 1	42

SCHREIBPLAN ZUR TEILAUFGABE 2

BAUSTEIN	ERELÄUTERUNG	OPERATOR
Einleitung	Verwendung der gegebenen Daten	formuliert eine aufgabenbezogene Einleitung
Reproduktion	Zusammenfassung der Informationen über die Grand Tour (keine Nacherzählung)	fasst den Text über die Grand Tour korrekt zusammen
Vergleich	Vergleich der Reise Schwerdtleins mit der Route einer Grand Tour und ihren möglichen Bestimmungen	vergleicht die Reise Schwerdtleins mit einer Grand Tour
Deutung	Deutung und Bewertung des Reiseverhaltens von Herrn Schwerdtlein	bewertet das Reiseverhalten von Herrn Schwerdtlein

Funktionsbestimmung	Erweiterung der vorgenommenen Funktionsbestimmung der Episode um eine neue	nimmt eine erweiterte Funktionsbestimmung der Episode vor

LÖSUNGSMÖGLICHKEIT ZU TEILAUFGABE 2

	ANFORDERUNGEN **Der Prüfling**	**maximal erreichbare Punktzahl**
1	*formuliert eine aufgabenbezogene Einleitung, etwa:* Verwendung der gegebenen Textdaten	3
2	*fasst den Text über die Grand Tour korrekt zusammen, etwa:* Die Grand Tour, auch Kavalierstour genannt, war eine Bildungsreise junger Adliger zum Abschluss ihrer Erziehung. Sie führte in bedeutende europäische Kunststädte und zu einflussreichen Fürstenhöfen, um sich in Sprachkenntnissen, Manieren, Waffengebrauch und Prestige zu vervollkommnen und ggf. auch Heiratsmöglichkeiten zu prüfen.	3
3	*vergleicht die Reise Herrn Schwerdtleins mit einer Grand Tour, etwa:* – Von Schwerdtleins Reise sind folgende Orte bekannt: Malta, Neapel, Padua; sie fand sowohl zu Wasser wie zu Lande statt. – Da das östliche Mittelmeer und Rom nicht genannt werden, war es offenbar keine Pilgerreise, obwohl Malta als Sitz des Johanniterordens es grundsätzlich nicht ausschließt. – Auch Marthe (2867) gibt hinsichtlich des Reisegrundes ihres mutmaßlich verstorbenen Mannes keinen Aufschluss. Ihre Aussage (2934) könnte als Hinweis auf die überdimensionierte Art einer Handwerkswalz gedeutet werden. – Herr Schwerdtlein ist kein Adelssohn, er besichtigt keine Kunststätten und findet auch zu Fürstenhöfen keinen Zutritt. Seine Reise dient offenkundig keinen Bildungszwecken.	9
4	*bewertet das Reiseverhalten von Herrn Schwerdtlein, etwa:* – Schwerdtleins Verhalten wird aus zwei Perspektiven dargestellt: • Marthe zählt seine Laster auf: Wandern, Weiber, Wein, Würfelspiel (2995 f.). • Mephisto erfindet dazu den passenden Rest: Freibeuterei (2976 f.), Tod durch Syphilis (2984), langes Sündenregister (2954), Reue auf dem Sterbebett (2939, 2953) (Einfluss des Hl. Antonius, 2926). – Herr Schwerdtlein hat ein unchristliches, egoistisches, ausschweifend lasterhaftes und zum Teil offenbar kriminelles Reiseleben geführt.	9

5	*nimmt eine weitere Funktionsbestimmung der Episode vor, etwa:* Die Schwerdtlein-Episode lässt sich als Persiflage einer Grand Tour oder Kavaliersreise verstehen: – Schwerdtlein ist in allen Belangen das Gegenteil des Ideals eines adeligen „Kavaliers" und pervertiert diesen Begriff ins rein Erotisch-Abenteuerliche. – Damit entwirft die Episode zugleich eine negative Hintergrundfolie für die Werbung Fausts um Gretchen.	6
6	erfüllt ein weiteres aufgabenbezogenes Kriterium (max. 3 Punkte)	
	Summe Teilaufgabe 1	**30**

3.2.2 Lösungsvorschlag zu Aufgabe 2 (Ü I)

Aufgabenart
Analyse eines Sachtextes mit weiterführendem Schreibauftrag (I A)

Bezüge zu den Vorgaben 2020
- Inhaltsfeld Texte
  - Komplexe Sachtexte
  - Strukturell unterschiedliche Erzähltexte aus unterschiedlichen historischen Kontexten
  - *Das Haus in der Dorotheenstraße* (H. Lange)

ERLÄUTERUNG DER AUFGABENSTELLUNG

Die erste Teilaufgabe erwartet von Ihnen den Verständnisnachweis eines theoretischen Textes. Diese Fähigkeit zu besitzen ist besonders im Hinblick auf ein Studium von nicht zu überschätzender Wichtigkeit. Dabei geht es nicht nur darum, sich von der ggf. vorhandenen Fachterminologie nicht abschrecken zu lassen und die Gedanken eines Textes inhaltlich korrekt wiedergeben zu können, sondern auch den Gedankengang samt seines Argumentationsaufbaus zu verstehen. Nur so ist man nämlich in der Lage, sich einem Text gegenüber kritisch zu verhalten und ihm ggf. widersprechen zu können. Daran schließt sich die sprachlich-stilistische Analyse des Textes an, die das Ziel hat, die verwendeten sprachlichen Auffälligkeiten und Stilmittel in ihrer Funktion herauszuarbeiten. Die Textauseinandersetzung schließt mit einer Bestimmung der Textsorte und der Textabsicht.

Die zweite Teilaufgabe bezieht sich auf einen der zur Obligatorik zählenden Erzähltexte. Hier sollen Sie herausarbeiten, inwieweit die Aussagen Max Frischs das Verhalten der Figur Gottfried Klausen in Hartmut Langes Novelle erläutern können. Dazu wird es nötig sein, das Verhalten Klausens kurz zusammenzufassen, bevor man sich dem Transfer der von Frisch aufgestellten Kategorien auf den Text von Lange zuwendet. Diese Auseinandersetzung mit beiden Texten muss in ein eigenes Schlussurteil münden.

SCHREIBPLAN ZU TEILAUFGABE 1

BAUSTEIN	ERLÄUTERUNG	OPERATION
Einleitung	Verwendung der gegebenen Textdaten	verfasst eine aufgabenbezogene Einleitung
Problembestimmung	Benennung des zentralen Themas oder Problems	erschließt das zentrale Thema oder Problem
Reproduktion	gegliederte Wiedergabe des Textes mit eigenen Worten (keine Nacherzählung!)	gibt den Inhalt des Textauszuges gegliedert wieder
Logische Analyse	Untersuchung des logischen und argumentativen Aufbaus des Textes	erschließt den Gedankengang des Textes
Inhaltliche Analyse	Erläuterung und Kommentierung der Textaussagen	erschließt und erläutert die inhaltlichen Aussagen des Textes
Sprachliche Analyse	Untersuchung der sprachlichen Textgestaltung und ihrer Funktion bzw. Wirkung	untersucht die Mittel der Darstellung und ihre Wirkung
Bestimmung	Bestimmung der Textsorte und der Textabsicht	bestimmt Textsorte und Absicht des Textes

LÖSUNGSMÖGLICHKEIT ZU TEILAUFGABE 1

	Anforderungen **Der Prüfling**	**maximal erreichbare Punktzahl**
1	*verfasst eine aufgabenbezogene Einleitung, etwa:* Verwendung der gegebenen Textdaten: Autor, Titel, Erscheinungsdatum	3
2	*erschließt das zentrale Thema oder Problem, etwa:* Der Text handelt von der Eifersucht und ihren möglichen Beweggründen.	3

3	*gibt den Inhalt des Auszugs gegliedert wieder, etwa:* Vier Absätze: (1) Selbstsichere Menschen sind selten eifersüchtig. Sie haben keinen Grund zur Angst, kommen sich nicht herabgesetzt vor, wenn sie verlassen werden, und reagieren gelassen auf Untreue. (2) Die Sprache nennt den Betrogenen einen „Gehörnten" oder „Hahnrei" und zieht ihn so ins Lächerliche. Das gilt auch für Othello. (3) Shakespeare hat seine Hauptfigur deshalb mit zum Farbigen gemacht, weil er damit in einer weißen Gesellschaft generell sichtbar anders ist. Man versteht sein Minderwertigkeitsgefühl aufgrund seines Außenseitertums und seine Angst vor dem Vergleich. Insofern ist jeder Eifersüchtige metaphorisch gesprochen ein „Mohr". (4) Der Eifersüchtige ist ob seiner Auswechselbarkeit entsetzt. Er sieht seine Gefühle verraten und sich selbst einsam. Obwohl die Austauschbarkeit in jeder Partnerschaft wechselseitig gilt, fühlt sich der Eifersüchtige einseitig minderwertig und an den Pranger gestellt. Die Wut der Scham darüber macht ihn oft rachsüchtig. Das Misstrauen in die Ehrlichkeit der Liebe ist aber der Tod der Liebe.	6
4	*erschließt den Gedankengang des Textes, etwa:* These 1: Selbstsichere Menschen sind selten eifersüchtig (1–3), Begründung: Sie haben keine Angst vor der Minderwertigkeit (3–7), zwei Beispiele (7–10). These 2: Die Sprache zieht den Betrogenen ins Lächerliche (12–15). Folgerung: Eifersucht ist keine tragische Leidenschaft (15–17), Beispiel: Othello (18–24). These 3: Othello ist in erster Linie ein „Mohr", ein Verachteter (25–27), Begründung: Othello leidet an seinem Anderssein, hat Angst vor seinem Minderwert innerhalb einer Gesellschaft Nichtfarbiger und versucht diese Angst durch Ehrgeiz zu kompensieren (28–38), Wertung: Shakespeare stellt die Eifersucht und Othellos Identität als Farbiger in einen Wechselbezug (35–45), Gegenprobe: Jeder Eifersüchtige ist auf seine Weise ein „Mohr" (41–43). Schilderung des Gefühls der Einsamkeit (50–56), These 4: Liebespartner sind austauschbar (56 f.). Gegenargument: Liebesbetrug wird als Verrat empfunden (58–62). Wiederholung von These 4 (63–71), Anti-These: Liebespartner sind nicht austauschbar, sondern haben unterschiedliche Grenzen (71–76). Folge: Der Eifersüchtige fühlt sich fälschlicherweise diskriminiert (79–84). Fazit: Niemand ist in der Liebe das Maß aller Dinge (84–88).	6

5	*erschließt und erläutert die inhaltlichen Aussagen des Textes, etwa:* – Frisch definiert die Eifersucht als Angst vor dem Vergleich (43). – Der selbstsichere und selbstbewusste Mensch hat keine Angst vor dem Vergleich und ist deshalb selten eifersüchtig (3). – Der eifersüchtige Mensch hat Angst vor seinem realen oder vermeintlichen Minderwert (37). – Er macht seine Rolle als Liebespartner zur zentralen Rolle seiner Individualität und wertet jede Zurücksetzung als Betrug und Verrat an seiner Persönlichkeit. – Er setzt sich absolut (68 f.) und ist sich seiner Relativität als Mensch nicht bewusst (76). – Durch sein eifersüchtiges Misstrauen in die ihm entgegengebrachte Liebe zerstört er diese.	9
6	*untersucht die Mittel der Darstellung und ihre Wirkung, etwa:* – **phonetisch**: Alliteration auf w (34 f.): Dramatisierung – **semantisch**: Ausdrücke der Bestätigung: „gewiss" (75), „in der Tat" (81), „wirklich" (1, 82 f.) – **syntaktisch**: Hypotaxe; starke Textgliederung durch Satzzeichen: Semikolon (9-mal: 30): Förderung des gedanklichen Zusammenhalts; Doppelpunkt (7-mal: 29): logische Konzentration; Gedankenstrich (6-mal: 10): Hinweis auf Unabgeschlossenheit des Gedankens; Auslassungspunkte (2-mal: 62): Anreiz zum Weiterdenken; Klammeraussagen (2-mal: 22 f.): Gedankenbeiordnung; Ausrufezeichen (7-mal: 4): Nachdrücklichkeit; Fragezeichen (4-mal: 25): rhetorische Fragen, Gedankeneröffnung; Aufzählung (6 f., 80 f.); Anapher (5-mal: 6 f.), Epanalepse (Wiederholung, 5-mal: 77), Ellipse (8-mal: 46), Hyperbaton (3-mal: 16 f.): Betonung; Einschub (70) – **pragmatisch**: Vergleich: 32, Metapher (Mohr) *Angestrebt ist hier keine vollständige Darstellung der beispielhaft genannten Aspekte, sondern eine Schwerpunktsetzung durch den Prüfling, die allerdings mehrere Gesichtspunkte aufgreift.*	9
7	*bestimmt Textsorte und Absicht des Textes, etwa:* – Nicht-stringente Argumentationsform mit Exkurs (Othello) und zahlreiche syntaktische Stilbesonderheiten lassen auf einen Essay schließen. – Zweimaliger Autorbezug (31, 87) rückt den Essay in die Nähe eines Tagebuchs. – Intention: gedankliche Erörterung eines Themas oder Problems ohne konkrete Adressaten und Funktion	6
8	erfüllt ein weiteres aufgabenbezogenes Kriterium (4 Punkte)	
	Summe Teilaufgabe 1	**42**

SCHREIBPLAN ZU TEILAUFGABE 2

Baustein	Beschreibung	Operator
Einleitung	Verwendung der bekannten Textdaten	verfasst eine aufgabenbezogene Überleitung
Reorganisation	zusammenfassende Darstellung der Figur Gottfried Klausens (keine Nacherzählung des Novelleninhalts)	stellt die Figur Gottfried Klausen dar
Reproduktion	Prüfung, welche von Frisch aufgestellten Kriterien auf Klausen zutreffen und welche nicht.	prüft, inwieweit die Kriterien Frischs auf Klausen anwendbar sind
Schlussurteil	zusammenfassendes Schlussurteil	formuliert ein eigenes Schlussurteil

LÖSUNGSMÖGLICHKEIT ZU TEILAUFGABE 2

	Anforderungen Der Prüfling	maximal erreichbare Punktzahl
1	*verfasst eine aufgabenbezogene Überleitung, etwa:* Verwendung der bekannten Textdaten; Hinweis auf die Nähe der Figuren Gottfried Klausen zu Gottlieb Biedermann (Max Frisch, *Biedermann und die Brandstifter*)	3
2	*stellt die Figur Gottfried Klausen dar, etwa:* Klausen lebt als Wirtschaftskorrespondent allein in London, während seine Frau Xenia in ihrem gemeinsamen Haus in Berlin verblieben ist. Als einige Telefonate scheitern, seine Frau einen angekündigten Flug nach London nicht antritt, der Ausbruch des Vulkans Grimsvötn einen Heimflug Klausens verhindert und sich am Telefon Xenias wiederholt eine fremde Männerstimme meldet, verfällt Klausen der Eifersucht. Dazu regt ihn auch der wiederholte Besuch von Shakespeares Drama *Othello* an. Schließlich entzieht er sich dem Konflikt und lässt sich nach Island versetzen.	3

3	*zeigt auf, inwieweit die Kriterien Frischs nicht auf Klausen übertragbar sind, etwa:* – Klausen erscheint wegen seiner beruflichen Stellung und Leistungen zunächst als selbstsicherer Mann. Er erscheint auch selbstsicher, wenn er – wenn auch erfolglos – die Kommunikationsabsprachen mit seiner Frau formal einhält. – Klausen macht um die vermeintliche Untreue seiner Frau „kein Geheul" (8) und beschimpft seine Frau nicht. – Klausen wird sprachlich nicht diskriminiert oder lächerlich gemacht. – Ob sich Klausen wie Othello in der Untreue seiner Frau irrt, bleibt unklar. – Der Gedanke, dass auch seine Frau eine auswechselbare Person in der Liebesbeziehung ist, kommt ihm nicht.	9
4	*zeigt auf, inwieweit die Kriterien Frischs auf Klausen übertragbar sind, etwa:* – Klausen mangelt es im Grunde an Selbstsicherheit. Möglicherweise kämpft er wegen des Leistungsdrucks in seinem Beruf latent stets gegen die Möglichkeit eines Versagens an. – Klausen leidet zwar nicht an seiner hautfarblichen, aber an seiner räumlichen und sozialen Isolierung. Die Auseinandersetzung mit Othellos Eifersucht weckt in ihm Verdachtsmomente gegen seine Frau. – Auch Klausen gibt sich der Vorstellung hin, wie sich die Liebe seiner Frau jemand anderem zuwendet. Aus der Möglichkeit des Ehebetrugs leitet er das Gefühl der Minderwertigkeit ab und versinkt in dem „höhnische(n) Gefühl der Einsamkeit" (59). – Die Bitterkeit, in der Liebe möglichweise zurückgesetzt worden zu sein, könnte auch ihn – nach Meinung des Erzählers – wütend und rachsüchtig machen. – Allein die Mutmaßung eines Ehebruchs seiner Frau hat die gemeinsame Liebe zerstört.	9
5	*formuliert ein eigenes Schlussurteil, etwa:* – Im Wesentlichen entspricht das Verhalten Klausens den von Max Frisch aufgestellten Kriterien. – Es scheint, als habe Hartmut Lange den Versuch unternommen, Frischs Anregung zu folgen und die Othello-Problematik ohne die Mohr-Metapher Shakespeares darzustellen.	6
6	erfüllt ein weiteres aufgabenbezogenes Kriterium (4 Punkte)	
	Summe Teilaufgabe 2	**30**

3.2.3 Lösungsvorschlag Aufgabe 3 (Ü I)

Aufgabenart
Vergleichende Analyse von literarischen Texten (II C)

Bezüge zu den Vorgaben 2020
– Inhaltsfeld Texte
  - Lyrische Texte zu einem Themenbereich aus unterschiedlichen historischen Kontexten
  - „unterwegs sein" – Lyrik vom Barock bis zur Gegenwart

ERLÄUTERUNG DER AUFGABENSTELLUNG

Die vergleichende Analyse literarischer Texte ist die bei weitem beliebteste Aufgabenstellung in der schriftlichen Abiturprüfung des Leistungskurses. Die erste Teilaufgabe verlangt eine normale Analyse des Gedichts von Andreas Gryphius mit der Beschreibung der Form, der Erschließung seiner inhaltlichen Aussagen in ihrer gedanklichen Gliederung, der Untersuchung seiner sprachlichen Gestaltungsmittel und der Deutung der Befunde vor dem literarhistorischen Hintergrund.

Die zweite Teilaufgabe verlangt das gleiche Verfahren für den Text von Heinrich Heine. Da als Vergleichskriterium lediglich das Thema „unterwegs sein" vorgegeben ist, muss der Vergleich darauf abzielen, die Ähnlichkeiten und Unterschiede in der Auffassung dieses Themas vor dem unterschiedlichen literarhistorischen Hintergrund herauszuarbeiten.

SCHREIBPLAN ZU TEILAUFGABE 1

BAUSTEIN	ERLÄUTERUNG	OPERATOR
Einleitung	Ausgangspunkt: Zentraldaten des Textes	verfasst eine aufgabenbezogene Einleitung
Textbeschreibung	Beschreibung der äußeren Textgestalt	beschreibt den formalen Aufbau des Gedichts
Textverständnis	Untersuchung der inhaltlichen Aussagen des Gedichts, seiner gedanklichen Gliederung und seines gedanklichen Zusammenhangs	erschließt die inhaltlichen Aussagen des Textes
Analyse	Untersuchung der formalsprachlichen Gestaltung des Textes und der dazu verwendeten Mittel	untersucht die Gestaltung des Textes
Interpretation	Deutung des Textes: Welche Vorstellungen kommen in ihm zum Ausdruck, welchen Bezug haben sie zur Epoche?	deutet den Text vor dem literarhistorischen Hintergrund

LÖSUNGSMÖGLICHKEIT ZU TEILAUFGABE 1

	Anforderungen Der Prüfling	maximal erreichbare Punktzahl
1	*verfasst eine aufgabenbezogene Einleitung, etwa:* Verwendung der zentralen Daten: Autor, Titel, Textsorte, Erscheinungsjahr	3
2	*beschreibt den formalen Aufbau des Gedichts, etwa:* Sonett: zwei Quartette, zwei Terzette, 14 Verse	3
3	*untersucht die formale Gestaltung des Textes, etwa:* umarmender Reim in den Quartetten (abba, abba), Schweifreim in den Terzetten (ccd eed) mit wechselnder Kadenz, 6-hebiger Jambus mit Zäsur (Alexandriner), Zeilenstil (Ausnahme: 1, 6: Enjambement); streng komponierte traditionelle Form	6
4	*untersucht die sprachlichen Gestaltungsmittel des Textes, etwa:* – **phonetisch**: Assonanzen auf e (2, 4, 13), auf i (5), auf o (6), auf ei (1, 9), auf ä (10); Alliterationen auf sch (8): lautliche Akzentuierung – **semantisch**: gegensätzliche Wortfelder: Reich („Paläste": 3, „Seide": 8, „Purpurkleid": 10, „Bankett": 13, „Pracht": 14) vs. Arm („schlechtes Dach": 4, „Sande": 10); dynamische Verben (1, 3, 4, 6, 8, 10); Vielfalt der Adjektive und Adverbien (2, 4, 6, 7, 8, 9, 11, 12, 14), oft negativ (4, 7, 8, 11, 14); Farben: grün (6); antithetische Wortwahl (doch: 2, 9) – **syntaktisch**: sechs Sätze (2-1-2-1), eher parataktisch, vier Semikola (2, 4, 5, 6, 7): Betonung der Zäsur, Aufforderungssatz (Strophe 4: didaktische Moral), Anapher (3, 5), Parallelismus (3, 5 f., 10): Betonung des Gegensatzes; Aufzählung (14) – **pragmatisch**: Kontraste, Metapher (8, 13, 14) , Figura etymologica (1, 9, 11), Oxymoron (14) *Angestrebt ist hier keine vollständige Darstellung der beispielhaft genannten Aspekte, sondern eine Schwerpunktsetzung durch den Prüfling, die allerdings mehrere Gesichtspunkte aufgreift.*	6

5	*erschließt die inhaltlichen Aussagen des Textes, etwa:* – Das Leben erscheint wie eine weltweite Bühne, auf der der Mensch seine Rolle spielt. Es ist eine Welt der Gegensätze von Reichtum und Armut, von Macht und Arbeit. – Nichts ist von Dauer, nicht bei den Menschen, nicht in der Natur. Alles unterliegt dem Schicksal. – Die Menschen sind zwar gleich, aber nicht hinsichtlich ihrer sozialen Stellung, bis der Tod wieder alle gleich macht. – Aufforderung, weiter in den Rollen zu leben, aber zu bedenken, dass aller geistige wie materielle Besitz nur eine vergängliche Äußerlichkeit ist.	6
6	*untersucht den Zusammenhang von Inhalt und Form, etwa:* – Die Kontraststruktur des Verses mit seiner Zäsur in der Mitte unterstreicht die Gegensätze dieser Welt. Das wird durch die kontrastive Wortwahl weiter betont. – Die Metapher vom Leben als Bühne gemahnt an die Vergänglichkeit der übernommenen Rollen und die Vergänglichkeit allen Lebens.	6
7	*deutet den Text vor dem literarhistorischen Hintergrund, etwa:* – Es werden zwei der tragenden Gedanken des Barock interpretiert: der memento mori-Gedanke (Gedenke, dass du sterblich bist!) und der Vanitas-Gedanke (Vergänglichkeit). – Beide Gedanken resultieren aus der tiefen Frömmigkeit des 17. Jahrhunderts und den leidhaften Erfahrungen des Dreißigjährigen Krieges. – Der Text ermahnt vor allem die Mächtigen und Reichen (Bankett des Lebens: 13) zur Demut.	6
8	erfüllt ein weiteres aufgabenbezogenes Kriterium (max. 4 Punkte)	
	Summe Teilaufgabe 1	**36**

SCHREIBPLAN ZU TEILAUFGABE 2

BAUSTEIN	ERKLÄRUNG	OPERATOR
Überleitung	Verwendung der Textdaten	verfasst eine sachbezogene Überleitung
Textbeschreibung	Beschreibung der äußeren Textgestalt	beschreibt den formalen Aufbau des Gedichts
Analyse	Untersuchung der formalsprachlichen Gestaltung des Textes und der dazu verwendeten Mittel	untersucht die Gestaltung des der Textes
Textverständnis	Untersuchung der inhaltlichen Aussagen des Gedichts, seiner gedanklichen Gliederung und seines gedanklichen Zusammenhangs	erschließt die inhaltlichen Aussagen des Textes

Interpretation	Deutung des Textes: Welche Vorstellungen kommen zum Ausdruck, welchen Bezug haben sie zur Epoche?	deutet den Text vor dem literarhistorischen Hintergrund
Vergleich	Vergleich beider Texte unter dem Aspekt des Motivs „unterwegs sein" und ihrer jeweiligen Epochenzugehörigkeit	vergleicht beide Texte nach sinnvollen Kriterien
Schlussurteil	Zusammenfassung der Untersuchungsergebnisse	gelangt zu einem selbstständig begründeten Urteil

LÖSUNGSMÖGLICHKEIT ZU TEILAUFGABE 2

	Anforderungen **Der Prüfling**	**maximal erreichbare Punktzahl**
1	*verfasst eine sachbezogene Überleitung, etwa:* Verwendung der gegebenen Textdaten	3
2	*beschreibt den formalen Aufbau des Gedichts, etwa:* drei Strophen zu je vier Versen	3
3	*untersucht die formale Gestaltung des Textes, etwa:* Kreuzreim (abab cdcd efef), 3–4-hebiger Daktylus mit Auftakt, wechselnde Kadenz; Ausnahmen: doppelter Auftakt: 1, 6; fehlende Senkungen: 1, 2, 4, 10, 11, 12; Zeilenstil, Ausnahme: Enjambement: 5; lockere Liedform	6
4	*untersucht die sprachlichen Gestaltungsmittel des Textes, etwa:* – **phonetisch**: Assonanzen auf a (10), auf e (7): lautliche Akzentuierung – **semantisch**: **Wortfeld der Reise**: „Landstraß(e)" (1), „Passagiere" (2), „zu Fuß", „zu Pferd" (3), „Karosse" (6), „Rosse" (8), „Station" (9), „Abfahrt", „Postillon" (11); **Wortfeld der Geschwindigkeit**: „rennet", „jaget" (3), „Läufer", „Kuriere" (4), „jagen" (8); **Wortfeld der Begegnung**: „nicket", „grüßt" (5), „geherzt", „geküsst" (7), „trafen" (9); dynamische Verben (3, 5, 8, 11, 12); nur ein Adverb (gerne: 7), keine Adjektive, keine Farben – **syntaktisch**: drei Sätze, je einer pro Strophe, eher parataktisch, zwei Semikola (2, 6): Betonung des logischen Zusammenhangs, Anapher (3, 5, 7), Palillogia (Wortwiederholung: bläst, 11 f.) – **pragmatisch**: Vergleich (4), Metapher (1, 2, 12), Symbol (Taschentuch: Abschied: 6)	6

4	*erschließt die inhaltlichen Aussagendes Textes, etwa:* – Die Welt ist wie eine Landstraße, auf der die Menschen dahineilen. – In der schnelllebigen Welt finden die Menschen keine Zeit mehr, sich zu begrüßen und zu begegnen. Man fährt aneinander vorbei. – Beispiel: Das lyrische Ich (Heine) trifft den Prinzen von Wittgenstein nur kurz auf einer Poststation.	3
5	*deutet den Text vor dem literarhistorischen Hintergrund, etwa:* – Das Wandern und die Reise sind zentrale Motive der Romantik. Sie drücken die Sehnsucht des Individuums aus, den einengenden Rahmen der Heimat zu sprengen und mit der Sehnsucht nach der Ferne zur Freiheit und neuen Erfahrungen aufzubrechen. – Heine betont hier die Nachteile dieser Reiseideologie: die Rastlosigkeit des Lebens und die Beschränkung, sich dem Anderen wirklich zuwenden zu können.	6
6	*vergleicht beide Texte nach sinnvollen Kriterien, etwa:* – Ähnlichkeit, das Leben als einen Prozess der Veränderung („unterwegs sein") aufzufassen. – Formale Unterschiede: streng gebautes Sonett vs. lockere Liedform, steifer Alexandriner vs. beweglicher Daktylus – Inhaltliche Unterschiede: dort statische Bühne, hier dynamische Straße, gedankenschwere Kontraste vs. additive Bewegungsschilderung – Intentionaler Unterschied: didaktisch argumentative allgemeine Belehrung und Ermahnung vs. lockere Verallgemeinerung eines konkreten persönlichen Erlebnisses	6
7	*gelangt zu einem selbstständig begründeten Urteil, etwa:* Die beiden Gedichte verhalten sich trotz des kritischen Ansatzes Heines fast kontrastiv zueinander: die Last des irdischen Lebens vs. der Leichtigkeit des Seins.	3
8	erfüllt ein weiteres aufgabenbezogenes Kriterium (max. 5 Punkte)	
	Summe Teilaufgabe 2	**36**

3.3 ABITURPRÜFUNG ÜBUNGSPAKET II

3.3.1 Aufgabe 1 (Ü II)

AUFGABENSTELLUNG

1. Analysieren Sie den Auszug aus Adam Schaffs Überlegungen zu *Sprache und Erkenntnis und die Kultur* hinsichtlich seiner Aussagen und seines gedanklichen Aufbaus. *(30 Punkte)*
2. Stellen Sie die Sapir-Whorf-Hypothese dar und erläutern Sie, inwieweit sie sich in eine gemäßigte und eine radikale Version des sprachlichen Relativismus differenzieren lässt. Beziehen Sie abschließend Stellung zu dieser Hypothese, indem Sie sich mit den Argumenten Schaffs auseinandersetzen. *(42 Punkte)*

Materialgrundlage
Adam Schaff: *Sprache und Erkenntnis und die Kultur.* In: Ders.: Sprache und Erkenntnis und Essays über die Philosophie der Sprache. Reinbek: Rowohlt, 1974, S. 165 f.

Zugelassene Hilfsmittel
Wörterbuch der Rechtschreibung

TEXT

Adam Schaff
***Sprache und Erkenntnis und die Kultur* (1964)**

Wenn man unter sprachlichem Relativismus die Lehre versteht, dass die Sprache eine aktive Rolle bei der Erkenntnis spielt, und man folglich – zumindest unter gewissen Umständen – darauf hinweisen muss, zu welcher sprachlichen Begriffsapparatur die Erkenntnis in Beziehung zu bringen ist, dann ist die Sache völlig klar und kann im Licht der bisherigen Ausführungen keine Ursache zu Kontroversen sein. Aber die Verfechter des sprachlichen Relativismus haben gar nicht diese gemäßigte Version der Rolle der Sprache bei der Erkenntnis im Sinn.

Unter sprachlichem Relativismus versteht man gewöhnlich eine radikalere These, derzufolge verschiedene Sprachsysteme so verschiedene Erkenntnisse bedingen, dass diese sich ineinander nicht übersetzen lassen. Das war die Haupt- und Grundidee des sogenannten radikalen Konventionalismus, dahin tendierte auch eine bestimmte Auslegung der Sapir-Whorf-Hypothese. Ein so verstandener sprachlicher Relativismus, der tatsächlich die ganze Erkenntnisstruktur von der Sprache abhängig macht und konsequenterweise zu der Schlussfolgerung kommt, dass die Sprache die *Schöpferin* unseres Weltbildes sei, wobei er diese Konzeption der „Sprache als Schöpferin" der Widerspiegelungstheorie entgegenstellt, ist von Grund auf falsch. Denn: erstens widerlegt die Erfahrung die These, dass es ineinander unübersetzbare Sprachen gibt, und folglich auch die These, dass die Sprachen so verschiedene Weltbilder bedingen, dass eine koordinierte Handlungsweise der Menschen, die diese verschiedenen Sprachen sprechen und in ihnen denken, unmöglich wäre.

Alle Sprachen sind ineinander übersetzbar, wenn dies auch manchmal sehr mühevoll sein mag (…) und wenn man dabei auch oft die Welt der Bilder und Gemütsbewegungen verliert, die mit der übersetzten Sprache verbunden sind, besonders wenn es sich um voneinander entfernte und isolierte Sprachsysteme handelt. Wir können ohne Weiteres die konkreten Äußerungen aus den Sprachen der sogenannten primitiven Völker in die europäischen Sprachen übersetzen, wir können auch – wie uns die Erfahrung lehrt – die abstrakten Kategorien der europäischen Sprachen in die Sprache jener Völker übersetzen, indem wir entsprechende Umschreibungen und Modifikationen vornehmen.

Das Irrige des Standpunktes des sprachlichen Relativismus tritt noch klarer zutage, wenn wir zu den Konsequenzen übergehen, die sich aus seinen Thesen – in ihrer extremen Interpretation – für den Bereich des menschlichen Handelns und Verhaltens ziehen lassen. Denn wenn auf dem Boden der diametral verschiedenen und folglich ineinander unübersetzbaren Sprachsysteme tatsächlich diametral verschiedene Weltbilder entstünden, müssten die Menschen, die diese Sprachen sprechen, sich unter den gleichen Bedingungen völlig anders verhalten. Das ist selbstverständlich ein Nonsens, wenn auch nur in Anbetracht der verheerenden biologischen Konsequenzen, die sich aus einem nicht anpassungsfähigen Verhalten ergeben würden, und in einem solchen Fall wäre zweifellos eine Verhaltensweise nicht dem Milieu der anderen Seite angepasst. In Wirklichkeit aber beobachten wir durchaus keine solchen Fakten. Die Menschen können dieselben Inhalte verschieden ausdrücken, können sie je nach der Umwelt in Form verschiedener Bilder durchleben, sie können auch – je nach den Bedingungen, die ihnen der Kampf ums Dasein aufzwingt – ihre Aufmerksamkeit auf verschiedene Dinge und Erscheinungen konzentrieren und die einzelnen Teile der objektiven Wirklichkeit verschieden klassifizieren und so weiter. Aber ihr Wirklichkeitsbild wird dennoch im Großen und Ganzen *das gleiche* sein, und infolgedessen werden sich alle Menschen im Erkenntnisprozess dieser Wirklichkeit – gleichgültig, in welcher Sprache sie denken – als zum anpassungsfähigen Handeln begabt erweisen. So etwa wird sich für den Eskimo die Höhe mit dem Bild der Eisberge verbinden, für den Trobriander* mit dem Bild der Palmen, für den Tibetaner mit dem Bild der zum Himmel ragenden Berge und für den Großstädter, der nie das Weichbild seiner Stadt verlassen hat, mit dem Bild der Wolkenkratzer. Vielleicht finden diese verschiedenen Umweltfaktoren auch in der Sprache dieser Menschen ihre Wiederspiegelung. (…)

Trotz aller Unterschiede zwischen den einzelnen Sprach- und Denksystemen, die mit den Unterschieden ihrer Entstehung und Vorbedingungen zusammenhängen, steckt in ihnen etwas Gemeinsames, das bewirkt, dass diese Sprachen ineinander übersetzbar sind, etwas, das die Verständigung zwischen den Menschen ermöglicht, die aus den verschiedensten und voneinander entferntesten Milieus stammen und im Umkreis anderer Naturgegebenheiten und gesellschaftlicher Verhältnisse leben. Was all diesen verschiedenen Sprachen gemeinsam ist, hängt mit der Gemeinsamkeit der biologischen Geschicke des Menschengeschlechts unter den Bedingungen der irdischen Wirklichkeit zusammen und mithin mit der Gemeinsamkeit der Widerspiegelung der irdischen Wirklichkeit in der Sprache, die zugleich Denken ist. Und wenn (…) die heutige moderne Forschung der *linguistic universals* in entsprechend weitem Maßstab betrieben wird, kann man deren Erfolg voraussehen. Irgendwelche *universals* müssen doch – ganz unabhängig von den Unterschieden – in allen Sprachen vorhanden sein, denn darauf weist die Möglichkeit der Verständigung zwischen den einzelnen Kulturen hin. Das ist ein stichhaltiges Argument gegen die extreme Interpretation des sprachlichen Relativismus.

Anmerkungen
Adam Schaff (1913–2006): polnischer sozialistischer Philosoph mit Lehrstühlen in Lodz, Warschau und Wien, Mitglied der polnischen Arbeiterbewegung und des *Club of Rome*
Trobriander — Bewohner der *Trobriand*-Inseln, auch Kiriwina-Inseln genannt, einer Inselgruppe in der Salomonensee, die zu Papua-Neuguinea gehört

3.3.2 Aufgabe 2 (Ü II)

AUFGABENSTELLUNG

1. Analysieren Sie den Textauszug aus E. T. A. Hoffmanns Erzählung *Der Sandmann.* Ordnen Sie den Text in den Erzählzusammenhang ein, untersuchen Sie die zur Anwendung kommenden erzählerischen und sprachlichen Gestaltungsmittel in ihrer Funktion und begründen Sie das Verhalten Nathanaels vor dem Handlungshintergrund. *(42 Punkte)*
2. Prüfen Sie anschließend, inwieweit Nathanaels Wahnsinn mit dem psychischen Zustand Gretchens im Kerker (Goethe, *Faust I*) vergleichbar ist. *(30 Punkte)*

Materialgrundlage
E. T. A. Hoffmann: *Der Sandmann*. Hrsg. von Rudolf Drux. Stuttgart: Reclam, 2015, S. 36–38

Zugelassene Hilfsmittel
Wörterbuch der deutschen Rechtschreibung
Unkommentierte Ausgaben von Hoffmann, *Der Sandmann*; Goethe, *Faust I*

TEXT

E. T. A. Hoffmann
***Der Sandmann* (1816)**

Ermutigt durch diese Worte, brennendes Verlangen im Herzen, beschloss Nathanael, gleich am folgenden Tage Olimpia anzuflehen, dass sie das unumwunden in deutlichen Worten ausspreche, was längst ihr holder Liebesblick ihm gesagt, dass sie sein Eigen immerdar sein wolle. Er suchte nach dem Ringe, den ihm beim Abschiede die Mutter geschenkt, um ihn Olimpia als Symbol seiner Hingebung, seines mit ihr aufkeimenden blühenden Lebens darzureichen. Claras, Lothars Briefe fielen ihm dabei in die Hände; gleichgültig warf er sie beiseite, fand den Ring, steckte ihn ein und rannte herüber zu Olimpia. Schon auf der Treppe, auf dem Flur, vernahm er ein wunderliches Getöse; es schien aus Spalanzanis Studierzimmer herauszuschallen. – Ein Stampfen – ein Klirren – ein Stoßen – Schlagen gegen die Tür, dazwischen Flüche und Verwünschungen. „Lass los – lass los – Infamer – Verruchter! – Darum Leib und Leben darangesetzt? – ha ha ha ha! – so haben wir nicht gewettet – ich, ich hab die Augen gemacht – ich das Räderwerk – dummer Teufel mit deinem Räderwerk – verfluchter Hund von einfältigem Uhrmacher – fort mit dir – Satan – halt – Puppendreher – teuflische Bestie! – halt – fort – lass los!" – Es waren Spalanzanis und des grässlichen Coppelius Stimmen, die so durcheinander schwirrten und tobten. Hinein stürzte Nathanael von namenloser Angst ergriffen. Der Professor hatte eine weibliche Figur bei den Schultern gepackt, der Italiener Coppola bei den Füßen, die zerrten und zogen sie hin und her, streitend in voller Wut um den Besitz. Voll tiefen Entsetzens prallte Nathanael zurück, als er die Figur für Olimpia erkannte; aufflammend in wildem Zorn wollte er den Wütenden die Geliebte entreißen, aber in dem Augenblick wand Coppola sich mit Riesenkraft drehend die Figur dem Professor aus den Händen und versetzte ihm mit der Figur selbst einen fürchterlichen Schlag, dass er rücklings über den Tisch, auf dem Phiolen, Retorten, Flaschen, gläserne Zylinder standen, taumelte und hinstürzte; alles Gerät klirrte in tausend Scherben zusammen. Nun warf Coppola die Figur über die Schulter und rannte mit fürchterlich gellendem Gelächter rasch fort die Treppe herab, sodass die hässlich herunterhängenden Füße der Figur auf den Stufen hölzern klapperten und dröhnten. – Erstarrt stand Nathanael – nur zu deutlich hatte er gesehen, Olimpias toderbleichtes Wachsgesicht hatte keine Augen, statt ihrer schwarze Höhlen; sie war eine leblose Puppe. Spalanzani wälzte sich auf der Erde, Glasscherben hatten ihm Kopf, Brust und Arm zerschnitten, wie aus Springquellen strömte das Blut empor. Aber er raffte seine Kräfte zusammen. – „Ihm nach – ihm nach, was zauderst du? – Coppelius – Coppelius, mein bestes Automat hat er mir geraubt – Zwanzig Jahre daran gearbeitet – Leib und Leben daran gesetzt – das Räderwerk – Sprache – Gang – mein – die Augen – die Augen dir gestohlen. – Verdammter – Verfluchter – ihm nach – hol mir Olimpia – da hast du die Augen! –" Nun sah Nathanael, wie ein Paar blutige Augen auf dem Boden liegend ihn anstarrten, die ergriff Spalanzani mit der unverletzten Hand und warf sie nach ihm, dass sie seine Brust trafen. – Da packte ihn der Wahnsinn mit glühenden Krallen und fuhr in sein Inneres hinein Sinn und Gedanken zerreißend. „Hui – hui – hui! – *Feuerkreis – Feuerkreis!* dreh dich *Feuerkreis* – lustig – lustig! – Holzpüppchen hui schön Holzpüppchen dreh dich –“ damit warf er sich auf den Professor und drückte ihm die Kehle zu. Er hätte ihn erwürgt, aber das Getöse hatte viele Menschen herbeigelockt, die drangen ein, rissen den wütenden Nathanael auf und retteten so den Professor, der gleich verbunden wurde. Siegmund, so stark er war, vermochte nicht den Rasenden zu bändigen; der schrie mit fürchterlicher Stimme immerfort: „Holzpüppchen dreh dich“ und schlug um sich mit geballten Fäusten. Endlich gelang es der vereinten Kraft mehrerer, ihn zu überwältigen, indem sie ihn zu Boden warfen und banden. Seine Worte gingen unter in entsetzlichem tierischen Gebrüll. So in grässlicher Raserei tobend wurde er nach dem Tollhause gebracht.

3.3.3 Aufgabe 3 (Ü II)

AUFGABENSTELLUNG

1. Analysieren Sie Goethes Gedicht *Grenzen der Menschheit* (1781). *(30 Punkte)*
2. Analysieren Sie Hermann Hesses Gedicht *Klage,* und vergleichen Sie es mit dem Gedicht Goethes. Berücksichtigen Sie dabei auch den literarhistorischen Hintergrund. *(42 Punkte)*

Materialgrundlage

Text 1: Johann Wolfgang von Goethe: *Grenzen der Menschheit*. In: Goethes Werke, Bd. 1. Hrsg. von Erich Trunz. Hamburg: Wegner, Achte Aufl., 1966, S. 146 f.
Text 2: Hermann Hesse: *Klage*. In: Ders.: Gesammelte Werke, Bd. 1. Frankfurt/M.: Suhrkamp, 1. Aufl. 1987, S. 107

Zugelassene Hilfsmittel

Wörterbuch der deutschen Rechtschreibung

TEXT 1

Johann Wolfgang Goethe
***Grenzen der Menschheit* (1781)**

Wenn der uralte
Heilige Vater
Mit gelassener Hand
Aus rollenden Wolken
Segnende Blitze
Über die Erde sät,

Küss ich den letzten
Saum seines Kleides,
Kindliche Schauer
Treu in der Brust.

Denn mit Göttern
Soll sich nicht messen
Irgendein Mensch.
Hebt er sich aufwärts,
Und berührt
Mit dem Scheitel die Sterne,
Nirgends haften dann
Die unsichern Sohlen,
Und mit ihm spielen
Wolken und Winde.

Steht er mit festen
Markigen Knochen
Auf der wohlgegründeten
Dauernden Erde;
Reicht er nicht auf,
Nur mit der Eiche
Oder der Rebe
Sich zu vergleichen.

Was unterscheidet
Götter von Menschen?
Dass viele Wellen
Vor jenen wandeln,
Ein ewiger Strom:
Uns hebt die Welle,
Verschlingt die Welle,
Und wir versinken.

Ein kleiner Ring
Begrenzt unser Leben,
Und viele Geschlechter
Reihen sie dauernd,
An ihres Daseins
Unendliche Kette.

TEXT 2

Hermann Hesse
Klage (1941)*

Uns ist kein Sein vergönnt. Wir sind nur Strom,
Wir fließen willig allen Formen ein:
Dem Tag, der Nacht, der Höhle und dem Dom,
Wir gehn hindurch, uns treibt der Durst nach Sein.

So füllen Form um Form wir ohne Rast,
Und keine wird zur Heimat uns, zum Glück, zur Not,
Stets sind wir unterwegs, stets sind wir zu Gast,
Uns ruft nicht Feld noch Pflug, uns wächst kein Brot.

Wir wissen nicht, wie Gott es mit uns meint,
Er spielt mit uns, dem Ton in seiner Hand,
Der stumm und bildsam ist, nicht lacht noch weint,
Der wohl geknetet wird, doch nie gebrannt.

Einmal zu Stein erstarren! Einmal dauern!
Danach ist unsre Sehnsucht ewig rege,
Und bleibt doch ewig nur ein banges Schauen,
Und wird doch nie zur Rast auf unsrem Wege.

Anmerkungen
Hermann Hesse (1877–1962): Deutsch-schweizerischer Schriftsteller, Dichter und Maler
Klage — Das Gedicht ist auch Bestandteil des Romans *Das Glasperlenspiel (1943)*, wo es als *Josef Knechts hinterlassene Schriften. Die Gedichte des Schülers und Studenten* auftritt.

3.4 LÖSUNGSVORSCHLÄGE ZUM ÜBUNGSPAKET II

3.4.1 Lösungsvorschlag Aufgabe 1 (Ü II)

Aufgabenart

Argumentative Entfaltung eines fachspezifischen Sachverhalts bzw. Problems oder eines Problems, dessen fachlicher Hintergrund aus dem Unterricht bekannt ist, im Anschluss an die eingeschränkte Analyse einer Textvorlage (III A)

Bezüge zu den Vorgaben 2020
- Inhaltsfeld Sprache
  - Verhältnis von Sprache, Denken und Wirklichkeit
  - Aktualität der Sapir-Whorf-Hypothese
- Inhaltsfeld Texte
  - Komplexe, auch längere Sachtexte

ERLÄUTERUNG DER AUFGABENSTELLUNG

Bei dem Aufgabentyp III A liegt das Schwergewicht der Bewertung auf der zweiten Teilaufgabe. In der ersten Teilaufgabe wird zumeist, wie auch hier, ein Sachtext vorgegeben, der zu einem fachspezifischen Problem eine bestimmte Position vertritt und diese in seinem Text begründet. Die Aufgabe beschränkt sich deshalb auch darauf, die Textaussagen in ihrem logischen Zusammenhang korrekt wiederzugeben und den argumentativen Aufbau des Textes zu untersuchen.

Die zweite Teilaufgabe setzt diese Vorarbeit voraus und baut auf sie auf. Hier wird im Rahmen der Textausführungen die Sapir-Whorf-Hypothese angesprochen. Diese sollen Sie zunächst zusammenfassend darstellen und sodann erläutern, inwiefern sie sich in eine gemäßigte und eine radikalere Version differenzieren lässt. Abschließend sollen Sie sich mit den Aussagen Schaffs hinsichtlich der Sapir-Whorf-Hypothese auseinandersetzen und persönlich Stellung zu ihr beziehen. Die gesamte zweite Teilaufgabe ist also nicht textgestützt, sondern wird allein von Ihrer Sachkenntnis, Ihrem Verständnis des vorgelegten Textes, Ihrer Einstellung zur Sapir-Whorf-Hypothese und Ihrer Argumentationsweise geformt.

SCHREIBPLAN ZU TEILAUFGABE 1

BAUSTEIN	ERLÄUTERUNG	OPERATION
Einleitung	Verwendung der bekannten Textdaten	verfasst eine aufgabenbezogene Einleitung
Problembestimmung	Benennung des zentralen Themas oder Problems	erschließt das zentrale Thema oder Problem
Reproduktion	gegliederte Wiedergabe des Textes mit eigenen Worten (keine Nacherzählung!)	gibt den Inhalt des Textauszuges gegliedert wieder
Logische Analyse	Untersuchung des logischen und argumentativen Aufbaus des Textes	erschließt den Gedankengang des Textes
Inhaltliche Analyse	Erläuterung und Kommentierung der Textaussagen	erschließt und erläutert die inhaltlichen Aussagen des Textes
Theoretische Einordnung	Bestimmung, welche sprachtheoretische Position der Verfasser in diesem Text einnimmt	bestimmt die sprachtheoretische Position des Textes

LÖSUNGSMÖGLICHKEIT ZU TEILAUFGABE 1

	Anforderungen **Der Prüfling**	**maximal erreichbare Punktzahl**
1	*formuliert eine aufgabenbezogene Einleitung, etwa:* Verwendung der gegebenen Textdaten: Autor, Titel, Textsorte, Erscheinungsdatum	3
2	*erschließt das zentrale Thema oder Problem, etwa:* Der sprachliche Relativismus	3
3	*erschließt den gedanklichen Aufbau des Textes, etwa:* – Ungenaue, weil gemäßigte Definition des sprachlichen Relativismus (1–7) – Zutreffendere Definition des sprachlichen Relativismus, Hinweis auf seine radikale Ausformulierung und auf die Sapir-Whorf-Hypothese. (8–16) – Widerlegung dieser Theorie aus der Erfahrung: 1. Alle Sprachen sind ineinander übersetzbar; 2. alle Menschen sind miteinander handlungsfähig (16–20). – Ausführung beider Gegenargumente (21–29 und 30–53) – Gegenargument der sprachlichen Universalien (54–68) – Fazit: Mit dem Vorhandensein sprachlicher Universalien ist der sprachliche Relativismus nicht vereinbar (68–69).	6
4	*erläutert den Begriff des sprachlichen Relativismus, etwa:* – Unter sprachlichem Relativismus könnte man verstehen, dass die Sprache bei der Erkenntnis eine aktive Rolle spielt. – Zumeist wird aber unter diesem Begriff die radikalere Position vertreten, dass • die Sprache die Schöpferin unseres Weltbildes sei, • die Unterschiede in den Sprachen so groß seien, dass sie sich nicht ineinander übersetzen lassen. – Dazu neigt auch die Sapir-Whorf-Hypothese.	6
5	*erläutert die Argumente gegen den sprachlichen Relativismus, etwa:* Die Theorie des sprachlichen Relativismus ist falsch, weil 1) man die verschiedensten Sprachen ineinander übersetzen kann. Übersetzungsprobleme können zwar Mühe machen, sind aber grundsätzlich zu bewältigen. Das gilt für die europäischen wie für primitive Sprachen wechselseitig. 2) die Menschen verschiedenster Sprachen miteinander handlungsfähig sind. Wenn der sprachliche Relativismus Recht hätte, müsste auch das Denken und Verhalten der Menschen unterschiedlicher Sprache unvereinbar sein. Jede Sprache entwickelt zwar unterschiedliche Zugangswege zur Wirklichkeit, aber das Wirklichkeitsbild ist im Großen und Ganzen gleich.	12

	Es muss deshalb eher angenommen werden, dass allen Sprachen etwas Gemeinsames zu Grunde liegt, weil auch alle Sprachen auf den gleichen biologischen Voraussetzungen des Menschen gründen. Mit dem Vorhandensein solcher sprachlicher Universalien ist aber die Theorie des sprachlichen Relativismus unvereinbar.	
6	erfüllt ein weiteres aufgabenbezogenes Kriterium (max. 4 Punkte)	
	Summe 1. Teilaufgabe	**30**

SCHREIBPLAN ZU TEILAUFGABE 2

BAUSTEIN	ERLÄUTERUNG	OPERATOR
Überleitung	Hinweis auf die Erwähnung der Sapir-Whorf-Hypothese im Text	formuliert eine aufgabenbezogene Überleitung
Reorganisation	zusammenfassende Darstellung der Sapir-Whorf-Hypothese	stellt die Sapir-Whorf-Hypothese dar
Vergleich	Differenzierung der gemäßigten von der radikalen Version der Hypothese	stellt die gemäßigte Version der Theorie der radikalen gegenüber
Analyse	prüfende Auseinandersetzung mit den Argumenten Schaffs	prüft die Argumente Schaffs
Stellungnahme	kritische persönliche Stellungnahme zur Sapir-Whorf-Hypothese	bezieht kritisch Stellung zur Hypothese

LÖSUNGSMÖGLICHKEIT ZU TEILAUFGABE 2

	Anforderung **Der Prüfling**	**maximale erreichbare Punktzahl**
1	*formuliert eine aufgabenbezogene Überleitung, etwa:* Hinweis auf die Erwähnung der Sapir-Whorf-Hypothese im Text	3
2	*stellt die Sapir-Whorf-Hypothese dar, etwa:* – Whorf vertritt als wissenschaftlicher Laie und Schüler des Linguisten Sapir die Theorie des sprachlichen Relativismus. – Er glaubte in der Sprache der Hopi-Indianer Anzeichen dafür gefunden zu haben, dass sie die Welt anders beschreiben und verstehen als die Menschen europäischer Sprachen. – Er verallgemeinert daraus, dass jede Muttersprache ihren Mitgliedern eine spezifische Denkweise und Weltsicht gestaltet.	6

	– Aus der Verschiedenheit menschlicher Sprachsysteme folgert er, dass Menschen unterschiedlicher Sprache eine unterschiedliche Denkweise und Weltsicht haben. – Nur die Beherrschung verschiedener Sprachen erlöse das Individuum aus seiner relativen Weltsicht und Denkbeschränkung.	
3	*stellt die gemäßigte Version der Hypothese dar, etwa:* – Whorf war Schüler des Ethnologen und Linguisten Edward Sapir. Dessen Ausführungen hat das linguistische Relativitätsprinzip Whorfs als Bezugsgrundlage. – Sapir hat zwar auf die Strukturverschiedenheit der Sprachen hingewiesen, aber nie behauptet, dass die Sprache unser Weltbild forme. – Sapir hat die Identität von Sprache und Denken sogar ausdrücklich bestritten. – Er hat lediglich festgestellt, dass Sprachen einen je eigenen Zugang zur Wirklichkeit entwickeln. – Sapir hat nie behauptet, man käme der Wirklichkeit durch die Kenntnis mehrerer Sprachen näher. – Die gemäßigte Version müsste also Sapir-These heißen.	9
4	*stellt die radikale Version der Hypothese dar, etwa:* – Whorf hat die Aussagen Sapirs medienwirksam verallgemeinert, vergröbert und radikalisiert. – Whorf behauptet eine Strukturverschiedenheit der Sprachen. Bei verwandten Sprachen wie den europäischen Sprachen sei die Verschiedenheit geringer (SAE-Sprachen: Standard Everage European). – Whorf formuliert einen Sprachdeterminismus, nach dem verschiedene Sprachen das Denken und die Wahrnehmung ihrer Sprecher bestimmen (linguistische Relativitätstheorie). – Whorf behauptet, dass das außersprachliche Verhalten der Menschen von ihren jeweiligen sprachlichen Verhältnissen abhingen. – Whorf stützt seine Theorie auf Ergebnissen einer Untersuchung der indianischen Hopi-Sprache. – Whorfs Thesen basieren also auf empirischen Befunden. – Die radikale Version müsste also Whorf-Hypothese heißen.	9

5	*prüft die Argumente Schaffs, etwa:* – Schaff geht auf die Sapir-Whorf-Hypothese insgesamt ein und differenziert die Auffassungen Sapirs und Whorfs nicht namentlich. Schaff geht nicht auf die Methode ein, nach der Whorf seine empirischen Daten erhoben und ausgewertet hat. – Schaff befasst sich lediglich mit zwei Behauptungen der Hypothese. – Es ist richtig, dass alle Sprachen irgendwie ineinander übersetzt werden können. Aber selbst bei den SAE-Sprachen ergeben sich konkret Unübersetzbarkeiten, wenn eine spezielle Sichtweise der Realität in der anderen Sprache keine Entsprechung findet. Schaff deutet das in seinem Beispiel für den Begriff „Höhe" an (48–53). – Es ist richtig, dass das Denken sich weitgehend in Sprache vollzieht („Sprache, die zugleich Denken ist", 63). Aber es gibt auch Sprach- und Denksphären außerhalb des Überlappungsraums (Interdependenztheorie), wie z. B. die grafische Darstellung des Raums oder ein dadaistisches Gedicht. – Es trifft zu, dass die Wirklichkeit von allen Menschen nahezu gleich wahrgenommen, wenn auch sprachlich unterschiedlich abgebildet wird. Die Gleichheit resultiert aus den neurophysiologischen Eigenschaften des Menschen, die sprachlichen Unterschiede aus den jeweiligen Lebensumständen und -verhältnissen; Bsp. Farbspektrum.	9
	– Schaff wirft dem sprachlichen Relativismus zu Recht vor, allein die Unterschiede der Sprache betrachtet und die Gemeinsamkeiten vernachlässigt zu haben. Bsp.: Universalien	
6	*bezieht kritisch Stellung zur Hypothese, etwa:* – Die Sapir-Whorf-Hypothese in ihrer radikalen Form ist nicht haltbar. – Gipper hat nachgewiesen, dass Whorfs Untersuchungen der Hopi-Sprache fehlerhaft sind. Die Hopi verfügen sowohl über eine sprachliche Raum- wie Zeitdarstellung. – Dem wissenschaftlichen Autodidakten Whorf sind auch weitere methodische Fehler nachgewiesen worden. – Die Argumente Schaffs widerlegen das linguistische Relativitätsprinzip Whorfs. – Da es unbestreitbar ist, dass die Sprache Einfluss auf die Wahrnehmung von Wirklichkeit und das Denken hat, ist die Hypothese nur in gemäßigter Form haltbar.	6
7	erfüllt ein weiteres aufgabenbezogenes Kriterium (max. 6 Punkte)	
	Summe Teilaufgabe 2	**42**

3.4.2 Lösungsvorschlag Aufgabe 2 (Ü II)

Aufgabenart
Analyse eines fiktionalen Textes mit weiterführendem Schreibauftrag (II A)

Bezüge zu den Vorgaben 2020
- Inhaltsfeld Texte
  - Strukturell unterschiedliche Erzähltexte aus unterschiedlichen historischen Kontexten
  - *Der Sandmann* (E. T. A. Hoffmann)
  - Strukturell unterschiedliche Dramen aus unterschiedlichen historischen Kontexten
  - *Faust I* (J. W. v. Goethe)

ERLÄUTERUNG DER AUFGABENSTELLUNG

Die erste Teilaufgabe erfordert von Ihnen die geleitete Analyse eines Textauszuges. Dazu müssen Sie zunächst den Text in den Erzählzusammenhang einordnen und seinen Inhalt gegliedert zusammenfassen. Dann sollen Sie die erzählerische und sprachliche Form des Textauszuges samt seiner gestalterischen Mittel untersuchen. Abschließend werden Sie dazu aufgefordert, das Verhalten Nathanaels vor dem Hintergrund der Erzählung zu begründen.

Die zweite Teilaufgabe verlangt von Ihnen einen Vergleich des Verhaltens Nathanaels mit dem Gretchens aus Goethes *Faust*. Dazu haben Sie kurz das Schicksal Gretchens zusammenzufassen, damit deutlich wird, warum sie überhaupt im Kerker ist. Dann ist es nötig, den Inhalt der Kerkerszene wiederzugeben und Gretchens Verhalten zu beschreiben. Erst jetzt kann der geforderte Vergleich der Verhaltensweisen unter dem vorgegebenen Aspekt des Wahnsinns erfolgen. Ein zusammenfassendes Schlussurteil beschließt die Anforderungen.

SCHREIBPLAN ZU TEILAUFGABE 1

BAUSTEIN	ERLÄUTERUNG	OPERATOR
Einleitung	Formulierung einer Einleitung unter Verwendung der bekannten Textdaten	formuliert eine aufgabenbezogene Einleitung
Kontext	Einordnung des Textauszugs in den Erzählzusammenhang	ordnet den Textauszug in den Erzählzusammenhang ein
Textwiedergabe	gegliederte Wiedergabe des Textinhalts (keine Nacherzählung!)	gibt den Inhalt des Textes gegliedert wieder
Formale Analyse	Analyse der sprachlichen Form des Textes unter Verwendung der erzähltheoretischen Kriterien	untersucht die erzählerische Form des Textes

Sprachliche Analyse	Untersuchung der sprachlichen Mittel, mit denen der Text arbeitet, und Bestimmung ihrer jeweiligen Funktion	untersucht die sprachliche Gestaltung des Textes
Deutung	Interpretation und Deutung von Nathanaels Verhalten vor dem Hintergrund der Handlung	deutet das Verhalten Nathanaels vor dem Handlungshintergrund

LÖSUNGSMÖGLICHKEIT ZU TEILAUFGABE 1

	Anforderung **Der Prüfling**	**maximale erreichbare Punktzahl**
1	*formuliert eine aufgabenbezogene Einleitung, etwa:* Verwendung der bekannten Textdaten	3
2	*ordnet den Textauszug in den Erzählzusammenhang ein, etwa:* Nathanael hat sich in Olimpia, die Tochter seines Physikprofessors Spalanzani verliebt. Er schätzt trotz der Warnungen seines Freundes Siegmund ihre vornehm zurückhaltende Art und ihre Geduld, ihm zuzuhören. Während eines Fests, auf dem Olimpia auf dem Klavier vorspielt und singt, hat Nathanael nur Augen für sie und fordert sie wiederholt zum Tanz auf. In der Folgezeit widmet er sich ihr immer wieder und liest ihr alles vor, was er je geschrieben hat. In der Gewissheit von Spalanzanis Zustimmung beschließt er schließlich, sich mit ihr zu verloben.	3
3	*gibt den Inhalt des Textes gegliedert wieder, etwa:* Nathanael fasst die Absicht, als Zeichen der Verlobung mit Olimpia ihr den Ring, den ihm einst seine Mutter geschenkt hat, zu schenken. Bereits auf der Treppe ihres Hauses vernimmt er einen erregten Dialog, dessen Stimmen er Spalanzani und dem Rechtsanwalt Coppelius zuordnet. Dann wird er Augenzeuge, wie Spalanzani und der Augenglashändler Coppola um eine weibliche Figur ringen, in der Nathanael Olimpia erkennt. Coppola entschwindet letztlich mit der Figur. Der in Scherben liegende und blutende Spalanzani fordert Nathanael zur Verfolgung auf und wirft ihm Olimpias Glasaugen vor die Brust. Da packt Nathanael der Wahnsinn, er stürzt sich auf Spalanzani und würgt ihn, wird aber mit den vereinten Kräften von Siegmund und anderen überwältigt und ins Irrenhaus gebracht.	3
4	*untersucht die erzählerische Form des Textes, etwa:* auktorialer Er-Erzähler; Erzählbericht (1–10, 15–32, 36–39, 41–49); Figurenrede: direkte Rede (11–15, 32–36, 39–41)	3

5	*untersucht die sprachliche Gestaltung des Textes, etwa:* – **phonetisch**: Assonanzen auf a (14, 28, 32, 33 f., 38 f.), i (39), u (2), ä (26) und ü (10), Alliterationen auf f (27, 34 f.), l (11, 26), w (20) und z (18): Atmosphäre bildend – **semantisch**: **Wortfeld der Akustik**: „Getöse" (8, 42), „schallen" (9), „Stampfen", „Klirren", „Stoßen", „Schlagen" (9 f.), „Stimme" (15, 45), „klirren" (24), „gellend" (26), „klappern", „dröhnen" (27), „Gebrüll" (48); **Wortfeld der Optik**: „Liebesblick" (3), „sehen" (28), „bleich", „schwarz" (28 f.), „Augen" (29, 34, 35, 36), „glühend" (38), „Feuerkreis" (40); **Gegensatz von positiven:** „hold" (3), „aufkeimend", „blühend" (5 f.), **und negativen Adjektiven und Adverbien**: „grässlich" (15, 48), „wild" (20), „fürchterlich" (23, 26, 45), „hässlich" (26), „wütend" (38), „entsetzlich" (48); **dynamische Verben**: schallen (9), schwirren, toben (16, 49), stürzen (16), zerren, ziehen (18), zurückprallen (19), entreißen (21), winden (21), taumeln, hinstürzen (24), rennen (25), wälzen (30), strömen (31), raffen (31), werfen (37, 47), zerreißen (39), drücken (41), reißen (43), schlagen (46); **lautmalerische** (onomatopoetische) **Wörter**: „ha" (12), „hui" (39); Hendiadyoin (39) – **syntaktisch:** hypotaktischer Satzbau; Inversion (16), Satzbruch (28); sechs Ausrufezeichen (11, 15, 36, 40), zwei Fragezeichen (12, 32), 41 Gedankenstriche (10); 31 Ellipsen (13), Asyndeton (9 f., 33–35) Prädikatreihung (3-fach: 43 f., 47 f.; 4-fach: 7 f.), Doppelprädikation (16, 18, 24, 27, 48 f.); Interjektion (12, 39); Epanalepse (Wiederholung eines Wortes oder einer Wortgruppe im Satz): 11, 32, 34 f., 40; Aufzählung (23 f., 30 f.), – **Pragmatisch:** Vergleich (31), Metapher (43 f.), Personifikation (33) *Angestrebt ist hier keine vollständige Darstellung der beispielhaft genannten Aspekte, sondern eine Schwerpunktsetzung durch den Prüfling, die allerdings mehrere Gesichtspunkte aufgreift.*	12
6	*untersucht den Zusammenhang von Inhalt und Form des Textes, etwa:* – Die raffenden Prädikathäufungen des Erzählberichts und die direkten Reden schaffen eine szenische Darstellung voller Dynamik, die den dramatischen Ereignissen gerecht wird. – Die sprachliche Gestaltung mit ihren sensualistischen Wortfeldern, dynamischen Verben und fetzenhaften Mono- und Dialogen entwirft eine detaillierte Szenenatmosphäre, die den Leser emotional in den Strudel des Geschehens bannt. – So kann er aus der Perspektive Nathanaels annähernd nachvollziehen, welch konzentrischer Sog sich in ihm entwickelt.	6

7	*deutet das Verhalten Nathanaels vor dem Handlungshintergrund, etwa*: – Der Physikstudent N. hat als Kind im Laboratorium seines Vaters ein unverarbeitetes traumatisches Erlebnis: Er wird von dem alchemistischen Rechtsanwalt Coppelius misshandelt. – N. kann diese Ereignisse nicht einordnen. Er erinnert sie unlogisch, bruchstückhaft und rein sensualistisch. – N. versinkt in der Suche nach einer Erklärung des von ihm Erlebten immer stärker in mystische und okkulte Denksysteme. – N. kann schon bei der Begegnung mit Coppola Wirklichkeit und assoziativ auftauchende Erinnerungsfetzen gedanklich nicht mehr trennen. – Seine Liebe zu Olimpia macht N. darüber hinaus blind für ihre Realität. – Die Zerstörung ihres Puppenkörpers und ihre ihm vor die Brust geworfenen Augen reaktivieren sein Trauma und fügen ihm ein weiteres hinzu. – Vergangenheit und Gegenwart stürzen zugleich auf ihn ein, sodass er Coppola und Coppelius verwechselt bzw. sie in eins setzt. – Seine Verhaltensweisen sind nicht mehr rational steuerbar; in wahnsinniger existenzieller Verzweiflung will er Spalanzani umbringen, weil ihm durch ihn mit Olimpia der letzte verbliebene Daseinsgrund verloren gegangen ist.	12
8	erfüllt ein weiteres aufgabenbezogenes Kriterium (max. 6 Punkte)	
	Summe Teilaufgabe 2	42

SCHREIBPLAN ZU TEILAUFGABE 2

BAUSTEIN	ERLÄUTERUNG	OPERATOR
Überleitung	Verwendung der bekannten Textdaten des dramatischen Textes	formuliert eine aufgabenbezogene Überleitung
Reorganisation	Darstellung Gretchens anhand der Ereignisse und ihrer Handlungsweisen.	stellt die Figur Gretchens zusammenfassend dar
Reproduktion	inhaltliche Wiedergabe der Kerkerszene (keine Nacherzählung!)	gibt den Inhalt der Kerkerszene wieder
Deutung	Interpretation von Gretchens Verhalten	deutet das Verhalten Gretchens
Vergleich	Vergleich des Verhaltens von Margarete und Nathanael	vergleicht das Verhalten von Margarete und Nathanael

LÖSUNGSMÖGLICHKEIT ZU TEILAUFGABE 2

	Anforderung **Der Prüfling**	**maximale erreichbare Punktzahl**
1	*formuliert eine aufgabenbezogene Überleitung, etwa:* Verwendung der bekannten Textdaten	3
2	*stellt die Figur Gretchens zusammenfassend dar, etwa:* Die fast noch kindliche, religiöse Gretchen verliebt sich in den verjüngten Gelehrten Faust, vergiftet zum Zwecke einer Liebesnacht unwissentlich ihre Mutter und ertränkt später das daraus erwachsene Neugeborene.	3
3	*gibt den Inhalt der Kerkerszene wieder, etwa:* – Gretchen wartet im Kerker auf ihre Hinrichtung. Faust und Mephisto sind gekommen, um sie zu befreien. – Gretchen wehrt sich gegen den Befreiungsversuch, indem sie auf ihre kriminellen Taten und die Unmöglichkeit verweist, ihren Häschern und dem eigenen Gewissen zu entfliehen. – Sie erteilt Faust den Auftrag, für die Gräber zu sorgen und bestimmt deren Anordnung. Sie gestattet Faust nicht, sie anzufassen. – Sie hat drei Visionen: 1. Sie sieht ihr zappelndes Kind und meint, Faust könne es noch retten. 2. Sie sieht ihre Mutter ruhelos und verneinend mit dem Kopf wackelnd auf einem Stein sitzen. 3. Sie sieht sich bereits auf dem Hinrichtungsplatz und erlebt ihre Hinrichtung wie eine Zuschauerin.	3
4	*untersucht das Verhalten Gretchens, etwa:* – Die drei Visionen verweisen auf halluzinatorische Empfindungen. – Unverständliche Aussagen zeugen von ihrer geistigen Verwirrung. – Sie imaginiert mit der blutigen Hand Fausts und dem gezogenen Degen die Tötung ihres Bruders Valentin, bei der sie gar nicht anwesend war.	9
5	*deutet das Verhalten Gretchens, etwa:* – Sie lehnt aus moralischen Gründen eine Flucht aus dem Gefängnis ab. – Die Angst vor dem gewaltsamen Tod der öffentlichen Hinrichtung raubt ihr den Verstand. – Sie erlebt einen traumaähnlichen Zustand des Wahnsinns.	6

5	*vergleicht das Verhalten von Gretchen und Nathanael, etwa:* – Nathanael erleben wir in einer für ihn traumatischen Situation, die ihm seine Existenzgrundlage entzieht. Hier wird die aggressive Erscheinungsform seines wiederbelebten Traumas ausgeführt. – Bei Margarete erleben wir eine junge Frau, die ihre traumatische Situation in Passivität akzeptiert: Ihr Leben ist durch ihre Taten und das Gerichtsurteil verwirkt. Ihre Schuldgefühle und ihre Todesangst rauben ihr den Verstand. – Beide Zustände sind als traumatische miteinander vergleichbar, lösen aber wegen ihrer ganz unterschiedlichen Hintergründe unterschiedliche Erscheinungsformen und Reaktionen aus.	6
6	erfüllt ein weiteres aufgabenbezogenes Kriterium (max. 6 Punkte)	
	Summe Teilaufgabe 2	**30**

3.4.3 Lösungsvorschlag Aufgabe 3 (Ü II)

Aufgabenart
Vergleichende Analyse von literarischen Texten (II C)

Bezug zu den Vorgaben 2020
– Inhaltsfeld Texte
  - Lyrische Texte zu einem Themenbereich aus unterschiedlichen historischen Kontexten
  - „unterwegs sein" – Lyrik vom Barock bis zur Gegenwart

ERLÄUTERUNG DER AUFGABENSTELLUNG

Die Textanalyse verlangt in der ersten Teilaufgabe eine vollständige Erschließung des Gedichts von Johann Wolfgang von Goethe. Dazu gehört, dass Sie zunächst das Thema des Gedichtes benennen, seine inhaltlichen Aussagen erschließen, seinen formalen Aufbau beschreiben und die formale wie sprachliche Gestaltung des Textes im Hinblick auf ihre Funktion untersuchen. Die Analyse endet mit einer Deutung des Textes.

Die zweite Teilaufgabe erfordert hinsichtlich der Erschließung des zweiten Textes von Hermann Hesse dasselbe. Erst nach der doppelten vollständigen Textanalyse beginnt der Vergleich, in dem Sie Ähnlichkeiten und Unterschiede der beiden Texte und Gestaltungen herausarbeiten und vor dem literarhistorischen Hintergrund bewerten. Es wäre zudem sinnvoll, darauf einzugehen, auf welche Weise in beiden Gedichten das Thema „unterwegs sein" angesprochen wird.

SCHREIBPLAN ZU TEILAUFGABE 1

Baustein	Erläuterung	Operator
Einleitung	Ausgangspunkt: Zentraldaten des Textes	formuliert eine aufgabenbezogene Einleitung
Thema	Benennung des dargestellten Themas oder der dargestellten Problematik	benennt das Thema des Gedichts
Inhaltliche Analyse	Erschließung des Textinhalts: Herausarbeiten von Sachverhalten, die nicht explizit genannt werden	erschließt den Inhalt des Gedichts
Textbeschreibung	Beschreibung der Gedichtform: genaue, eingehende, sachliche Darstellung des formalen Textaufbaus	beschreibt den formalen Aufbau des Gedichts
Formale Analyse	Untersuchung der formalen und sprachlichen Gestaltung des Textes unter Berücksichtigung ihrer jeweiligen Funktion: Untersuchung der phonologischen, semantischen, syntaktischen und pragmatischen Sprachebenen	untersucht formale und sprachliche Gestaltungsmittel des Gedichts
Deutung	Deutung/Interpretation des Textes	deutet den Text

LÖSUNGSMÖGLICHKEIT ZU TEILAUFGABE 1

	Anforderungen **Der Prüfling**	**maximal erreichbare Punktzahl**
1	*formuliert eine aufgabenbezogene Einleitung, etwa:* Nennung von Titel, Autor, Textsorte und Entstehungszeit	3
2	*benennt das Thema des Gedichts, etwa:* Das Gedicht behandelt die begrenzte Stellung des Menschen in der Welt.	3
3	*erschließt den Inhalt des Gedichts, etwa:* (1. Strophe) Bei einem Gewitter gedenkt das lyrische Ich voll Demut der Götter. (2) Kein Mensch kann sich mit den Göttern vergleichen. Versteigt er sich zu Gottähnlichkeit, verliert er den Wirklichkeitsbezug und wird zum Spielball des Schicksals (Wolken und Winde). (3) Bleibt er dagegen bodenständig, darf er sich nicht einmal mit den Pflanzen vergleichen. (4) Was Menschen von Göttern unterscheidet ist die Zeit. Diese sind ewig, jene leben nur kurz. (5) Das Leben des Menschen gleicht einem Ring in einer endlosen Kette.	3

4	*beschreibt den formalen Aufbau des Gedichts, etwa:* Fünf engführende Strophen (10-10-8-8-6), reimlos, 2-hebig, daktylisch mit unregelmäßigen Füllungen, hymnisch, Hakenstil	3
5	*untersucht formale und sprachliche Gestaltungsmittel des Gedichts, etwa:* – **phonetisch**: Assonanzen auf a (3), e (21), i (19), o (4), Alliterationen auf w (20, 31 f.): Lautdekor – **semantisch**: **Wortfeld der Natur** („Wolken": 4, „Blitze": 5, „Erde": 6, „Sterne": 16, „Wolken", „Winde": 20, „Knochen": 22, „Eiche": 26, „Rebe": 27, „Welle[n]": 31, 34, 35, „Strom": 33), **Gegensatz Götter** („Heiliger Vater": 2, „Götter": 11, 30) **vs. Mensch** („ich": 7, „Mensch": 13, 30, „Scheitel": 16, „Sohlen": 18, „Knochen": 22, „Geschlechter": 39); Adjektivhäufung (6-1-4-1-2), – **syntaktisch**: acht Sätze (1-2-1-3-1); Aussagesätze; Hypotaxe; rhetorische Frage (29 f.), Inversion (12 f., 17), Ellipse (31 f.), Epipher (34 f.) – **pragmatisch**: Personifikation (1–6, 20), Metapher (16, 20, 37, 42), Paradoxon (5)	9
6	*deutet den Text, etwa:* – Meditative Reflexion als weltanschauliches Gedicht, das den Menschen vor Überheblichkeit warnt und ihm eine demutvolle Position anempfiehlt. – Der Mensch nimmt in der Welt eine schwache Mittelstellung zwischen den Göttern und der Natur ein. Einerseits ist er dem Schicksal unterworfen, andererseits ist er unvollkommener als jede Pflanze. – Der Einzelne gleicht mit seiner kurzen Lebensspanne nur einem Ring in der Kette der Menschheit. Sein Leben entspricht nur einer Kurzstrecke auf dem Weg der Menschheit. Der Einzelne hat nur Sinn als Teil des Ganzen. – Die Weltsicht harmonisiert das antike Weltbild der Griechen (Götter) mit dem christlichen Weltbild (heiliger Vater).	9
7	erfüllt ein weiteres aufgabenbezogenes Kriterium (max. 4 Punkte)	
	Summe Teilaufgabe 1	**30**

SCHREIBPLAN ZU TEILAUFGABE 2

Baustein	Erläuterung	Operator
Überleitung	Verwendung der gegebenen Textdaten	formuliert eine aufgabenbezogene Überleitung
Thema	Formulierung des zentralen Themas oder Problems	benennt das Thema des Gedichts

Inhaltliche Analyse	Wiedergabe des Textinhalts: keine Nacherzählung	stellt inhaltliche Aspekte des Textes dar
Beschreibung der Form	kurze Beschreibung der Gedichtform	beschreibt den formalen Aufbau des Gedichts
Sprachliche Analyse	Analyse der formalen und sprachlichen Gestaltungsmittel unter Berücksichtigung ihrer Funktion	untersucht formale und sprachliche Gestaltungsmittel
Deutung	Deutung/Interpretation des Textes	deutet das Gedicht
Vergleich 1	Herausstellung der Ähnlichkeiten zwischen beiden Texten	erschließt Ähnlichkeiten zwischen beiden Texten
Vergleich 2	Herausarbeitung der Unterschiede zwischen beiden Gedichten	erschließt Unterschiede zwischen den Gedichten
Schlussbeurteilung	Bewertung der beiden Texte vor dem literarhistorischen Hintergrund	wertet die Gedichte vor dem literarhistorischen Hintergrund

LÖSUNGSMÖGLICHKEIT ZU TEILAUFGABE 2

	Anforderungen **Der Prüfling**	**maximal erreichbare Punktzahl**
1	*formuliert eine aufgabenbezogene Überleitung, etwa:* Verwendung der gegebenen Textdaten	3
2	*benennt das Thema des Textes, etwa:* Sehnsucht des Menschen nach Überwindung der Vergänglichkeit	3
3	*stellt inhaltliche Aspekte des Textes dar, etwa:* (1. Strophe) Dem Menschen ist keine Dauer gegönnt, er passt sich allem an, Naturverhältnissen (Tag/Nacht) wie Lebensumständen (Höhle: Natur vs. Dom: Kultur). (2) Er ist rastlos unterwegs und findet keinen endgültigen räumlichen (Heimat), seelischen (Glück/Not) oder tätigen (Brot) Zustand. (3) Er ist von der unerfindlichen Vorsehung Gottes abhängig, die dem Menschen empathielos seinen Weg vorgibt. Er bleibt unvollkommen (nie gebrannt). (4) Es bleibt eine ewige Sehnsucht des Menschen danach, die Vergänglichkeit zu überwinden.	3
4	*beschreibt den formalen Aufbau des Gedichts, etwa:* 4 Strophen zu je 4 Versen, Kreuzreim, männliche Kadenz (Ausnahme: Strophe 4: weibl. Kadenz), 5-hebiger Jambus (Ausnahme: 6, 7: 6-hebig), Vers 7 mit Zäsur	3

5	*untersucht formale und sprachliche Gestaltungsmittel, etwa:* – **phonetisch**: Assonanzen auf a (3), e (14), i (2), u (4), Alliterationen auf f (5), st (13): Betonung – **semantisch**: **Wortfeld des Verlaufs**: „kein Sein“, „Strom“ (1), „fließen“ (2), hindurchgehen, treiben (4), „ohne Rast“ (5, 16), „unterwegs“, „Gast“ (7), „ewig rege“ (14); **Gegensätzliche Wortpaare** („Tag“ vs. „Nacht“: 3, „Höhle“ vs. „Dom“: 3, „Glück“ vs. „Not“: 6, „lacht“ vs. „weint“: 11); Epanalepsen (Wortwiederholung: „Form[en]“: 2, 5, „ewig“: 14 f.) – **syntaktisch**: formal nur fünf Sätze (2-1-1-1); inhaltlich 14 Sätze (6-5-2-1): Satzreihe von Kurzsätzen; parataktisch (Strophe 1+ 2), hypotaktisch (Strophe 3 + 4); 2. Ausrufe (13), Inversion (5, 6), Anapher (1 f., 7, 8, 13, 15 f.), Aufzählung (3, 6) – **pragmatisch**: Metaphern (1, 2 f., 4, 5, 8, 10, 16), Personifikation (8)	6
6	*deutet das Gedicht, etwa:* – Klage (Titel) über die Vergänglichkeit alles Menschlichen in einem elegisch-resignativen Ton – Die Sehnsucht („Durst“) nach Dauerhaftigkeit lässt ihn sich zwar allen Notwendigkeiten seines Daseins anpassen, aber es sind alles nur vorübergehende Lebensweisen („Formen“), die er durchläuft („gehn hindurch“). – Der Lebensprozess kennt keine Auszeit („ohne Rast“), kein dauerhaftes Gefühl, keine Beständigkeit („unterwegs“, „Gast“). Alles muss der Mensch sich erarbeiten (Vers 8). – Der Mensch ist der göttlichen Vorsehung schicksalhaft ausgeliefert, als wäre er wie Tonerde geistlos („stumm“) und gefühllos („nicht lacht, noch weint“). Er wird zwar durch sein Schicksal wie Ton geformt, aber die Vervollkommnung durch den Brennvorgang, der dem Ton Dauer verleiht, fehlt. – Daher der immer wiederkehrende Wunsch nach Dauerhaftigkeit und Zeitenthobenheit, der sich nie erfüllt. (Aber auch als erstarrter Stein wäre er der Zeitlichkeit ausgesetzt: Erosion.)	9
7	*erschließt Ähnlichkeiten zwischen beiden Texten, etwa:* – Beide Texte reflektieren die conditio humana, die Grundbedingungen der menschlichen Existenz. – Hesse gebraucht wie Goethe eine Wassermetaphorik zur Darstellung des menschlichen Wesens, die dessen Zeitlichkeit betont. – Beide äußern sich zum Verhältnis des Menschen zu Gott.	3

8	*erschließt Unterschiede zwischen den Gedichten, etwa:* – Formal: Hymne vs. Klagelied (Elegie) – Inhaltlich: Der Mensch beugt sich demutsvoll vor den mächtigen Göttern (Goethe) vs. fühlt sich von Gott empathielos behandelt (Hesse). – Der Einzelmensch erfährt den Sinn seines Lebens in seiner Teilhabe an der ewigen Geschichte der Menschheit (Goethe) vs. Der Mensch hadert mit seiner Vergänglichkeit und Ruhelosigkeit (Hesse). – Intentional: didaktische Funktion bei Goethe: belehrende Aussagen vs. aussichtslose Klagen als Ausdruck eines existenziellen Mitgefühls	6
8	*wertet die Gedichte vor dem literarhistorischen Hintergrund, etwa:* – Goethe: Gedicht zwischen Sturm und Drang und Klassik, Warnung vor der Überheblichkeit des Geniekults, Harmonisierung des christlichen mit dem antiken Gedankengut – Hesse: während des Zweiten Weltkriegs auffallend unpolitisch empfundene Unbehaustheit, Ruhe- und Rastlosigkeit des Menschen	6
9	erfüllt ein weiteres aufgabenbezogenes Kriterium (max. 6 Punkte)	
	Summe Teilaufgabe 2	**42**

4. MÜNDLICHE PRÜFUNG

Der rechtliche Rahmen

Alle mündlichen Prüfungen im Leistungskurs oder im Grundkurs sind gleich angelegt und werden gleich durchgeführt. Allein der Anlass der Prüfungen kann unterschiedlich sein. Die Prüfungen im 4. Abiturfach können nur im Grundkurs erfolgen. Ihre Durchführung ist für alle Schülerinnen und Schüler verpflichtend. Darüber hinaus können vom Zentralen Abiturausschuss mündliche Prüfungen im 1.–3. Abiturfach angesetzt werden,

- wenn die Ergebnisse der schriftlichen Arbeiten sich um 4,00 oder mehr Punkten der einfachen Wertung von dem Durchschnitt der Punkte unterscheiden, die der Prüfling in den für die Gesamtqualifikation verbindlichen Kursen des jeweiligen Prüfungsfachs in den vier Halbjahren der Qualifikationsphase erreicht hat **(„Abweichungsprüfung")**,
- wenn das Bestehen der Abiturprüfung gefährdet ist, weil die Mindestbedingungen nicht erfüllt sind, d. h., wenn in zwei Prüfungsfächern, darunter ein Leistungskurs, im Abiturbereich nicht mindestens 25 Punkte **(„Innenbindungsprüfung"),** oder im Abiturbereich noch keine 100 Punkte erreicht worden sind **(„Existenzprüfung")**.

Wird ein Prüfling in mehreren Fächern geprüft, bestimmt er die Reihenfolge. Wer nicht geprüft werden muss, wird von den mündlichen Prüfungen befreit, sofern der Prüfling sich nicht freiwillig für eine Prüfung meldet **(„Freiwilligenprüfung")**. Eine freiwillige Prüfung kann sinnvoll sein, wenn durch eine Punktverbesserung ein besserer Abiturdurchschnitt erreichbar ist. Man sollte sich diesbezüglich aber in jedem Falle in der Schule beraten lassen.

Die mündliche Prüfung selbst hat drei Teile: die Vorbereitungszeit von in der Regel 30 Minuten, dem ersten Prüfungsteil, d. h. dem Vortrag des Prüflings zur Lösung der gestellten Aufgabe, und dem zweiten Prüfungsteil, dem Prüfungsgespräch. Die mündliche Prüfung selbst dauert mindestens 20, höchstens 30 Minuten.

Vorbereitung der Prüfung

1. Es sollte selbstverständlich sein, dass man sich auf die mündliche Prüfung vorbereitet. Abgeprüft werden können alle Themen mit Ausnahme derjenigen, zu denen man im 1.–3. Abiturfach die Abiturklausur geschrieben hat. Da die Stoffmenge in der Regel groß ist, sollte man mit den Wiederholungen möglichst früh anfangen. Die Anzahl der Wiederholungen ist dabei wichtiger als die jeweilige Wiederholungsdauer. Vorbereitungen am Prüfungstag sind kontraproduktiv. Man sollte ein besonderes Augenmerk auf seine Spezialthemen legen, also jene, zu denen man z. B. ein Referat gehalten hat. Nicht selten greifen Prüfende darauf zurück, um dem Prüfling entgegenzukommen. Es ist sehr nützlich, die Fachlehrkraft zu bitten, im

Unterricht zuvor Prüfungen mit den Prüfungskandidaten zu simulieren. So lernen Prüfer und Prüflinge, besser aufeinander zu reagieren.

2. Auch die körperlichen Voraussetzungen der Prüfung sollten gut vorbereitet werden. Weder ein leerer noch ein übervoller Magen ist förderlich. Das gilt auch für den Flüssigkeitshaushalt. Ein Toilettenbesuch während der Prüfung schafft Probleme. Finger weg von allen ungewohnten chemischen Beeinflussungen, von denen man sich eine Leistungssteigerung oder eine ruhigere Grundhaltung verspricht! Die Folgen sind unabsehbar. Besondere Erfordernisse während der Prüfung z. B. bei Sehschwäche oder anderen körperlichen Einschränkungen (Prüfung im Stehen) sollten der Prüfungskommission zuvor bekannt gegeben werden, damit die erforderlichen Maßnahmen ergriffen werden können (z. B. Vergrößerung der Texte, Aufstellung eines Redepults etc.). Mit Antritt der Prüfung erklärt sich jeder Prüfling automatisch für gesundheitlich prüffähig.
3. Die Abiturprüfung ist vielfach die erste staatliche Prüfung; die mündliche Prüfung hat mindestens den Rang eines Vorstellungsgesprächs. Zwar ist feierliche Kleidung schon lange nicht mehr üblich, gleichwohl sollte man dem Anlass angemessen gekleidet sein. Auch auf das soziale Verhalten sollte geachtet werden. Dazu gehört das Grüßen des Prüfungsgremiums ebenso wie die Einnahme der Sitzposition. Wie ein Nachrichtensprecher aufrecht zu sitzen, mit nebeneinanderstehenden Füßen und übereinandergelegten Händen, drückt Konzentration und Kraft aus. Es ist durchaus ratsam, das vorbereitend zu üben. Wer zu nervös ist, kann, um seine Finger zu beschäftigen, für die Prüfungssituation eine Büroklammer einstecken.

Die Prüfungssituation

Der Prüfungsraum ist in der Regel ein normaler Klassenraum. Hier erhält man seine Prüfungsaufgabe, und hier wird die zweiteilige Prüfung durchgeführt. Die Prüfungskommission besteht aus der Fachlehrkraft als Prüfperson, dem Vorsitz und der Protokollführung. Darüber hinaus können auch Gäste im Prüfungsraum anwesend sein. Amtsvertreter, Elternvertreter und Lehrkräfte muss der Prüfling dulden, der Anwesenheit von Schülerinnen und Schülern muss er im Vorfeld zustimmen.

Die Aufgabenstellung

Eine mündliche Prüfung kann als Einzel- oder als Mehrfachprüfung abgelegt werden. Bei einer Mehrfachprüfung erhalten bis zu drei Kandidaten die gleiche Aufgabenstellung. Der zweite Prüfungsteil kann variieren. Der Vorsitzende des Fachprüfungsausschusses stellt sicher, dass eine Kontaktaufnahme nicht möglich ist. Für den Prüfling sind diese Gestaltungsmöglichkeiten also irrelevant.

Die Aufgabe wird im Prüfungsraum vor mindestens zwei Mitgliedern des Prüfungsausschusses gestellt. Die Aufgabenstellung selbst unterliegt den gleichen Anforderungen wie die der schriftlichen Prüfung, trägt allerdings dem eingeschränkten Zeitraum für Bearbeitung und Vortrag Rechnung. Man sollte hier nichts überhasten und sich vor allem die Aufgabenstellung gründlich und genau durchlesen. Bei irgendwelchen Unklarheiten der Formulierung, vor allem hinsichtlich der durchzuführenden Tätigkeiten, sollte man unbedingt rückfragen. Falls es möglich ist und zugelassen wird, sollte man auch den gegebenen Text zumindest überfliegen, um nach Begriffen zu suchen, die der Erläuterung bedürfen.

Dann erfolgt im beaufsichtigten Vorbereitungsraum die 30-minütige Vorbereitungszeit. Hier sollten alle notwendigen Arbeitsmittel wie Schreibzeug, Marker etc. bereitliegen. Es ist von großem Vorteil, wenn man sich in der Qualifikationsphase bereits auf ein festes Erarbeitungsschema eingespielt hat.
Das könnte z. B. so aussehen, dass man

- den Text zunächst insgesamt liest, um einen Überblick über Thema, Problemlage, Textsorte etc. zu gewinnen,
- den Text ein zweites Mal genauer liest, um den Text zu gliedern, die Sinnabschnitte im Text zu kennzeichnen und am Rand stichwortartig zusammenzufassen,
- den Text ein drittes Mal liest, nun aber mit der Intention der textsortenspezifischen Analyse. Die Befunde sollten im Text markiert und am Rand katalogisiert werden. Es hat sich vor allem hinsichtlich des späteren Ergebnisvortrags als hilfreich erwiesen, einen Textrand für analytische und einen für noch vorzunehmende interpretative Bemerkungen zu nutzen. Kategorien der phonologischen, semantischen, syntaktischen oder pragmatischen Ebene lassen sich mit der Verwendung unterschiedlicher Farben leicht überschauen und zusammenfassen.
- In einem vierten Durchgang sollte man sich nun mit den inhaltlichen Aussagen deutend auseinandersetzen und seine Ergebnisse, Kommentare und Wertungen auf dem noch freien Textrand notieren.
- Für alle weiterführenden Gedanken sollte man das ausliegende Konzeptpapier benutzen. Es ist sehr sinnvoll, mit einer Gliederung zu beginnen, in welcher Reihenfolge man gedenkt, die Aufgabe zu lösen. In der Regel besteht der Vortrag aus folgenden Teilen: 1. Gegliederte Reproduktion, 2. Textanalyse, 3. Textverständnis/Interpretation, 4. Weiterführender Auftrag/Schwerpunkt. Sollte kein weiterführender Schwerpunkt gefordert sein, ist es durchaus löblich, wenn Sie selbst einen vorschlagen. Dieser evtl. nummerierten Gedankenfolge lassen sich dann alle ungeordnet einfallenden Gedanken ebenfalls numerisch zuordnen.

Die Prüfung in ihrem Verlauf

I. Prüfungsteil: eigener Vortrag

1. Wenn Sie in Ihrem Prüfungsraum Platz genommen haben, in der Regel am Pult, nehmen Sie zunächst eine angemessene und geeignete Sitz- und Körperhaltung ein. Mädchen sollten dabei vor allem ihre Finger unter Kontrolle halten (ggf. mitgebrachte Heftklammern nutzen), Jungen ihre Beine. Breiten Sie Ihre Papierunterlagen geordnet und sinnvoll vor sich aus, sodass Sie nicht suchend in Ihren Unterlagen blättern müssen.
2. Es ist sinnvoll, die gestellte Aufgabe zunächst noch einmal zu wiederholen. Das hat zwei Effekte. Zum einen hilft es dem Prüfungsausschuss, der ja mehrere Prüfungen hintereinander abhält, die richtige Aufgabenstellung mit dem von der prüfenden Person entworfenen Erwartungshorizont herauszusuchen. Zum anderen verbrauchen Sie Zeit, denn die Gesamtprüfungsdauer ist ja auf 30 Minuten begrenzt.

3. Stellen Sie Ihren Ausführungen Ihre Vortragsgliederung voran. Das belegt ein reflektiertes und ggf. souveränes Arbeitsverhalten.
4. Sprechen Sie bei Ihrem Vortrag kontrolliert, langsam und deutlich, aber nicht zögerlich. Geben Sie Ihrer Stimme den sicheren Ton, Faktisches zu verkünden, nicht unsichere Fragen zu stellen. Nicht nur die Protokollführung wird es Ihnen danken. Hüten Sie sich aber davor zu bluffen, d. h. Ihrem Nichtwissen den Anschein sicheren Wissens geben zu wollen. Nicht nur, weil es der Kommission ohnehin auffällt, sondern auch weil Sie mit dieser Art deren Wohlwollen verspielen.
5. Lesen Sie die im Vorbereitungsraum gemachten Aufzeichnungen nicht vom Blatt ab. Das ist unzulässig und wird nicht gewertet. Ebenso wird eine zwar auf das Thema bezogene, aber nicht textgebundene Wiedergabe angelernten Wissens nicht als Prüfungsleistung anerkannt. Sprechen Sie vielmehr frei unter gelegentlichem Blickkontakt zu Ihren Notizen. Hier zahlt sich die Übung aus, anhand einer selbst verfertigten Gliederung frei zu sprechen.
6. Behalten Sie bei Ihrem Vortrag den Augenkontakt zur Prüfperson. Wenn Sie ihr auf die Nasenwurzel zwischen die Augenbrauen schauen, wird sie den Eindruck haben, Sie schauten ihr direkt in die Augen. Auch das suggeriert Sicherheit.
7. Hüten Sie sich vor allen Aussagen und Formen der Überheblichkeit. Lehrkräfte sind manchmal sehr sensibel. Andererseits können Sie unterstellen, dass vor allem der oder die Prüfende alles unternimmt, um Sie gut aussehen zu lassen. Schließlich fallen schlechte Prüfergebnisse auch immer etwas auf die Prüfenden zurück.
8. Wenn Ihr Vortrag abgebrochen wird, muss das kein schlechtes Zeichen sein. Vielleicht waren Sie nur zu ausführlich, und der Prüfer möchte noch Zeit genug für den zweiten Prüfungsteil haben. Dazu zählen vor allem die vom Vorsitzenden ausgehenden Abbrüche, der gewährleisten muss, dass für beide Prüfungsteile etwa gleich viel Zeit verbraucht wird.

II. Prüfungsteil: Prüfgespräch

1. In der Regel knüpft der oder die Prüfende unmittelbar an den Schülervortrag an, entweder dass Fehler korrigiert, Ergänzungen vorgebracht oder Erläuterungsfragen zu dem Vorgetragenen gestellt werden. Achten Sie genau auf die Anweisungen des oder der Prüfenden. Hier zahlt es sich aus, wenn Prüfer und Prüfling sich aus simulierten Prüfgesprächen gut kennen und optimal aufeinander reagieren können.
2. Manche Prüfer formulieren z. B. absichtlich ihre Fragen sehr lang, um dem Prüfling zeitlich entgegenzukommen. Sie streben oft einen zweiten Schülervortrag an. Andere bevorzugen mit kurzen Fragen ein schnelles, unverkrampftes Wechselgespräch, um den Prüfungsdruck zu reduzieren. Auch in diesem gelenkten Wechselgespräch ist ein gutes Verständnis zwischen Prüfer und Prüfling wichtig. Nicht selten wählen Fachlehrer/innen einen Themenbereich, von dem sie Grund zu der Annahme haben, dass der Prüfling den entsprechenden Stoff aufgrund eines Referats o. Ä. gut beherrscht. Sie sollten keinen Grund zur Enttäuschung liefern.
3. Für den Übergang zum zweiten Prüfungsteil gibt es in der Regel drei Methoden: Man lässt die Textthematik oder -problematik mit etwas Gleichartigem oder mit etwas Andersartigem vergleichen oder stellt sie in den größeren Zusammenhang der Epoche, der Gattung, der Textsorte etc. Wenn man das weiß, kann man sich

ggf. während seiner Vorbereitungszeit auch schon auf wahrscheinliche Themen des zweiten Prüfungsteils vorbereiten. Hier liefert auch die Art, wie in den Klausuren die weiterführenden Schreibaufträge formuliert worden sind, oftmals Hilfestellung.
4. Bekennen Sie sich mutig zu Ihren Lücken. Sie geben dem/der Prüfenden so die Möglichkeit, das Gespräch schnell zu verlagern, statt Sie durch bohrende, aber fruchtlose Nachfragen vorzuführen.
5. Unterbrechungen des Prüfungskandidaten seitens der Prüfperson können mehrere Gründe haben: Falschaussage des Prüflings, nachgeschobene Hilfe bei sich andeutender Falschaussage, Ergänzung des Gesagten, Abkürzung der Antwort des Prüflings, Themenwechsel. Da die Gründe einer Unterbrechung also vielfältig sein können, sollten Sie sich nicht unnötig verrückt machen, sondern weiter konzentriert auf die Prüferaussagen achten.
6. Sollte der Vorsitzende selbst Fragen stellen, so tut er das zumeist, um sein Notenbild abzuklären oder weil er meint, es seien noch gute Leistungen in einem Bereich zu erwarten, die der Prüfer bislang nicht oder seiner Ansicht nach nicht intensiv genug abgefragt hat. Nur in den seltensten Fällen übernimmt er Teile der Prüfung selbst. Vor allem wenn er den Eindruck hat, der Prüfungsverlauf sei verbotenerweise abgesprochen. Meist hält er sich jedoch zurück.
7. Am Ende der Prüfung sollten Sie Ihre Unterlagen geordnet und ordentlich der Kommission übergeben und nicht als wirren Blätterhaufen. Bedenken Sie immer: Manchmal kann der äußere Eindruck entscheidender sein als kleinere inhaltliche Patzer oder Lücken!

Besonderheiten während der Prüfung

Während der Prüfung können besondere Ereignisse auftreten, die den normalen Prüfungsablauf stören. Dazu zählt z. B. das Stottern. Es gibt Prüflinge, die immer stottern. Das sollte der Prüfungskommission bekannt sein. Im Benehmen mit dem Zentralen Abiturausschuss und dem Prüfling kann die Prüfungsdauer im Prüfungsplan angemessen so verlängert werden, dass der Prüfling ausreichend Zeit hat, die von ihm zu erwartenden Aussagen zu tätigen. Es entsteht ihm kein Nachteil. Es gibt andere Prüflinge, die aufgrund der nervlichen Anspannung während der Prüfung stottern, obwohl sie das im Normalfall nicht tun. Auch hier kann die Kommission angemessen reagieren und versuchen, die Prüfungszeit der Äußerungsfähigkeit des Prüflings durch Ausschöpfung der Prüfungszeit anzupassen.

Bei unerwartet auftretenden gesundheitlichen Störungen, z. B. plötzlichem Nasenbluten, Hustenanfällen, Atemnot durch Selbstdrosselung (bei Mädchen manchmal ausgelöst durch Verzwirbelung der Halskette), Krampfanfällen oder durch Unterzuckerung ausgelöste Schwächeanfälle, wird die Kommission die Prüfung unterbrechen, bis der Prüfling imstande ist, die Prüfung fortzusetzen. Die Unterbrechung wird dann nicht auf die Prüfungszeit angerechnet. Aus strategischen Gründen eine solche Prüfungsunterbrechung bewusst zu provozieren ist keinesfalls ratsam, denn die damit verbundene Aufregung wirkt in der Regel beim Prüfling länger nach als beim Prüfungsgremium, das nicht einmal einen Mitleidsbonus vergibt.

Textausgaben

Goethe, Johann Wolfgang: *Faust. Der Tragödie Erster Teil.* Stuttgart: Reclam, durchgesehene Ausgabe 2010 (2013) (RUB Nr. 1).

Hoffmann, E.T.A.: *Der Sandmann.* Stuttgart: Reclam, 2015 (RUB 230).

Kleist, Heinrich von: *Die Marquise von O.../Das Erdbeben in Chili.* Stuttgart: Reclam, 2016, S. 3–47 (RUB Nr. 8002).

Lange, Hartmut: *Das Haus in der Dorotheenstraße. Novellen.* Zürich: Diogenes, 2016, S. 71–93 (detebe 24361).

Zentrale Stellen sind fett gekennzeichnet.
(Passim: verstreut)